ÉTUDES

SUR

LA GUERRE CIVILE

DANS LE NORD DE L'ESPAGNE

DE 1872 A 1876

(THÉORIE DE LA GUERRE DE MONTAGNE)

PAR

Le lieutenant général D. PEDRO RUIZ DANA

Traduit de l'espagnol avec l'autorisation de l'auteur

PAR

G. MALIFAUD

CHEF DE BATAILLON, ADJOINT A LA DIRECTION DES ÉTUDES
ET INSTRUCTEUR D'INFANTERIE A L'ÉCOLE DE GUERRE SUPÉRIEURE

———

AVEC UNE CARTE

———

Deuxième édition

———

PARIS

LIBRAIRIE MILITAIRE DE J. DUMAINE

LIBRAIRE-ÉDITEUR

30, RUE ET PASSAGE DAUPHINE, 30

1884

ÉTUDES

SUR

LA GUERRE CIVILE

DANS LE NORD DE L'ESPAGNE

DE 1872 A 1876

(THÉORIE DE LA GUERRE DE MONTAGNE)

IMPR. PAUL BOUSEREZ, 5, R. DE LUCÉ, TOURS.

ÉTUDES

SUR

LA GUERRE CIVILE

DANS LE NORD DE L'ESPAGNE

DE 1872 A 1876

(THÉORIE DE LA GUERRE DE MONTAGNE)

PAR

Le lieutenant général D. PEDRO RUIZ DANA

Traduit de l'espagnol avec l'autorisation de l'auteur

PAR

G. MALIFAUD

CHEF DE BATAILLON, ADJOINT A LA DIRECTION DES ÉTUDES
ET INSTRUCTEUR D'INFANTERIE A L'ÉCOLE DE GUERRE SUPÉRIEURE

AVEC UNE CARTE

PARIS

LIBRAIRIE MILITAIRE DE J. DUMAINE

LIBRAIRE-ÉDITEUR

30, RUE ET PASSAGE DAUPHINE, 30

1880

ÉTUDES

SUR

LA GUERRE CIVILE

DANS LE NORD DE L'ESPAGNE

DE 1872 A 1876

CHAPITRE PREMIER.

GÉOGRAPHIE MILITAIRE DES PROVINCES BASQUES ET DE LA NAVARRE.

La région du nord de l'Espagne qui s'est le plus activement mêlée à la dernière guerre civile, comprend les provinces de l'Alava, du Guipuzcoa, de la Biscaye et de la Navarre : sa superficie est de 17,680 kilomètres carrés.

Les Pyrénées, qui forment la frontière entre la France et l'Espagne, se divisent en : Pyrénées Orientales, Centrales et Occidentales : cette dernière portion de la chaîne qui sépare la Navarre du premier de ces deux pays, commence aux monts de *Jaca,* suit une direction générale de l'est à l'ouest jusqu'à Roncevaux et au col d'Ibagneta, où elle décrit vers le sud un rentrant que l'on désigne sous le nom de *Aldudes;* elle reprend ensuite sa direction primitive jusqu'au nœud ou pic de *Gorriti,* où elle se partage en trois rameaux; l'un qui pénètre en France, l'autre qui suit la direction générale de la chaîne jusqu'à l'Océan, où il se termine par le cap *Figuier* près de Fontarabie, et le troisième, qui court vers l'intérieur de l'Espagne, traverse ce pays suivant une ligne parallèle à la côte de la mer Cantabrique et forme avec elle le versant septentrional de la chaîne.

Les passages les plus connus dans les Pyrénées occidentales sont : le petit port de *Belay,* dans la vallée du Roncal, infranchissable pendant l'hiver à cause des neiges qui l'obstruent; il est traversé par un mauvais sentier praticable seulement pour les piétons et les bêtes de somme; celui de *l'Hôtellerie de l'Irati,* dans la vallée de Salazar : il présente des conditions analogues à celles qui caractérisent le précédent; celui de *Roncevaux,* par Valcarlos, qui traverse la frontière au pont de Arneguy sur le ruisseau d'Arnéguisar, où vient aboutir la route de Pampelune à Roncevaux : de ce point se dirige vers Valcarlos un sentier difficilement praticable, même pour les piétons et les mulets ; le passage du *Pont de Dancharinea,* par lequel la grande route de Madrid en France par Soria et Pampelune franchit la frontière. De cette route se détache, à Berroeta, un embranchement qui parcourt la vallée de Baztan et rejoint, au pont de Behobie, la grande route de France par Burgos et Vitoria.

La chaîne qui se détache des Pyrénées occidentales au pic de Gorriti et pénètre en Espagne, traverse la Navarre, le Guipuzcoa, l'Alava et la Biscaye. Elle prend le nom de *chaîne Pyrénaïque* ou de *Pyrénées océaniques,* et constitue la ligne générale de partage des eaux entre l'Océan et la Méditerranée.

Elle offre cette particularité que son versant méridional présente une déclivité peu accentuée, et forme une sorte de plateau élevé sur lequel sont bâties Pampelune et Vitoria : le versant septentrional, au contraire, descend en pentes rapides, fortement inclinées, et les eaux qui en découlent y creusent des ravins profonds qui donnent à sa crête l'aspect d'un gigantesque escalier tourné vers l'Océan. De ces cimes élevées, le spectateur voit se dérouler à ses pieds un panorama d'une merveilleuse variété.

Outre le nom général par lequel nous l'avons désignée, cette chaîne reçoit d'autres dénominations particulières, qu'elle emprunte aux localités voisines. En Navarre, elle s'appelle *sierra de Aralar;* la portion haute et escarpée située entre cette contrée, l'Alava et le Guipuzcoa, reçoit le nom de *San-Adrian;* celui de *Aranzazù* désigne la partie aussi élevée, mais moins abrupte, qui court dans cette dernière province. On nomme *Peña de Gorbea* celle qui occupe le centre de l'Alava : *Peña de Orduña* celle qui domine la ville de ce nom en Biscaye, et *monts de l'Ordunte* la partie de la chaîne qui sépare cette province de celle de Santander. Les cours d'eau du versant septentrional, à l'exception de quelques-uns de ceux qui appartiennent au Guipuzcoa, suivent une direction générale du sud au nord : ils sont rapides, d'une longueur restreinte, et le volume de leurs eaux est, pour cette raison, très-peu considérable. Ils naissent tous dans la chaîne Pyrénaïque.

Le bassin de la *Bidassoa*, qui est le plus oriental du versant, a pour ceinture : à l'est, les Pyrénées, et à l'ouest, les monts de Aya et de Goizueta. Cette rivière est formée dans les Pyrénées par plusieurs petits cours d'eau qui descendent des ports de Otsendon et de Alcorrunz, près de Maya. Elle court vers l'est en passant par Elisondo : à Yurrita, elle incline à l'ouest, arrose Oronoz et Bertiz, tourne brusquement vers le nord-ouest à Legasa, pénètre dans le Guipuzcoa après avoir traversé Sumbilla et Vera, sert de limite entre la France et l'Espagne, et baigne les murs de Irun et de Fontarabie, où elle se jette dans l'Océan. Non loin de Elgorriaga, à Oteiza, elle reçoit sur sa gauche le petit ruisseau *l'Ezcurra*, qui coule dans la vallée connue sous le nom de Basaburua. La vallée de la Bidassoa ou de Baztan est étroite et escarpée; il serait difficile de s'y établir militairement, et cette occupation n'offrirait d'ailleurs d'autres ressources que les nombreux troupeaux qu'on élève dans la montagne. On y trouve la grande route de France par Pampelune et Urdax, à laquelle se relie, à Berroeta, un embranchement qui aboutit au pont de Behobie.

L'Oyarzun prend sa source dans les monts de Aya, contre-fort élevé qui se détache de ceux de Goizueta, sépare cette rivière de la Bidassoa et rejoint le mont Jaizquivel, qui se dresse parallèlement à la côte. Ce cours d'eau suit une direction générale du sud au nord, passe par Oyarzun et Renteria, et se jette dans la mer en formant la baie de Passages. Il coupe près de Renteria la grande route de France, et croise, en avant de Oyarzun, un embranchement qui se sépare de cette route à Andoain et vient s'y rattacher de nouveau dans les environs de Irun.

Le bassin de cette rivière est formé : à l'est, par les monts de Aya et de Goizueta, et à l'ouest, par ceux de Malmazar, contre-fort qui se détache de ces derniers au nœud de Urdaburu, porte ensuite le nom de sierra de la Magdalena, et finit à la côte, près de Saint-Sébastien, par le mont de Urtia.

Considérée au point de vue militaire, cette petite ligne présente une grande importance, non-seulement parce que la baie de Passages est le seul port que nous possédions sur la côte des provinces basques, mais aussi parce que la ligne de partage des eaux de la Bidassoa et de l'Oyarzun est la première ligne stratégique que l'on puisse occuper et défendre contre un ennemi qui pénètre en Espagne par Irun. Appuyée par sa gauche au mont Jaizquivel, par sa droite à celui de Aya, elle ne peut être tournée, et si on la fortifie convenablement, elle est susceptible, avec des forces peu considérables mais bien réparties, de résister avantageusement à une puissante armée d'invasion.

Après l'Oyarzun et parallèlement à son cours coule l'*Urumea*, dont le bassin est formé : à l'est, par la ceinture occidentale de celui de l'Oyarzun, et à l'ouest, par une autre ramification qui se détache du Goizueta au mont de Montdegui et se prolonge jusqu'à la mer, où elle dessine la baie de Saint-Sébastien, sous le nom de monts de Urnieta et de hauteurs de Oriamendi.

L'Urumea prend sa source dans les monts de Goizueta et suit une vallée étroite, tortueuse et dominée par des hauteurs considérables couvertes de forêts. Il descend à Hernani, où il coupe la grande route, qu'il côtoie ensuite jusqu'à Astigarraga, où il l'abandonne pour se jeter dans l'Océan à Saint-Sébastien.

L'*Orio,* qui est le cours d'eau le plus important du Guipuzcoa, naît à la Peña Horodada dans la sierra de San-Adrian, coule dans la direction du nord jusqu'à Cegama, où il s'incline vers l'est, et passe par Tolosa et Andoain ; à Lasarte, il tourne brusquement à l'ouest au point où les hauteurs de Oriamendi lui barrent le passage, et se jette dans l'Océan près de la ville de Orio.

Dans le bassin de cette rivière se trouve une route qui se détache, à Alsasua, de celle de Vitoria à Pampelune, franchit la chaîne Pyrénaïque par le port de Otzaurte, et côtoie depuis Cegama le chemin de fer du Nord jusqu'au pont de Mendiola. A ce point, elle se joint à un chemin qui part aussi d'Alsasua, passe la chaîne indiquée plus haut au port de Echegarate, et descend en suivant le cours de l'*Urzaraiz* jusqu'au pont de Mendiola ; à Beasain, elle rejoint la grande route de France qui longe l'Orio jusqu'à Lasarte, s'en éloigne ensuite et va aboutir à Saint-Sébastien après avoir traversé les hauteurs de Oriamendi.

Les affluents les plus remarquables de l'Orio sont :

1º Le *Lizarza*, qui prend sa source dans la chaîne Pyrénaïque près du port de Azpiroz ;

on rencontre dans la vallée où il coule la route de Tolosa à Irurzun.

2º Le *Leizaran*, qui naît dans la même chaîne à la montagne de Aritz et se jette dans l'Orio près de Andoain. Dans le bassin de ce cours d'eau se trouve le chemin de Andoain au port de Azpiroz, qu'on doit transformer plus tard en voie carrossable; il l'est déjà, en Navarre, dans la partie comprise entre le point où il se réunit à la route de Tolosa à Irurzun et le pont de Urto, sur la limite qui sépare cette province du Guipuzcoa.

Le bassin de l'*Orio* est formé : à l'est, par la ceinture occidentale de celui de l'Urumea; au sud, par la cordillière Pyrénaïque, et à l'ouest, par une chaîne qui s'en détache au mont de Aiztgorri dans la sierra de San-Adrian. Ce rameau traverse toute la province en jetant des contre-forts des deux côtés, sans que sa ligne de faîte, qui est aussi celle de partage des eaux de l'Urola, présente une arête bien marquée. C'est plutôt une série de hauteurs isolées, sans direction déterminée ni désignation générale. A Legazpia, elle porte le nom de collines de Artagoiti, de monts de Murumendi à Beasain, et de Hernio au-dessus de Tolosa. Les flancs de ces dernières montagnes sont escarpés et sillonnés par des ravins profonds ; leur importance militaire est considérable. Enfin, dans le voisinage de la côte, elle prend le nom de monts de Pagoeta.

Cette chaîne forme, à l'est, le bassin de l'*Urola,* limité au sud par la Pyrénaïque, et à l'ouest, par un contre-fort qui descend vers la mer et sépare les eaux de cette rivière de celles du Deba. Ce rameau commence aux rochers abruptes de Zaraya, dans la sierra de Elguea, porte les noms de : monts du Satui, du côté de Oñate ; de Irimo, à Zumàrraga ; de Elosua, à Vergara ; de Azcarate, à Elgoibar ; et de Anduz, dans le voisinage de la côte où il finit par la pointe de San-Telmo de Zumaya.

L'*Urola* prend sa source aux pics de Aiztgorri dans la sierra de Aranzazu, coule dans la direction du nord, et passe par Legazpia et Zumàrraga. A Azcoitia, il rencontre la Peña de Izarraizt, qui lui barre le passage et le force à tourner vers l'est ; il arrose ensuite Azpeitia, Cestona, et se jette à Zumaya dans l'Océan. Un seul de ses affluents mérite, au point de vue militaire, d'être cité ; c'est l'*Urrestilla* ou *Ibaiderra,* qui vient des monts de Murumendi et se joint à lui à Azpeitia.

Le bassin de l'Urola est traversé par une voie carrossable qui se détache de la grande route de France à l'ermitage de San - Prudencio, passe par Oñate, et se dirige, en faisant un détour considérable, vers la ligne de partage de ses eaux et de celles du Deba, qu'elle atteint à Ormaiztégui. La route de France coupe aussi cette ligne de partage à Zumàrraga, en descendant du port de Descarga dans les montagnes de Irimo.

De Descarga part une autre voie carrossable qui côtoie la rivière en passant par Azcoitia, Azpeitia et Cestona jusqu'à Zumaya, où elle rejoint celle qui, le long de la côte, met en communication Santander et Saint-Sébastien.

D'Aspeitia se détachent deux routes : l'une qui court dans la vallée de l'*Urrestilla* et aboutit à la grande route de France, près de Gudugarreta ; l'autre, qui est un embranchement de la première, suit les hauteurs au pied desquelles coule le *Régil,* passe par Goyaz, Vidania, et va jusqu'à Tolosa.

Les bassins de l'Orio et de l'Urola ont, comme nous le verrons plus tard, une grande importance militaire dans l'hypothèse d'une guerre civile ou étrangère dont les provinces basques et la Navarre seraient le théâtre. Celui du *Deba* est formé : à l'est, par les hauteurs que nous avons déjà décrites et qui séparent ses eaux de celles de l'Urola : au sud, par la chaîne Pyrénaïque, et à l'ouest, par un contre-fort qui se détache du nœud élevé connu sous le nom de Peñas de Amboto. Ce contre-fort se dirige vers l'Océan et porte successivement les dénominations de sierras de Elgueta, de Ermua et de montagnes de Arno.

Le *Deba* prend sa source près de la ville de Salinas de Lenitz, coule vers le nord, baigne Arechavaleta, Mondragon, Vergara, Elgoibar, et se jette dans l'Océan à Deba.

Après avoir franchi la chaîne Pyrénaïque par le port de Arlaban, la grande route de France côtoie ce cours d'eau depuis son origine jusqu'à Vergara ; à ce point, elle commence à monter pour gagner le port de Descarga, et descend ensuite dans la vallée de l'Urola. Deux embranchements s'en détachent à Mondragon ; l'un pénètre dans l'Alava en suivant la petite vallée de Aramayona ; l'autre entre en Biscaye et va jusqu'à Durango par Elorrio, où aboutit une autre route qui part de Vergara. Elgoibar et Durango sont également reliés par une voie carrossable. La grande route s'élève à partir de Vergara en remontant le cours de l'*Anzuola*, affluent du Deba.

Entre l'Urola et le Deba se trouve une vallée très-étroite, formée par la Peña de Izarraizt et les monts de Anduz ; c'est le bassin du *Lastur* qui, après un cours de cinq kilomètres environ, disparaît sous un amas de rochers sans qu'on lui connaisse d'autre issue. On a supposé que ses eaux donnent naissance à la fontaine intermittente de Mendaro, petite ville située près des bains de Alzola ; mais les recherches auxquelles on s'est livré n'ont point confirmé cette hypothèse ; l'opinion la plus accréditée est que le Lastur se jette dans l'Océan par des canaux souterrains. La ligne de l'Urola présente une certaine valeur au point de vue militaire.

Le bassin du *Nervion*, le cours d'eau le plus important de la Biscaye, est formé : à l'est, par la chaîne qui sépare les eaux du Deba de celles de l'Ibaizabal : au nord, par une série de hauteurs qui s'en détache au mont de Oiz, dans la sierra de Ermua, et qui est parallèle à la côte de l'Océan. Comme toutes les montagnes de ces provinces, elle ne reçoit pas de dénomination générale, et porte les noms de monts de

Munizqueta, de Aspe et de Catechu. Au sud, le bassin du Nervion est formé par la chaîne Pyrénaïque, et à l'ouest par un contre-fort qui part du pic élevé de Saint-Sébastien de la Colisa dans les monts de l'Ordunte et, sous le nom de montagnes de Triano, célèbres par leurs mines de fer, se termine dans l'Océan par la pointe de Lucero, près de Ciervana. Le Nervion prend sa source dans la chaîne Pyrénaïque, à la Peña de Orduña, arrose Amurrio, Areta, Bilbao, et se jette à Portugalète dans l'Océan. Avant d'arriver à Bilbao, au point connu sous le nom de Coq de Urgoiti, il reçoit, sur la droite, l'*Ibaizabal*, et après cette ville, sur la gauche, le *Cadagua*. Le premier est formé par les différents cours d'eau qui naissent au mont de Udalanz dans la sierra de Elgueta, à la Peña de Amboto, aux monts de Oiz et sé réunissent près de Durango. Il coule dans la direction de l'ouest jusqu'à son confluent avec le Nervion. Le second sort de la Peña de Poveña dans les montagnes de l'Ordunte et court vers l'est jusqu'à Valmaseda, où il s'incline vers le nord, passe par Sodupe et se jette dans le Nervion près de son embouchure.

De Vitoria part une route qui traverse la

chaîne Pyrénaïque au port de Urquiola, descend
à Durango et met cette ville en communication
avec Bilbao par les vallées de l'Ibaizabal et du
Nervion. Une autre route se détache de la précédente à Villareal de Alava, passe la chaîne au
port de Ubidea, côtoie l'Arratia, qui naît dans
la Peña de Gorbea, et vient se renouer à la
première dans les environs de Galdacano.

De la grande route de France, à 3 kilomètres de Pancorbo, part un embranchement qui
franchit la chaîne au port de Orduña, descend
vers la ville de ce nom et longe le Nervion
jusqu'à Bilbao. De la ville de Areta, une autre
remonte le cours de l'Orozco, traverse la
chaîne par les Échelles de Altube, suit la Peña
de Gorbea et aboutit à Vitoria. De Burgos,
une route passe par le port de Bercedo, par
Villarcayo et Villasante, continue par la vallée
du Cadagua, touche à Valmaseda et finit à
Bilbao.

Aux monts de Vizcarguin, dans la chaîne
qui limite au nord le bassin du Nervion, se
détache un rameau d'abord perpendiculaire
puis parallèle à sa direction ; il forme une
vallée dans laquelle coule l'*Asua,* qui se jette
dans le Nervion au pont de Luchana et se

termine au confluent des deux rivières par les monts de Begoña et de Archanda, qui dominent Bilbao. La chaîne indiquée plus haut envoie également plusieurs contre-forts qui déterminent autant de petites vallées dont les eaux vont à l'Océan. L'un deux, connu sous le nom de montagnes de Montrella, se détache du mont de Oiz, et forme avec la ligne de partage des eaux du Deba le bassin de l'*Artibas*, dont l'embouchure est voisine de Ondaroa. On y remarque une route qui vient de Durango.

Le mont de Oiz donne aussi naissance à un autre contre-fort appelé mont de Gastiburo, qui, avec ceux de Montrella, sert de ceinture au bassin du *Lequeitio*. Un chemin carrossable relie la ville de ce nom avec Durango.

Un rameau qui prend son origine dans les montagnes de Vizcarguin, et qui, sous les noms de monts de Rigoytia et de Sollube, va se terminer au cap de Machicheco, forme, avec ceux de Gastiburo, le bassin de la rivière de *Bermeo*, dans lequel se trouve une route qui unit cette ville à Durango.

Les monts de Rigoytia et la ligne de partage des eaux du Nervion limitent le bassin de la rivière de *Plencia*. Cette localité est reliée à

Bilbao par une route très-importante pour les opérations militaires qui auraient cette place pour objectif. Elle offre ce caractère particulier qu'elle ne suit pas, comme les autres, le chemin de la vallée, mais court sur la ligne de faîte.

Du pic élevé de Saint-Sébastien de la Colisa, dans les monts de l'Ordunte, et perpendiculairement à leur direction, montent vers le nord les hauteurs de Sopuerta. Elles forment, avec celles de Triano, une vallée étroite dans laquelle coule le *Somorrostro*, qui prend sa source au pied du pic et se jette dans l'Océan, près de Poveña.

De la colline de Ribacoba, dans les monts de l'Ordunte, se détache un autre rameau, qui comprend les montagnes de Trucios et les sierras de Castro et de la Cuesta. Il forme, avec celui de Sopuerta, le bassin de l'*Agüera*, qui se jette dans l'Océan près de Oriñon. Cette vallée reçoit les noms de Arcentales et de Villaverde de Trucios, de Güerizo et de Oriñon. La vallée de Villaverde de Trucios présente cette particularité, qu'enclavée dans la province de Biscaye, elle appartient néanmoins à celle de Santander.

La sierra de Castro détache à son tour un

autre rameau appelé sierra de Candina, qui sert de ceinture au petit bassin du *Brazomar,* dont l'embouchure se trouve près de Castro-Urdiales. A cette ville vient aboutir une route qui part de Valmaseda et qui traverse la ligne de partage des eaux du Somorrostro et de l'Agüera par le port de las Muñecas (1). Un peu avant d'arriver au passage, elle se bifurque. L'embranchement qui en résulte parcourt les vallées de Sopuerta et de Somorrostro, et rejoint à San-Juan la route de Bilbao à Santander, en suivant la côte et en passant par Castro-Urdiales, Laredo, et à proximité de la place de Santoña.

Après avoir décrit le versant septentrional, nous allons examiner le versant oriental dans la zone qui comprend les provinces de Alava et de Navarre, auxquelles doit se borner cette étude.

L'*Èbre* naît dans la chaîne Pyrénaïque, au pied de la Peñalabra, à 5 kilomètres à l'ouest de Reynosa, et dans le voisinage du village de Fontibre. A son origine, le fleuve est produit par deux sources abondantes qui forment un petit lac. L'une sort en bouillonnant de son bassin, l'autre s'échappe d'un amas de rochers. Au

(1) Les Marionnettes.

village de Salces, situé à deux kilomètres de ce point, le volume de ses eaux est déjà assez considérable pour mettre en mouvement plusieurs moulins. Il se dirige vers Reynosa, qu'il traverse, et croise sous un beau pont de pierre la route de Valladolid à Santander. Il coule ensuite vers l'est, et peu après se grossit sur sa droite du *Hijar*, qui descend aussi de la Peñalabra et est séparé de lui par la sierra de Isar, qui se détache de la chaîne Pyrénaïque. Il incline légèrement vers le sud, passe près de Rosas, où l'on remarque un vieux pont en maçonnerie, et reçoit sur sa gauche le *Vizga*, qui prend également sa source dans la chaîne Pyrénaïque, aux Peñas Pardas. Quelques rameaux de la chaîne Ibérique l'obligent à décrire un coude vers l'ouest; il court ensuite vers le sud et pénètre dans un défilé, où il baigne Bascones et Aldea de Ebro, qui possèdent de petits ponts. Il se grossit sur sa gauche des ruisseaux qui descendent des montagnes de Igedo, et, sur sa droite, de ceux qui viennent des landes de l'Ibérique. A l'extrémité du défilé se dresse, comme pour en fermer le débouché, un ressaut de terrain qui porte le nom de lande de Lora et qui force le fleuve à changer de direction. Il coule alors vers le sud-est et passe successivement à Puente del Valle et à Polientes, où l'on rencontre des ponts étroits et en mauvais état. Après avoir dépassé Polientes, il reçoit, à gauche, le *Carrales,* qui naît dans les monts de Igedo. En face de Arroyuelos, on remarque un autre pont; puis l'Èbre pénètre dans une gorge resserrée entre des rochers, sort de la province de Santander, entre dans celle de Burgos, traverse successivement San-Martin de Linies, où il existe un pont, Villaverde, où l'on trouve un bac, Villaescusa de Ebro, qui offre deux gués entre des rives escarpées; il passe à Obaneja del Castillo sous un pont en charpente, entre ensuite dans un couloir étroit, arrose Quintanilla de Escalada, où la route de Burgos à Santander le franchit sur un beau pont de pierre, et Valdelateja, localité près de laquelle le *Rudron,* qui prend sa source dans la lande de Lora, lui apporte le tribut de ses eaux.

Les ramifications de la chaîne Ibérique qui forment le bassin de cette rivière, obligent l'Èbre à décrire une courbe considérable vers le nord; il passe à Cidad de Ebro, où l'on rencontre un pont, prend la direction du sud-est, et, à la Venta de Afuera, traverse sous un pont de pierre la route de Burgos à Santoña. En entrant dans la province de Burgos, il coule entre des rochers élevés et à pic qui dépendent de la sierra de Tesla, ramification de la chaîne Pyrénaïque. Ce défilé prend le nom de Passage de Las Calzadas près de Reguera, où son aspect est le plus sauvage, et celui de gorge de Valdenoceda à la Venta de Afuera. Après Valdenoceda, la vallée s'élargit, elle se peuple d'une multitude de villages et de villes, et l'on y rencontre la route de Cubo à Valdenoceda, de laquelle se détache, avant d'arriver à Oña, une autre voie de communication qui traverse l'Èbre sur un beau pont de pierre non loin de Trespaderne et se dirige vers Santoña et Castro-Urdiales par Medina de Pomar. La sierra de Tesla vient de nouveau barrer la vallée et force le fleuve à tourner vers le nord; il finit par se frayer un passage à travers cet obstacle, s'engage dans une gorge profonde, et reçoit, sur la droite, les eaux de l'*Oca,* et, sur la gauche, près de Cillaperlata, celles du Neba, grossi du Trueba, qui descendent tous deux de la chaîne Pyrénaïque et dont le bassin est formé par la sierra de Tesla et par un autre contre-

1*

fort qui se détache de la chaîne et vient mourir à l'Èbre.

Après le confluent de l'Èbre et de l'Oca, on rencontre sur le fleuve le pont dit de la Horodada, qui est bâti en maçonnerie et n'a qu'une seule arche : ce pont a joué un rôle important pendant la guerre civile de Sept ans. L'Èbre arrose ensuite Frias, qui possède un vieux et solide pont de pierre : Puentelarra, avec un pont suspendu pour le passage de la route de Pancorbo à Bilbao; à quelques mètres en amont, on voit encore un autre pont de pierre dont on ne se sert pas, mais qui pourrait être facilement utilisé, car ses piles sont en bon état.

De Frias à Puentelarra, la vallée devient étroite et difficile; elle est formée par une sierra sauvage qui sépare les eaux du fleuve de celles de l'*Omecillo* et de l'*Humedo,* qui naissent dans la chaîne Pyrénaïque. La première de ces deux rivières coule dans la vallée de Valdegoria, y reçoit la seconde et se jette dans l'Èbre au-dessus de Puentelarra. A partir de ce point le bassin du fleuve s'élargit considérablement; il arrose Guinicio, Montañana, Suzana, et présente en ces trois endroits des gués à fond solide, le second surtout, qui est praticable aux voitures; son lit s'étend ensuite progressivement et il arrive à Miranda de Ebro. Il traverse, comme nous l'avons vu, au-dessus de Frias, la sierra de Tesla, à laquelle se relie, de telle sorte qu'elle semble en être le prolongement, une autre chaîne parallèle à la Pyrénaïque et connue sous les noms de montagnes de l'Union, depuis le confluent de l'Èbre et de l'Oca jusqu'à Obarennes : de montagnes de Obarennes, depuis cette localité jusqu'au point où le fleuve la franchit de nouveaux par le défilé de las Conchas de Haro et où elle se rattache, par la sierra de Toloño, à la chaîne Cantabrique.

L'*Oroncillo* ouvre dans la barrière que lui opposent les monts Obarennes une brèche qui forme le défilé de Pancorbo et qui donne passage à la grande route de France. Cette ligne, considérée au point de vue de la défense, présente une importance stratégique du premier ordre dans l'hypothèse d'une invasion par les Pyrénées occidentales. Deux forts qui ont été détruits par les Français en 1823 protégeaient autrefois le débouché du défilé de Pancorbo. La grande route dont nous venons de parler franchit l'Èbre à Miranda sur un beau pont de pierre et traverse cette ville dominée par le Pic de la Picota, couronné par un ancien fort qui, avec la portée des armes actuelles, est commandé lui-même et ne peut être utilisé. A un kilomètre environ en amont et en aval du point où la grande route croise l'Èbre, on rencontre deux ponts également solides qui donnent passage au chemin de fer du Nord et à celui de Tudela à Bilbao. Le fleuve sert de limite aux capitaineries générales des provinces basques et de Burgos depuis Miranda jusqu'à Castejon; c'est donc à ce second point que nous arrêterons notre étude. En continuant la description de son cours, nous nous occuperons exclusivement de ses affluents de gauche toutes les fois que ceux de droite correspondront à la dernière de ces circonscriptions militaires. Avant d'arriver à Miranda, l'Èbre reçoit l'*Oroncillo*, qui côtoie la grande route de France, circonstance à laquelle il emprunte une certaine importance militaire : le *Bayas*, dans le voisinage de Arce, et un peu plus loin, le *Zadorra*. Au-dessous de Ircio, il se grossit de la petite rivière de *Inglares*, qui possède aussi une certaine valeur militaire, franchit de nouveau les monts Obarennes par le défilé de las Conchas de Haro, et longe la route de Puentelarra à Logroño. Après le passage de las Conchas, la sierra de Toloño le presse sur la gauche au point de le forcer à décrire un grand arc de cercle dans la direction du sud; il reçoit sur la droite le *Tiron*, et traverse sous un pont de pierre, en entrant dans Haro, la route dont nous venons de parler et qui coupe l'arc en son milieu. Il arrose ensuite Brinas, où il présente un bon gué : Briones, où l'on rencontre ceux de la Roza, de Tronconegro et de Gamarrazo : Saint-Vincent de la Sonsierra avec un pont de pierre de sept arches dont trois en mauvais état : Torre-Montalvo, où se trouve le gué du canal de Bobeo : les bains de l'Èbre, où l'on rencontre un bac, et les trois gués de Arenillas, de la Estrella et de Tamarices; il recueille, sur la droite, les eaux du *Najerilla*, et se dirige vers Cenicero, où il y a un beau pont de pierre qui donne passage à la route de la Guardia et où l'on trouve aussi les trois gués de San-Juan, de las Barcas et de Chimarro; il arrose ensuite : Fuenmayor, avec les six gués du Mocho, du canal de la Cantina, de Chamorro, du Montecillo, de l'Olivo et de Peñagorda : la Puebla de la Barca, qui possède un pont suspendu, et les deux gués de Romualdo et de Remolino, et arrive enfin à Logroño, où l'on remarque un pont qui donne passage à la route de Estella.

Après le défilé de las Conchas de Haro, la vallée va s'élargissant toujours, et l'on découvre la riche et fertile contrée connue sous le nom de Rioja. Le voisinage de la sierra de Toloño restreint considérablement l'étendue de la rive gauche du fleuve; son lit s'agrandit encore, et le volume de ses eaux s'accroît; mais dans cette partie de son cours, il présente une multitude de gués dont aucun n'est praticable pendant l'hiver, pas plus d'ailleurs que ceux que nous avons déjà nommés et qui sont les plus importants.

Après Logroño, il arrose le faubourg de Varea, où il y a deux gués et où il reçoit l'*Iregua;* passe par Agoncillo, où il y a trois gués et où il est rejoint par le *Leza :* Mendavia, où l'on rencontre un bon gué : Alcanadre, où il y a un bac : Lodosa, où il est traversé par la route de Estella sur un pont de pierre avec deux arches provisoires en charpente : Sartaguda, qui possède un bac et, plus bas, un bon gué marqué par des pilotis qui supportaient

autrefois un pont en bois : San-Adrian et Aza-
gra, où l'on trouve des bacs situés, le premier
au confluent du *Cidacos*, le second à celui de
l'*Ega* : Rincon de Soto, où la route de Pampelune le traverse sur un pont de pierre : Alfaro,
qui possède un gué : Castejon, où la voie ferrée
de Pampelune le franchit sur un pont tubu-
laire : Milagro, où il reçoit l'*Aragon*. Il arrive
enfin à Tudela et, peu après, à la limite des
circonscriptions militaires de la Navarre et de
l'Aragon.

A partir de Logroño, le volume de ses eaux
s'augmente rapidement des affluents de ses
deux rives. On remarque sur la rive droite la
voie ferrée de Tudela et de Saragosse, ainsi
qu'une route qui, de Haro, se dirige sur ces
deux points. On trouve également à Tudela un
pont de pierre pour le passage de la route de
Pampelune. La vallée de l'Èbre est vaste, fertile, et renferme des centres de population
importants. De sa source à Tudela, son cours
offre un développement de trois cent cinquante-
deux kilomètres.

De la Peña de Orduña, dans la chaîne Pyrénaïque, part un contre-fort qui, sous les noms
de sierra de **Santiago**, de **Ara**tejas et de

Arcamo, vient mourir à l'Èbre. Un deuxième rameau qui, dans la même direction, se détache de la Peña de Gorbea, sous les noms de sierra de Arato et de Badaya, forme avec le précédent le bassin du *Bayas*. Ce cours d'eau prend sa source dans le versant méridional de la Peña de Gorbea, coule vers le sud par la vallée de Cuartango, arrose Murguia, Ribabellosa et Bayas, où il se jette dans l'Èbre.

La voie ferrée de Bilbao à Tudela, après avoir franchi l'Èbre à Miranda, suit la vallée de Bayas, traverse la chaine Pyrénaïque par un tunnel près du Gujuli, et descend dans la vallée du Nervion en longeant la chaîne sur une grande étendue et en décrivant une sorte de fer à cheval au centre duquel se trouve la ville de Orduña.

Le bassin du Zadorra est formé : au nord, par la chaine Pyrénaïque depuis la sierra de San-Adrian jusqu'à la Peña de Gorbea : à l'ouest, par celle qui borne à l'est, comme nous l'avons dit, le bassin du Bayas et rejoint la sierra de San-Vitores à las Conchas de Arganzon près de Puebla. Au point de jonction de ces montagnes, la rivière s'ouvre un passage en creusant un défilé que suit également la route de France. Ce dernier rameau se prolonge parallèlement à l'Èbre sous le nom de montagnes de Vitoria, jusqu'à ce qu'il rencontre les monts Izquiz.

La chaîne Pyrénaïque, dans la partie qui sert de ceinture au bassin du Zadorra, forme, avec les monts de Vitoria, une sorte de grande dépression que l'on appelle Plaine de Vitoria, au centre de laquelle est bâtie la ville de ce nom. C'était autrefois, dit-on, le lit d'un lac dont les eaux, par l'effet de quelque cataclysme, se sont ouvert un chemin vers l'Èbre à travers les Conchas de Arganzon.

Le *Zadorra* prend sa source dans le versant septentrional de la sierra de Andia, près de Munain, baigne Salvatierra, centre de population important de la plaine de Alava sur la route de Vitoria à Pampelune : Guevara, où l'on remarque un château historique en ruines, et poursuit son cours parallèlement à la chaîne Pyrénaïque jusqu'au village de Ulibarri-Gamboa, au pied du port de Arlaban, où la route de France le franchit sur un pont de pierre ; change alors brusquement de direction vers le sud jusqu'à Gamarra-Menor, à trois kilomètres de Vitoria, où il incline vers l'ouest. A Gamarra-Mayor et Arriaga, il est traversé sur deux beaux ponts de pierre par les routes de Vitoria à Bilbao par Durango et Villaro. Longeant ensuite la sierra de Badaya qui lui barre le passage, il change encore de direction vers le sud, coule dans le défilé de las Conchas de Arganzon, rencontre la route de France au pont de Armiñon et se jette dans l'Èbre, en face de Ircio, après avoir reçu sur la gauche les eaux de l'*Ayuda*. Son cours a soixante-sept kilomètres de développement.

Le versant méridional des montagnes de Vitoria et le versant septentrional de celles de Izquiz à leur jonction au pic de Gararza, près du port de Herenchu, forment le bassin de l'*Ayuda*. Ce cours d'eau prend sa source au mont de Arlocea, dans la chaîne de Izquiz, et arrose le comté de Treviño, qui appartient à la province de Burgos bien qu'il soit enclavé dans celle de Alava.

Les monts de Izquiz et la chaîne Cantabrique forment un petit bassin dans lequel coule l'*Inglarès*, qui naît au port de la Recilla, baigne Peñacerrada et se jette dans l'Èbre au-dessous de l'embouchure du Zadorra. Ces deux séries de hauteurs sont reliées près de Pipaon par un mouvement de terrain très-prononcé.

A la coupure qui donne passage aux eaux de

l'Èbre, la chaîne des Obarennes se rattache à la cordillière Cantabrique. A peu de distance du fleuve et parallèlement à son cours, elle se détache, âpre, sauvage, élevée, sous les noms de sierra de Toloño depuis las Conchas de Haro jusqu'aux ports de Recilla et de Pipaon, où elle prend ceux de Sonsierra de Navarra et de Sierra de Codes. A partir des ports de la Poblacion et de Bernedo, elle reçoit la dénomination de Peña de Jodar et de la Dormida de las Palomas jusqu'à Santa-Cruz de Campezù; s'adoucissant ensuite, elle pénètre en Navarre sous les noms de sierra de San-Gregorio et de Sorlada, de Peña de Monjardin, de Montejurra; puis, s'inclinant vers le sud, elle perd peu à peu son caractère d'âpreté, s'abaisse progressivement et finit par les hauteurs de Santa-Cecilia et de Larrà, dans l'angle formé par le confluent de l'Ega et de l'Èbre, après s'être transformée en une chaîne de délicieuses collines.

Aux monts de Iturrieta, nœud d'une hauteur considérable situé à l'extrémité de ceux de Vitoria, se soude une autre chaîne qui entre en Navarre sous les noms de sierras de Urbasa et de Andia et se termine au confluent du *Larraun* et de l'*Arga*. Elle est extrêmement remarquable. Le touriste qui contemple ces montagnes de la vallée de la Burunda ou de las Amezcoas, distingue seulement une crête bien accusée, formée de rochers hérissés de pins et inaccessibles; mais quelle n'est pas sa surprise lorsque, après avoir franchi la sierra, il se trouve tout à coup transporté dans une plaine vaste et ondulée, couverte de verdure, de bois touffus, coupée de haies épaisses et semée de chênes séculaires!

La sierra de Andia, qui se relie à celle de Urbasa à la Venta de Zumbels, est plus accidentée, mais on y rencontre cependant des plaines presque unies comme celle que l'on appelle campagne rase de Urbasa.

De la plaine découverte, dite la Planilla, sur le versant méridional de la sierra de Urbasa, se détache une chaîne de hauteurs qui entourent du côté nord la ville de Estella, et sous les noms de collines de Villatuerta, de monts de Esquinza et de Baigorri, viennent finir en pentes douces au confluent de l'Èbre et de l'Aragon. Ce sont elles qui forment le bassin de l'*Ega*, avec la cordillière Cantabrique depuis la Sonsierra de Navarra et avec les sierras de Urbasa, de Andia et la croupe qui relie près de Pipaon, les monts de Izquiz avec cette cordillère.

Ce cours d'eau prend sa source près de la ville de Lagran, dans le versant septentrional de cette chaîne, arrose Bernedo et Santa-Cruz de Campezu où il est croisé sur un pont de pierre par la route de Vitoria à Estella. Il reçoit ensuite, à gauche, les eaux de l'*Ega,* qui descend des montagnes de Iturrieta et baigne Atauri et Antoñana. Après Santa-Cruz de Campezu, il creuse dans un rameau qui se détache de la Dormida de las Palomas, l'étroit et profond défilé de Arquijas, coule vers l'est jusqu'à Estella, où il se grossit de l'*Urrederra,* change de direction vers le sud, passe à Lerin, à Andosilla et se jette dans l'Èbre, en face de Calahorra.

Le rameau qui part de la Dormida de las Palomas et qui porte le nom de sierra de Santiago de Loquiz, offre une structure semblable à celle de la sierra de Urbasa. Il se rattache aux montagnes de Orbiso, prolongées par les hauteurs de Contrasta qui se relient elles-mêmes à la sierra de Andia. L'ensemble de ces montagnes circonscrit la vallée de las Amezcoas, arrosée par l'*Urrederra.*

Ce cours d'eau prend sa source dans le versant méridional de la sierra de Urbasa, au port de Zudaire. Après avoir reçu le *Viarra,* qui descend des hauteurs de Contrasta et coule dans la haute Amezcoa, l'Urrederra court dans le bas de cette vallée, entre dans celle de Allin et se jette dans l'Ega, près de Estella.

Dans la peña de Jodar naît un petit cours d'eau, l'*Odron,* qui arrose la vallée de la Berrueza, se fraye un passage, près de Mues, à travers la sierra de San-Gregorio, par le défilé du Congosto, baigne Los Arcos, et se jette dans l'Èbre, à Mendavia.

Il nous reste à décrire le bassin de l'*Aragon,* l'affluent le plus considérable du fleuve dans la région qui nous occupe. Son bassin est formé par la chaîne qui constitue la partie occidentale de celui de l'Ega, par les sierras de Urbasa et de Andia, par une croupe qui, se détachant de la première de ces deux chaînes, la relie à la Pyrénaïque et sépare les eaux du Zadorra de celles de l'Araquil, par la Pyrénaïque, depuis la sierra de San-Adrian jusqu'à son origine, par les Pyrénées occidentales, et, en dehors de la Navarre, par les montagnes de Jaca.

Du pic de Ayanet, dans les Pyrénées, descend vers le sud une ramification connue sous le nom de sierra de Santo-Domingo ou de Jaca, qui, près de cette ville, change brusquement de direction vers l'ouest, pénètre en Navarre et correspond, près de Sangüesa, à une autre chaîne qui, sous la dénomination de sierras de Alaix et du Perdon, est coupée par le cours de l'Arga, près de Belazcoain, et se relie à la sierra de Andia.

La jonction des sierras de Alaix et du Perdon détermine un mouvement de terrain à pentes douces, appelé Pas de Carascal, qui ouvre un passage à la route de France par Pampelune. On remarque, en outre, dans la sierra de Alaix, la Iga de Monréal, sorte de promontoire élevé au pied duquel est bâtie la ville de ce nom.

L'*Aragon* naît de deux sources qui réunissent leurs eaux auprès du port de Canfranc, non loin du monastère de Santa-Cristina, dans la province de Huesca. L'une d'elles jaillit avec une grande abondance dans le ravin de Candachu, l'autre sort du port de Astun. Il prend la direction du sud jusqu'aux environs de Jaca, où la sierra le force à tourner vers l'est, jusqu'à Sangüesa. Après avoir reçu l'*Ezca*, près de Tiermas, il entre dans la Navarre, se grossit au-dessous de Liedéna et sur sa droite, des eaux de l'*Irati*, croise, sous un beau pont, la route de Tiermas, qui s'unit à cet endroit à celle de Pampelune, incline de nouveau vers le sud et se dirige vers Sangüesa, où le franchit sur un autre pont la route de las Cinco Villas, qui rejoint la précédente. Il arrose ensuite : Caseda et Gallipienzo, où l'on trouve deux ponts : Murillo del Fruto et Carcastillo, où l'on rencontre des bacs : Santacara et Melida, où il y a un gué : Caparoso, où il est traversé par la route de Pampelune, et enfin, Marcilla, où passe la voie ferrée qui conduit à la première de des deux villes. Un peu en aval, il reçoit l'*Arga*, et se jette dans l'Èbre, près de Milagro, où l'on remarque un pont en bois.

Dans la Navarre, le volume de ses eaux est déjà considérable, et il n'y est point guéable pendant l'hiver. La vallée dans laquelle il coule est d'abord étroite et accidentée; bordée sur la gauche par les Bardenas, vaste lande inculte, elle devient, à partir de Caparoso, large et fertile. Les gués y sont extrêmement dangereux. Il arrive souvent, en effet, que des crues surviennent subitement sans qu'on ait pu les prévoir, et emportent les hommes et les animaux qui s'y aventurent.

Les Pyrénées détachent un contre-fort qui se joint à la sierra de Navascuez; celle-ci se relie à la sierra de Leire, qui vient mourir au confluent de l'Aragon et de l'Irati, et qui forme, avec celle du Perdon, un défilé remarquable dans lequel coule le premier de ces cours d'eau. Ce contre-fort et ces deux chaînes séparent l'Irati de l'*Ezca*, qui arrose la vallée de Roncal et se grossit des nombreux ruisseaux qui descendent des ports de Arlas, Anias, Bimbalet et Belay, passages des Pyrénées obstrués par les neiges pendant la moitié de l'année et toujours fort difficiles à franchir.

Du pic de Urtiaga, dans le rentrant des Aldudes, part un contre-fort âpre et sauvage, sans nom distinct, qui court vers le sud-ouest jusqu'à Pampelune, où il s'épanouit en plusieurs rameaux, et sépare l'Arga de l'Irati. Ce dernier cours d'eau est formé par les deux ruisseaux de *Hurchuria* et *Urbelcha*, qui naissent à la base du pic de Ori, dans les ports de Irati-Soro, et se réunissent dans les bois épais de Irati.

Resserrée entre la chaîne des Pyrénées et les monts de Abodi, contre-fort abrupte qui se détache du mont de Ori, cette rivière suit tout d'abord une direction parallèle à celle de cette chaîne. Après avoir reçu à Orbaïceta les eaux du *Lizarza,* qui descend du port de Roncevaux, elle passe par Arive, s'incline encore vers le sud, traverse le village de Gorriz, où elle se grossit sur sa droite de l'Urrobi, et arrose Aoiz, où elle est traversée sur un beau pont de pierre par la route de Lumbier à Pampelune. Près de Agos, elle reçoit l'*Erro,* et à Ripodas, l'*Areta* baigne Lumbier, où elle se joint au *Salazar,* et se jette dans l'Aragon à Liedéna. La vallée étroite et tourmentée dans laquelle elle coule prend le nom de Aezcoa, dans sa partie supérieure, et dans sa partie inférieure, celui de Urraul. Elle n'est pas guéable pendant l'hiver; mais pendant l'été et aux époques de sécheresse, il est facile de la passer en plusieurs endroits.

La montagne de Abodi, au point où se trouve la hauteur de Arive, change brusquement de direction vers l'est et donne naissance à la sierra de Areta, qui, au pic de Arasa-Mendi, envoie quelques rameaux qui finissent au *Salazar* et séparent ses eaux de celles de l'*Urrobi.*

Le *Salazar* prend sa source au petit port de Betzula, dans les Pyrénées, reçoit peu après le *Satoya,* qui vient du versant septentrional du port de Areta et se jette dans l'Irati après avoir arrosé une multitude de localités qui peuplent la vallée à laquelle il donne son nom. Les eaux de l'*Areta*, qui prend sa source dans le versant méridional du port de même nom, sont séparées de celles du Salazar par une des ramifications que disperse le pic de Arasa-Mendi : il arrose la vallée du haut Urraul et finit dans l'Irati.

Deux contre-forts se détachent des Aldudes : le premier court entre l'Irati et l'Urrobi, le second, qui porte le nom de sierra de Libia, forme la ligne de partage entre l'*Urrobi* et l'*Erro*.

L'*Urrobi* naît au port de Roncevaux et suit la vallée de l'Arce, dans laquelle se trouve la route de Aoiz, qui n'est achevée que jusqu'à Roncevaux.

L'*Erro* prend sa source dans les Pyrénées, au port de Estabegui, traverse sous un pont de pierre la route de Aoiz à Pampelune, et se jette dans l'Irati, comme nous l'avons dit plus haut.

L'*Arga*, dont le bassin a été déjà décrit, puisqu'il est formé par la partie orientale de celui de l'Ega, la Pyrénaïque et la partie occidentale de celui de l'Irati, descend du port de Urtïaga dans les Aldudes, coule dans la direction du sud, arrose la vallée étroite et très-accidentée de Esteribar, reçoit sur la droite, à Villaba, les eaux de l'Ulzama, passe à l'ouest de Pampelune et baigne ses murs, auxquels il sert de fossé. Il incline à l'ouest après avoir croisé la route de Vitoria, pénètre dans la vallée large et fertile de Zizur, et rencontre, près de Ibero, la route de Estella qui le franchit sur un pont. Il reçoit, sur la droite, le *Larraun*, arrive à Belazcoain, où se trouve un autre pont, tourne encore vers le sud et se dirige à travers une fertile vallée vers Puente-la-Reina, où il croise la route d'Estella; il passe un peu après à Mendigoria, où se trouve un pont et où il se grossit du *Salado :* à Larraga, Berbinzana, Miranda de Arga, Falces et Peralta, où il existe aussi des ponts, et se jette dans l'Aragon au-dessous de Funes.

Les nombreux ruisseaux qui naissent dans la chaîne Pyrénaïque aux ports de Saspiturrieta et de Arraiz, forment l'*Ulzama*, qui arrose dans son cours supérieur la vallée de l'Odieta : il se joint à l'*Argui*, qui prend aussi sa source dans la Pyrénaïque, non loin de Oroquieta, et plus bas, au *Mediano*, qui descend du port de Velate : il entre ensuite dans la vallée de Escarbarte et se jette dans l'Arga à Villaba. La route de

France remonte d'abord son cours, puis celui du Mediano. Les vallées arrosées par l'Argui et l'Ulzama portent le nom de cette dernière rivière.

Le bassin du *Larraun* est formé par deux ramifications de la Pyrénaïque, l'une sépare ses eaux de celles de l'Ulzama et détache deux contre-forts, le premier qui se dirige vers la sierra de Andia, le second qui se prolonge au nord de Pampelune, et qui porte le nom de montagnes de San-Cristobal. Ces montagnes sont coupées par l'Arga et se rattachent au nord de Huarte à la ligne de partage des eaux de cette rivière et de l'Irati. L'autre ramification, dite sierra et peña de San-Miguel, sépare le *Larraun* du *Burunda*.

Le *Larraun* prend sa source au port de Azpiroz, coule dans la direction du sud, et, avant d'arriver à Irurzun, franchit, près de Latasa, un profond défilé resserré entre deux rochers élevés que l'on désigne sous le nom de las Dos Hermanas (1); il reçoit l'*Ichaso*, qui arrose la vallée de Basaburua mayor et se grossit de nombreux ruisseaux qui descendent de la Pyrénaïque.

______

(1) Les deux Sœurs.

Le *Burunda,* tributaire du Larraun, naît dans la sierra de San-Adrian, sur la frontière de l'Alava, parcourt la vallée de ce nom et se jette à Irurzun dans le Larraun. Celui-ci coule dans la direction du sud; à Anoz, où il existe un pont d'une grande importance militaire dans l'hypothèse d'une guerre civile, il reçoit le *Chiquito,* qui arrose, dans la sierra de Andia, les vallées de Goñi et de Ollo, puis il se jette dans l'Arga.

La route de Vitoria à Pampelune suit les vallées du Burunda et du Larraun, se sépare à Irurzun d'une autre route qui passe par las dos Hermanas, et franchit la chaîne Pyrénaïque au port de Azpiroz, où elle se bifurque: l'un des embranchements se dirige vers Tolosa par Betelu, l'autre vers la frontière de Guipuzcoa par le port de Urto. De Alsasua, dans la vallée du Burunda, se détache également une voie de communication qui traverse la chaîne au port de Echegarate et rejoint, à Beasain, la grande route de France par Vitoria.

Une chaîne connue sous les noms de montagnes de Muniain, de Guirguillano, de Mañeru, et qui se termine au confluent du Salado et de l'Arga, constitue la ligne de partage des eaux de ces deux rivières.

Le *Salado* prend sa source au point de jonction des sierras de Andia et de Urbasa, arrose les vallées de Guesalar et de Yerri, et se jette dans l'Arga, en face de Mendigorria.

CHAPÍTRE II.

ÉTUDE DES PROVINCES BASQUES ET DE LA NAVARRE
AU POINT DE' VUE MILITAIRE.

Après avoir décrit les provinces basques et
la Navarre, il est nécessaire, pour les étudier
au point de vue militaire, de prendre comme
point de départ toutes les lignes que l'on peut
adopter comme bases dans l'hypothèse d'une
armée qui commence les opérations sur ces
portions du territoire pour les pousser dans
l'intérieur du pays. Bien que dans les chapitres
suivants nous distinguions celles qu'il est possible de choisir et celles que l'on doit rejeter,
nous les discuterons toutes néanmoins, de
manière à examiner complétement les deux
zones de l'est et de l'ouest, en faisant ressortir
les propriétés militaires de leurs conditions
topographiques.

Nous supposerons également que la guerre
est déjà régulière et que nos troupes occupent

seulement les capitales de ces provinces, circonstance dans laquelle nous nous sommes
trouvés pendant la guerre civile de Sept ans,
pendant celle qui vient de finir, et dans laquelle nous nous trouverons toujours lorsque
la lutte prendra le caractère de guerre régulière.

A partir du versant oriental, la première base
convenable qui se présente est la ligne de l'Èbre;
mais elle est si vaste, elle exigerait une armée
si nombreuse, qu'il ne paraît guère possible
d'entreprendre les opérations sur toute son
étendue; aussi la diviserons-nous en trois bases
secondaires. La première qui est comprise entre
la source du fleuve et Miranda de Ebro, la
seconde qui va de ce point à Logroño, et la troisième qui embrasse l'espace contenu entre cette
dernière place et Tudela. Voilà quelles devraient
être, à notre avis, les trois bases d'opérations
contre les trois provinces de Biscaye, d'Alava et
de Navarre.

Aucune des opérations qui, de l'Èbre,
seraient dirigées vers l'intérieur des provinces
basques, ne rencontrerait d'obstacle véritable-
ment insurmontable dans les deux premières
parties de cette base jusqu'à la chaîne Pyré-

naïque. Ce redoutable échelon offre, dans tous les sens, d'excellentes lignes qui, fortifiées convenablement et bien défendues, constitueraient une barrière presque infranchissable si l'on tentait de les attaquer de front, et toujours très-difficiles à forcer, si l'on prenait le parti de les tourner, bien que l'accès en soit beaucoup plus aisé du côté du versant oriental que du côté du versant septentrional.

Si, en partant de la région supérieure de l'Èbre, on essaie, soit par la gauche, soit sur les limites qui séparent la Biscaye de la province de Santander, de porter les opérations sur le versant septentrional, qui, dans cette zone, forme la première de ces deux provinces, on peut, avant d'arriver à la ligne de partage des eaux marquée par les montagnes élevées et abruptes de l'Ordunte, rencontrer une résistance sérieuse dans les ramifications sauvages qui s'en détachent jusqu'au versant oriental, et qui sont susceptibles d'une bonne défense si l'ennemi sait tirer parti de la configuration accidentée du terrain.

De ce côté, l'attaque ne saurait être dirigée que par la vallée de Mena pour arriver à la ligne du Cadagua par Valmaseda, parce qu'en se portant plus à gauche, abstraction faite des obstacles insurmontables que présentent les monts de l'Ordunte, ou en les supposant franchis, on tomberait dans la vallée du Carranza et dans les Encartaciones, région aussi pauvre que tourmentée.

Si nous admettons que nous sommes parvenus au Berron et que nous sommes arrivés, par conséquent, à la ligne générale de partage des eaux pour nous porter sur Valmaseda, l'ennemi peut facilement se rendre maître sur les côtés de positions excellentes. La vallée du Cadagua est très-resserrée et ses flancs sont trop escarpés pour qu'on puisse les gravir; il suffit que l'ennemi les occupe pour qu'il soit absolument impossible de se maintenir dans cette vallée, exposée tout entière à l'action des feux croisés de mousqueterie. Ces flancs sont formés sur la gauche par les hautes montagnes de la Magdalena et les pics de Santa-Agueda, et sur la droite, par la sierra de Gordejuela, les monts de Balante et de Pagarri, près de Bilbao.

Une autre direction à suivre pour envahir la Biscaye, en partant de l'Èbre, est celle de l'Omecillo, qui conduit à Orduña et permet de gagner le Nervion. Bien que la ligne déterminée par cette rivière ne présente pas d'aussi grandes difficultés que celle du Mena, elle est cependant dominée sur la gauche par les sierras de Aracena, de la Salvada, et sur la droite, par celles de Aratejas, de Santiago et par les montagnes de Gibijo. La vallée du Nervion est extrêmement resserrée; il faut, pour y arriver, occuper le premier les crêtes qui sont très-âpres et offrent, à Llorio, Areta et Miravalles, d'excellentes positions défensives.

Il existe encore deux directions que l'on peut prendre en partant de la région supérieure de l'Èbre, pour pénétrer en Biscaye; ce sont celles de Arratia et de Durango : nous nous bornerons à les étudier à partir de Vitoria seulement, cette place étant toujours restée en notre pouvoir. Si les communications entre elle et Miranda de Ebro ne nous appartenaient plus, et qu'il fût nécessaire de les rétablir, nos troupes n'auraient à vaincre d'autre résistance que celle que l'ennemi pourrait leur opposer sur la ligne-défensive des monts de Vitoria et de las Conchas de Arganzon, dont nous parlerons dans un autre chapitre de cet ouvrage.

A partir de Vitoria, on ne rencontre aucun

obstacle sérieux pour parvenir à Villareal de Alava; mais pour se porter de ce point sur la ligne générale de partage des eaux, au port de San-Antonio de Urquiola, on trouve de chaque côté une série de positions couvertes de bois, dont la possession ne pourrait être obtenue qu'au prix de pertes énormes, si l'ennemi les fortifie aussi solidement et s'il les défend aussi énergiquement qu'il l'a fait pendant la dernière guerre. Elles consistent dans une succession de rameaux abruptes que détachent du côté du versant oriental les peñas de Gorbea, de Urquiola et de Amboto. Mais si, par surprise ou de toute autre manière, on peut arriver sur la crête de la chaîne Pyrénaïque, à l'ermitage de San-Antonio de Urquiola, on domine la vallée de l'Ibaizabal, sur le versant septentrional, et rien ne s'oppose à la marche des troupes sur Durango. On commande et on tourne ainsi les redoutables positions de la Mañaria.

A partir de Villareal de Alava, on peut également suivre deux autres lignes d'invasion: l'une, qui se dirige par la vallée de Arratia pour tomber en Biscaye, et l'autre par la vallée de Aramayona pour pénétrer dans le Guipuzcoa. On ne saurait cependant les considérer comme remplissant les conditions nécessaires ; les vallées qu'elles parcourent sont extrêmement resserrées, et lorsqu'on arrive à la ligne générale de partage des eaux, après avoir surmonté de sérieuses difficultés, on se heurte sur le versant septentrional à des obstacles plus grands encore.

La première de ces vallées est bordée, à gauche, par les hautes montagnes de Mendiguerra, de Mendoya et par les contre-forts qu'elles envoient, et, sur la droite, par ceux qui dépendent des peñas de Urquiola et des monts de Iguengona. S'il était nécessaire de passer par cette vallée ou si la situation de l'ennemi le rendait possible, il faudrait occuper la petite vallée de Dima, qui en est séparée par une ramification de la chaîne Pyrénaïque ; une fois maître de San-Antonio de Urquiola, on commande aisément toute la région voisine.

La vallée de Aramayona, qui conduit à Mondragon, sur la ligne du Deba, est à peu près impraticable, non-seulement en raison de sa faible largeur, mais aussi à cause de l'impossibilité de gravir ses flancs, formés sur la gauche par les peñas de Udala et les rameaux aussi sauvages qui s'y rattachent, et, sur la droite, par un contre-fort qui part du port de Arlában, et constitue la ligne de partage entre le Deba et les cours d'eau voisins. En prenant Vitoria pour base, on peut pénétrer dans le Guipuzcoa par le bassin de cette rivière. Il faut, dans ce cas, vaincre d'abord de sérieuses difficultés, depuis le hameau de Ulibarri-Gamboa et les Ventas de Ventabarri; et quand on les a surmontées avec beaucoup de peine, on entre dans la vallée du Deba, qui est bien plutôt un long et profond défilé dont on ne peut s'assurer la possession qu'en occupant auparavant ses crêtes élevées.

De Vitoria à Salvatierra, les troupes qui se dirigent vers la Navarre, par la vallée du Burunda, ne rencontrent point d'obstacles dans leur marche, quoique la route soit bordée, à gauche par les pentes de la chaîne Pyrénaïque. A Salvatierra se trouve une ligne de défense peu étendue, mais de difficile accès, marquée par le mouvement de terrain qui sépare les sources du Zadorra de celles du Burunda, et après lequel la vallée devient extrêmement étroite. Elle est longée de près, à gauche, par les monts de Alzania, à droite, par la sierra de Urbasa, et peut être battue par des feux croisés de mousqueterie. Elle s'élargit considérablement après Echarri-Aranaz jusqu'à Irurzun, où elle se rétrécit de nouveau. La grande difficulté pour pénétrer dans cette vallée ne résulte pas précisément de son peu de largeur, mais bien plutôt de la nature de ses flancs. Celui du nord, qui n'est autre que la chaîne Pyrénaïque, est tout à fait infranchissable par les ports de San-Adrian et par les monts de Arraiz ; il peut être abordé, mais difficilement, par ceux de Alzania et par les ports de Echegarate, de Berranoa et par la base de la sierra de Aralar ; le flanc méridional formé par une succession de peñas, qui constituent les sierras de Urbasa et de Andia, est complétement inaccessible à partir de la vallée, et les passages ou ports qu'on y remarque sont inabordables, même quand ils ne sont défendus que par une poignée d'hommes. Pour le dominer, il faudrait pénétrer dans la sierra de Urbasa en partant de la plaine d'Alava par les ports de Guereñu, opération qui entraînerait des pertes considérables et dont l'issue serait douteuse, s'ils étaient bien défendus, en raison de l'extrême difficulté du terrain et de la raideur des pentes. De plus, si l'on suppose que les troupes, après avoir enlevé ces redoutables positions, sont parvenues sur le plateau de Urbasa, on peut les considérer comme isolées du corps principal qui envahit la Burunda et sans aucune liaison avec lui; leur ravitaillement est à peu près impossible, et si le gros des forces ennemies tombait sur elles, leur situation deviendrait très-critique.

En prenant toujours Vitoria pour base, on peut suivre une autre ligne pour pénétrer dans la Navarre, c'est celle de Maestu. A partir des villages de Troconiz et d'Ijona, il faut monter pour traverser, par les ports d'Azaceta et de Herenchu, la chaîne des montagne de Vitoria, dont les pentes sont âpres, semées d'obstacles naturels, et offrent des positions presque inexpugnables. Après les avoir franchies, on arrive à Maestu et l'on descend dans la vallée de l'Egea ou de Atauri, nom sous lequel elle est plus généralement connue dans le pays. On pénètre alors dans un défilé long, étroit et difficile, formé par les monts de Izquiz et les hauteurs de Encio, et après avoir dépassé Santa-Cruz de Campezu, on trouve le passage barré par la redoutable montagne de Arquijas. Des considérations que nous venons de présenter résulte évidemment l'impossibilité de se servir de cette ligne d'invasion.

S'il était nécessaire d'occuper le comté de Treviño, la direction naturelle à suivre pour exécuter cette opération serait celle de l'Ayuda, et pour marcher sur Peñacerrada, celle de l'Inglarès, toutes deux partant de l'Èbre dans sa région centrale. Il faut renoncer à choisir Logroño et la Guardia comme points de départ, ainsi qu'on a prétendu pouvoir le faire; la sierra de Toloño fermerait absolument le passage aux troupes, devant lesquelles elle se dresserait comme une barrière infranchissable.

Avant de passer à l'étude des lignes d'invasion qui, de la région inférieure de l'Èbre, mènent dans l'intérieur de la Navarre, nous examinerons, sous le rapport militaire, la situation d'Estella, son territoire, ainsi que les directions qui y conduisent en partant de la base indiquée plus haut. Considérée à ce point de vue, la ville d'Estella n'offre aucune importance; arrosée par l'Ega et située dans un défilé étroit et profond, elle est complétement dominée, au sud, par une montagne élevée, le Montejurra : à l'est, par les hauteurs de Villatuerta : au nord, par celles de Montemuro et de Zubielqui, et à l'ouest, par celle de Monjardin. Néanmoins, pendant la guerre de Sept ans et dans celle qui vient de finir, elle a acquis une grande notoriété et son nom restera certainement dans l'histoire. Elle le doit à ce qu'elle est devenue momentanément la capitale d'une région riche en productions naturelles de toutes sortes, habitée par une population fanatisée jusqu'au délire par l'idée carliste, et sans doute aussi parce qu'elle est voisine des vallées de las Amezcoas et des sierras de Urbasa et de Andia, qui, par suite de leurs conditions topographiques et du manque absolu de voies de communication, ont été dans le passé et seront encore dans les guerres de l'avenir comme la citadelle et le dernier boulevard de l'insurrection, le dernier point aussi que fouleront les troupes chargées de l'étouffer. Les carlistes ne l'ont jamais fortifiée, parce qu'elle ne saurait être défendue et qu'elle ne présente aucune des qualités que doit posséder une place de guerre. La prise de l'une des hauteurs ou des montagnes qui l'entourent entraîne forcément sa reddition, et cette circonstance est précisément la raison pour laquelle la conquête en est difficile.

Pour se diriger sur Estella, il existe deux lignes à partir de la base de l'Èbre, et trois à partir de celle de l'Arga.

En prenant l'Èbre comme origine du mouvement, la première est la route de Logroño par los Arcos. Elle suit un terrain découvert et légèrement accidenté qui permet l'emploi des trois armes. A cinq kilomètres environ de los Arcos, la route est barrée par une chaîne de hauteurs assez élevées, à pentes rapides et sauvages, qui se détache de la sierra de San-Gregorio, vient rompre la monotonie de ce terrain uni et couvert de cultures, et constitue la ligne de partage des eaux du *Cogullo*, affluent de l'*Odron* et du *Zamarca*, affluent de l'Ega. Cette petite chaîne est remarquable par sa structure; elle présente trois brèches ouvertes dans sa masse par trois branches du Cogullo; ce sont: le port de ce nom, par lequel passe la route de los Arcos à Estella et qui forme un défilé assez profond; celui de Lobos, qui donne passage au chemin carrossable naturel de Sesma à los Arcos, et enfin celui de San-Julian, par lequel passe le chemin de Lodosa à Estella par Allo. La chaîne que nous venons de décrire ne saurait être attaquée directement sans de grands risques, si elle est convenablement fortifiée et bien défendue. On devra donc faire une démonstration sur le front

2*

pendant qu'on dirigera l'attaque principale sur la sierra de San-Gregorio, par la route de los Arcos à Mues dont on cherchera à s'emparer par surprise. Si l'on y parvient, on prendra en flanc d'une manière complète le port de Cogullo et son défilé. De toutes façons et quelques pertes qu'entraîne l'occupation de ce port, il est indispensable de s'en rendre maître, ainsi que de la sierra de San-Gregorio, qui commande la route de Estella jusqu'à Azqueta. La marche pourra se poursuivre ensuite sans obstacle sérieux jusqu'à Urbiola, Luquin et Barbarin, bien que la possession de ces deux dernières localités doive être chèrement achetée, mais il est impossible d'aller au delà par la vallée de Santisteban, resserrée entre la peña de Monjardin, à gauche, et celle de Montejurra, à droite. Les pentes de la première sont régulières, cultivées jusqu'à mi-côte, coupées de clôtures qui séparent les héritages et forment autant de parapets et de tranchées d'un abord très-difficile. Les pentes de la seconde sont escarpées et rapides, couvertes de bois, de bruyères et inaccessibles en plusieurs endroits. La prise de ces deux forteresses naturelles présente de graves difficultés, et si l'on n'est point parvenu à s'y établir, il est absolument impossible d'arriver par cette ligne à Estella, parce que les feux de mousqueterie qui en partent se croisent sur toute la vallée et sur la route qui la parcourt.

La seconde direction à suivre pour se porter sur cette place en partant de l'Èbre, est la route de Lodosa par Allo. Jusqu'à ce point et après avoir franchi le petit port de San-Julian, la marche s'effectue sans aucun embarras dans un terrain ouvert et cultivé; mais au delà, la route qui longe l'Ega en remontant son cours est dominée à gauche par le Montejurra, dont l'accès de ce côté est beaucoup plus difficile que sur le versant occidental; de plus, les hauteurs de Santa-Barbara, de Oteiza et de Villatuerta, qui bordent la rive gauche de l'Ega, commandent la route et la vallée de la Solana d'un peu plus loin, il est vrai, que le Montejurra, mais d'assez près cependant pour que l'artillerie et la mousqueterie les rendent tout à fait impraticables. Il est donc nécessaire pour y pénétrer de se rendre maître de ces montagnes.

Des trois lignes qui conduisent à Estella en partant de la base de l'Arga, la première est la route de Larraga et de Oteiza, par la vallée de

Yerri. Elle se trouve, jusqu'à Oteiza, dans des conditions indentiques à celles des lignes que nous avons décrites. Après cette ville, elle est dominée par le Montejurra sur la gauche, par le mont Esquinza sur la droite, et peut être battue par les feux de mousqueterie qui partiraient de ces hauteurs. Après Villatuerta, elle entre dans un long couloir et suit la rive gauche de l'Ega, dont elle remonte le cours. Ce défilé est formé par les ramifications du Montejurra et des hauteurs de Grocin, de Zuricain et de Murugarren, dans lesquelles on ne peut pénétrer sans s'être emparé d'abord des points culminants.

La seconde ligne est la route de Puente la Reina, qu'on peut considérer comme un défilé continuel; au débouché de cette ville, elle est bordée à droite par les monts du Gurguillano, les hauteurs de Santa - Barbara et de Alloz jusqu'à Lorca, où elle peut être continuée par la route de Oteiza qu'elle rejoint un peu plus loin, ou bien par celle qui entre dans la vallée de Guesalar et qui est dominée à gauche par les hauteurs qui commandent à droite la précédente. Cette vallée est plus ouverte; mais les feux partant, à gauche, du mont Esquinza et des collines de Villatuerta la rendraient impraticable.

La troisième ligne est la route de Pampelune à Estella qui traverse l'Arga sur le pont de Ibero, après lequel elle est constamment dominée et exposée aux feux venant des ramifications de la sierra de Andia, qui présentent dans leurs versants méridionaux des positions presque inexpugnables; telles sont les montagnes de Munain, de Vidaurre, de Arizala et de Azcona. Sur la gauche, la route serait également battue par les hauteurs de Belazcoain jusqu'au delà de Salinas de Oro, où se déroule la vallée de Guesalar qu'elle parcourt, et dont la configuration devient plus accidentée près de Ugar. Cette ligne offrirait des obstacles beaucoup plus sérieux que les précédents.

De l'examen auquel nous venons de nous livrer, il résulte qu'il est impossible d'arriver à Estella en prenant une seule direction, puisque, séparément, elles présentent toutes des difficultés considérables et que, si l'on parvient à s'en assurer la possession, ce n'est qu'au prix de grands sacrifices et avec plus de chances pour un échec que pour un succès. Nous ne croyons pas qu'il soit possible de se porter sur cette place autrement qu'avec des forces suffisantes pour s'avancer par échelons sur deux ou trois lignes à la fois, de telle sorte qu'elles se flanquent pour ainsi dire mutellement. Dans un autre chapitre, nous discuterons d'une manière détaillée cette opération et celles qui, de l'Èbre, peuvent être dirigées contre la Navarre dans le but de faire tomber la ligne de défense qui commence à la sierra de San-Gregorio, passe par les positions qui couvrent Estella et se prolonge par le Carrascal et la sierra de Alaix jusqu'à celle de Leire.

Il y a un grand intérêt à étudier également, sous le rapport des voies de communication qui conduisent à Estella, les lignes susceptibles d'être adoptées en prenant l'Arga pour base.

De Pampelune, on peut suivre encore la ligne de la Burunda, vallée étroite et bordée jusqu'à Irurzun par les sierras de Andia, de Gulina et de Justipen, qui présentent de nombreux obstacles et des positions défensives dont la possession serait vivement disputée et coûterait beaucoup de sang s'il fallait les attaquer de front et si l'ennemi, s'apercevant de ce dessein, avait le temps d'y préparer sa résistance. Le seul moyen d'obtenir ce résultat serait de le tromper par une démonstration et d'exécuter l'opération par surprise; dans le cas contraire, il serait bien préférable d'y renoncer.

On peut aussi choisir comme base la ligne de la frontière ou de la Bidassoa, dont nous aurons plus tard à examiner les propriétés militaires en analysant celles de la vallée de Batzan. Dans cette hypothèse, les opérations vers l'intérieur peuvent s'effectuer par le versant oriental, par le versant septentrional ou par les deux à la fois; mais il y aurait lieu de considérer alors les unes comme indépendantes des autres jusqu'aux ports de Leiza et de Azpiroz. La région qui, dans ce dernier cas, séparerait les deux armées, c'est-à-dire les montagnes de Aya et de Goizueta, est en effet si étendue, si peu peuplée et si dépourvue de routes, qu'il serait sinon impossible, du moins très-difficile d'établir des communications par ses flancs. Le télégraphe international, et celui qui se construit dans le Baztan, sont, avec le câble de Saint-Sébastien, les seules ressources que l'on ait pour combler cette lacune; mais ils offrent bien peu de sécurité pour des opérations combinées accidentellement, à cause des occasions que l'ennemi trouverait pour les détruire, et de la facilité qu'il aurait à déchiffrer les dépêches qui doivent nécessairement passer par beaucoup de mains. Or, à la guerre, et surtout dans une guerre civile, toutes les précautions sans exception que l'on doit prendre pour assurer le secret des dispositions adoptées, ont une importance capitale et ne sauraient reposer sur des moyens incertains.

Le défaut presque absolu de bonnes routes, et la configuration très-accidentée du terrain, rendraient les opérations extrêmement laborieuses sur le versant oriental; il faudrait marcher par la vallée de Basaburua Menor qu'arroze l'Ezcurra, en suivant des sentiers fangeux, traversés par une multitude de torrents sans ponts, en traînant par conséquent avec soi le matériel indispensable pour les passer, et se diriger en même temps par celle de l'Ulzama, dont les conditions sont identiques à celles de la précédente. Toutes deux sont pauvres, manquent absolument de ressources pour l'alimentation des hommes et des animaux, et cette circonstance obligerait les troupes à établir et à conserver leurs communications par des chemins difficiles et des ports impraticables.

En suivant la première, on peut gagner les ports de Leiza et de Azpiroz; en s'engageant dans la seconde, on se rend maître de la chaîne Pyrénaïque et l'on protége ainsi la marche d'un autre corps qui cherche à arriver au même résultat par la vallée de la Burunda. Ce cas se présente lorsque ces trois corps combinent leur mouvement avec celui qui opère sur le versant septentrional et qui, sous leur protection pourra arriver jusqu'à Tolosa, d'où les opérations se continueront ensuite, ainsi que nous l'exposons dans la théorie de la guerre régulière.

Sur le versant septentrional, trois bases s'offrent à une armée qui se propose d'agir dans cette zone; celle de la frontière ou de la Bidassoa; celle de Bilbao ou du Nervion, et enfin, celle de la côte.

Si l'on considère celle de la Bidassoa, la première ligne de défense qui se présente et qui est aussi celle que nous opposerions à une armée étrangère qui tenterait sur ce point l'invasion de notre territoire, est la ligne de partage des eaux de la Bidassoa et de l'Oyarzun : elle n'est point formée par des montagnes élevées ou inaccessibles, mais par des hauteurs cultivées en grande partie et difficiles à aborder si elles sont fortifiées. On y rencontre deux passages bien déterminés dans les collines de Garainchuzqueta et de Anderregui, que traversent les routes de Oyarzun et de Saint-Sébastien.

De fortes positions les flanquent : ce sont le mont Urcabe et les hauteurs du télégraphe ; de plus, les extrémités de la ligne s'appuient aux monts escarpés de Aya et à celui aussi abrupte de Jaizquivel, qui empêchent de la tourner si l'on a eu la précaution de construire sur le sommet de ce dernier deux redoutes armées d'artillerie et destinées à barrer le chemin qui en suit la crête. Malgré ses excellentes propriétés défensives, cette ligne ne saurait être conservée par l'ennemi, si, Saint-Sébastien restant en notre pouvoir, comme il l'a toujours été d'ailleurs, un corps part de ce point et vient la prendre à revers.

La seconde ligne défensive que l'on peut adopter appuie sa gauche vers la côte, aux monts de Igueldo et de Mendizorrotz, suit les hauteurs de Oriamendi, les montagnes de Santiago Mendi, de Choritoquieta, de San-

Marcos, et finit à celles de Malmazar. Les qualités exceptionnelles qu'elle possède ont été démontrées par l'expérience dans la dernière guerre et dans celle de Sept ans. Même avec l'armement médiocre alors en usage, on y perdit beaucoup de monde et l'on n'obtint que des résultats peu satisfaisants toutes les fois qu'on essaya de la percer.

En ce qui concerne cette ligne et celles que nous analyserons encore dans ce pays si accidenté, nous nous bornerons, et il n'est guère possible de faire autrement, à décrire leurs conditions topographiques, puisque la manière de les envelopper et de s'en rendre maître dépend essentiellement de celle dont on se servira du terrain pour manœuvrer, afin de tromper l'adversaire sur le véritable point d'attaque, et surtout de l'habileté avec laquelle on saura profiter, au moment opportun et dans chaque cas particulier, des fautes qu'il pourra commettre.

Celle que nous étudions, forte par sa nature même, devient inexpugnable lorsqu'elle emprunte à l'art ses ressources. Dans les circonstances où les carlistes la possédaient pendant la dernière guerre, et Hernani étant entre nos mains, il n'y avait qu'un seul moyen de la rompre, c'était de simuler une attaque sur sa gauche, vers la côte, et de chercher à découvrir si l'ennemi dégarnissait ou affaiblissait son centre; il fallait alors s'emparer rapidement et par surprise de la voie ferrée et du pont de Fagollaga sur l'Orio pour occuper les monts de Urdaburu et de Malmazar qui dominent la ligne, y faire une trouée et la prendre à revers par son centre et par sa droite. L'exécution de ce plan ne laisse pas que d'être assez malaisée; elle exige beaucoup de précision dans les mouvements et dans les dispositions qui doivent les précéder, ainsi qu'une connaissance très-exacte du terrain. Il suffirait d'une interprétation douteuse ou erronée des ordres donnés pour le faire échouer, quelque bien conçu et préparé qu'il ait pu être.

La troisième ligne de défense part de la côte, suit les montagnes de Iturrioz et de Zarate, ligne de partage des eaux de l'Orio et de l'Urola, continue par celles de Gazume, de Hernio, de Hernialde et de Uzturre, qui forment les redoutables défilés de Tolosa, et se prolonge par celles de Elduayen et de Vizcoch jusqu'à leur jonction avec la chaîne Pyrénaïque. Elle offre sur tout son développement, qui atteint environ cinquante kilomètres, des positions naturelles extrêmement fortes. Deux routes seulement la traversent, l'une sur son flanc gauche, c'est celle de la côte, l'autre à son centre, c'est la grande route de France qui passe par Tolosa et suit la vallée de l'Orio. Tous les autres chemins sont des sentiers muletiers, très-difficiles et praticables exclusivement pour l'infanterie; comme on le voit, les qualités militaires de cette ligne sont aussi avantageuses à la défense que défavorables à l'attaque. Lorsqu'on est parvenu à s'en rendre maître et qu'on possède aussi Tolosa, il s'en présente deux autres pour poursuivre les opérations; ce sont celles de l'Orio et de l'Urola, mais il est nécessaire de les suivre simultanément. La marche s'effectuant alors par la ligne de partage des eaux de ces deux rivières, nous assure la possession des deux vallées dès que nous occupons les montagnes de Albistur, Beizama et Noarbe; nous nous portons ensuite au large de Aldaba, Murumendi, Quizquiza et Izazpi, pour nous emparer de Zumárraga, de la colline de Eizaga, et tomber sur los Martires, dont la prise entraînera celle de Azpeitia et de

Azcoitia, c'est-à-dire de la vallée de San-Ignacio de Loyola, indispensable pour continuer les opérations. La marche par la ligne de partage indiquée plus haut offre bien des obstacles, car elle n'est pas formée par une arête arrondie continue, mais plutôt par une série de hauteurs et de pics plus ou moins prononcés présentant des positions faciles à défendre et très-capables d'arrêter notre mouvement en avant. Il n'existe pour nous qu'une seule ligne de ravitaillement dont la conservation ne peut être garantie qu'en la protégeant sur la gauche par l'occupation de la route de Ataun, d'Idiazabal et de Segura. Il faut, dans ce but, détacher des troupes du corps principal pour les établir sur les points qui la commandent, fortifier ces points et empêcher ainsi l'ennemi d'attaquer nos convois et d'inquiéter leur marche. L'impossibilité de disposer de deux ou plusieurs lignes d'approvisionnement et de communication avec la base est un grave inconvénient, et constitue une lacune qui rend les opérations très-périlleuses sur ce versant.

La quatrième ligne de défense est marquée par les montagnes qui forment la ligne de partage des eaux de l'Urola et du Deba. A partir de l'Urola, nous avons trois routes pour y arriver : celle de Azcoitia à Elgoibar, de Zumárraga à Vergara, et celle d'Oñate; mais les versants orientaux par lesquels nous pouvons l'attaquer sont couverts de forêts de pins si épaisses, leurs pentes sont si rapides, que cette opération rencontrerait des difficultés considérables. Depuis les monts de Azcarate jusqu'à ceux de Irimo, les monts de Elosua présentent dans leur ligne de faîte une arête large, aisée à parcourir, et sur laquelle les troupes peuvent se mouvoir sans peine, circonstance qui augmente les conditions favorables de la défense et qui s'accuse à partir des hauteurs de Descarga, jusqu'au point où ils se détachent de la chaîne Pyrénaïque aux pics de Alona et de Aiztgorri.

Au moment où nous allons tenter de nous emparer de cette ligne, nous avons besoin de la coopération d'un autre corps qui, maître du port et des hauteurs de Arlaban, exécutera une attaque de flanc du côté du versant oriental. Cette coopération nous est nécessaire non-seulement pour nous permettre d'occuper la ligne dont nous recherchons la possession, mais encore pour décider la chute de la suivante, c'est-à-dire de celle de Elgueta, qui ne saurait tomber en notre pouvoir que par une attaque de flanc si l'ennemi la défend avec vigueur et d'une manière intelligente. Une autre considération conseille cette combinaison; c'est que nos troupes étant parvenues à la ligne du Deba, celle de l'Orio, la seule qu'elles possèdent pour leur ravitaillement, est trop éloignée et impossible à conserver, à moins d'y consacrer une grande quantité d'hommes, car il est certain que l'ennemi l'attaquera continuellement et harcélera tous les convois qui la suivront. Il est donc absolument nécessaire de transporter nos dépôts de Saint-Sébastien et de Tolosa à Vitoria, et d'abandonner la ligne de ravitaillement de l'Orio pour la remplacer par celle du Deba.

La ligne que nous venons d'examiner peut être tournée quand, maîtres de celle de l'Urola, nous occuperons la petite et étroite vallée du Lastur. En effet, à partir de ce point, elle se relie directement par une arête arrondie et un chemin carrossable bien entretenu aux hauteurs de Azcarate, et, sur le côté, à celles de Elosua. La structure de la ligne de faîte facilite alors les opérations de l'attaque pour les mêmes raisons qu'elle favorisait auparavant celles de la défense. Mais nous devons tout d'abord nous assurer la coopération d'une escadrille qui aura pour mission de ravitailler l'armée par le port de Deba. Or les conditions dans lesquelles il se trouve, celles qui caractérisent la mer Cantabrique n'offrent pas une sécurité suffisante pour une opération aussi importante que le ravitaillement d'une armée.

Une autre ligne de défense aussi forte par ses qualités naturelles que les précédentes, est tracée par la ligne de partage des eaux du Deba et de l'Ibaizabal, dont les versants présentent des pentes rapides et inaccessibles : elle est très-difficile à percer et plus difficile encore à tourner. Trois routes la traversent à partir de la vallée du Deba : elles viennent de Elgoibar, Vergara et Mondragon, se réunissent à Durango et sont parfaitement défendues par de très-fortes positions de flanc. Il y aurait donc lieu de combiner l'attaque de front, qui deviendrait alors une simple démonstration, avec l'action d'un autre corps qui, s'emparant de San-Antonio de Urquiola, descendrait dans la vallée de l'Ibaizabal et prendrait la ligne en flanc et à revers.

Une armée entrant dans la Biscaye, qui se

rend maîtresse de la ligne de Elgueta et par conséquent du mont de Oiz, le devient par cela même de la chaîne centrale de la province, et ne se heurte jusqu'à Bilbao à aucune autre ligne de défense capable de lui opposer une résistance sérieuse. Mais la question du ravitaillement en subsistances et en munitions qui ne peut être exclusivement confié aux voies de communication maritimes, entraînerait pour cette armée l'obligation de ne pas s'enfoncer dans l'intérieur du pays sans s'être assuré tout d'abord la possession de la chaîne Pyrénaïque, à l'aide de laquelle elle pourrait communiquer avec le versant oriental et constituer ses lignes d'approvisionnement. Ce résultat pourrait être facilement atteint si cette chaîne nous appartient, comme nous l'avons supposé et comme nous le croyons indispensable, du moment qu'on s'est établi sur la ligne du Deba.

On peut aussi choisir comme base d'opérations contre Bilbao, la ligne du Nervion. Dans cette hypothèse, la marche de l'armée s'exécutera en sens inverse de celle qui avait pris pour point de départ Saint-Sébastien et la Bidassoa. Dans le dernier cas, elle aurait suivi le versant septentrional de l'est à l'ouest; maintenant, elle le parcourra de l'ouest à l'est. Les lignes de défense qu'elle rencontrera et qu'elle devra emporter séront nécessairement les mêmes, mais en sens contraire; elle aura donc à exécuter des opérations identiques, sauf les modifications qui résulteront de la configuration du terrain.

Au delà de la base du Nervion, la Biscaye ne présente aucune ligne de défense. Dès qu'on part de Bilbao après s'être emparé des monts de Santa-Marina, on domine la chaîne centrale de la province, et par conséquent la région du littoral et celle du centre, c'est-à-dire la vallée de l'Ibaizabal. La ligne de Elgueta, sur la frontière du Guipuzcoa, est la première où puisse s'organiser une résistance sérieuse; mais jamais une armée qui se proposera de continuer son mouvement en avant dans l'hypothèse indiquée plus haut, ne devra abandonner Durango sans avoir fait occuper auparavant la chaîne Pyrénaïque. Les raisons qui le conseillent sont celles que nous avons données pour le cas où la même armée, ayant pour base Saint-Sébastien, marcherait en sens inverse le long du versant septentrional. Il n'existe qu'une seule et même ligne d'approvisionnement et de communication avec la base : c'est la route de Bilbao à Durango. Des deux côtés, le terrain est très-accidenté, et il sera néçessaire pour la rendre sûre d'y affecter une quantité considérable de troupes : l'ennemi, maître de la chaîne Pyrénaïque, pourrait, en effet, tomber comme une avalanche sur nos convois, qui, déjà bien difficiles à protéger quand nous occupons Durango, ne seront plus garantis du tout lorsque nous serons dans la vallée du Deba.

La conquête de la chaîne Pyrénaïque, en partant du versant septentrional, présente des obstacles qu'il est presque impossible de surmonter. Si, de Durango, nous en tentons l'attaque pour nous emparer du port de San-Antonio de Urquiola, il nous faudra d'abord gravir les pentes étendues et rapides qui forment l'immense escalier dont nous avons parlé, et qui caractérisent toute la chaîne. Après avoir franchi ces degrés qui nous barrent le passage, nous devrons escalader encore les rochers sauvages et inaccessibles qui constituent les positions de Mañaria et forment, avec ceux de Urquiola et de Amboto, de profonds défilés et d'horribles précipices. Il y aurait beaucoup de témérité à supposer qu'on pourra emporter de haute lutte de pareils obstacles, que l'ennemi transformera, presque sans efforts, en des citadelles naturelles absolument inabordables. Cette opération devrait être exécutée en partant du versant oriental, et, dans ce cas, on ne prendrait pas pour base le Nervion et Bilbao, mais bien l'Ibaizabal et Durango; la ligne de communication par San-Antonio de Urquiola ne suffirait point alors, il en faudrait une autre par le port et les hauteurs de Arlaban, afin qu'en s'établissant sur la ligne du Deba, l'armée y trouve sa ligne d'approvisionnement et qu'elle ait Vitoria pour base.

Dans l'hypothèse de la marche par la chaîne centrale de la Biscaye, la ligne de Elgueta sera tournée dès que nous serons maîtres du mont de Oiz. Ce point, qui est la clef de la ligne, sera certainement fortifié solidement et vigoureusement défendu; l'attaque de front présentera de grandes difficultés en raison des nombreuses positions qui s'y rencontrent, de la rapidité des pentes et de l'impossibilité à peu près absolue de les gravir. Pour faire réussir l'entreprise, il serait indispensable qu'un autre corps partant de Arlaban, et se dirigeant le long de la

ligne de partage des eaux du Deba et de l'Ibaizabal, vînt tourner la ligne de Elgueta par sa
gauche. En présence de ces trois attaques
simultanées, l'ennemi ne pourrait plus s'y
maintenir et sa situation deviendrait très-péril-
leuse, puisque le corps de Arlaban aurait
toute facilité pour lui couper la retraite dans
le cas où il prolongerait trop longtemps sa
résistance.

La ligne de partage des eaux du Deba et de
l'Urola, formée par les monts de Elosua, présente de meilleures qualités défensives; ses
abords ne diffèrent pas de ceux de la ligne de
Elgueta, et nous avons déjà fait la description
de ses crêtes; mais sa principale force consiste
dans la difficulté qu'il y aurait à la tourner : ses
deux flancs s'appuient, vers la côte, à la vallée
du Lastur, et aux rochers inaccessibles de
Alona et Aitzgorri dans la chaîne Pyrénaïque.
Contre cette ligne, qui n'offre pas moins de
quarante kilomètres de développement, on n'a
d'autre ressource que de manœuvrer pour
tromper l'ennemi et profiter de ses fautes. Si
l'on parvient à s'en rendre maître, on le devient
par cela même de celle de l'Urola et du cours
supérieur de l'Orio, aussitôt après l'occupation

de la vallée du Lastur, position militaire très-importante dans cette hypothèse. Il nous reste pour achever la conquête du Guipuzcoa à forcer les défilés de Tolosa : la prise du nœud formé par les monts de Hernio, nous en assure la possession. Pour atteindre ce résultat, il est nécessaire d'avoir deux corps d'armée se protégeant mutuellement, évitant de combattre et d'attaquer de front les redoutables positions qui se dressent devant eux. L'un d'eux partira des monts de Izazpi, couvrira la vallée de l'Orio en la dominant, assurera ses communications, et se dirigera vers les montagnes sauvages de Goyaz et de Vidania, pendant que l'autre, restant en relation avec la mer, marchera d'Azpeitia, par les monts de Araunza, sur la vallée du Regil, et arrivera à ceux de Hernio et de Hernialde qui commandent Tolosa et ses défilés.

Quoique la ligne de l'Orio présente un grand nombre de positions susceptibles d'une bonne défense, toutes peuvent être tournées si l'on parvient à cheminer par la ligne de partage des eaux de cette rivière et de l'Urola, sans qu'il s'en trouve aucune capable, jusqu'à Saint-Sébastien, d'arrêter une armée.

Il nous reste à examiner, dans le versant septentrional, l'hypothèse dans laquelle notre base d'opérations serait la mer.

En Biscaye, une armée qui adopterait une pareille base rencontrerait comme premier obstacle la chaîne centrale de la province. Après l'avoir franchie au prix d'efforts inouis, elle viendrait se heurter contre la chaîne infranchissable de la Pyrénaïque.

En Guipuzcoa, si la marche de la côte au versant oriental s'effectue par la ligne du Deba, la très-faible largeur de la vallée, qu'il conviendrait mieux de qualifier de défilé, et la structure de ses crêtes, rendraient cette opération extrêmement laborieuse. En admettant que l'on parvienne à triompher de ces obstacles, on se trouve encore en présence de l'infranchissable chaîne Pyrénaïque. Si l'on opère dans la vallée de l'Urola pour passer dans celle de l'Orio, le caractère topographique de la ligne de partage des eaux entre ces deux rivières rend l'exécution de ce plan bien difficile, et l'on rencontrerait toujours debout devant soi, comme un géant prêt à épouvanter les plus téméraires, la Pyrénaïque, qu'il faut inévitablement traverser pour passer sur le versant oriental.

Enfin, nous avons déjà examiné l'hypothèse dans laquelle l'armée prendrait Saint-Sébastien comme point de départ.

Des considérations que nous avons présentées, il résulte que les opérations exécutées sur le versant septentrional sont très-aventureuses, que leurs résultats sont médiocres, et qu'il est impossible de les faire aboutir si on les entreprend avec un corps isolé sans les combiner avec d'autres opérations partant du versant oriental. Nous donnerons dans notre théorie de la guerre régulière les raisons qui nous les font considérer comme inadmissibles.

Notre étude appliquée à cette même zone, mais en envisageant l'hypothèse d'une invasion de notre territoire, présenterait une utilité incontestable, puisqu'il s'agirait de trouver les moyens de sauvegarder l'intégrité de notre patrie. Nous nous bornons pour le moment à énoncer ce problème; peut-être un jour en rechercherons-nous la solution avec tous les détails qu'il comporte.

CHAPITRE III.

GUERRE IRRÉGULIÈRE OU DE GUERRILLAS. — THÉORIE —
EN NAVARRE, — DANS LES PROVINCES BASQUES.

Les guerres civiles ou les insurrections dans
une zone du territoire ne débutent pas généralement par une levée en masse de ses habitants, mais se développent progressivement
avec une plus ou moins grande rapidité, qui
dépend d'une foule de circonstances plutôt
politiques que militaires. Quelques bandes
apparaissent, ordinairement peu nombreuses,
levant la bannière de l'insurrection, et s'il
n'existe pas de forces suffisantes pour les dissiper dès leur origine, ou si l'on manque du
tact et des connaissances nécessaires pour que
les mesures adoptées par les autorités produisent un effet salutaire, les bandes se grossis-
sent de nouveaux adhérents ou de jeunes gens
qui abandonnent leurs foyers, enrôlés par
séduction ou par violence; elles s'organisent,

reçoivent des armes, forment bientôt des bataillons et tendent à devenir une armée. A partir
de ce moment, la lutte avec elles perd son
caractère de guerre irrégulière pour revêtir
celui de guerre régulière.

L'insurrection d'une portion du territoire est
un fait qui ne saurait se réaliser en présence
des moyens puissants qu'un gouvernement
tient dans sa main, tels que les voies ferrées,
les bâtiments à vapeur et le télégraphe électri-
que; mais pour les utiliser, il faut que la nation
possède une armée proportionnée au chiffre de
sa population et dotée de tous les éléments
nécessaires pour passer rapidement du pied de
paix au pied de guerre. S'il en est ainsi, en
quelques jours, quelques heures peut-être, on
peut concentrer sur le territoire soulevé une
masse de troupes assez considérable pour
occuper militairement le pays, disperser et
saisir les insurgés sans leur laisser le temps de
s'organiser. Les guerres civiles sont semblables
aux incendies, faciles à étouffer à leur naissance, mais qu'il est impossible de maîtriser quand on a laissé passer le moment favorable.

La théorie de la grande guerre trouve dans

les luttes de ce genre une application spéciale. Il semble au premier abord, et le vulgaire a coutume d'émettre cette opinion, que tout individu doué de certaines qualités naturelles a une aptitude suffisante pour en conduire les opérations. C'est une erreur bien grave, qui a été pour notre pays la cause de malheurs nombreux et la source de cruelles déceptions. Ces qualités naturelles sont, il est vrai, indispensables à tout homme appelé à commander une armée; mais une pareille situation pendant une guerre civile en exige encore d'autres d'un caractère si exceptionnel, qu'on ne saurait la diriger et obtenir des succès décisifs sans les posséder également.

Toutes les guerres civiles diffèrent entre elles par leurs conditions essentielles; aussi convient-il de se livrer sur chacune d'elles à une étude attentive, pour faire dans chaque cas une application rationnelle des principes généraux. Elles ne peuvent, en effet, se pratiquer dans le nord de la même manière que dans le centre, ni dans le centre comme en Catalogne. Chacune offre une physionomie bien distincte, des caractères bien tranchés qui résultent de la configuration du pays, des mœurs des habitants, des circonstances dans lesquelles elle a lieu et des idées politiques qui y président. Quoique l'idée qui prédomine soit nécessairement celle pour laquelle le drapeau de l'insurrection s'est levé, on peut constater cependant que si, à très-peu d'exceptions près, c'est le carlisme qui prévaut dans le nord, ces exceptions sont beaucoup plus nombreuses dans le centre et en Catalogne. Dans ce dernier pays, une foule d'hommes belliqueux, s'accommodant mal de la paix, sont toujours prêts à saisir une arme et à courir la vie d'aventures sous les drapeaux politiques les plus opposés.

Lorsqu'on est en présence d'un ennemi qui n'a ni base, ni ligne d'opérations, qui ne possède ni artillerie, ni parcs, qui ne traîne point d'impedimenta à sa suite, qui connaît à fond le pays parce qu'il y est né et qu'il y vit, qui fait de longues marches et de rapides contre-marches, pour qui tous les sentiers, tous les passages sont des chemins commodes, quelque peu praticables, quelque infranchissables même qu'ils puissent être pour des troupes organisées, le poursuivre est difficile, et il est plus difficile encore de l'atteindre et de le battre. C'est alors qu'il faut, comme l'a dit un général français en parlant de la guerre d'Algérie : « oublier les maximes de la guerre régulière pour faire la guerre de circonstance. » Sans avoir l'autorité de ce chef éminent, nous ajouterons qu'il faut savoir faire de ces maximes une application spéciale, exceptionnelle même, suivant les circonstances.

Comme nous l'avons déjà dit, la nature de la guerre varie d'une région à l'autre avec la configuration du pays; la théorie à adopter pour l'exécuter dans chaque province, dans chaque zone du territoire, reposera donc essentiellement sur sa topographie, en tenant compte toutefois, mais d'une manière moins immédiate, du caractère de ses habitants, du degré plus ou moins avancé de leur civilisation, de la perfection plus ou moins grande de leur culture intellectuelle, enfin de toutes les données qui entrent dans la résolution du problème de la guerre, sans oublier ce point très-important, que les luttes civiles sont avant tout politiques.

Si, par suite de la configuration du pays, les plans de campagne peuvent et doivent varier d'une région à l'autre, il en est de même des moyens politiques.

Ce serait commettre une faute grave que

d'adopter, comme système exclusif, une excessive rigueur ou une clémence malentendue; toutes deux doivent être maniées avec beaucoup de tact et d'opportunité, et toujours avec une exacte justice. S'ils sont employés à propos, les actes de sévérité et l'indulgence peuvent donner de grands résultats au début d'une insurrection.

Certaines mesures ne peuvent pas recevoir une application générale dans les quatre provinces, où les mœurs des habitants et les conditions de leur existence varient beaucoup. Ainsi, il ne faudrait pas traiter les Navarrais de la même manière que les Basques, ni les habitants de l'Alava comme les Guipuzcoans. En thèse générale, nous pouvons dire qu'il convient dans toutes les guerres, mais qu'il est absolument indispensable dans le nord, de respecter les usages, les coutumes et jusqu'aux sentiments religieux, qui y dégénèrent parfois en véritable fanatisme.

La province qui mérite le plus de fixer l'attention est la Navarre; c'est celle où l'opinion carliste rencontre le plus d'adhérents, qui présente le plus petit nombre de voies de communication et qui, sous tous les rapports, est la plus arriérée. Ses habitants s'adonnent presque exclusivement à l'agriculture et à l'élevage des troupeaux; ils sont belliqueux, robustes, durs à la fatigue, braves, impétueux dans l'attaque, faibles dans les revers. Les opérations y sont bien plus difficiles que dans les provinces basques, sillonnées par des routes commodes et par des chemins de fer qui facilitent considérablement les mouvements des troupes.

Il existe dans la Navarre une zone, celle des Amezcoas, renommée dans l'histoire de nos discordes civiles, et qui doit cette célébrité à l'absence totale de voies de communication, à ses bois épais et à sa population rare et clairsemée : les sentiers qui la traversent sont impraticables aux troupes pendant la majeure partie de l'année. Le grand plateau formé par les sierras de Urbasa et de Andia, sépare les vallées de las Amezcoas, de Ollo, de Goñi et d'Echaurri, de celle de la Burunda, que les habitants du pays désignent, dans sa partie inférieure, sous le nom de *la Barranca*. Les ports et les passages qui les font communiquer les unes avec les autres sont plus difficiles encore que les chemins; aussi quelques bons tireurs embusqués dans les rochers et les broussailles, suffiraient-ils pour arrêter une forte colonne et l'obliger à rétrograder. La sierra de Santiago de Loquiz se dresse entre les Amezcoas et la petite vallée de Lana, qui communique avec celle de la Berrueza; celle-ci s'ouvre à son tour sur la Solana.

On peut affirmer qu'on détruirait l'importance militaire de cette zone si les bois épais qui la couvrent étaient coupés et si les Amezcoas étaient traversées par quelques routes. La première, faisant communiquer cette contrée avec la plaine de l'Alava par Constrasta, suivrait le cours de l'Urrederra et se terminerait à Estella; une autre, traversant les sierras de Urbasa et de Andia, par les ventas de Urbasa, de Zumbelz et la vallée de Goñi, descendrait dans la Barranca; une troisième, partant du port de Lizarraga, devrait franchir la sierra de Urbasa pour aboutir par le port de Zudaire à l'Amezcoa inférieure. Enfin, une quatrième traverserait la vallée de Lana pour se joindre à la route de Vitoria à Estella.

Une bande ou guerrilla qui se trouve dans les Amezcoas, vigoureusement pourchassée et qui ne peut plus s'y maintenir, se dérobera à la poursuite dont elle est l'objet en marchant presque constamment sur le bord méridional des sierras de Urbasa et de Andia vers Lezaun, et trouvera un refuge dans les vallées de Ollo et de Goñi. Forcée de les abandonner, elle repassera dans les Amezcoas ou bien descendra sur le Larraun, passera le pont de Anoz et tombera dans la Barranca; ou bien encore, elle montera par le port de Unanua, descendra dans la vallée de Ergoyena, pour arriver à la Burunda. Si, vivement poursuivie, elle se voit dans la nécessité de quitter cette vallée, elle remontera de nouveau la sierra de Urbasa pour retomber dans l'Amezcoa, ou bien elle traversera la chaîne Pyrénaïque par la route de las dos Hermanas, par le port de San-Miguel ou celui de Gulina, tous deux escarpés, difficiles, presque infranchissables pendant l'hiver, et viendra tomber dans l'Ulzama ou dans les Basaburuas. Elle gravira les monts de Goizueta par un des ports peu praticables de Bidate, de Otzola, Gorostola, Loyondi, Laveaga et Arraizt, situés dans la chaîne sauvage qui sépare les eaux de l'Argui de celles de l'Ezcurra, et à la faveur de ce terrain coupé, inégal, et des bois qui le couvrent, elle exécutera aisément une contre-marche et regagnera son asile préféré, les **Amezcoas.**

Si les colonnes d'opérations sont habilement combinées, si leur chef connaît le pays et sait juger l'espèce de guerre qui doit être faite, jamais les bandes n'approcheront de la frontière ni ne passeront l'Arga pour marcher dans la direction de l'Irati, parce que dans cette zone elles seraient facilement détruites.

Pour qu'il leur soit possible d'exécuter les courses dont nous venons de parler, elles ne doivent pas en moyenne s'élever à plus d'un millier d'hommes : elles n'y parviendraient point si elles allaient jusqu'à quatre à cinq mille. Une bande de cinq cents à mille hommes, bien dirigée, peut difficilement être atteinte par une colonne qui la poursuit : elle fait des marches de huit à dix lieues, suit des chemins, traverse des ports, franchit des montagnes absolument impraticables pour un adversaire qui traîne avec lui de l'artillerie, des bagages, et qui a de la cavalerie. Par ses longues marches et ses contre-marches rapides, elle fatigue son ennemi, le déroute, et finit par se dérober à la poursuite la mieux calculée. Pour un pareil genre de guerre, il faut employer plusieurs colonnes; les unes seront chargées de la poursuite, les autres resteront en position sur des points déterminés et choisis d'après la configuration du terrain que parcourt chaque groupe de partisans.

Si la bande est forte de quatre à cinq mille hommes, il se produit dans sa marche un allongement considérable : il ne lui est plus possible de s'écouler aussi rapidement, ni de se loger ou de se ravitailler dans un village, et moins encore de passer par certains chemins, par des ports étroits où, ne pouvant filer qu'homme par homme, la colonne s'allonge tellement qu'elle donne à la troupe qui la poursuit le temps de la joindre et de la détruire.

Tout guerrillero a une zone fixe et limitée dans laquelle il opère toujours, ordinairement celle où il est né et où il a vécu ; c'est là qu'habitent ses parents et ses amis ; chez tous, il trouve une protection décidée et un asile sûr en cas d'insuccès. Sur ce terrain qu'il connaît parfaitement, il se considère comme chez lui, et il n'y est jamais, ou du moins très-difficilement atteint et défait. Il faut absolument le faire sortir de la zone qu'il a choisie, l'attendre dans la contre-marche qu'il fera nécessairement pour y revenir, et c'est ainsi seulement qu'il sera pos-

3*

sible de le battre. Si dans la guerre régulière les communications sont la partie essentielle et vulnérable d'une armée, les contre-marches sont le salut du guerrillero.

Lorsqu'il traverse des passages difficiles où quelques hommes résolus peuvent arrêter des bataillons entiers, il y laisse, s'il est trop vivement poussé, une faible troupe pour les défendre et résister assez pour lui donner le temps de faire filer le gros de la bande. En procédant ainsi, il y gagne de pouvoir s'échapper, et de plus, dans ces incidents qu'on désigne sous le nom de combats d'arrière-garde, mais qui ne sont en réalité que des ruses de guerrillero, il habitue peu à peu tout son monde au feu. Aucun commandant de colonne ne doit répondre à ces tireries; il doit les proscrire absolument dans sa troupe, car elles ne causent à l'adversaire que des pertes insignifiantes, et lorsqu'après des efforts inouïs et beaucoup de sang répandu, on parvient enfin à enlever la position, ses défenseurs, habitués au terrain, disparaissent comme par enchantement. Il en résulte que le soldat finit par se décourager en voyant l'impossibilité de lutter contre un ennemi invisible, qu'il n'arrive jamais à blesser ni à prendre. La tâche de le

déloger de pareilles positions est réservée à l'artillerie; quelques obus qui jettent l'épouvante et
la terreur parmi des troupes inexpérimentées,
suffisent pour leur faire abandonner le point
qu'elles occupent, affectent leur moral et rani-
ment ainsi celui du soldat, qui voit toujours son
ennemi lâcher pied à sa seule approche.

Les cours d'eau de la Navarre (et cette particularité caractérise aussi ceux des provinces
basques) sont guéables depuis le mois de
juillet jusqu'en octobre ou novembre; mais les
ponts doivent être soigneusement conservés et
fortifiés pour y faire passer les troupes de préférence aux gués, où l'opération ne présente
pas, il est vrai, de sérieuses difficultés en raison du faible volume des eaux, mais ne laisse
pas que d'occasionner cependant des lenteurs
et des pertes de matériel. D'une manière générale, en ce qui concerne les ponts aussi bien
que certains ports ou passages des chaînes, on
doit retrancher tous ceux qui pourraient donner
accès aux colonnes ou qui paraîtraient utiles
pour l'exécution du plan de campagne et le
genre de poursuite que l'on veut adopter, en se
bornant à détruire seulement ceux qui sont
impraticables pour les troupes avec leur matériel

de guerre ou qui pourraient servir exclusivement à l'ennemi.

Les indigènes d'une province vont rarement, avons-nous dit, faire la guerre dans une autre. Si les Navarrais sortent de chez eux, ce ne sera que momentanément et pour une opération déterminée; on peut être sûr que la bande reviendra très-promptement dans la zone où elle exécute habituellement ses courses. Partant de ce principe vrai, nous supposerons qu'un parti navarrais se trouve dans la vallée de las Amezcoas. Quelque activement poursuivi qu'il soit, et à moins d'avoir huit ou neuf colonnes pour l'envelopper, il ne faut jamais se faire illusion au point de croire qu'il ne pourra pas s'échapper et sera dans la nécessité absolue d'accepter le combat dans des conditions défavorables pour lui. Il sortira toujours de ces vallées quand il lui plaira, évitera la rencontre des troupes et se dérobera lorsqu'il le voudra, mais toujours pour continuer ses courses dans la province, théâtre accoutumé de ses incursions, sans jamais le transporter dans l'Alava ni dans le Guipuzcoa, où il sait qu'il peut être battu. Il ira dans la Burunda, dans la Barranca, et dans les vallées de Ollo et de Goñi.

Pour exécuter les opérations dans des circonstances semblables, il est nécessaire que les colonnes soient de deux espèces : de position et de poursuite, ou mobiles. Les premières doivent être dans des conditions d'effectif convenables pour attaquer l'ennemi avec avantage, toutes les fois que l'occasion s'en présentera ; mais comme cette hypothèse n'est rien moins que probable, et dans tous les cas ne donnerait aucun résultat décisif, les colonnes mobiles devront combiner leurs mouvements de telle sorte que pendant le court espace de temps que l'une met à entrer en action, l'autre puisse arriver à propos pour l'appuyer, attaquer l'ennemi sur son flanc ou à revers, et achever de le mettre en déroute.

Lorsque les guerrilleros occupent des lignes inabordables et d'une nature spéciale que le chef de toute colonne doit connaître, celles par exemple qui présentent leur front à la direction suivie par l'assaillant, il ne faut jamais faire parade d'une bravoure téméraire et inconsidérée, et accepter le combat sur un terrain choisi par l'ennemi. La prudence conseille d'attirer son attention par une démonstration, sans s'obstiner à attaquer directement des positions inexpugnables, et de chercher à le prendre en flanc ou d'attendre que cette condition soit réalisée par une des colonnes qui doivent être à proximité. Si, par une vigoureuse attaque de front, on parvenait avec beaucoup de peine et des pertes sensibles à enlever une position de ce genre, les défenseurs se disperseraient, chacun d'eux se dérobant par des sentiers et des précipices que, seuls, ils connaissent, et tous se réuniraient quelques heures après sur un autre point. Au moment où le soldat se croirait victorieux, il n'aurait plus un ennemi devant lui, et resterait épuisé de fatigue et démoralisé en voyant ses adversaires s'évanouir comme des ombres avant qu'il ait pu venger sur eux la mort de ses camarades frappés dans le combat.

La bande qui se trouve, avons-nous dit, dans les Amezcoas et qui est trop vivement pressée pour s'y maintenir, gravit la sierra de Urbasa par les ports abruptes et couverts de forêts de pins de Eulate ou de Zudaire : c'est là qu'elle pourra essayer d'attendre son ennemi, à cause des avantages que lui offre cette position, à moins qu'elle n'ait été attaquée auparavant; mais elle ne peut plus revenir dans l'Amezcoa. Elle pourra tomber dans la Burunda en prenant le port de Olagutia, très-praticable; de Iturmendi, difficile; de Bacaicoa très-praticable; de Lizarraga, par lequel passe la route carrossable qui relie la Burunda à Estella en traversant les sierras de Urbasa et de Andia à leur jonction, et, enfin, les ports presque impraticables de Unanua, Irañeta et Erroz. Comme la bande ne saurait rester longtemps dans la sierra, où elle ne trouverait pas de vivres, il serait avantageux, pour l'empêcher de descendre à la Burunda, de garder et de fortifier les ports de Olazagutia, Lizarraga et Unanua, afin de les conserver pour le passage des troupes et d'en interdire l'accès à l'ennemi; il faudrait en même temps détruire tous les autres, qui sont impraticables pour notre infanterie et notre cavalerie.

Si, voulant quitter la sierra où elle ne peut séjourner, la bande trouve interceptés les ports qui descendent à la Burunda, elle se voit forcée de gagner la vallée de Goñi ou de celle Ollo. Pour y arriver, elle peut suivre deux chemins; celui qui se dirige le long du bord méridional des sierras de Urbasa et de Andia, par las Bordas de Urra, Lezaun et Iturgoyen, ou bien celui qui les franchit aux ventas de Urbasa et de Zumbelz. Dans cette hypothèse, si une colonne de position, établie à Azcona, prend le premier, elle pourra rencontrer le parti ennemi à Lezaun et l'arrêter jusqu'à l'arrivée d'une des colonnes mobiles; elle peut aussi suivre la route de Salinas de Oro et parvenir à lui couper le passage à Iturgoyen ou à Muniain. Si la bande choisit le chemin intérieur des sierras, il lui faudra faire une traite de vingt-cinq kilomètres sans trouver un seul centre de population où elle puisse se ravitailler, et pas d'autres habitations que les deux ventas sans ressources que nous venons d'indiquer; elle devra donc nécessairement pousser jusqu'au point où ces ressources existent en abondance, c'est-à-dire jusqu'à l'une des vallées de Goñi ou de Ollo, d'où il faut à tout prix l'écarter sans lui laisser un moment de répit.

Elle pourrait également sortir des Amezcoas par la vallée de Allin, bien qu'il soit facile de l'en empêcher en établissant une colonne de position à Galdeano ou à Chavarri. Abarzuza est la clef des Amezcoas; si, au début de son mouvement, la bande s'engage dans cette direction, on peut s'opposer à sa contre-marche en la forçant à entrer dans la vallée de Allin pour revenir à son point de départ en montant à la sierra de Santiago de Loquiz par le port de Ollogoyen, ou en se portant sur la vallée de Lana par le port de Galvarra. Ce dernier passage doit lui être fermé par tous les moyens possibles; il faut la pousser vers la Berrueza, afin qu'il ne lui reste d'autre ressource que d'aller vers la Solana, où une troupe de cavalerie pourra l'anéantir.

On ne saurait se faire une idée de la hardiesse que déploie un guerrillero intelligent, protégé par le pays dans lequel il opère. Au commencement de 1873, la bande qui parcourait la zone que nous occupions était commandée par Ollo, qui réunissait en lui des qualités si exceptionnelles qu'il paraissait tout particulièrement propre à ce genre de guerre. Il était vivement poursuivi dans les Amezcoas par deux colonnes; celle de position, établie à Abarzuza, occupant en outre Chavarri, et l'autre de passage, à Galdeano. La nuit même où ces colonnes occupèrent ces points, il défila à dix pas d'elles, entre les deux villages, sans qu'aucune en eût le moindre soupçon : les habitants le savaient parfaitement, mais tous lui gardèrent religieusement le secret, plusieurs lui servirent même d'espions et de sentinelles pour l'avertir des mouvements qui auraient pu se faire de notre côté. Galdeano et Chavarri sont situés sur les deux rives de l'Urrederra et distants, en ligne droite, d'un peu plus d'un kilomètre seulement; mais pour aller de l'un à l'autre, quand la rivière n'est pas guéable, il faut parcourir un long circuit pour trouver le pont de Artabia.

Par ce fait et mille autres que nous pourrions citer, on peut concevoir l'étendue et le nombre des difficultés auxquelles on se heurte pour conduire une pareille guerre, et la prise que peut donner aux critiques des gens qui ne la connaissent pas, le résultat souvent bien peu important qu'on en retire.

Il faut marcher avec de grandes précautions par certains chemins de cette zone; aucune colonne ne suivra ceux des peñas de Artabia et de San-Fausto, à moins qu'une autre ne les occupe tout d'abord et n'y reste établie pendant tout le temps nécessaire au passage. Comme ces deux défilés ne peuvent être protégés par des feux de flanc, les troupes détachées doivent en garder les bords et restent alors sans communications avec celles qui sont engagées dans ces gorges profondes. Pour éviter le défilé de Artabia, on choisira l'un des deux chemins suivants : celui des hauteurs de Galdeano ou celui de las Bordas de Urra, et pour éviter la gorge de San-Fausto, on prendra le chemin de Eraul ou celui de Zubielqui. Dans le cas où l'on adopterait le chemin de Eraul, le gros de la troupe ne devra sortir de Chavarri et pénétrer dans le port que lorsque l'avant-garde se sera rendue maîtresse des hauteurs et des rochers situés sur la gauche, et que les tirailleurs auront fouillé le bois qui se trouve de l'autre côté du port jusqu'aux maisons de Mangilibarri. Il n'est pas nécessaire d'occuper les rochers situés sur la droite, puisqu'ils se terminent par un escarpement vertical.

Si, d'une façon ou d'une autre, la bande est parvenue à gagner la vallée de Goñi, on ne doit lui laisser aucun moment de répit. Son but sera, selon toute probabilité, d'exécuter une contre-marche pour retourner dans les Amezcoas ; si elle ne peut y parvenir, elle se dirigera vers l'Ulzama : on s'y opposera en la forçant à se porter sur le Carrascal. La contre-marche sera, dans ce cas, empêchée par les colonnes mobiles et par une colonne de position qui s'établira dans la vallée de Echaurri, et l'entrée de l'Ulzama lui sera interdite par la colonne qui, de Irurzun, centre de ses opérations; observe la Barranca et a pris ses dispositions pour arriver à temps au Larraun afin d'en défendre le passage. Nous supposons qu'on a fortifié, comme il doit l'être, le pont de Anoz, point indiqué pour ⁜toute troupe qui, de la vallée de Ollo, se porte vers la Barranca ou l'Ulzama. Si les colonnes ont été convenablement combinées pour contrarier la contre-marche des bandes, elles alterneront entre elles et se relèveront de telle sorte que celles de position deviennent mobiles à leur tour et réciproquement. Ce système, que nous recommandons de la manière la plus expresse, permet de donner un peu de relâche à des troupes fatiguées, et de rendre la poursuite active, incessante, capable par conséquent d'avoir raison de l'ennemi le plus habile et le meilleur marcheur. Lorsque celui-ci, arrivé dans un village, commence à réunir ses approvisionnements, se prépare à les distribuer et à goûter un peu de repos, une colonne mobile survient tout à coup, s'en empare et l'empêche de s'arrêter un seul moment. Avec pareil système, s'il est impossible de le battre et de le détruire, on parviendra sûrement à l'abattre par la fatigue, à ruiner son moral, à le disperser et à terminer ainsi la campagne.

Dans le cas où, malgré toutes ces précautions, la bande réussirait à passer le Larraun ou l'Arga et à entrer dans la Barranca, les colonnes s'y dirigeront par le pont de Anoz et lui ôteront toute possibilité de faire halte dans cette vallée; elle cherchera alors à gagner les passages de las dos Hermanas, le port de San-Miguel ou celui de Gulina, pour se porter vers l'Ulzama ou les Basaburuas. C'est là, en effet, qu'elle trouvera des ressources dans le bétail que ces vallées produisent en abondance; mais les chemins y sont bas et fangeux, particulièrement dans l'Ulzama; l'ennemi ne pourra y séjourner longtemps, il essaiera une contre-marche, et, s'il échoue dans cette tentative, il poussera jusqu'aux monts de Goizueta, région excessivement rude et accidentée, où des bois épais lui donneront un moyen assuré de l'exécuter en se portant sur la vallée de Esteribar. Si, à ce moment, il n'existe pas à Pampelune de troupes qui puissent marcher à sa rencontre, il se glissera par la vallée de l'Erro dans celle de

4

Urroz, pour revenir dans la vallée de Goñi et recommencer ses courses dans les Amezcoas.

S'il se trouve une colonne de cavalerie dans le Carrascal, elle suivra le mouvement des autres colonnes lorsque l'ennemi pénétrera dans l'Ulzama ; elle s'établira dans le Carrascal, à l'abri duquel elle atteindra la bande que les colonnes mobiles auraient obligée à revenir sur ses pas et à longer la rive gauche de l'Arga, et pourra dans ces conditions la battre complétement sur un terrain qui permet l'action des trois armes. Les colonnes ont toute facilité pour traverser promptement ce cours d'eau par les ponts de Belazcoain et d'Ibero, qui devront être fortifiés, et pour passer de la vallée de Echaurri dans celle de Carrascal.

Des bandes carlistes nombreuses pénétreront rarement dans les vallées des frontières, où elles ne sauraient se mouvoir aisément, et encore moins exécuter des marches et des contre-marches rapides. Des Pyrénées occidentales se détachent des contre-forts élevés et sauvages ; ils forment la ligne de partage des eaux qui descendent de cette chaîne et qui, à leur origine, coulant dans une direction générale à peu près perpendiculaire à la crête, prennent ensuite des direc-

tions divergentes pour se jeter dans l'Èbre.
Si l'on opère dans cette zone, depuis le fond
des vallées jusqu'aux lignes de faîte, en prenant
comme base celle de l'Irati, l'ennemi est forcé
de s'avancer parallèlement à la frontière, inconvénient grave pour lui, puisqu'il ne peut la franchir et que la retraite lui est ainsi fermée si
on vient à l'atteindre. Sa marche à travers les
lignes de faîte est pénible et périlleuse; les
ports qui y existent sont pour lui des passages
absolument nécessaires, et s'ils sont occupés
d'avance par son adversaire, il lui sera très-
difficile de les forcer. Pour sortir de ces vallées,
il lui faut traverser l'Irati, qui n'est pas toujours guéable, ou bien descendre jusqu'à Bur-
guete ou Roncevaux, sans qu'il lui ait été possible de revenir sur ses pas. Près des Aldudes, il
court un danger nouveau, c'est que des troupes
sortent de Pampelune, s'emparent malgré leur
faible effectif de l'unique chemin qui lui reste,
celui de Espinal et de Vizcarret au carrefour de
Cilbeti, l'arrêtent dans sa marche et donnent
aux colonnes mobiles le temps d'arriver, de le
battre et de le refouler en dernier lieu vers l'entrée des Aldudes, pour le contraindre à se réfugier en France.

Au centre de la province de Alava se trouve une plaine très-étendue qui permet, comme nous l'avons dit, l'emploi des trois armes; cette particularité la rend peu favorable à la guerre irrégulière, qui a besoin d'un terrain très-accidenté. Bien qu'elle soit traversée dans sa partie inférieure par la chaîne Cantabrique, une guerre de cette nature ne saurait s'y localiser; ces montagnes peuvent seulement, ce qui s'est produit, du reste, protéger la marche des bandes qui passent de la Navarre dans la Biscaye. Le massif de la chaîne occupe un espace assez étroit, limité par l'Èbre; dans le comté de Treviño, il ne s'en détache aucun contre-fort considérable; le terrain y est très-coupé, mais si restreint, qu'il ne peut servir de refuge qu'à des partis sans importance.

Les habitants de l'Alava sont en général peu disposés à former des guerrillas et prennent difficilement les armes; cependant, lorsqu'ils s'y sont résolus, ils font preuve de qualités bien supérieures à celles des indigènes des autres provinces. Ils sont sobres, patients, disciplinés, aussi résistants et fermes dans la défense qu'impétueux dans l'attaque.

Salvatierra est un point de la plaine qui présente une grande importance militaire. C'est là que débouchent les différentes routes très-difficiles, il est vrai, qui, à travers la chaîne Pyrénaïque, font communiquer cette province avec le Guipuzcoa par les ports de Elguea, de Narbaja et de San-Adrian. Cette dernière voie présente cette particularité qu'elle franchit la crête de la chaîne sous un tunnel naturel de quarante mètres de longueur.

Les bandes qui se forment dans la partie orientale de la province peuvent opérer depuis la chaîne Cantabrique par les sierras de Izquiz et de Contrasta, jusqu'à celles de Elguea et de San-Adrian. Il en résulte que San-Vicente de Arana constitue un autre point stratégique, parce qu'il permet d'intercepter les communications avec la Navarre par le Guipuzcoa. Il faut, dans cette province, deux colonnes de cavalerie; l'une dont le centre d'opérations sera à Vitoria pour agir dans la plaine, et l'autre à Logroño pour parcourir la Rioja Alavaise.

Supposons qu'une bande de quelque importance, se trouvant dans les Amezcoas, ne puisse exécuter une contre-marche et soit obligée de passer dans l'Alava, elle sera évidemment dans la nécessité de faire ce mouvement par Contrasta et San-Vicente de Arana sans descendre dans la plaine, puisque la colonne de cavalerie s'y tiendra prête à fondre sur elle. Elle sera forcée de suivre la route de Marquinez par Sabando et Cicujano, de descendre sur la gauche, à Bernedo, et de tomber par Lagran dans la partie supérieure de la vallée de l'Ega. En effet, si elle incline vers la droite, du côté du comté de Treviño, elle court aussi le danger de rencontrer la cavalerie, qui doit suivre sa marche en se tenant sur son flanc et qui traversera rapidement les montagnes de Vitoria par la route de Peñacerrada. Elle ne peut davantage prendre la direction de la Rioja Alavaise. C'est, d'ailleurs, une éventualité qu'il faut empêcher avec le plus grand soin, car le pays est riche et lui offrirait des ressources abondantes. La colonne de Logroño arrivera donc promptement; il en sera de même d'une autre colonne de position qui couvre les ports de Aguilar, de la Poblacion, de Villafria et du Toro dans la chaîne Cantabrique. Ces ports ne possèdent que des chemins difficiles, à l'exception du port de Herrera, par lequel passe la route de Vitoria à Logroño. La bande se trouvera ainsi enveloppée par les colonnes de la Rioja et du comté de Treviño, et si, en même temps, elle est vivement attaquée par les colonnes mobiles, qui ne doivent point l'abandonner, elle sera forcée de continuer son chemin par Peñacerrada, en profitant, pour faire son mouvement, de la protection qu'elle rencontre toujours dans l'âpreté de la chaîne Cantabrique.

Le général qui dirige la poursuite peut, dans cette circonstance, se proposer deux plans : ou bien de la battre dans l'Alava, ou bien de la contraindre à passer en Biscaye. Dans le premier cas, une colonne sortant de Vitoria ira occuper Armiñon, sur la route de Castille ; elle aura pour objectif de garder les ponts du Zadorra qui, dans cette région, n'offre pas de gués commodes. L'une des colonnes mobiles devra constamment se tenir sur les traces de la bande, pendant que deux autres marcheront sur les flancs et un peu en arrière. Cette disposition, indispensable dans toutes les provinces et quelle que soit la situation, a pour but de s'opposer à une contre-marche et de donner le moyen d'arriver le plus rapidement possible au secours de la colonne engagée, dès que la fusillade se fait entendre ou qu'on reçoit le moindre avis.

Si la bande, trouvant le pont de Armiñon occupé, se dirige vers la droite pour prendre celui de Villodas ou les Trois-Ponts et gagner la sierra de Badaya, la colonne de Armiñon, marchant par le flanc, remonte le Zadorra et s'établit à Villodas; si, renonçant à passer en Biscaye, le parti ennemi veut se jeter dans le Guipuzcoa, en traversant le comté de Treviño, il vient dans la plaine de l'Alava se heurter contre la cavalerie; s'il essaie d'exécuter une contre-marche pour retourner en Navarre, une des colonnes mobiles qui, comme nous l'avons dit, marchent un peu en arrière, se portera rapidement à sa rencontre. Il suffira que la force des colonnes soit un peu supérieure à la moitié de celle qui compose la guerrilla; mais il est indispensable d'avoir une section de cavalerie légère et une section d'artillerie de montagne, car ces deux armes produisent un grand effet moral sur des gens étrangers au métier militaire et dont l'organisation est tout à fait incomplète.

La topographie des provinces du Guipuzcoa et de la Biscaye, situées toutes deux sur le versant septentrional, diffère essentiellement de celle de la Navarre et de l'Alava, qui se trouvent sur le versant oriental. Cette diversité dans la configuration de ces régions entraîne nécessairement des différences correspondantes dans le système de guerre et dans le plan des opérations, qui, étant données les propriétés balistiques des armes à feu, doivent évidemment se baser sur la forme du terrain.

Dans le versant septentrional, les eaux qui descendent de la Pyrénaïque suivent une direction perpendiculaire à celle de la crête et vont se jeter, après un cours rapide et torrentueux, dans la mer Cantabrique. Comme la partie qui forme le versant septentrional a peu d'étendue, ces rivières offrent un faible développement, le volume de leurs eaux est peu considérable, et elles sont guéables dans tout leur parcours ; mais, pendant l'hiver, la grande quantité de neige qui tombe sur les montagnes les grossit au point de rendre ces gués impraticables à l'époque du dégel. Ce versant est très-peuplé : les habitations sont groupées dans les vallées de manière à constituer des localités importantes ; il existe, en outre, sur les flancs des montagnes et jusque sur leur faîte, des groupes de maisons qui présentent un aspect très-pittoresque ; enfin, les centres de population offrent des ressources de toute nature et tous les genres d'industrie y sont suffisamment développés.

Le Guipuzcoa est, sans contredit, la plus avancée des quatre provinces; il possède des filatures, des fabriques de drap, de papier, d'armes, etc. On y confectionne aussi une énorme quantité d'alpargatas (1), qui s'exportent en Amérique. Ses établissements d'eaux minérales et ses bains de mer sont chaque année envahis, pendant l'été, par une multitude de personnes qui viennent y chercher des distractions ou des remèdes à leurs maux, et qui y laissent des sommes considérables.

Les Guipuzcoans sont soumis à l'autorité, forts, robustes, et possèdent les qualités qui constituent le bon soldat, mais on peut leur reprocher d'être cruels après le combat. Au commencement de la guerre de 1872, cette province et l'Alava prirent la part la moins active à l'insurrection.

Dans la guerre irrégulière, les opérations doivent être conduites du fond des vallées aux lignes de faîte, en se proposant comme objectif

(1) Sorte de chaussure en chanvre tressé.

de priver l'ennemi des moyens de ravitaillement qu'il rencontrerait dans les premières. Ne pouvant les rechercher dans les parties élevées, il est bien forcé de descendre pour se les procurer; c'est alors qu'il faut essayer de l'anéantir; avec de l'adresse, on peut assurément en trouver l'occasion.

Si une bande, partant des monts de Goizueta, pénètre dans la province pour y fomenter l'insurrection, elle marchera par les montagnes de Oyarzun dans la direction de Segura et de Cegama, par le flanc septentrional de la Pyrénaïque, ou bien elle traversera la ligne de l'Orio au-dessous de Tolosa et gagnera les montagnes sauvages de Hernio et la vallée de l'Urola. Ces deux directions sont les seules qu'elle puisse prendre, et ces deux zones, les seules dans lesquelles elles puisse exécuter ses incursions. Si elle marche sur le flanc de la Pyrénaïque, elle est obligée de régler ses opérations sur celles des colonnes qui la poursuivent. L'une d'elles suit en Navarre tous ses mouvements, afin de lui interdire l'entrée de cette province en défendant tous les passages de la chaîne. De Irurzun, on peut atteindre ce résultat pour les ports de Azpiroz et de Leiza; de Huarte-

Araquil, on barre celui de San-Miguel de Ecelsis ; de Echarri-Aranaz, celui de Berranoa ; et enfin, de Alsasua, ceux de Echegarate, d'Otzaurte et de San-Adrian. Une autre colonne doit marcher par la vallée de l'Orio, parallèlement à la ligne suivie par la bande ennemie et un peu en arrière, principalement pour l'empêcher d'y descendre. Une troisième colonne de position s'établira à Oñate pour couvrir la vallée supérieure de l'Urola ; une autre enfin s'attachera aux pas de l'adversaire et le poursuivra sans relâche.

Si la bande essaie de se porter vers la Navarre, la colonne de la Burunda lui barrera le passage ; si elle veut descendre sur l'Orio, la colonne qui occupe la vallée s'y opposera. Aux prises avec de pareilles difficultés, pourchassée sans pouvoir ni s'arrêter ni revenir sur ses pas, renfermée dans l'espace restreint que lui laisse la chaîne, sans moyen de se ravitailler, elle devra nécessairement, pour les trouver, se porter sur Segura et Cegama. C'est un expédient qu'il faudra absolument lui interdire, parce que ces localités offrent une certaine importance et qu'elle pourrait, en les occupant, s'y refaire de ses fatigues.

Pour y arriver, la colonne de l'Orio peut,

toutes les fois que l'ennemi s'éloignera de la vallée confiée à sa garde, remplacer celle qui le poursuit ou l'une d'elles, s'il y en a plusieurs. Elle s'établira de manière à couvrir ces villes; les autres auront pour objectif de forcer l'adversaire à monter jusqu'à la crête par les monts de Aiztgorri et à se porter sur les habitations de Araoz, unique refuge où il puisse éviter la colonne de Oñate, qui a dû faire un mouvement en avant pour couvrir Cegama au moment où il prononcera sa marche sur Araoz. Cette dernière colonne exécutera une contre-marche rapide vers la vallée de Deba et s'établira à Ezcoriaza ou Arachevaleta, après avoir été remplacée par une autre à Oñate.

Épuisée par les longues marches qu'elle a été obligée de faire pour gagner les habitations dont nous avons parlé et qui ne présentent aucune ressource, sur un terrain rude et accidenté, par des chemins presque impraticables, sans trouver une localité pour s'y ravitailler, la bande se dissoudra et se dispersera probablement. Dans le cas contraire, elle ne pourra faire autrement que de suivre le flanc de l'Arlaban et de pénétrer en Biscaye : on satisfera ainsi à la condition proposée, qui consiste à rejeter les partis hors de leur province, dans laquelle on ne saurait ni les atteindre ni les battre.

Au mois de janvier 1873, le chef de partisans Ollo, que nous citerons toujours dans ce genre de guerre comme un modèle et comme un maître dans l'art de se dérober à nos poursuites, passa en Guipuzcoa avec sa bande, qui comptait 1500 hommes environ. Poursuivi vivement par deux colonnes, forcé d'abandonner la vallée du Deba et ne pouvant prendre celle de l'Orio, dont les troupes établies à Zumárraga lui défendaient l'accès, il se dirigea vers les fermes d'Araoz. Une des colonnes mobiles vint se placer à Ezcoriaza pour s'opposer à la contre-marche ; celle de Zumárraga lui barrait le passage à Idiazabal dans le cas où il voudrait suivre le chemin de Segura. N'osant traverser toute la plaine de Alava à cause de la cavalerie qui était à Vitoria et qu'on avait déjà prévenue, ne pouvant pas non plus courir vers San-Adrian parce qu'une autre colonne postée à Salvatierra lui barrait l'entrée de la Burunda, il quitta le soir les fermes qu'il occupait, franchit la chaîne par le port de Aranzazu, que les pluies avaient changé en torrent, traversa pendant la nuit la plaine dans les environs de Alegria, arriva au point du jour à Onraitia au pied des ports de Contrasta, et se jeta dans les Amezcoas, après avoir fait une marche de plus de trente-cinq kilomètres par des chemins affreux.

Des montagnes de Goizueta, que nous avons considérées comme point de départ de la bande, celle-ci peut traverser l'Orio et se diriger sur la droite vers la partie septentrionale du Guipuzcoa. Si elle marche de préférence vers les ramifications des monts Hernio, qui sont les plus sauvages et les plus accidentés, on devra couvrir rapidement la vallée de l'Urola avec une colonne qu'on établira à Azpeitia : on en placera une autre à Alquiza ou à Asteazu ; on s'opposera ainsi à une incursion du côté de Saint-Sébastien et à une contre-marche que la bande ferait vers Oyarzun pour revenir à son point de départ avec le butin qu'elle aurait recueilli. Dans ces conditions et en supposant que la côte sur laquelle s'élèvent des localités importantes est à peu près découverte, un guerrillero expérimenté ne s'en approchera jamais, car il courrait le risque, s'il était poursuivi, de se voir acculé à la mer et battu sans aucune chance de s'échapper; or les guerrilleros n'exécutent jamais leurs courses dans une région où ils ne possèdent pas une ou plusieurs lignes de retraite assurées. Avec la disposition des colonnes indiquée plus haut, la marche de la bande se fera nécessairement vers Urrestilla par Beizama. Dans cette hypothèse, pendant qu'une des colonnes mobiles descendra dans la vallée de l'Urola, la colonne établie à Azpeitia ira rapidement occuper les monts de Elosua, position importante qui couvre la partie supérieure de la ligne de l'Urola et la partie inférieure de celle du Deba. La possession de cette dernière lui permet de tomber sur l'ennemi, quelle que soit la direction qu'il a prise. Par les montagnes dont nous avons parlé, il serait possible à celui-ci de traverser le Deba et de passer en Biscaye ; mais s'il n'y réussit pas, il doit faire une contre-marche sur son flanc gauche, opération à laquelle s'opposeraient aisément les colonnes qui doivent se rencontrer dans les vallées de l'Orio, du Deba et de l'Urola. Si cependant l'ennemi parvient à effectuer cette manœuvre, les troupes se portent rapidement par la voie ferrée du Nord jusqu'à Ataun et y établissent une colonne. Cette localité est un point de passage tout indiqué pour battre en retraite par le flanc septentrional de la chaîne Pyrénaïque, et si la bande en est coupée, elle sera inévitablement battue et dispersée.

Quoiqu'elle soit située, comme le Guipuzcoa, sur le versant septentrional, la Biscaye présente des caractères topographiques tout à fait différents. La région comprise entre la chaîne secondaire qui se détache des monts de Oiz et la côte de l'Océan est médiocrement importante au point de vue militaire. Des bandes d'une force insignifiante peuvent seules y exécuter des opérations, et elles ne deviendront jamais assez considérables pour exercer quelque influence sur le sort d'une campagne. Il ne faudrait pas cependant les dédaigner, car leurs incursions tiennent le pays dans de continuelles alarmes. Un parti nombreux peut, à la vérité, occuper dans cette zone des localités qui lui fournissent d'abondantes ressources; mais comme les passages de la chaîne sont peu nombreux, bien déterminés et peu praticables, il serait gêné dans un espace aussi restreint et forcé d'accepter un combat dont l'issue lui serait certainement fatale, puisque toute retraite lui serait fermée. Le curé de Goiriena, guerrillero qui, en 1872, parcourait la partie septentrionale de la Biscaye, n'avait que trois cents hommes environ dans sa bande; cependant il se renfermait rarement dans cette zone quand il était poursuivi, n'approchait jamais de la côte et dépassait très-rarement la ligne des monts de Oiz.

Les hauteurs de San-Antonio de Urquiola, dans la chaîne Pyrénaïque, constituent une position importante dans toutes les guerres de ce pays; celui qui s'en rend maître se trouve dans des conditions excellentes pour descendre dans la plaine de l'Alava, dans la vallée de l'Ibaizabal, dans celles de Dima, d'Arratia, d'Orozco et dans le Guipuzcoa. Villareal de Alava, localité située au pied de ces hauteurs, est un point stratégique de premier ordre : il couvre non-seulement les positions de Urquiola, mais aussi celles de Amboto, de Gorbea et de Aramayona. C'est le lieu de passage obligé de toute troupe qui, de ce côté, se porte de la Biscaye dans l'une quelconque des trois provinces.

Une bande qui part du Guipuzcoa pour pénétrer dans la Biscaye sans suivre la côte ou qui vient de l'Alava ou de la Navarre, passe inévitablement par Villareal de Alava, point de croisement de trois routes et de tous les chemins praticables, et se dirige de cette ville vers la vallée de Arratia. Si elle y réussit, une colonne quitte Vitoria et va en six heures seulement, par la voie ferrée, occuper Areta, d'où elle couvre la vallée de Orozco et de Miravalles. Dans le cas où la destruction de cette voie ne permettrait pas la circulation des trains, elle se porterait à marches forcées vers la vallée de l'Orozco. Mañaria doit également être occupé par une autre colonne qui observera Durango et la petite vallée de Dima. La bande, poursuivie par les troupes qui sont chargées de ce soin, est chassée de la vallée de Arratia, et pendant ce temps, celles qui sont à Areta et à la Mañaria courent à sa rencontre si elle essaie de passer dans les vallées de Dima, d'Orozco et d'Ibaizabal.

Les chefs de colonne ne doivent point se laisser tromper par les ruses des guerrilleros. Lorsque ceux-ci, ne pouvant plus se maintenir dans la vallée de Arratia, feront un mouvement vers celle de Dima, si les colonnes prennent cette direction en laissant libre celle de l'Arratia, la bande ira jusqu'à Yurre, et par une contre-marche facile reviendra à Villaro, son point de départ. Elle pourra également feindre de se porter sur Durango et faire arriver des nouvelles fausses dans ce sens à la colonne de Mañaria, descendre ensuite sur la droite, et par une marche rapide vers Lemona, tomber à Zornosa, pénétrer dans la région de la côte, y recueillir des subsistances et continuer sa route sur le Guipuzcoa. Elle pourra encore faire une contre-marche dans la vallée de l'Ibaizabal, quoique cette dernière opération soit très-exposée à rencontrer de sérieux obstacles. Si elle se dirige vers la côte, elle ne fera qu'y passer, et comme la route qu'elle tient est parallèle à la chaîne centrale qui traverse la province, il en résultera pour elle la nécessité de franchir les contre-forts successifs qui s'en détachent : il est vrai qu'ils présentent peu d'étendue; mais ils sont boisés, très-coupés, et les chemins y sont pour la plupart dans de très-mauvaises conditions de viabilité; aussi est-il dangereux pour la bande d'y pénétrer si elle a quelque importance, car, obligée de marcher homme par homme, elle s'allonge considérablement. La prudence exige que nos troupes ne se hasardent pas davantage dans une pareille contrée, à l'exception toutefois d'une colonne mobile dont le chef ne doit s'avancer qu'avec la plus grande circonspection. L'ennemi parcourt dans cette manœuvre la corde d'un arc de cercle dont Durango est le centre : c'est de là que rayonnent les différentes routes qui conduisent à la côte; aussi les opérations peuvent-elles dans cette zone s'exécuter du centre à la circonférence. Le commandant des troupes ne se préoccupera point de ce que l'ennemi ait la possibilité de pénétrer dans des localités importantes où il trouvera des subsistances et des hommes pour augmenter la force de sa bande; nous croyons que c'est pour nous plutôt un avantage qu'un danger, puisque s'il a un grand nombre d'individus étrangers au métier des armes, sans discipline et sans instruction militaire, il nous sera bien plus facile de l'acculer à la mer et de le battre. On doit empêcher avant tout son passage dans le Guipuzcoa; pour y parvenir, une colonne s'établira à Elgoibar ou à Vergara, couvrant la vallée du Deba afin de le pousser dans celle du Nervion, à l'angle formé par cette rivière avec la côte à son embouchure. Aussitôt qu'elle y est arrivée, il n'y a plus d'issue pour elle ni par conséquent de retraite possible.

Si, de la vallée de Arratia, le groupe de partisans, au lieu de se diriger du côté de l'Océan, s'avance vers les vallées de l'Orozco et du Nervion par le chemin de Ceberio, il faut absolument prévenir la contre-marche à laquelle il aura recours pour revenir dans la vallée de Arratia ou dans la province de l'Alava, et le forcer à pénétrer dans la vallée de Gordejuela et dans les Encartaciones, région très-pauvre, très-accidentée, dans laquelle il ne saurait se maintenir bien longtemps. S'il ne réussit pas à faire la contre-marche qu'il a projetée ou à gagner la province de Santander, dans laquelle les Basques ne trouveraient d'ailleurs aucun appui, il pourrait se porter sur Somorrostro afin d'y recruter les ouvriers des mines de fer. Pour lui en défendre l'accès, une colonne occupera Baracaldo, une autre Sodupe, et les colonnes mobiles combineront leurs mouvements pour le pousser à la côte et l'y acculer.

La division du pays en zones militaires, plaçant chacune d'elles sous les ordres d'un chef qui commanderait les troupes destinées à y opérer d'une manière distincte, ne donnera aucun résultat satisfaisant, à moins que les bandes ne soient très-nombreuses et d'un effectif très-restreint; dans tous les autres cas, le soin de diriger l'ensemble des opérations doit être confié à un chef unique.

Dans tout ce qui précède nous n'avons envisagé qu'un seul groupe de partisans, et nous avons indiqué de quelle manière il fallait agir contre lui, abstraction faite des autres. Nous recommandons d'une manière toute particulière au chef supérieur qui recevra le commandement des forces chargées de pratiquer une pareille guerre, de ne jamais chercher à faire face de tous les côtés à la fois; il n'en retirerait aucun avantage. Le parti le plus sage consistera à rechercher quelle est la bande la plus considérable ou celle qui possède à sa tête le guerrillero le plus intelligent et le plus renommé; il réunira alors le plus grand nombre possible de colonnes, mènera vivement les opérations, poursuivra l'ennemi sans trêve jusqu'à ce qu'il soit parvenu à l'anéantir; il procédera de la même façon avec un autre groupe, et ainsi de suite, battant et dispersant chacun d'eux, l'un après l'autre, sans difficulté. Si ses premiers succès lui font une réputation, il arrivera bien vite à pacifier le pays; mais il ne doit pas oublier que la politique peut être un très-utile auxiliaire pour les opérations militaires, à la condition qu'elle ne se bornera pas à l'application rigoureuse et exclusive d'un système, mais qu'elle saura allier, dans une juste mesure, la sévérité à la clémence.

Dans la guerre de Sept ans, Zumalacarrégui dut plus d'une fois son salut à ce qu'il se séparait momentanément de don Carlos. Celui-ci, accompagné seulement de quelques hommes choisis, attirait sur lui l'attention des troupes et, en trompant l'adversaire, donnait à son partisan le temps de faire reposer les siennes.

Si l'on dispose de forces suffisantes, on entreprend simultanément les opérations dans les quatre provinces, mais en se conformant toujours aux prescriptions que nous avons énoncées.

CHAPITRE IV.

Lorsque les guerrillas se réunissent, qu'elles reçoivent une organisation et une instruction militaire, un armement et un équipement, on doit les considérer comme constituant une armée, et la lutte engagée avec elles prend le caractère de guerre régulière.

Les transformations et les perfectionnements apportés dans les armes à feu ont changé profondément les conditions du combat et introduit des modifications radicales dans quelques règles fondamentales de la théorie de la guerre. Jusqu'en ces derniers temps, on reconnaissait en stratégie un principe essentiel qui est celui-ci : pour obtenir un succès complet, pour arriver à détruire l'ennemi en une ou deux batailles et résoudre ainsi le problème de la guerre, il faut adopter le système de l'offensive stratégique et tactique. Les nouvelles armes à

4*

feu ont modifié ce principe à ce point que, pour réaliser actuellement les mêmes résultats, il faut employer l'offensive stratégique et la défensive tactique. On admet aujourd'hui comme une vérité indiscutable que tout général, quel qu'il soit, sera inévitablement battu s'il prend l'offensive tactique contre un ennemi intelligent et connaissant la puissance énorme que les armes de précision, à longue portée et à tir rapide, donnent à la défensive. Il va de soi que, dans ce cas, la défensive ne doit pas être employée exclusivement : si, après quelques attaques, ou, comme on le disait autrefois, quelques charges à la baïonnette dans lesquelles l'ennemi qui les exécute a éprouvé des pertes sérieuses, lorsque le moral de ses troupes en est ébranlé, on passe rapidement à l'offensive, le succès sera presque toujours certain.

Les armes à feu actuelles ont donné à la défensive tactique une puissance qui lui faisait défaut, et la fortification de campagne l'a acquise dans la même proportion. Elles ne peuvent aujourd'hui aller l'une sans l'autre, et toute position, par cela même qu'elle est occupée, doit être retranchée pour en rendre l'accès plus difficile à l'ennemi, le maintenir le plus longtemps possible sous l'action meurtrière des feux de ses défenseurs et mettre ceux-ci à l'abri des siens.

Ce principe a été constamment appliqué par les carlistes du nord; ils en avaient multiplié l'emploi jusqu'à fortifier toutes les positions qui couvrent les points par lesquels on peut entrer dans le pays et qui en protégent les vallées. Les résultats de ce système ont été aussi avantageux pour eux que désastreux pour nous. Considérant comme une nécessité de rester sur la défensive, ils ont reconnu l'importance de la fortification, et en ont si bien perfectionné l'usage, qu'ils sont parvenus à annihiler les effets de l'artillerie et à rendre l'attaque de front extrêmement périlleuse pour leurs adversaires. S'ils n'ont jamais obtenu un succès éclatant, c'est uniquement parce qu'ils sont toujours restés sur la défensive, sans jamais passer à l'offensive dès que le moment favorable s'en présentait.

La guerre de montagne n'est pas celle qui a subi les moindres changements par suite des perfectionnements apportés dans les armes à feu. Il n'y a point de règle fixe qui puisse être posée sur ce point important de savoir si l'on doit opérer des vallées aux lignes de faîte ou inversement. En général, il était admis autrefois que, pour être maître des lignes de partage, il fallait occuper les vallées, car c'est là que se trouvent les grands centres de population et toutes les ressources du territoire. Aujourd'hui, la règle qui s'impose pour toutes les opérations de ce genre découle exclusivement de la configuration du terrain. Ainsi, pour être maître des vallées dans la région du nord, il faut s'établir sur les lignes de partage, parce que ces vallées sont ordinairement si resserrées que, si l'ennemi s'établit sur les crêtes, il pourra couvrir son adversaire de feux croisés et rendre sa situation intenable. Mais si l'étendue des vallées enlève à ces feux leur efficacité, leur occupation entraîne celle du pays, et par conséquent la possession de toutes les ressources qu'il présente. On arrivera à déterminer ces différents cas par l'examen du terrain et l'étude de ses propriétés militaires, étude si essentielle que, sans elle, aucun projet de campagne ne peut être établi d'une manière rationnelle. Que la guerre soit régulière ou non, tout plan, nous le répétons, doit être uniquement basé sur la topographie du pays dans lequel on se propose d'opérer : c'est à elle qu'on doit subordonner toutes les combinaisons stratégiques, c'est elle encore qui servira à déterminer les positions tactiques.

On peut mettre fin par les armes à toutes les guerres sans exception; mais il faut pour cela tenir compte des éléments qui sont indispensables. On répète tous les jours dans notre pays et on considère comme un axiome que les luttes civiles ne peuvent se terminer que par une convention; il est bien certain qu'on est obligé d'avoir recours à ce moyen lorsque les hommes et l'argent manquent à la fois. Prétendrait-on exiger que le plus habile ingénieur ou l'architecte le plus célèbre construisît un palais élégant et solide quand on ne lui donne que le strict nécessaire pour élever une modeste habitation? Il n'est pas plus logique de demander à un général de terminer une guerre par les armes si on ne met à sa disposition ni les soldats ni les fonds dont il ne peut se passer. Le problème à résoudre est celui-ci : obtenir le succès le plus complet en détruisant l'ennemi par une ou deux batailles, la science de la guerre moderne en fournit les moyens; mais si l'on n'a pas les ressources suffisantes pour les livrer ou pour en retirer des avantages décisifs, si l'on ne possède pas les données convenables pour arriver à la solution du problème proposé, il vaut bien mieux éviter des combats, qui n'auraient d'autres conséquences qu'une inutile effusion de sang.

Dès que la guerre dans le nord devient régulière, on peut adopter deux plans pour la mener à bonne fin. Si l'on dispose de moyens suffisants, si l'on a une armée assez forte et constituée d'une manière normale, on doit prendre une vigoureuse offensive stratégique, manœuvrer et forcer l'ennemi à accepter la bataille. Le succès obtenu, une poursuite bien conduite le disperse, le pays est occupé militairement et la guerre est finie.

Malheureusement, en Espagne, on vit toujours au jour le jour en ce qui concerne l'armée, sans songer au lendemain. Elle ne présente que les effectifs rigoureusement nécessaires pour quelques garnisons et n'est pourvue, grâce à la fureur d'économie malentendue qui règne partout, ni de matériel, ni de réserves, ni d'établissements d'instruction appropriés aux besoins de l'époque actuelle; elle manque, en un mot, de tout ce qui constitue une armée

moderne. Ajoutons-y l'état dans lequel se trouvent aujourd'hui nos troupes après les tristes événements de 1873 que tout le monde connaît et la situation précaire de nos affaires; on se convaincra aisément que nous ne devons point songer à adopter le premier plan, mais qu'il faut nous restreindre au second. C'est celui dans l'établissement duquel on ne se préoccupe point des éléments nécessaires pour une campagne offensive, et « dans un sem-
« blable cas, a dit judicieusement le général
« don Luiz Fernandez de Cordova, l'unique
« moyen de se tirer honorablement d'une
« guerre, c'est de ne pas l'entreprendre ».

Tous les points fortifiés de l'intérieur, à l'exception de ceux qui ont tenu pendant la guerre irrégulière, doivent être abandonnés dès qu'elle devient régulière. Il est impossible de les conserver, parce qu'on ne saurait les ravitailler ni leur porter secours quand ils sont assiégés et qu'ils sont susceptibles de tomber au pouvoir de l'ennemi. Ces petits succès, outre la confiance qu'ils lui inspirent, font tomber entre ses mains des armes, des munitions et de l'artillerie. Sans l'effet moral que produirait ce sacrifice, Bilbao lui-même devrait être désarmé et évacué par les troupes : sa conservation, envisagée au point de vue militaire, est un obstacle pour les opérations, une préoccupation constante pour le général en chef, et nous savons par expérience combien de sang elle nous a coûté sans aucune compensation.

La base naturelle d'opérations, dans cette guerre, est la ligne de la frontière et celle de l'Arga jusqu'à l'Èbre ; mais elle ne saurait être employée que dans l'hypothèse d'une guerre offensive et dans le cas où nous pourrions disposer de cent mille hommes. Dans la seconde hypothèse, celle de l'Èbre et de l'Arga, jusqu'à Pampelune est la seule admissible.

Le moyen le plus sûr de porter un coup mortel au carlisme serait de tenir la frontière de France, car c'est par elle qu'il reçoit en grande partie les secours qui viennent de l'étranger ; en l'occupant et en bloquant rigoureusement la côte cantabrique depuis le cap Figuier jusqu'à Castro - Urdiales, la guerre deviendrait plus difficile, faute des ressources nécessaires pour la continuer. Mais la ligne de la frontière, c'est-à-dire celle du Baztan, ne peut être conservée si on ne la prend comme base d'opération ; or elle a quatre-vingt cinq kilomètres de développement de Pampelune au pont de Behobie, la vallée est étroite et l'on n'aurait la possibilité de s'y maintenir qu'à la condition d'être d'abord maîtres des crêtes dans toute la partie occidentale, qui est extrêmement escarpée et sauvage. Il serait donc indispensable de construire, dans toute son étendue, sur des points culminants préalablement déterminés d'après des considérations stratégiques, une série de forts qui auraient pour but de défendre la vallée et de commander les villes qui y sont situées. Mais en admettant que nous trouvions les fonds nécessaires pour élever rapidement ces ouvrages, ils exigeraient un nombre si grand de défenseurs que les troupes destinées aux opérations en seraient considérablement réduites. Continuellement assiégés par l'ennemi, qui se servirait pour arriver jusqu'à eux des avantages que lui offre le terrain, il faudrait, autant pour les empêcher de capituler que pour assurer leur ravitaillement, former un corps d'armée qui ne concourrait plus au but général de la campagne; sa faiblesse numérique lui interdirait toujours, en effet, de prendre l'offensive stratégique, et il serait forcé de se mouvoir dans une région de conditions topographiques aussi défavorables que le sont les vallées de l'Ulzama, de San-Esteban de Lerin, de Basaburuas, et les montagnes de Aya et de Goizueta. Mais ce ne sont pas là les raisons les plus sérieuses que l'on puisse invoquer contre le Baztan et qui permettent de le considérer comme tout à fait impropre à servir de ligne de défense. Il doit se ravitailler à Pampelune et n'a pour cela qu'une seule voie, qui est la route de France : or tous les convois sortant de cette place peuvent, dès qu'ils arrivent aux défilés de Sorauren, être attaqués par l'ennemi pendant toute la durée de leur marche. Il deviendrait indispensable, pour les empêcher de tomber en son pouvoir, d'employer à combattre continuellement tout le corps d'armée, qui se heurterait alors sans cesse dans l'offensive tactique à un terrain presque inaccessible et fortifié par son adversaire. Serait-il possible qu'un pareil état de choses pût se prolonger bien longtemps? Nos troupes finiraient par se fondre peu à peu dans des luttes stériles, et si le corps d'armée venait à subir quelque échec, comme il n'aurait derrière lui aucune ligne de ravitaillement, il n'aurait pas non plus de ligne de retraite, il se verrait acculé à la frontière et réduit à l'alternative de se réfugier en France ou de mettre bas les armes. Les lignes stratégiques de défense ne peuvent jamais être admises si des lignes de ravitaillement, de communications et de retraite perpendiculaires à leur direction, ne se relient point en arrière avec la base d'opérations : celles même qui sont parallèles et situées à quatre ou cinq kilomètres seulement en arrière, sont très-exposées et par suite très-incertaines. Même en comptant sur la route de Urdax pour tirer des approvisionnements de France, la ligne du Baztan ne laisserait pas que d'être très-mauvaise et son occupation bien téméraire, car une seule ligne de ravitaillement serait tout à fait insuffisante eu égard à l'étendue de la ligne de défense.

Cette dernière peut être enlevée à l'ennemi non point à la frontière, mais bien à quelques kilomètres dans l'intérieur du pays, par l'avancement progressif de nos lignes ou lorsque notre armée, se plaçant dans l'offensive stratégique, interceptera toutes ses communications avec la France, opération qui est, avec l'occupation du pays insurgé, le seul but qu'on doive se proposer en adoptant ce système.

Il existe dans la province de Navarre une

zone dont la richesse agricole et les ressources en bétail sont le principal aliment de la
guerre civile : elle comprend les vallées de
l'Aragon, de l'Irati, de l'Èbre et la partie inférieure de celles de l'Arga et de l'Ega; l'enlever
aux rebelles, c'est porter une atteinte presque
mortelle à l'insurrection. Nous pouvons l'occuper avec un nombre assez restreint de troupes,
en construisant des lignes défensives qui,
avec la puissante artillerie dont les forts
seront armés, empêcheront l'ennemi d'utiliser les produits de la portion de la zone dans
laquelle il ne nous serait pas possible de pénétrer.

La côte Cantabrique, outre les inconvénients
spéciaux inhérents à ce genre de base d'opérations, est battue par une mer orageuse, et ses
communications sont exposées à de longues
interruptions : sa configuration, que nous avons
étudiée plus haut, la rend tout à fait inaccep-
table. Le versant septentrional est, comme nous
l'avons vu, une étroite bande de terrain limitée par
le gigantesque escalier qui constitue la chaîne
Pyrénaïque, de laquelle se détachent, pour aboutir à l'Océan, des contre-forts sauvages qui
forment les lignes de partage des eaux de cette

région. Il est impossible de franchir cette barrière pour porter les opérations sur le versant oriental; les passages y sont peu nombreux, les positions qu'elle présente sont bien accusées et excellentes; les vallées, resserrées et impraticables si l'on ne parvient pas auparavant à occuper les lignes de faîte, qui sont, en général, d'un accès difficile et qui deviennent inabordables quand elles sont fortifiées et bien défendues. Sur le flanc ou en arrière de l'armée se trouve la mer, sur le secours de laquelle il faut médiocrement compter pour le ravitaillement. S'il survenait un échec, on serait acculé à la côte sans retraite possible et exposé à un terrible désastre.

C'est pour ces raisons que, malgré des succès chèrement achetés sous Bilbao, il a toujours été impossible de continuer les opérations à partir de cette base et que l'on a été forcé de chercher celle bien plus rationnelle de l'Èbre, pour les porter sur le versant oriental. Tel est aussi le motif pour lequel, en mai 1874, le marquis del Duero, après avoir levé le siége de cette ville, fit passer toutes les troupes sur la base de l'Èbre afin de les concentrer sur un point décisif, Estella, en arrêtant les opérations sur le versant septentrional. En octobre 1873, après une marche hardie et pénible, qui conduisit l'armée à Saint-Sébastien pour aller au secours de Tolosa, il s'était trouvé déjà dans la nécessité de l'embarquer pour la porter sur le versant oriental.

Le peu de largeur de la plupart des vallées, dans les provinces du nord, empêche de pénétrer dans l'intérieur du pays, à moins que l'on ne se soit rendu maître des lignes de faîte par les mouvements progressifs des troupes, qui forment alors comme autant de bases secondaires reliées à la base générale. Dans la guerre civile de Sept ans, il était déjà périlleux de tenter des incursions dans le cœur du pays, même en n'ayant à redouter que les effets peu dangereux du fusil alors en usage; nos troupes entrèrent néanmoins à plusieurs reprises dans la Burunda et dans la Barranca ; mais aujourd'hui, ces vallées sont absolument impénétrables. Comme les crêtes sont inaccessibles en raison de leur escarpement et que les communications y sont très-difficiles, on ne peut suivre cette direction; il en est de même de toute autre ligne importante de la Navarre.

En prenant comme base l'Èbre et l'Arga, le seul système que l'on puisse adopter pour une guerre de ce genre consiste, nous l'avons déjà dit, à se servir de lignes successives qui, liées à la base d'opérations, conduisent progressivement jusqu'au cœur de la contrée, que l'on occupe militairement en même temps qu'on en dérobe les ressources à l'ennemi. Règle générale, on ne doit fortifier aucune ville ou village, si peu considérables qu'ils soient; le travail qu'exigerait cette précaution nécessiterait l'emploi de beaucoup d'hommes et plus tard une nombreuse garnison, qui diminueraient d'autant l'effectif des troupes destinées à exécuter les opérations. Les localités sont en outre situées le plus souvent dans des dépressions; il en résulte que si l'ennemi gagne les lignes de faîte, ce qu'il essaiera de faire certainement, il dominera nos positions et nous forcera à les abandonner. Les lignes successives doivent être constituées par une série de petits forts construits sur les points culminants, pouvant contenir de cent à deux cents défenseurs et armés de deux ou trois pièces à grande portée : ils commandent par leurs feux la vallée et les centres de population qu'elle abrite.

Si l'on se trouve dans la nécessité de garder Bilbao et Saint-Sébastien, il faudra choisir, à proximité de ces deux points, des lignes qui les mettent à couvert des effets de l'artillerie ennemie. On n'ira point jusqu'à se préoccuper de quelque pièce de montagne qui pourrait, à la faveur de la nuit, y lancer de menus projectiles sans occasionner de dégâts sérieux; mais toutes. les positions où l'ennemi pourrait installer des batteries de siége susceptibles de canonner les habitations, devront être vues par nos pièces. Les communications de Bilbao avec Portugalète et la mer par l'embouchure du fleuve, celles de Saint-Sébastien avec Irun et la frontière par le Jaizquivel, seront protégées par un système de forts peu nombreux en raison même de la longue portée de l'artillerie actuelle : ces forts couvriront le port de Passages. Il ne faudra en outre rien entreprendre de ce côté sans être sûr d'avance d'obtenir un résultat, ni enlever aux troupes qui opèrent en Navarre plus de monde qu'il n'est strictement nécessaire pour occuper ces deux places.

On se tromperait beaucoup en supposant que l'ensemble des lignes et des points fortifiés doit fermer si hermétiquement les débouchés qu'il soit comme une muraille de la Chine destinée à arrêter jusqu'aux petites bandes qui parcourront toujours un pays où elles sont sûres de trouver aide et protection, même quand il est occupé par nos troupes. Le système que nous indiquons, lent en apparence, est en réalité le plus rapide et celui dont les résultats sont les plus considérables quand on ne dispose pas des moyens suffisants pour entreprendre une campagne stratégique offensive, mais en l'appliquant il ne faut pas que la défensive soit absolue ni que l'armée reste dans une immobilité complète. Il réclame au contraire beaucoup de mobilité, de nombreuses combinaisons, et ne doit point demander son succès à des affaires sanglantes, souvent inutiles et d'une issue problématique. Il doit bien plutôt le chercher dans des mouvements stratégiques qui excluent toujours le combat livré dans l'offensive tactique, et produisent des avantages égaux ou plus grands sans exposer l'armée à une défaite et par suite à la nécessité de rétrograder.

Les engagements meurtriers qui ne conduisent pas à un résultat certain et déterminé d'avance, et dont on dit pompeusement en langage officiel qu'ils ont fait conquérir avec beaucoup de gloire (et aussi beaucoup de sang) des positions qu'il faut abandonner le lendemain, sont de véritables échecs qui démoralisent nos troupes et exaltent d'autant le courage de l'ennemi, qui s'habitue au feu et devient soldat en s'accoutumant à combattre. On doit les éviter avec le plus grand soin; il en sera de même des incursions exécutées dans l'intérieur de la contrée pour revenir précipitamment au point de départ par le même chemin, et qui ne peuvent être admises que comme une préparation à des opérations ultérieures; en général, on ne doit jamais abandonner un point que l'on est parvenu à atteindre et qui doit être fixé d'avance aussi bien que les lignes sur lesquelles on se propose de s'établir. Ces combats isolés, ces mouvements incohérents montrent simplement que l'on n'a ni objectif précis ni plan arrêté, et que si l'on se bat, c'est uniquement pour paraître faire quelque chose et satisfaire ainsi les stratégistes amateurs, qui crient constamment contre l'inaction de l'armée.

Lorsque nos lignes, partant du passage de Congosto, dans la sierra de San-Gregorio, pour commander la vallée de l'Ega et la Berrueza, passeront par los Arcos et le petit port de Cogullo, qui nous donnera la possession de la Solana; par le flanc du Montejurra, par Allo et les hauteurs de Villatuerta; par le mont Ezquinza, d'où nous pouvons dominer les vallées de Yerri et en grande partie celle de Guesalar; lorsque ces lignes se relieront à Pampelune par les hauteurs du Guirguillano et de Belazcoain, qu'elles suivront la ligne de partage des eaux de l'Arga et du Larraun jusqu'à Irurzun et iront de ce point par Lecumberri jusqu'au port de Azpiroz; si en temps utile on s'est, en partant de Saint-Sébastien, rendu maître des monts Urcabe, d'Oyarzun et de la partie comprise entre Vitoria et Alsasua, l'insurrection carliste aura reçu un coup qui lui rendra la continuation de la guerre bien difficile : la zone productrice de la Navarre sera en notre pouvoir et nous intercepterons toutes les communications de l'ennemi avec la France. C'est alors que, profitant de son affaiblissement, nous pourrons occuper la ligne du Baztan : mais en supposant que nous n'y parvenions pas, les ressources qu'il tire de la frontière devront, pour lui arriver, passer à dos de mulet par des chemins impraticables à travers la chaîne Pyrénaïque, puisque nous tenons toutes les routes qui conduisent dans l'intérieur du pays, à l'exception seulement de celle de la ligne de l'Orio, à partir de Tolosa. Enfin, toute la région située en arrière de nos lignes sera sillonnée par des colonnes et des contre-guerrillas qui s'opposeront aux exactions des douaniers. On a émis des opinions très-contradictoires sur l'utilité de ces troupes auxiliaires ; nous les croyons très-capables de rendre d'importants services si elles sont bien organisées, commandées par des chefs d'une habileté constatée, et si l'on a soin de les payer et de les entretenir aux frais de l'État, sans jamais les faire vivre sur le pays ; dans le cas contraire, elle ne peuvent être que nuisibles.

Comme nous l'avons dit, il est impossible d'empêcher quelques petites bandes de traverser nos lignes et de parcourir la zone que nous occupons. Cependant, si l'on a construit des forts pour commander Lumbier, Sangüesa et intercepter les routes de Aoiz et de Monreal, aucune troupe de véritable importance ne pourra franchir nos lignes. Entrée sans difficulté dans notre zone d'action comme nous pourrions le faire dans celle qu'elle occupe, elle serait, comme nous le serions nous-mêmes, bien embarrassée pour en sortir. Il serait facile de lui couper la retraite quand elle tenterait de revenir sur ses pas, et notre cavalerie l'empêcherait toujours de descendre dans les vallées pour y chercher des vivres. Par le système des lignes combinées avec des petits forts, l'insurrection se trouvera emprisonnée dans les parties les plus pauvres du territoire comme dans un cercle de bronze représenté par nos canons de dix, douze, seize et vingt et un centimètres. La Guardia maîtrise toute la Rioja Alavaise, région riche en produits agricoles de toute espèce. Après avoir occupé ce point important par le Ciego pour garder le pont sur l'Èbre, nos lignes devront continuer par Briones, Haro et Ircio, pour surveiller les gués, qui seront tous détruits, et par Miranda de Ebro, station de la voie ferrée qui exige une garnison plus forte que les autres localités. Il suffira, pour rester maîtres des communications avec Vitoria, de trois ou quatre ouvrages élevés sur le sommet de las Quintanillas et dans le défilé de la Puebla de Arganzon. La plaine produit d'excellentes céréales : elle devra être occupée à l'époque de la récolte pour empêcher les carlistes d'en profiter; les seuls forts à construire dans ce but sont les suivants : un au-dessus de Alsasua et de la route du port de Echegarate, qui fait communiquer le Guipuzcoa avec la Navarre, et l'autre à Salvatierra, pour relier cette localité à Vitoria : on pourra toujours, sous leur protection, parcourir la plaine autant qu'on le jugera nécessaire.

De Miranda de Ebro, les lignes suivront le fleuve jusqu'au Losa, dont elles remonteront le cours, longeront l'Ason après avoir coupé la chaîne Pyrénaïque, et aboutiront à Laredo et à Santoña : ces deux villes garderont par la côte leurs communications avec Castro - Urdiales. Si, à droite, il n'a pas été possible d'occuper Jrurzun, le passage de Gulina et le pont de Anoz, sur le Larraun, devront être détruits. Les approvisionnements qui traversent la frontière sont transportés par la route du Baztan jusqu'au port de Velate, où ils s'engagent dans le chemin vicinal de Orquin pour arriver au port et au pont que nous venons de citer plus haut et à la route de Salinas de Oro. S'ils les trouvent ruinés, les convois seront dans l'obligation de faire un immense détour pour gagner la route de las Dos Hermanas, et un autre qui n'est pas moins considérable pour franchir la sierra de Andia par la route de la Venta de Zumbelz.

Nous insistons d'une manière toute particulière sur cette importante condition, que les points et les zones qui jalonnent nos lignes doivent être occupés successivement par des mouvements stratégiques, de façon à ne donner lieu à aucun engagement sérieux, à moins que nous ne nous trouvions placés dans la défensive tactique; il s'agirait alors de manœuvrer pour forcer l'ennemi à prendre l'offensive.

Comme il est impossible d'indiquer d'avance les mouvements qui doivent avoir pour résultat l'occupation de chaque ligne, nous nous bornerons à déterminer ceux qu'il faudrait faire pour quelques-unes d'entre elles. En supposant que l'armée se trouve sur celle de l'Arga et qu'elle occupe Larraga et Lerin, si nous voulons porter la ligne jusqu'à Oteiza et nous emparer des hauteurs qui dominent Villatuerta et des monts de Ezquinza, nous dirigerons un corps de troupes sur Pampelune; il poussera des reconnaissances du côté de Velate, et l'on répandra

secrètement le bruit de sa marche sur le Baztan
dans le but de rétablir cette ligne et de
détruire les fabriques de Vera. Un autre corps,
qui doit occuper d'abord Larraga, Lerin,
Miranda de Arga et même Sesma, suivra de loin
le mouvement de celui qui se porte sur Pampelune et s'établira à Tafalla et à Artajona.

Aussitôt que des points aussi importants
pour eux que le Baztan et Vera paraîtront
menacés, les carlistes se hâteront certainement
d'accourir avec le gros de leurs forces pour
couvrir la partie compromise et l'Ulzama. Le
corps de Pampelune prononcera alors un peu
reconnaissances, engagera même quelques
ses ... de guerrillas, et lorsque le gros des
combats ....vera aux endroits vers lesquels a
carlistes arr... 'ion, le corps de Artajona et de
lieu la démonstra... rapide contre-marche en
Tafalla exécutera une ... ..areront, de grand
deux colonnes qui s'emp... ...nteurs de Villa-
matin, l'une de Oteiza et des ha... ces deux
tuerta, l'autre du mont Ezquinza ... vance,
colonnes, avec des moyens préparés à l'a... ...s.
fortifieront leurs positions en quelques jour...
Après l'occupation de la ligne et la construction des forts, l'artillerie lancera ses projectiles
jusqu'à Estella, qui sera bientôt en ruines ainsi

que les villes situées à bonne portée. Au moment opportun, on brûlera les moissons et on anéantira les ressources que l'ennemi pourrait tirer des fertiles vallées dont le parcours nous est interdit, mais que notre canon commande, et cette circonstance contribuera certainement beaucoup à abréger la durée de la guerre. Il est superflu de dire que s'il avait été privé, par des moyens analogues, des secours de toute espèce qu'il a tirés de l'étranger, don Carlos n'aurait pu soutenir la lutte aussi longtemps qu'il l'a fait; sans doute le pays (et en particulier la Navarre) a fourni des vivres aux troupes carlistes, mais l'habillement, l'équipement, les armes, les munitions et les canons sont venus du dehors à travers la frontière ou par les voies maritimes.

Le système des lignes exige, comme nous l'avons dit, beaucoup de mobilité; aussi l'armée doit-elle manœuvrer sans cesse tantôt sur un flanc, tantôt sur l'autre, de notre base d'opérations, soit pour se porter en avant et occuper progressivement le territoire, soit pour attirer l'ennemi sur l'un des rares champs de bataille où l'on puisse obtenir des résultats décisifs. Lorsque nos troupes occupent une contrée qui leur est hostile, l'inaction brise leur moral, les désertions augmentent, et les conditions nécessaires pour prendre l'offensive à un moment donné deviennent de moins en moins favorables. Nous ajouterons qu'il ne faut jamais accumuler le gros de ses forces dans une province quand on se propose sérieusement d'y opérer; il est bien préférable d'exécuter au contraire de feintes concentrations dans une autre, pour marcher ensuite rapidement sur celle-là : rien n'était plus facile avec les carlistes pendant la dernière guerre. Lorsqu'on veut agir contre eux en Navarre, sur la ligne de l'Arga, il faut les attirer dans l'Alava et quitter ensuite inopinément cette région pour marcher par la voie ferrée de Tudela sur le lieu où doit s'effectuer la concentration réelle. A aucune époque de l'année, excepté néanmoins pendant le temps de la moisson, ils ne viendront dans cette partie du territoire; ils n'ignorent point que Vitoria est une mauvaise base pour entreprendre une opération décisive. Il n'existe pour entrer dans le Guipuzcoa, la Biscaye et la Navarre, que des vallées étroites dans lesquelles on ne pénètre qu'avec beaucoup de peine, et quoiqu'il n'y soit pas impossible de conserver ses communications et de ravitailler l'armée, la chose n'en est pas moins très-difficile; aussi tout en s'apercevant très-bien de la concentration d'un corps dans la plaine, se borneront-ils à détacher de leurs troupes de Navarre quelques bataillons chargés de surveiller nos mouvements et d'occuper les retranchements qu'ils auront préalablement construits à toutes les issues de l'Alava pour repousser la première attaque de nos troupes. Dans ces montagnes sauvages et à l'aide de ces ouvrages, ils résisteront avec très-peu de monde à des forces de beaucoup supérieures en nombre. Mais si nous exécutons un mouvement offensif sur Peñacerrada et la route de Estella par Santa-Cruz-de-Campezu, nous les verrons arriver en masse pour défendre ces passages; ce sera le moment pour nous de profiter de l'occasion qui se présente d'opérer du centre à la circonférence; nous nous porterons donc immédiatement par une contre-marche rapide sur Villareal de Alava, que notre mouvement en sens opposé aura fait dégarnir; nous nous avancerons ensuite par la vallée de Aramayona et la route de Durango pour occuper la crête de la chaîne Pyrénaïque, et nous dirigerons en même temps, si cela est possible, quelques bataillons sur Durango. L'opération doit être conduite avec beaucoup de célérité; le plus grand secret et une connaissance exacte du terrain sont indispensables : dans cette manœuvre, l'ennemi voit, non pas une incursion sans conséquence dans le cœur du pays, mais bien plutôt une menace directe sur ses fabriques de Plasencia et de Eybar; il se hâtera certainement d'accourir pour les sauver, et lorsqu'il arrivera nous serons déjà descendus des montagnes dans la plaine. Le corps ou les corps d'armée qui se trouvent en Navarre ne feront aucun mouvement offensif pendant les opérations sur l'Alava; au contraire, quelques troupes de la première ligne se retireront en semant le bruit qu'elles se dirigent vers cette dernière province; en réalité, elles doivent battre en retraite par un chemin et revenir sur leurs pas par un autre, mais en observant de rester toujours en seconde ligne. L'ennemi, en effet, apprend très-vite ce qui se passe sur la première ligne, un peu plus tard ce qui survient en arrière, et peu ou point du tout ce qui se passe à la droite de l'Èbre. On ne connaît cette particularité, comme beaucoup d'autres, que par l'étude et la pratique de cette guerre si exceptionnelle; et quoi-

que, au premier abord, elle puisse paraître insignifiante, elle ne laisse pas que d'avoir une
grande importance. Au moment précis où l'on
apprend que l'ennemi accourt vers l'Alava et
qu'il a marché dans cette direction pendant
une ou deux journées, les opérations doivent
commencer et être poussées rapidement et avec
vigueur en Navarre; mais on les fera toujours
précéder de mouvements stratégiques préliminaires en menaçant la droite si l'objectif est à
gauche, et l'on ne prendra l'offensive tactique
que dans le cas où l'on aura acquis la certitude de rencontrer des forces inférieures en
nombre et incapables d'opposer une résistance
sérieuse.

L'attaque de front contre des retranchements
bien pourvus de défenseurs ne mène à rien le
plus souvent, et présente dans tous les cas de
nombreuses chances d'insuccès; aussi ne devra-
t-on l'employer en général que comme démonstration. Enfin, puisqu'il est reconnu que le
problème de la guerre ne peut se résoudre que
par la réunion de l'offensive stratégique et de la
défensive tactique, et que nous voyons combien
il est difficile de réaliser à la fois ces deux
conditions, il faudra absolument proscrire les

combats isolés, qui n'y satisfont point et n'aboutissent qu'à une inutile effusion de sang : cette raison seule suffirait pour nous les faire condamner énergiquement.

Si l'ennemi possède de l'artillerie, comme il en a eu et en grande quantité pendant la dernière guerre, on peut l'attirer sur un champ de bataille, où on la lui enlèvera à l'aide de mouvements stratégiques qui auront pour résultat de nous placer, pour ainsi dire, dans l'offensive stratégique partielle par rapport à l'un des points de sa ligne de bataille. Dans le cas où il n'aurait pas d'artillerie pour défendre les positions qu'il occupe, ces mouvements ne seraient susceptibles de nous procurer aucun avantage matériel.

On ne saurait dans une guerre de ce genre, songer à couper quelques bataillons du corps principal ni à faire un grand nombre de prisonniers, encore moins à faire mettre bas les armes à des divisions entières, seul moyen d'anéantir une armée; car, sans parler de l'inhumanité du procédé, nous considérons comme tout à fait impossible d'arriver à ce résultat par le fer et par le feu. Le chef, l'officier, le soldat lui-même sont enfants du pays, ils sont agiles et rompus au terrain : si l'on parvient à séparer quelque fraction du gros de la troupe, tous les individus qui la composent se dispersent immédiatement; avec une légèreté merveilleuse, ils gravissent des pentes inaccessibles, se glissent en rampant dans d'horribles précipices, et au moment où l'on croit qu'ils n'ont plus d'autre chance de salut que de se rendre, ils cachent leurs armes s'ils en sont embarrassés et disparaissent comme des ombres. Lorsqu'ils ont de l'artillerie avec le matériel considérable qu'elle exige, on ne leur fera pas plus de prisonniers sans doute, mais on pourra s'emparer de leurs canons. Dans cette dernière hypothèse, il existe deux champs de bataille, qui sont la ligne du Carrascal et celle des monts de Vitoria.

Dans le premier cas, il est nécessaire d'opérer avec la plus grande prudence et à l'aide de mouvements préparatoires qui auront pour but de tenir l'ennemi dans l'incertitude sur le véritable point de l'attaque. On simulera d'abord, puis on prononcera enfin cette attaque sur le centre, c'est-à-dire sur le Carrascal, par la route de ce nom et par celle de Artajona, pendant qu'un corps détaché s'avancera par celle de

Lumbier et de Monreal jusqu'à ce qu'il prenne le contact avec Pampelune, et interceptera les routes du Perdon et les ponts de Ibero et de Belascoain. Un autre corps se dirigera à gauche, par Oteiza, pour occuper la route de Puente la Reina à Estella. De cette façon, l'artillerie établie par l'ennemi sur la gauche de l'Arga n'aura plus de ligne de retraite, les retranchements seront pris à revers et la bataille pourra donner des résultats décisifs.

La ligne des montagnes de Vitoria se trouve dans des conditions semblables à celle du Carrascal; celle-ci est à cheval sur l'Arga, celle-là sur le Zadorra. L'attaque principale se dessinera sur le centre sans faire le moindre mouvement par le comté de Treviño; on menacera également la gauche en manœuvrant vers Salinas de Añana. Au moment où les troupes ennemies auront dégarni les monts de Vitoria dans la persuasion que nous allons forcer les passages de las Conchas de Arganzon et le port de Doroño, un corps s'avancera rapidement par le comté de Treviño, franchira les montagnes de Vitoria par la route de Peñacerrada et descendra dans la plaine avec une nombreuse cavalerie qui barrera toutes les routes. L'artillerie établie sur la gauche du Zadorra ne trouvera plus d'issue pour s'échapper, puisque les ponts sur cette rivière seront occupés.

Si l'ennemi emploie toutes ses forces pour faire le siége de Bilbao, il nous fournit une excellente occasion d'entreprendre contre lui une campagne décisive. Pour le forcer à le lever, la majeure partie de l'armée se portera sur le Somorrostro, en prenant pour base d'opérations ce cours d'eau et Castro-Urdiales; elle tiendra l'adversaire en échec de ce côté, mais sans prendre résolûment l'offensive tactique, elle se bornera seulement à attirer son attention jusqu'à ce qu'un autre corps vienne se placer dans l'offensive stratégique.

Les troupes qui ont assiégé Bilbao ont toujours tiré leurs subsistances de la Navarre, de l'Alava et du Guipuzcoa. Leurs convois venant de la première de ces provinces, suivaient la route de Estella à Vitoria et celle de la Burunda, qui leur permettaient de déboucher dans la plaine pour longer le port de Artaban, gagner Villa-real de Alava et prendre la route de la Biscaye; quant aux munitions fournies par les fabriques et les dépôts d'Azpeitia et de Vera, elles doivent se diriger par les routes qui pénètrent dans cette province, en passant par Vergara et Elgoibar. Un corps formé de détachements pris dans les autres armées et tirés des autres provinces se réunira à Valladolid et à Burgos sous prétexte de renforcer celui qui se trouve à Somorrostro, et s'y organisera avec une partie des troupes qui occupent cette ligne et qui ne s'en éloigneront qu'au dernier moment, avec des précautions infinies pour que l'ennemi ne s'en aperçoive pas. Au jour fixé d'avance et à la tombée de la nuit, toutes ces troupes commenceront leur marche par le chemin de fer jusqu'à Vitoria, si cela est possible; dans le cas contraire, elles s'arrêteront à Miranda et se porteront secrètement avec la plus grande rapidité sur Villareal de Alava et sur la ligne du Deba jusqu'à Elgoibar. Elles ne prendront cependant point position sur cette rivière, mais s'établiront dans les montagnes sur la ligne de partage de ses eaux et de l'Ibaizabal connue sous le nom de monts de Elgueta. On devra les fortifier à la hâte, et en particulier le mont de Oiz, clef de la ligne tout entière.

L'ennemi, voyant ses lignes de ravitaillement et de retraite interceptées, ne peut rester plus longtemps devant Bilbao; il est forcé de lever le siége pour en venir aux mains avec le corps d'armée, qui se trouve alors placé dans l'offensive stratégique et la défensive tactique : celui de Somorrostro, déjà prévenu de cette circonstance, commence à prendre l'offensive et la pousse résolûment au moment où l'ennemi, prononçant sa retraite, se porte sur Durango par la chaîne centrale de la province de Biscaye.

Considérée comme ligne de défense, la ligne de Elgueta présente dans ce cas un défaut, c'est qu'elle ne possède en arrière aucune ligne normale de retraite ni d'approvisionnement et que la seule dont on puisse se servir, c'est-à-dire la route de France, qui franchit la chaîne Pyrénaïque par le port de Arlaban, est parallèle à sa direction. On peut l'utiliser néanmoins, si l'on a la précaution de bien fortifier les hauteurs qui dominent Villareal et Ochandiano, les monts de Bestibayeta, de Albertia et de San-Antonio de Urquiola, qui commandent les vallées de Aramayona et d'Ibaizabal, les montagnes de Udala et de Udalanz au-dessus de Mondragon, celles de Anitua, Lesuen et Inchosta au-dessus de Vergara, celles de Arrate et de Urco au-dessus de Plasencia et d'Elgoibar, et surtout le mont de Oiz. Ces montagnes sont, comme toutes celles de la chaîne dont elle font partie, élevées, boisées et inaccessibles. Même en l'absence d'ouvrages destinés à en rendre l'accès plus difficile, elles constituent des positions très-fortes; non-seulement en raison de l'impossibilité presque absolue de les aborder, mais encore à cause de la puissance énorme que l'armement actuel donne à la défensive tactique. Suivis dans leur marche par le corps de Somorrostro, toujours prêt à fondre sur leurs derrières, les carlistes ne se hasarderont pas, très-probablement, à attaquer de front une aussi formidable ligne de défense avec la perspective de se trouver pris entre deux feux, ce qui leur arriverait infailliblement. La ligne de Elgueta sera complétée par une division de cavalerie qui occupera la plaine de Alava, afin de maintenir la sécurité des communications et d'empêcher que l'ennemi n'en profite pour se retirer. Placé dans les conditions indiquées précédemment et qui sont très-possibles, sa situation deviendra si critique, qu'elle aboutira à une débandade ou à une déroute complètes, et il éprouvera à son tour des pertes sérieuses, pour les raisons qui ont rendu le siége de Bilbao si meurtrier pour nos troupes.

Lorsque, au moyen de nos lignes, nous serons parvenus à occuper le port de Azpiroz et que, par conséquent, nous serons établis sur la ligne générale de partage des eaux de l'Océan et de la Méditerranée, nous dominerons le versant septentrional et le versant oriental, et nous pourrons sans danger poursuivre les opérations sur l'un ou sur l'autre ou sur les deux à la fois. Dans ce cas, un corps d'armée prenant pour base Saint-Sébastien, devra se diriger vers la ligne de l'Orio pour relier ensemble ces deux points; un autre corps se portera en même temps vers le même objectif, mais en partant de la chaîne Pyrénaïque par Leiza. Tous deux feront leur jonction et occuperont la ligne qui passe par Tolosa et qui est d'une importance considérable, puisqu'elle isole du reste de l'Europe l'insurrection, dont presque toute la Navarre et une grande partie du Guipuzcoa et de l'Alava ont déjà abandonné le drapeau. Lorsque la campagne sera arrivée à ce point, si un blocus rigoureux est établi sur la côte, il paraît peu probable que la guerre continue; si cependant, contre toute apparence, il est nécessaire de poursuivre les opérations, en reliant le port de Azpiroz avec celui de Ibaizabal par la peña de San-Miguel de Ecelsis et le

5*

port de Berranoa, on commandera et l'on occupera la Burunda sur le versant oriental et la vallée de l'Orio sur le versant septentrional. Enfin, de Tolosa, on se portera, par les monts de Hernio et de Beizama, sur la vallée de l'Urola, en menaçant sérieusement celle du Deba. C'est dans cette dernière que doivent s'établir un ou plusieurs corps dont les opérations se combineront dans ce but avec celle du corps ou des corps qui, ayant pris la plaine de l'Alava pour base, seront maîtres des ports de Arlaban et de San-Antonio de Urquiola. De cette façon, le pays tout entier sera occupé militairement et la guerre sera terminée.

CHAPITRE V.

Le système politique que le commandant en
chef d'une armée se propose d'adopter vis-à-vis
du pays qu'il envahit ou dans lequel il fait la
guerre, a toujours une influence considérable
sur le cours des opérations, et par suite sur les
résultats qu'on peut en attendre. S'il est vrai
de dire qu'il doit toujours exister une certaine
relation entre le système politique à suivre
dans une campagne et le plan de cette campagne, il faut ajouter que dans les luttes civiles
et plus particulièrement lorsque le nord de
l'Espagne lève le drapeau carliste, c'est la politique qui doit se déduire des opérations militaires, et il y a moins accord entre elles, que
dépendance étroite de l'une vis-à-vis des
autres.

En exposant notre théorie de la guerre régulière dans le nord, nous avons démontré la possibilité d'appliquer deux plans : l'un, quand on possède les ressources suffisantes en hommes et en argent pour employer l'offensive rapide et l'invasion ; l'autre, quand on manque des moyens nécessaires, c'est celui des lignes successives, celui des progrès lents, qui consiste à reconquérir le pays, pour ainsi dire, pied à pied. Dans le premier cas, il est convenable, indispensable même, de suivre une politique de douceur capable d'attirer les populations ; dans le second, au contraire, il faut user de sévérité, détruire les ressources en avant de nos lignes et bloquer étroitement la région insurgée.

Au commencement d'une campagne, il est juste et parfois avantageux d'avoir recours à la clémence et de faire des concessions ; mais il peut arriver que cet essai ne produise aucun résultat favorable ; que loin d'être estimées ce qu'elles valent, les mesures inspirées par l'esprit de conciliation soient attribuées à un tout autre sentiment que celui qui les dicte ; qu'on les impute à la crainte et à l'impuissance, comme cela s'est passé dans le nord, et qu'on y réponde par l'exécution des prisonniers et par des actes d'extrême rigueur contre les personnes ou les biens des habitants qui ne professent pas les idées carlistes. Nous ne voulons point dire qu'il soit permis d'user des mêmes mesures et de se livrer à des représailles en mettant à mort de malheureux prisonniers et d'inoffensifs paysans : de pareils moyens répugnent aux mœurs de notre époque et sont indignes d'un peuple civilisé et catholique ; mais comme suite naturelle du système de la guerre, il faut en faire peser tout le poids sur le pays qui se rend coupable de ces atrocités et ne lui épargner aucune des conséquences qu'elle entraîne avec elle.

Quand l'ennemi a quitté la zone productive des provinces révoltées pour se jeter dans la montagne, si le blocus n'est pas rigoureux, la contrée ne manque de rien ; les contributions que les rebelles imposent sur toutes les denrées et les marchandises à leur entrée et à leur sortie, leur fournissent d'abondants revenus, qui sont autant de ressources pour prolonger la lutte. L'entrée des charbons minéraux permet le fonctionnement non - seulement des usines militaires, mais encore de celles qui sont exploitées par l'industrie privée : l'ennemi en tire de nouvelles contributions et par conséquent de nouveaux secours.

Le blocus doit être absolu et non pas limité seulement aux objets militaires; comme son emploi est une conséquence nécessaire du système des lignes, s'il n'est pas appliqué exactement, s'il ne met aucun obstacle à la libre introduction des denrées dans la contrée insurgée, il y a contradiction flagrante entre la politique et la guerre, et l'on ne saurait espérer aucun résultat favorable.

Pendant l'établissement de nos lignes, nos sentinelles seront soigneusement épiées par les habitants des localités voisines occupées par l'ennemi et, à la moindre négligence qu'elles commettront, tuées par des coups de fusil partant des maisons. Aucune loi de guerre n'autorise de pareils attentats, qui ne peuvent ni ne doivent jamais rester impunis. Si, après la sommation qui en est faite, la localité n'est pas évacuée immédiatement par l'ennemi, notre artillerie doit la détruire. Lorsque, à la vue de nos forts et dans la zone battue par leurs feux, les habitants enlèvent les moissons, dont la plus grande partie est conduite aux magasins de l'ennemi, il faut incendier ces récoltes et anéantir tout ce qui est susceptible de lui fournir des ressources. De telles rigueurs sont cruelles sans doute, mais il n'y a pas d'autre moyen de faire la guerre quand l'adversaire se comporte d'une manière barbare et contraire au droit des gens. Procéder autrement et répudier une politique énergique, c'est jouer une partie trop inégale et prolonger la guerre indéfiniment. Épargner un bourg dans une province, c'est quelquefois ruiner pour longtemps une contrée tout entière qui sacrifie la fleur de sa population dans la lutte dont ses montagnes escarpées sont le théâtre.

En 1873, au commencement de la guerre régulière dans le nord, les carlistes n'avaient pas d'artillerie; ils possédaient seulement deux ou trois pièces de montagne de faible portée qu'ils nous avaient prises dans quelques rencontres malheureuses. Au combat de Puente la Reina, livré dans le mois d'octobre, la première fois qu'ils présentèrent leurs bataillons en ligne, ignorant sans doute la force immense que l'armement actuel donne à la défensive tactique, ils furent cruellement éprouvés par les feux de mousqueterie lorsque, dans la retraite, ils attaquèrent les échelons avec leurs troupes en colonnes serrées de bataillon. La leçon qu'ils reçurent alors ne fut pas perdue : à Montejurra, le 7 novembre, ils combattirent en ordre dispersé, toujours sur la défensive tactique, et leurs masses constamment abritées dans les plis du terrain qui les dérobaient aux coups de notre artillerie. Pour la première fois, ils construisirent dans ce combat quelques tranchées sur le flanc du Montejurra et du Monjardin, en utilisant les clôtures qui séparent les héritages et qu'ils transformèrent en parapets ordinaires avec de la terre et des pierres : mais comme ces ouvrages présentaient un relief suffisant, ils offrirent un but à notre tir, qui leur causa des dégâts considérables.

Pendant la retraite que l'armée effectua, le 9, pour revenir à la ligne de l'Èbre, nos échelons furent attaqués également non par des masses, mais par des nuées de tirailleurs qui avançaient en ordre dispersé, se couvrant de tous les accidents et de toutes les sinuosités du terrain.

Comprenant enfin que le feu de notre artillerie devait leur être fatal, ils appliquèrent toute leur attention à perfectionner leurs tranchées et leurs ouvrages de campagne pour s'en garantir. Les conditions particulières dans lesquelles se trouvaient alors leurs troupes peu aguerries et sans cohésion, les conduisirent à adopter cette manière de combattre, pendant que, sans nous rendre compte de l'effet des nouvelles armes, nous allions de l'avant, persuadés que l'issue du combat dépendait comme autrefois de l'offensive tactique et de l'attaque à la baïonnette. De cruelles expériences faites à nos dépens ne suffirent point pour nous faire abandonner une méthode aussi peu rationnelle ou pour nous amener à la modifier d'une manière convenable.

Au mois de décembre de la même année, dans le combat de Velabieta, les ennemis, forcés de rester sur la défensive, améliorèrent encore leurs retranchements; ils construisirent une tranchée, non point pour servir d'obstacle, mais pour y abriter des défenseurs, qu'ils protégèrent en avant par un petit parapet; l'excavation avait un mètre de largeur en moyenne, et la masse couvrante offrait à notre artillerie un but assez apparent pour qu'il fût très-maltraité.

Au siége de Bilbao, voulant se garantir contre l'armée qui, de Santander, se portait au secours de la place, ils sillonnèrent toute la vallée du Somorrostro de tranchées présentant la même largeur que celles de Velabieta, mais cette fois, ils n'élevèrent plus en avant de parapet avec la terre extraite du fossé; ils le firent en gazonnement, offrant le plus faible relief possible, et par cela même donnant beaucoup moins de prise à l'artillerie. Ils les étendirent du mont Lucero sur la côte, jusqu'aux monts de Erezu, dans la vallée du Cadagua, en suivant la ligne de partage des eaux entre les embouchures du Somorrostro et du Galindo, par les pics de Triano et la sierra de la Magdalena : elles formaient des lignes continues reliées entre elles par des redoutes. Les sanglants combats qu'ils soutinrent en février et en mars leur démontrèrent que les tranchées avaient une largeur trop grande et trop de relief, imperfections qui leur causèrent des pertes sensibles par le feu de l'artillerie. Pendant tout le temps qui s'écoula entre les combats de février et ceux de mars, ils ne cessèrent pas un seul instant la construction de nouveaux abris; ils la poursuivirent même après le mois de mars,

en y apportant des modifications importantes.
Ils leur donnèrent la profondeur nécessaire
pour couvrir un homme ; mais, instruits
par l'expérience, ils ne formèrent plus de
parapet avec la terre provenant de l'excavation ;
ils se bornèrent à la répandre en avant, de
manière à ôter aux effets de notre artillerie
toute leur efficacité. Non-seulement ces ouvrages
ne laissaient aucune prise aux projectiles, mais
on en ignorait même l'existence, jusqu'au moment où les feux qui en partaient venaient tout
à coup nous surprendre. Leur développement
était si considérable, que nos troupes ne pouvaient s'avancer sur eux sans être atteintes par
les balles qui les frappaient sur les deux flancs
et quelquefois à revers. Les meilleurs soldats
auraient lâché pied dans une attaque exécutée au milieu de conditions si défavorables, les
nôtres marchèrent à l'assaut toutes les fois qu'on
le leur ordonna. Tant d'héroïsme est ignoré ou
calomnié!

Dans la troisième attaque des lignes, nos
troupes parvinrent à les percer en exécutant sur
le front un mouvement tactique étendu pour se
rabattre ensuite sur la gauche ennemie, la
victoire couronna leurs efforts, et les carlistes

furent mis en fuite après la mort de leur chef, don Castor Andéchaga.

A la bataille d'Estella, en juin 1874, toute la ligne de partage des eaux entre l'Ega et son affluent l'Iranzu était couverte de tranchées présentant le même profil que celles de Somorrostro, mais sans former de lignes continues; elles avaient quinze à vingt mètres seulement de longueur et leurs extrémités se repliaient en crochet. Toutes les hauteurs, les pentes et les points culminants étaient littéralement remplis de ces ouvrages, que les carlistes occupaient et défendaient successivement suivant le point où se prononçait notre attaque. Les effets de l'artillerie étaient complétement nuls contre de semblables défenses, car il était matériellement impossible d'envoyer des obus dans une cavité de cinquante centimètres de largeur. En les voyant tomber autour d'eux, les défenseurs se cachaient, le projectile éclatait, et les fragments passaient au-dessus de leur tête sans les toucher; ils se relevaient ensuite promptement et continuaient leurs feux. Le tir de l'artillerie sur des abris de ce genre était si peu efficace qu'une batterie de quarante pièces établie pour battre ceux de Montemuro ne produisit pas le moindre résultat.

Lorsqu'au mois de novembre le siége fut mis devant Irun, l'armée n'aurait pu s'ouvrir un passage à travers les innombrables tranchées creusées sur la formidable position qui marque la ligne de partage des eaux de la Bidassoa et de l'Oyarzun, si un mouvement stratégique exécuté sur la gauche de l'ennemi ne l'eût contraint à abandonner le Jaizquivel d'où l'on put prendre en flanc et à revers les retranchements carlistes, qui furent évacués après un court combat.

Après avoir bloqué Pampelune, ils formèrent le projet de réduire la place par la famine, et comme l'armée de secours était obligée de traverser le Carrascal, ils y accumulèrent tous les genres de défenses, couvrirent, en outre, d'une multitude de tranchées les sierras del Perdon et de Alaix, et étendirent leurs lignes jusqu'à Estella. Possédant à ce moment une artillerie régulière, ils construisirent des batteries qui croisaient leurs feux sur tous les chemins par lesquels les troupes pouvaient s'avancer; aussi ne fallut-il point songer à emporter par une attaque de front la position formidable qu'ils occupaient; un mouvement stratégique qui eut pour effet de déborder leur aile gauche, permit de la tourner et les força à battre en retraite.

Les avantages extraordinaires qu'ils avaient retirés de ces tranchées, les amenèrent à en établir sur toutes les directions que l'armée aurait pu prendre pour pénétrer dans l'intérieur du pays. Elles formaient un système complet, bien agencé et disposé très-judicieusement de la manière suivante : à partir de la plaine de l'Alava, elles interdisaient l'entrée de la Biscaye, du côté de Murguia; à Villareal de Alava, elles commandaient les vallées de Arratia, de Aramayona et les hauteurs de San-Antonio de Urquiola; au port de Arlaban, elles gardaient la route du Guipuzcoa, et à Salvatierra, elles fermaient l'entrée de la Burunda; sur les hauteurs et le port de Azaceta, elles défendaient le passage par la Navarre; sur les monts de Vitoria et le port de San-Vicente, elles couvraient le comté de Treviño. Elles étaient organisées de manière à protéger la Biscaye, depuis la vallée de Mena par la sierra Salvada, et à barrer l'entrée de la vallée du Nervion; dans la Rioja Alavaise, elles interceptaient l'accès des ports de Herrera, le passage étroit de la Poblacion et les ports de Bernedo ; en Navarre, elles dominaient tous les points par lesquels on peut aborder Estella et passaient par la sierra de San-Gregorio, par les flancs du Montejurra, la ligne de partage des eaux entre l'Iranzu et le Salado, par les monts du Guirguillano, les hauteurs de Belazcoain, la peña de Echauri jusqu'à la vallée de Goñi par las dos Hermanas et le port de Velate. Un grand nombre de batteries les appuyaient, et il faut avouer que les unes et les autres étaient établies d'une manière parfaite.

Comme on le voit par ce qui précède, cette guerre mérite une étude toute spéciale au point de vue de l'application qui peut être faite du système des abris. Dans l'hypothèse d'une agression venant de l'étranger, notre pays peut être envahi par un ennemi puissant ; la configuration de notre sol nous offrirait alors de très-fortes positions qui nous permettraient, grâce aux nouvelles armes à feu, de résoudre complétement le problème d'une guerre de cette nature : d'opposer peu de monde à des assaillants nombreux, et de rétablir ainsi l'équilibre dans le combat en annulant leur supériorité numérique par l'emploi rationnel des ressources du terrain. En construisant sur les excellentes lignes de défense qu'offre notre sol accidenté, de quelque côté que l'adversaire se présente, des retranchements de ce genre, dont le résultat est de neutraliser les terribles effets de l'artillerie et de briser l'offensive tactique de l'infanterie; en opposant aux mouvements stratégiques d'un ennemi manœuvrier et habile un formidable ensemble d'ouvrages et de batteries qui les protégent, nous multiplierions les difficultés sous ses pas, et peut-être lui infligerions-nous la leçon que nous a valu notre courageuse mais imprudente ardeur à nous précipiter sur de semblables obstacles. Tel est l'énoncé du problème dont nous ne pouvons en ce moment étudier longuement les données ni rechercher la solution. Les carlistes y ont réussi complétement; comme le nombre des tranchées qu'ils avaient construites était très-considérable, ils n'occupaient que celles qui s'opposaient directement à la marche de l'assaillant, en dirigeant sur lui des feux de face et de flanc. Lorsqu'une puissante artillerie battait sans relâche quelques-unes d'entre elles, ils en sortaient aussitôt pour se blottir dans les tranchées voisines moins exposées à sa redoutable action, et ils exécutaient ce mouvement avec tant d'adresse, que la connaissance de leur système, aidée par une grande attention, permettait seule de saisir leur manœuvre. Homme par homme et se glissant à couvert derrière les rochers et les broussailles, ils évacuaient les abris dangereux pour gagner ceux qui leur offraient une sécurité momentanée, soit en arrière, soit sur les flancs. Dès qu'ils s'apercevaient que les troupes se préparaient à attaquer les premières, croyant leurs feux éteints et leurs défenseurs en retraite, ils les réoccupaient rapidement et de la même manière, s'y dissimulaient sans donner signe de vie, laissaient nos tirailleurs s'approcher jusqu'à trois ou quatre cents mètres, et les recevaient par une décharge soudaine. Parfois, sans abandonner leur place, ils se bornaient à suspendre leur tir, et dès que notre infanterie, trompée par leur silence, se portait en avant, ils l'accueillaient par un feu nourri ou par des salves meurtrières. Le temps ne leur manquait jamais pour changer d'abri, puisque les troupes qui les attaquaient ne pouvaient se trouver au début de l'engagement qu'à mille à quinze cents mètres, distance nécessaire pour ne pas souffrir de leur feu; pendant qu'elles la franchissaient, ils choisissaient les endroits qui leur paraissaient les plus convenables pour repousser l'assaillant. Afin de leur faciliter ces déplacements rapides, on ne leur donnait point de provisions de cartouches dans les tranchées; on jugeait préférable de relever les combattants à des intervalles plus ou moins longs, suivant l'intensité du feu qu'ils avaient à fournir. Ce mouvement s'exécutait, comme nous l'avons dit, en se faufilant homme par homme derrière les rochers et les broussailles; dans quelques circonstances seulement, ils construisirent des chemins couverts. En terminant l'étude que nous venons de faire des retranchements dont les carlistes ont sillonné toutes leurs positions, nous appelons l'attention sur l'importance qu'ils ont eue et sur les avantages que leur emploi méthodique est susceptible de procurer.

Dans la guerre civile de Sept ans, l'armée rebelle du nord fit quelques incursions dans la Castille et jusque dans l'Andalousie et l'Estramadure; aucune ne réussit : toutes les colonnes revinrent à leurs points de départ, bien qu'elles fussent commandées par des chefs de grande valeur, tels que Gomez, Larrateguy, etc., sans avoir atteint le but qu'elles se proposaient et qui consistait à allumer l'insurrection dans ces provinces. Avec les armes lisses, se chargeant par la bouche, ces expéditions étaient possibles, quoique le plus souvent elles ne produisissent pas de résultats ; mais avec l'armement actuel, elles sont tout à fait impraticables et échoueraient misérablement en quelques jours. Les colonnes trouvaient alors partout de la poudre ou les substances nécessaires pour la fabriquer et du plomb pour fondre les balles ; aujourd'hui, il faut qu'elles cherchent et rencontrent dans les contrées qu'elles envahissent de grands dépôts de munitions, ce qui n'est guère probable, ou qu'elles en traînent avec elles une quantité considérable, ce qui est matériellement impossible : on s'en rendra compte aisément par les calculs suivants. Nos troupes sont pourvues de quatorze paquets de cartouches, soit cent quarante par homme, nombre maximum dont on puisse charger le soldat, qui porte en outre dans son sac ses effets de petit équipement, deux rations de pain et de vivres de campagne. Chaque compagnie possède quatre caissons de réserve, à dos de mulet, contenant quatre mille cartouches, et, malgré cette précaution, il y a des bataillons qui, dès le début de l'action, gaspillent leurs munitions et que, pour ce motif, on est forcé de relever ou de réapprovisionner au parc mobile; il ne sera donc pas exagéré d'en conclure que, dans un combat dont la durée est de quatre heures, le minimum des coups tirés par chaque soldat peut être évalué à deux cents.

Supposons que les carlistes aient cent cinquante cartouches par homme, et admettons, pour simplifier les calculs, qu'ils consomment seulement cette quantité dans la première affaire et deux cents dans chacune des autres; admettons également que la colonne refuse constamment de combattre ensuite, nécessité qui s'impose à elle, et qu'elle ne porte de munitions de réserve que pour cinq engagements en sus de celles dont chaque soldat est chargé, on voit qu'il lui faudra mille cartouches par homme (1). Si la colonne se compose de six bataillons de cinq cents fusils, son parc mobile doit conduire trois millions de cartouches, soit trois mille

---

(1)   150 pour le premier combat.
     200 $\times$ 5 pour les suivants.

Total. 1,150, desquelles il convient de déduire 150 cartouches
       150   que chaque soldat doit porter avec lui.

Reste. 1,000.

caissons exigeant quinze cents mulets, chaque charge étant de deux caissons pesant environ sept arrobes castillanes (1). Il est inutile de calculer le nombre des voitures qui seraient nécessaires; en effet, la colonne ne peut marcher ni par des routes, ni par des terrains plats, mais suivre sans cesse la partie la plus accidentée de la contrée, car ce n'est qu'à cette condition qu'il lui sera possible de se soustraire à l'action de la cavalerie.

Pour que ces sortes d'expéditions réussissent, il faut que chaque fraction des troupes qui y prennent part ait une grande légèreté, fasse de longues marches et contre-marches afin d'éviter la poursuite de l'ennemi et de le tromper; qu'elle suive constamment les terrains montagneux et coupés, qu'elle ne se hasarde dans la plaine qu'inopinément et n'y fasse que de rares apparitions pour y prendre des subsistances. Dans des circonstances semblables, le pays ne se soulèvera point, et la guerre civile, unique but de ces expéditions, ne saurait s'y allumer. Une colonne de six bataillons qui, pour ses munitions seulement, exige l'emploi de quinze

(1) L'arrobe est un poids de 25 livres de 16 onces.

cents mulets, perd par ce seul fait la qualité qui
lui est avant tout indispensable, c'est-à-dire sa
mobilité; ses marches ne peuvent être que
courtes et embarrassées; elle s'allonge démesu-
rément quand elle défile par les sentiers étroits
de la montagne, et ce grave inconvénient la rend
facile à atteindre et à détruire.

En admettant qu'il n'y ait dans les autres
armées ou dans les autres provinces aucune
force disponible à lui opposer directement, on
pourrait distraire de cette même armée du nord
des détachements que les voies ferrées trans-
porteraient en très-peu de temps au point convenable pour commencer contre elle une poursuite active et incessante; mais le chef de ces
troupes doit toujours avoir pour règle de ne
jamais livrer de combats sérieux et meurtriers
en cherchant à les rendre décisifs. Si la colonne
ennemie suit le pays plat, la cavalerie accourt,
l'oblige à ralentir sa marche et donne le temps
à l'infanterie d'arriver. Le rôle de celle-ci, en
plaine aussi bien qu'en terrain accidenté, consiste à arrêter les insurgés, à leur faire con-
sommer leurs munitions dans des engagements
sans résultats immédiats, il est vrai, mais qui
ont l'inestimable avantage d'économiser le sang

des soldats. Ceux-ci doivent toujours combattre en s'abritant, et se bien persuader qu'en procédant ainsi, au bout de très-peu de temps, la colonne ennemie sera forcée de se dissoudre ou qu'elle sera battue et faite prisonnière.

Avec les nouvelles armes à feu, nous le répétons, les expéditions de ce genre sont impossibles, et la raison en est facile à comprendre. Nos troupes font une consommation de munitions réellement alarmante pour le général qui les commande; tous les ordres que l'on donne, toute la surveillance qu'on exerce, toute la sévérité qu'on déploie ne produisent que bien peu d'effet, et ce mal ne saurait beaucoup s'atténuer, car il tient surtout à notre caractère national et aussi à l'instruction insuffisante de notre soldat. Son frère, le carliste, se comporte exactement de la même manière, et fait de ses cartouches un gaspillage extraordinaire. Aussi le chef qui a la mission de poursuivre une colonne dans ces conditions doit-il s'attacher avant tout à lui faire brûler ses munitions en épargnant les siennes; s'il y parvient, la destruction de l'ennemi est assurée.

CHAPITRE VI.

Lorsqu'au mois de mars 1872 l'insurrection carliste éclata dans les provinces basques et la Navarre, notre armée ne réunissait aucune des conditions nécessaires pour la maîtriser promptement; elle n'avait ni les effectifs suffisants ni une organisation assez perfectionnée pour lui permettre de passer rapidement du pied de paix au pied de guerre. Il suffit cependant de quelques bataillons, nous dirons plus, de quelques cadres de bataillon, pour en venir à bout. On n'en put réunir plus de vingt, même en dégarnissant les points importants de la péninsule et des îles Baléares, encore n'étaient-ils point outillés pour entrer en campagne, car ils n'avaient aucun matériel, et tous les autres éléments qui constituent les armées modernes leur faisaient également défaut. Il fallut procéder comme on l'avait fait pour l'expédition d'Afrique, comme on le fait toujours dans notre pays : on créa tout, on improvisa tout.

Pendant la paix, nous vivons au jour le jour, sans nous préoccuper de l'avenir, et nos législateurs en profitent pour donner libre carrière à cette manie, qui semble être une affaire de mode et que l'on considère comme l'expression du patriotisme le plus convaincu. Ils réclament à grands cris et réalisent avec empressement des économies sur l'armée, sans songer que, réduite à des effectifs dérisoires, elle cesse de mériter ce nom dans le sens qu'on y attache chez toutes les nations de l'Europe, et ne peut plus être considérée que comme une agglomération plus ou moins considérable d'hommes pourvus d'armes quelquefois abandonnées depuis longtemps par les autres pays, sans parcs, sans réserves, en un mot, sans organisation convenable pour entrer en campagne.

Il était urgent néanmoins de commencer immédiatement les opérations dans les provinces basques, et de les conduire avec rapidité et avec décision pour y détruire l'insurrection dans son germe : en lui donnant le temps de croître et de se développer, on pouvait craindre de voir se renouveler ce qui s'était produit en 1833, époque à partir de laquelle elle se prolongea pendant sept ans. Dès le début, l'armée fut organisée en brigades et en divisions, dotée d'un personnel sanitaire et administratif et pourvue du matériel bien modeste dont on pouvait disposer; on arriva ainsi à donner aux bataillons, au fur et à mesure qu'on les recevait, des fusils se chargeant par la culasse, en échange des armes d'ancien modèle. Ces mesures préliminaires, dont une armée bien organisée n'a point à se préoccuper, parce qu'on y a consacré les loisirs de la paix, eurent pour conséquence de faire traîner en longueur une guerre qui, comme toutes les luttes civiles, n'était à son origine qu'une guerre de guerrillas et exigeait, par conséquent, pour être promptement terminée, une incessante poursuite et une mobilité continuelle. Les hommes qui réclament des économies intempestives sur l'armée, ceux qui les poussent inconsidérément jusqu'aux dernières limites peuvent, pour se rendre compte du mal que leurs réformes ont causé, calculer ce qu'il en coûte à l'État, à l'agriculture, au commerce et à l'industrie, d'argent et, ce qui est plus grave, de sang répandu, lorsque, faute des moyens suffisants pour les mener à bonne fin, les guerres se prolongent au delà de la durée normale qu'elles comportent! Encore ne faut-il pas perdre de vue que dans les deux dernières que nous avons soutenues, nous avons eu tout le temps nécessaire pour nous organiser et pour nous préparer à les faire; mais si la campagne s'était ouverte contre une puissance étrangère, dans des circonstances où il s'écoule habituellement quelques jours à peine entre la déclaration de guerre et le commencement des hostilités, notre territoire aurait pu être envahi et occupé militairement avant que nos bataillons disséminés se fussent réunis pour essayer un semblant de résistance. Seules, les armées bien organisées et bien conduites obtiennent de grands succès, et personne n'ignore que dans la guerre franco-allemande, c'est par l'admirable organisation des Prussiens, autant que par le savoir et l'intelligence de leurs généraux, que les Français ont été vaincus.

Fort heureusement pour nous, la direction que les carlistes donnèrent à l'insurrection de 1872 fut la moins rationnelle qu'ils pussent adopter. Le plus sûr moyen de provoquer un soulèvement dans le pays, c'était d'y faire la guerre de partisans avec des bandes nombreuses, pour que les troupes n'eussent pas d'objectif déterminé, qu'elles se fatiguassent par des marches longues et pénibles auxquelles le soldat n'était pas habitué et auxquelles il aurait fini par succomber. Les carlistes ne procédèrent point ainsi : une foule de jeunes Navarrais et de Basques avaient répondu à l'appel; il en était de même, quoique en nombre moindre, des Alavaisiens et des Guipuzcoans. L'entrée de don Carlos en Espagne fut un malheur pour sa cause; dès qu'il arriva en Navarre, il voulut avoir une armée, en forma le noyau avec les indigènes de cette province, mal organisés, mal armés, et se mit à sa tête.

Sans se préoccuper momentanément des Basques, qui s'étaient réunis également, nos troupes opérèrent en premier lieu contre les Navarrais, chez lesquels il importait avant tout d'étouffer l'insurrection, et malgré leur résistance opiniâtre, les battirent complétement et les mirent en déroute dans le combat d'Oroquieta, à la suite duquel don Carlos fut obligé de se réfugier en France.

Laissant un peu de monde en Navarre pour

achever de disperser les partis qui y tenaient encore, l'armée se porta sur la Biscaye et écrasa à Mañaria les Basques et les Guipuzcoans, malgré les fortes positions qu'ils avaient choisies. Le convenio de Amorovieta mit fin à ce soulèvement : quoique cet acte politique ait été très-diversement apprécié, nous croyons fermement qu'en raison de la situation dans laquelle le pays se trouvait à ce moment, il fut à la fois très-rationnel et très-avantageux.

L'armée revint ensuite en Navarre, où, sur ces entrefaites, les partis avaient pris de la consistance, et où il s'était formé un groupe d'une importance assez grande non-seulement par le nombre des adhérents qui le composaient, mais encore par le prestige du chef qui le commandait. Pendant l'été, on parvint à le dissiper complétement, ainsi que quelques autres moins considérables; on put envoyer également quelques bataillons en Catalogne, où l'insurrection continuait, et dès le mois d'octobre, comme il n'existait plus un seul carliste armé dans les provinces basques et dans la Navarre, l'armée fut dissoute.

L'incendie était maîtrisé, mais il n'était pas éteint : des personnes dont la mission sur la

terre devrait être toute de paix et de mansué-
tude, et qui ne songeaient dans ces tristes
circonstances qu'à souffler la discorde, la haine
et la vengeance, continuaient à prêcher la
révolte ouvertement ou d'une manière occulte
et ne donnaient aucune trêve à leurs intrigues.
D'autres, au contraire, dans un but plus
louable, employaient toute leur influence pour
éloigner les provinces du nord d'une rébellion
qui, sans aucune chance de succès, pouvait
compromettre leurs institutions. Ces conseils si
prudents ne trouvèrent aucun écho chez une
population complétement fanatisée par l'idée
religieuse dont les instigateurs du mouvement
se faisaient adroitement une arme.

Dans les premiers jours de 1873, ces provinces se soulevèrent de nouveau, et plusieurs
bandes se formèrent dans la Navarre et le
Guipuzcoa. Le gouvernement décréta une
seconde fois la formation de l'armée du nord,
mais en la constituant avec des effectifs si
faibles que l'on ne pouvait même en attendre
l'occupation des points les plus importants.
Quoi qu'il en fût, une poursuite active commença, et vers la mi-février, lorsque la république fut proclamée, les Guipuzcoans avaient

été battus à Aya, et les Navarrais, cernés dans l'Amezcoa et réduits à environ deux mille hommes seulement, se trouvaient dans une situation très-critique.

A la suite de la révolution qui venait de s'accomplir, les généraux et les officiers supérieurs qui commandaient les troupes furent relevés de leurs emplois. L'indiscipline et l'insubordination qui s'introduisirent à ce moment dans les rangs, sans atteindre toutefois dans l'armée du nord le degré d'intensité auquel elles arrivèrent dans celle de Catalogne; les discours de toute sorte, les harangues de personnes qui paraissaient les plus intéressées au maintien des principes sans lesquels on ne peut concevoir l'existence de la force armée et encore moins obtenir la victoire; enfin, le plan défectueux qui fut adopté pour les opérations, amenèrent les défaites de Udate et de Erraul, qui nous coûtèrent une partie de notre artillerie et un assez grand nombre de prisonniers. En même temps, la reddition de quelques forts et en particulier celle d'Estella, livra à nos adversaires des pièces, des munitions et des fusils perfectionnés.

Les récits de ces triomphes, exagérés autant

qu'il était possible par les partisans du carlisme, le spectacle de ces canons traînés comme des trophées dans les principaux centres de population, les excitations et les discours violents par lesquels on exaltait l'idée religieuse, répandirent dans ces masses un fanatisme presque sauvage qui respirait la haine de tout ce qui n'était pas carliste et l'ardent désir de l'anéantir. Les partisans de cette cause se multipliaient au fur et à mesure que le nombre de nos soldats diminuait, et notre faible armée fut bientôt réduite à la douloureuse nécessité de se mettre sur la défensive.

Quelque temps après, un changement opéré dans la politique envoya à l'armée du nord (si l'on peut donner ce nom à trente bataillons d'un effectif si restreint, que peu d'entre eux comptaient quatre cents combattants et qu'aucun ne dépassait ce chiffre) des généraux et des officiers supérieurs dont le premier soin fut de rétablir la discipline ébranlée. Ils arrivèrent à ce résultat sans avoir recours à des châtiments sévères, et l'on ne s'en étonnera point si l'on connaît le caractère de notre soldat. Il était dans le plus complet dénûment; sa solde de deux pesetas (1), qu'il touchait auparavant, se réduisit à deux réaux (2), qui ne lui étaient pas toujours régulièrement payés; il recevait en outre une ration de vivres de campagne : ses vêtements, usés par un long service, étaient arrivés à un tel état de délabrement, qu'il fallut en couper les pans pour mettre des pièces au corps; beaucoup n'avaient point de pantalons d'uniforme, aussi fut-on obligé de tolérer tous ceux qu'ils pouvaient se procurer; enfin, les uns avaient des capotes, les autres des habits ou des tuniques. Dans ces conditions déplorables, vingt-deux de ces bataillons se portèrent dans le mois de septembre à Vitoria, à Tolosa, à Pampelune et à Puente la Reina, sans rencontrer de résistance ni d'obstacle sérieux de la part de l'ennemi. Les forces navarraises et alavaises cherchèrent à s'opposer à leur marche sur Estella et leur livrèrent un combat acharné dans lequel nos soldats, naguère indisciplinés et manquant encore de tout, se battirent admirablement et délogèrent les carlistes de toutes leurs positions. Ceux-ci n'étaient plus à ce

(1) 2 fr. 32.
(2) 0 fr. 58.

moment ces bandes sans instruction et mal armées qui fuyaient toujours à la vue de nos troupes. Ils présentèrent dans ce combat des bataillons organisés, bien pourvus d'armes de modèles nouveaux et avec de l'artillerie, peu nombreuse, il est vrai, puisqu'elle consistait en quelques pièces qu'ils nous avaient prises; en un mot, ils avaient une véritable armée, et la guerre devenait régulière.

Maîtres absolus de presque tout le territoire des quatre provinces, ignorant le nombre des habitants qui prenaient volontairement les armes et celui qu'ils pouvaient mettre sur pied, ils décrétèrent, suivant l'usage, la levée générale des individus compris entre deux âges déterminés, qu'ils fixèrent de façon à englober tous les hommes valides de dix-sept à quarante ans.

Beaucoup d'officiers supérieurs et subalternes étaient passés des rangs de notre armée dans les leurs et leur furent d'un grand secours pour organiser et instruire les recrues qu'ils habillaient, armaient et équipaient au moyen des ressources de toute nature qu'ils recevaient continuellement de l'étranger. La création de commandants d'armes dans toutes les localités soumises à leur autorité, établissait dans ces centres une administration draconienne qui leur procurait les sommes nécessaires pour l'entretien de leurs troupes et faisait rentrer avec la plus rigoureuse exactitude toutes les réquisitions qu'ils frappaient.

Bientôt, le nombre de leurs soldats s'accrut dans des proportions considérables : au milieu de 1874, ils reçurent des canons de divers systèmes, tous perfectionnés, et à la fin de cette même année, ils ne comptèrent pas moins de quatre-vingts pièces attelées et servies régulièrement. Le licenciement du corps de l'artillerie leur avait donné des officiers supérieurs et subalternes d'une aptitude incontestable, qui contribuèrent non-seulement à créer et à organiser leurs batteries, mais encore à monter et à faire fonctionner des fabriques d'armes, de munitions de toute espèce, des ateliers de réparations, des fonderies et des arsenaux à Eybar, Elgoibar, Plasencia, Azpeitia, Vera, Arteaga, Echarri-Aranaz, etc. A cette époque, l'impartialité nous fait un devoir d'en convenir, leur armée valait la nôtre, et s'ils avaient possédé un véritable général, capable de les diriger, il n'y a aucun doute qu'ils ne fussent entrés victorieux à Madrid. Mais, s'ils n'avaient pas de chef doué des qualités nécessaires pour les conduire à d'éclatants succès en mettant à profit les chancés favorables que lui offrait la démoralisation de nos troupes, ils ne manquèrent pas d'excellents organisateurs, très-expérimentés, qui, en peu de temps, transformèrent ces bandes confuses de paysans en bataillons aguerris. Ils ne retrouvèrent plus l'occasion qu'ils avaient laissé échapper : lorsqu'on recommença à appliquer la loi et les règlements dans nos troupes et à y introduire, par conséquent, la subordination ; quand on en promulgua cinq autres pour renforcer et nourrir nos bataillons épuisés, qu'on les campa et qu'on les vêtit régulièrement, il était déjà trop tard pour que la victoire pût désormais passer du côté des carlistes : ceux du nord ne pouvaient plus songer à franchir l'Èbre pour tomber dans l'intérieur de la péninsule.

Notre armée était bien démoralisée ; elle était bien insuffisante à tous les points de vue pour maîtriser complétement et avec rapidité cette insurrection formidable, mais elle était loin encore de l'état où nous la vîmes tomber depuis. D'absurdes théories, disons plus, des aberrations incompréhensibles chez des militaires et même chez des hommes quelque peu instruits et expérimentés, telles que la formation à notre époque d'armées exclusivement formées de volontaires appelés pour la durée d'une campagne : la suppression de la conscription et celle du service obligatoire pour tous, la rendirent, de toutes façons, complétement incapable de continuer les opérations.

Les bataillons de volontaires qui se constituèrent avec plus de bonne volonté que de succès, ne produisirent que le résultat auquel on devait s'attendre avec des troupes de cette espèce; il fut nul ou à peu près. Quelques-uns s'organisèrent en Andalousie, mais ils ne dépassèrent pas Burgos, où l'on fut obligé de les dissoudre. Pouvait-il en être autrement? Alors que toutes les nations de l'Europe augmentent l'instruction de leurs troupes, créent des écoles et des académies dans lesquelles leurs officiers viennent puiser des connaissances plus étendues, nous semblons croire que pour faire la guerre aucun savoir n'est nécessaire, et nous donnons les emplois de chefs et d'officiers de ces corps bien improprement appelés bataillons, à des individus qui n'ont jamais été militaires, et qui n'ont d'autres titres à ce choix qu'un peu d'influence et de crédit !

Notre caractère généralement peu analytique, et d'autres causes que nous passerons sous silence, contribuent à accréditer chez nous cette opinion que, pour commander les troupes, même dans les grades inférieurs de la milice, il n'est pas besoin de présenter certaines conditions d'instruction et d'aptitude, comme si les hommes pourvus de ces emplois subalternes n'étaient pas appelés, avec le temps, à commander en chef les armées, et comme si la vie de milliers d'hommes, le sort et l'honneur du pays, ne dépendaient pas d'eux ! Cette manière de voir paraît s'appliquer également à ceux qui occupent les postes les plus élevés, car il arrive très-fréquemment que pour les promotions, même en temps de guerre, on fait valoir les considérations de personnes beaucoup plus que les conditions d'aptitude, d'intelligence et de savoir, quand ce sont précisément ces qualités qui devraient être les premières et les plus essentielles chez les hommes destinés à commander les troupes et à diriger la guerre d'après les procédés nouveaux.

Après des essais qui ne produisirent, comme il fallait s'y attendre, que des effets désastreux, on se décida à entrer enfin dans la seule voie capable de nous donner des soldats. Tous les jeunes gens compris entre deux âges déterminés furent appelés sous les drapeaux; les officiers supérieurs et subalternes de l'artillerie, dont le licenciement avait eu des suites funestes, revinrent à leur corps, et l'on commença à créer et à organiser les services les plus nécessaires à l'armée, sans la placer pourtant encore dans des conditions entièrement satisfaisantes, parce que toutes les améliorations se réalisèrent avec une précipitation qui était la conséquence de la situation, et que l'on ne disposait pas du temps convenable pour procéder avec soin aux études préliminaires.

Quant à nos jeunes officiers et à nos soldats improvisés, les uns sortis des académies où ils n'avaient pu qu'effleurer à peine les parties les plus élémentaires du métier, les autres incorporés dans les bataillons sans la préparation convenable, ils ne possédaient certainement aucune des qualités qui doivent distinguer les membres d'une armée régulière. Celle des carlistes était arrivée à un degré de perfection dont se rendaient compte ceux-là seuls qui la connaissaient. L'opinion s'était complétement égarée sur ce point; on ne supposait pas que don

Carlos eût dans le nord des bataillons aguerris; on disait et l'on était persuadé que c'étaient des hordes confuses, composées de prêtres et d'enfants, et que la présence de nos soldats dans l'intérieur du pays suffirait pour les disperser comme le vent dissipe un nuage de fumée. Mais ce n'a pas été la seule croyance erronée; on a caressé l'idée qu'avec des mesures politiques d'un caractère diamétralement opposé, suivant le parti qui était au pouvoir, les carlistes déposeraient les armes, et l'on avait, ou du moins l'on paraissait avoir une telle confiance dans ces procédés, que les événements ont seuls pu désillusionner les gens imbus d'aussi lamentables erreurs. Pendant ce temps, on négligeait les véritables moyens de terminer une guerre aussi désastreuse pour le pays, c'est-à-dire l'organisation des bataillons et une direction rationnelle.

Les carlistes occupant les quatre provinces du nord, opéraient toujours du centre à la circonférence, tandis que nous agissions toujours en sens contraire. Pour s'opposer à nos mouvements offensifs, ils suivaient un rayon de cette circonférence ou bien la corde d'un arc concentrique par rapport à celui sur lequel

s'exécutait notre marche; il en résultait nécessairement qu'aidés par un adroit espionnage et
des renseignements précis qui ne leur ont
jamais fait défaut, ayant l'avantage du chemin
le plus court, ils arrivaient toujours en temps
utile sur le point menacé et se trouvaient
dans les conditions les plus favorables pour
tenir tête à notre attaque. Pendant que nous
étions obligés de faire protéger nos lignes par
des troupes assez nombreuses pour en garantir
la sécurité, ils se bornaient à laisser à quelques
détachements le soin de surveiller leurs tranchées et leurs autres ouvrages de défense, se
reposant pour tout le reste sur la coopération
puissante et décidée du pays, qui les tenait constamment au courant de nos moindres déplacements. Leurs fabriques, leurs arsenaux et leurs
magasins, établis dans l'intérieur de la contrée,
n'exigeaient ni garnisons ni autres moyens de
protection; l'emplacement qu'ils occupaient suffisait pour les mettre à l'abri de nos atteintes.
Comme ils n'avaient rien à garder, toutes leurs
troupes étaient disponibles pour prendre part
aux opérations et marcher avec rapidité vers un
objectif donné ou pour s'opposer à nos entreprises.

Les carlistes, fort heureusement pour nous, n'ont pas profité de tous les avantages qu'ils pouvaient tirer d'une semblable situation; ils ne nous ont jamais inquiétés par des mouvements fréquents et des alertes continuelles qui auraient imposé à nos troupes une exacte et pénible vigilance; ils n'ont jamais, à la faveur de démonstrations multipliées, tenté un coup hardi sur nos lignes ni essayé de les prendre à revers en les traversant. Notre cavalerie les intimidait, et ils ne se sont jamais servis de la leur pour pousser des pointes ou pour nous surprendre; ils l'ont employée uniquement au service d'exploration et de sécurité, conformément aux principes de la guerre moderne. Probablement, ils n'avaient qu'une confiance très-limitée dans la solidité de leur infanterie et n'osaient la conduire en plaine, où elle aurait été forcée de recevoir le choc de la cavalerie, en restant en ligne, ordre souvent nécessaire aujourd'hui dans certains cas pour utiliser tout son feu et qui constitue ainsi pour elle un moyen essentiel de défense contre la cavalerie, en même temps qu'il rend moins efficaces les effets de l'artillerie.

La qualité de leurs soldats ne permettait pas d'opérations de cette nature, dont le résultat aurait été de répandre constamment l'inquiétude dans nos lignes s'ils les avaient attaquées tantôt sur un point, tantôt sur l'autre, ce qui leur était facile en raison de l'ignorance absolue dans laquelle nous étions de leurs mouvements et de la promptitude qu'ils pouvaient mettre dans leur exécution. A défaut de succès importants, elles leur auraient procuré certainement des avantages moraux, et en particulier celui de tenir sans cesse nos troupes en échec et dans l'impossibilité de rien entreprendre; les carlistes, en un mot, sont toujours restés sur la défensive absolue, tandis que leur attitude, à notre avis, aurait dû être la défensive offensive.

Lorsque nos troupes pénètrent tant soit peu en pays ennemi en suivant seulement l'intérieur de nos lignes, leur mouvement s'effectue lentement, et il doit en être ainsi, forcées qu'elles sont de prendre mille précautions pour ne pas être surprises; il leur faut reconnaître tous les accidents du terrain et les occuper jusqu'au complet écoulement de la colonne. Après une marche aussi pénible, le service de sûreté exige la moitié de leur effectif; il en résulte que ces mouvements ne peuvent être aussi rapides que le réclame une pareille guerre. Lorsqu'ils deviennent indispensables, le général doit user de toutes les ruses imaginables pour tromper l'ennemi, pour lui faire supposer qu'ils s'exécuteront dans le sens diamétralement opposé à celui qu'on se propose de suivre. Outre ces inconvénients, notre soldat, en route, est chargé de son sac, de rations pour plusieurs jours et d'une quantité excessive de munitions; si l'on défalque le poids des rations, la charge totale comprenant le sac, l'armement, avec cent quarante cartouches, ne pèse pas moins de soixante livres.

Les carlistes, au contraire, marchent avec leur armement et leurs munitions seulement, sans s'astreindre à fournir de longues et pesantes colonnes, par bataillon, souvent même par compagnie, en suivant tous les chemins, quels qu'ils soient, sans précaution d'aucune espèce, parce qu'ils opèrent chez eux, au milieu d'habitants amis qui leur servent d'espions et leur fournissent toutes les informations dont ils ont besoin. S'il s'agit pour eux de porter une brigade ou une division d'un point à un autre, ce mouvement s'exécute par fractions, en indiquant seulement à chacune d'elles le jour et le lieu du rendezvous. Cette troupe prend alors, avec le calme et la tranquillité du temps de paix, le chemin qui lui est assigné ou celui qui lui paraît le plus commode. Si la route suivie se trouve dans le voisinage de l'ennemi, les gens de tous les villages situés sur le parcours, les paysans occupés dans les champs à leurs travaux, donnent tous les renseignements qu'ils possèdent, servent de guides s'il est nécessaire, et, en arrivant dans la localité où ils doivent passer la nuit, les soldats trouvent le logement préparé, les rations prêtes à être distribuées, et se livrent ensuite au repos avec une entière sécurité, parce que tous les habitants, sans distinction de sexe ni d'âge, sont autant de sentinelles avancées et d'explorateurs veillant sur eux.

Nos colonnes, au contraire, rencontrent régulièrement les localités abandonnées ou n'y découvrent que des vieillards et des enfants; elles sont forcées de tout porter avec elles, parce qu'avant leur départ les habitants détruisent les fontaines et jusqu'aux mares du village : après l'avoir quitté, ceux-ci rôdent sur tout le pourtour et cherchent à tomber à l'improviste sur nos sentinelles et à les égorger s'ils le peuvent. Ceux qui, en très-petit nombre, ne s'éloignent point, espionnent adroitement nos troupes pour avertir l'ennemi, toujours établi dans le voisinage, de toutes les négligences qu'ils remarquent, et dans ce cas, elles sont infailliblement surprises. Elles n'obtiennent de nouvelles de l'ennemi qu'en déployant une adresse infinie et en donnant beaucoup d'argent : souvent les partisans des carlistes paraissent les trahir, et apportent des renseignements; malheur à l'officier assez crédule pour y ajouter foi! l'ennemi est immédiatement prévenu, et l'avis donné sert à préparer une embûche.

Si la localité n'est pas abandonnée, le chef, dès qu'il est installé dans la maison qui lui est assignée, peut compter sur un espionnage en règle de la part de toutes les personnes qui l'habitent ou qui y viennent dans ce but sous un prétexte quelconque. S'il s'agit d'une opération pour le jour suivant, derrière chaque porte, chaque rideau même, il se trouve quelqu'un aux écoutes, et cette surveillance occulte ne se relâche ni pendant les repas ni pendant aucune autre circonstance. Dès qu'une indiscrétion est commise, qu'une parole imprudente ayant trait à des projets pour le jour ou les jours suivants est dite, une femme ou une petite fille sort à l'instant du village pour la porter aux partisans qui rôdent dans les environs : peu d'instants après, le chef ennemi le plus rapproché en a connaissance. Si pendant une journée de marche ou pendant une station dans quelque localité, le commandant des troupes s'écarte avec sa longue-vue pour reconnaître le terrain, il peut être certain qu'un œil invisible, celui d'un pâtre ou d'un bûcheron, ne perd pas un seul de ses mouvements, suit la direction de sa lunette et ne laisse échapper aucun des détails de cette simple opération, dont l'adversaire est informé presque aussitôt. Pour tromper cet espion, il faut que l'officier s'applique pendant quelque temps à regarder attentivement le point qui se trouve sur une direction opposée à celle qu'il veut suivre, et qu'il n'examine celle-ci qu'à la dérobée et sans y arrêter son observation. Enfin le son des cloches elles-mêmes avertit les carlistes de l'arrivée ou du départ des troupes.

On voit combien cette guerre exige d'expérience, de tact et de circonspection; aucune précaution, si insignifiante qu'elle puisse paraître, ne doit être négligée : malheur à celui qui n'y attacherait aucune importance!

Le général Mina nous offre pendant la guerre de l'indépendance une preuve excellente de ce qu'il est possible d'accomplir en jouant le rôle de guerrillero. On nous raconte dans sa biographie que, sûr de l'adhésion du pays et de la protection des habitants, il n'éprouva jamais une surprise, bien qu'il eût contre lui dans le nord jusqu'à soixante mille Français commandés par des généraux illustres. Il les battit souvent sans sortir de la zone formée par la Navarre et les provinces basques, et subit rarement un échec. Il avait cependant à lutter contre des troupes parfaitement pourvues de tout, n'ayant point de lignes à garder, auxquelles il importait peu que Mina traversât l'Èbre et gagnât l'intérieur de la péninsule, et qui faisaient la guerre avec toute la rigueur dont on use à l'égard d'un pays étranger que l'on veut soumettre. Malgré toutes ces conditions favorables, ces généraux et ces soldats qui avaient conquis la moitié de l'Europe ne purent parvenir à détruire les guerrilleros, et les réputations les plus solides et les mieux acquises furent anéanties dans cette lutte. Que l'on compare maintenant ce que le général Mina exécuta dans cette guerre si glorieuse pour lui, avec ce qu'il fit dans celle de Sept ans, alors qu'il commandait en chef l'armée libérale. La différence consistait dans cette particularité que, dans la première, tous les habitants étaient ses amis et ses partisans, et que dans l'autre, au contraire, tous étaient ses adversaires. Ses efforts échouèrent contre un pays qui lui était tout entier hostile, et il put juger combien les temps étaient changés lorsque, à Lecaros, il ne trouva personne pour lui indiquer l'endroit où Zumalacarregui avait enterré ses canons, quoique tout le village le sût parfaitement; il dut, pour y parvenir, avoir recours aux mesures les plus terribles.

L'esquisse que nous avons tracée de la situation de notre armée indique assez combien elle était peu préparée pour passer rapidement du pied de paix au pied de guerre, ainsi que peuvent le faire celles des autres pays de l'Europe; la guerre se termina heureusement néanmoins, et ce résultat est bien capable d'exciter la surprise et l'admiration. On vit se débander et mettre bas les armes une armée de quarante mille hommes encore intacte, puisqu'elle n'avait essuyé aucune défaite décisive, comptant d'immenses ressources de tout genre, occupant une contrée excessivement accidentée et par suite aussi aisée à défendre que difficile à envahir, et s'éteindre en un seul jour une insurrection si formidable que, malgré toutes les troupes que nous avions rassemblées, elle aurait pu continuer longtemps encore.

L'état de démoralisation des carlistes était extrême. Plusieurs causes y avaient sans doute contribué; mais, au point de vue militaire, la principale était certainement de ne point avoir un général capable de commander et de conduire les soldats de San-Pedro Abanto et de Montemuro. Celui qui se trouvait à leur tête ignorait sans doute beaucoup notre histoire contemporaine; il n'avait probablement pas étudié la guerre civile de Sept ans ni feuilleté l'histoire de Pirala : il y aurait appris que, pour s'opposer à nos opérations et à l'invasion du pays insurgé, il n'avait qu'à copier celles qui s'exécutèrent en 1836, alors que l'infant don Sébastien dirigeait l'armée carliste. Mais loin d'imiter ces concentrations prudentes et habiles que la science prescrit dans de semblables circonstances, les carlistes voulurent être partout à la fois, ne se portèrent en temps utile sur aucun point, et finirent par se laisser enfermer dans l'Ulzama et acculer à la frontière. Dans ces conditions, il ne leur restait plus que deux partis à suivre : se réfugier en France ou mettre bas les armes.

S'il est vrai que les événements du passé doivent servir d'enseignement pour l'avenir, nous considérons comme un devoir patriotique de signaler ce qui faisait notre faiblesse : c'était le petit nombre de nos soldats, leur instruction presque nulle et l'imperfection de notre organisation militaire. Notre système actuel de capitaineries générales et de dissémination des bataillons ne mérite guère ce nom, et n'est conforme à aucun des principes de la science moderne, qui exige que les armées soient organisées pendant la paix comme elles doivent l'être pour la guerre.

Dès que la lutte contre l'Allemagne fut terminée, la France, instruite par ses revers des côtés défectueux de son organisation militaire, s'appliqua à la refondre tout entière. Cette tâche a réussi grâce à l'habileté de ses généraux et de tous les autres membres de l'armée, grâce aussi à l'admirable patriotisme des citoyens, qui ont apporté aux législateurs le concours le plus empressé pour faire aboutir une entreprise d'une importance aussi capitale. Cette nation n'a pas tardé à en recueillir les fruits ; nous avons la conviction que son épée pèsera dans la balance européenne tout autant qu'avant ses cruels désastres, et c'est à sa nouvelle organisation qu'elle le devra.

Notre législation militaire est bien imparfaite, il faut l'avouer ; elle présente un mélange incohérent de dispositions anciennes et récentes, souvent contradictoires ; il en résulte que, dans la plupart des circonstances, on marche à tâtons, sans règles précises, alors que dans tout ce qui concerne l'armée et la milice on ne devrait se guider que d'après des principes fixes et nettement déterminés. Il est absolument nécessaire de la corriger largement, non pas d'une manière hâtive, peut-être irréfléchie et, comme nous en avons l'habitude en beaucoup de choses, sans études préliminaires approfondies, mais en tenant compte de l'expérience de la dernière campagne, pendant laquelle la pratique a fait ressortir avec la dernière évidence les vices de notre constitution militaire, dont l'amélioration doit être la conséquence naturelle des changements introduits dans l'art de la guerre par l'adoption des nouvelles armes à feu.

Tous les corps, toutes les institutions, en commençant par l'état-major général, exigent des modifications radicales. Mais dans ces réformes urgentes, il faut avant tout s'inspirer de cette idée : que rien ne doit être livré à l'arbitraire ou considéré comme de peu d'importance; que toutes les choses, même les plus insignifiantes en apparence, doivent être assujetties à des règles basées sur les principes de la science. Il faut également se bien persuader que toute variation dans ces principes a pour corollaire inévitable des modifications correspondantes dans les règles de la tactique aussi bien dans son ensemble que dans les détails qui s'y rattachent immédiatement ou d'une manière indirecte, et qui tous, jusqu'à l'équipement même du soldat, peuvent en être affectés. La grande consommation de munitions qu'entraîne l'armement moderne rend nécessaire la création de parcs qui suivent les troupes dans leurs différents ordres de combat, avec une mobilité calculée de telle sorte qu'ils puissent accompagner l'infanterie sur toute espèce de terrains. Les transports de ce genre à dos de mulet, formés à la hâte dans la dernière campagne, laissent beaucoup à désirer et réclament un remaniement complet, auquel on pourra procéder en utilisant les éléments que nous possédons.

Une bonne organisation militaire doit avoir pour bases le système du remplacement et la division territoriale du pays. Nous n'avons point de réserves, objet essentiel cependant et dont toutes les nations ont fait une étude spéciale; sans réserves, en effet, aucune d'elles ne pourrait, à un moment donné, appeler sous les armes un nombre de combattants proportionné au chiffre de sa population; la constitution de cette force devient donc une nécessité de premier ordre qui s'impose à nous. Enfin, une réforme radicale doit porter sur le système d'instruction militaire adopté jusqu'ici : le soldat d'infanterie, obligé de combattre aujourd'hui en ordre dispersé, a besoin d'une éducation solide et complète; il possède une arme compliquée pour son degré d'intelligence généralement peu développée, et les qualités mêmes de cette arme la rendent plus nuisible qu'utile entre ses mains s'il n'en sait pas faire un usage convenable, s'il ignore la puissance de ses effets et les résultats considérables qu'on peut en tirer par un emploi raisonné; s'il en use, pour tout dire, comme nos recrues l'ont fait pendant la dernière guerre, tirant beaucoup, sans autre préoccupation que de faire du bruit. Cette tendance, qui prend sa source dans une instruction militaire à peine ébauchée, tient le général dans la crainte continuelle de voir gaspiller entièrement les munitions, et l'expose à rencontrer un échec là où il était en droit d'espérer un succès.

Dans les armées actuelles, le cavalier est l'explorateur, le guide, le gardien et l'appui de la troupe qu'il devance et qu'il couvre : il a besoin de connaissances relativement étendues pour être à la hauteur de la mission délicate qui lui est confiée et dans laquelle il a souvent la liberté d'user de son initiative personnelle. Les officiers des deux armes doivent recevoir une éducation militaire achevée, pour être capables de dresser leurs hommes et pour se préparer ainsi aux exigences du service obligatoire, institution nouvelle pour laquelle l'Espagne n'est pas suffisamment prête, mais vers laquelle elle tend visiblement. Or l'une des premières conséquences de son application est de faire arriver dans les rangs des jeunes gens qui possèdent une instruction très-développée, et nous pensons qu'il est absolument indispensable pour le maintien de la discipline que l'officier possède un savoir au moins égal à celui du soldat. Cette nécessité a été bien vite reconnue et consacrée par tous les pays qui ont adopté ce système ; il suffit pour s'en convaincre d'examiner les programmes suivis dans leurs académies et dans leurs écoles militaires.

L'unité dans les méthodes a donné des résultats réellement satisfaisants dans les colléges généraux de notre pays ; on n'en pourrait dire autant de la création d'une école distincte par arme, qui a en outre l'inconvénient de coûter fort cher. Il y aurait un grand avantage à unifier, au contraire, à soumettre à un seul règlement et à des programmes identiques tous les colléges ou académies dans lesquels les jeunes gens qui veulent embrasser la carrière des armes, à l'exception seulement des sous-officiers, recevraient l'instruction militaire. Ceux qui désireraient continuer leurs études pour être placés plus tard dans les corps spéciaux, devraient d'abord venir chercher dans un établissement unique l'enseignement commun à toutes les armes et entrer, après l'expiration du temps fixé pour ces études, dans une école spéciale où ils puiseraient l'instruction particulière exigée par le corps auquel ils se destinent. Cette organisation, très-utile, a de plus l'avantage d'être économique et tout à fait propre à faire naître et à stimuler le goût du travail, question d'une importance extrême, dont on paraît se préoccuper bien peu aujourd'hui.

Quelque incomplet que doive être nécessairement l'exposé que nous donnons dans cet ouvrage des considérations relatives à une guerre ou à une campagne, il ne nous est guère possible de ne pas dire un mot de l'avancement et des récompenses, ainsi que des règles qui doivent, à notre avis, présider à leur répartition. Quoiqu'il y ait bien des observations à faire à cet égard, des raisons faciles à comprendre lorsqu'il s'agit d'un sujet si délicat à traiter dans notre pays, nous obligent à beaucoup de discrétion; nous en parlerons néanmoins en passant, parce que cette question est de celles qui intéressent le plus directement la conservation de la discipline dans les troupes, et qu'elle est, pour ainsi dire, la base sur laquelle elle repose. Pour que la discipline (qu'il ne faut pas confondre avec la subordination, comme on a l'habitude de le faire généralement) soit entière dans une armée, il faut que la solution de toutes les questions qui s'y rattachent n'ait d'autre règle que la justice. Si l'application de ce principe est nécessaire en toute circonstance, elle s'impose de la manière la plus absolue lorsqu'il s'agit de l'avancement en temps de guerre : lorsqu'il en est autrement, l'armée cesse bientôt d'être disciplinée, et l'on sait qu'il n'y a qu'un pas, malheureusement bien facile à franchir, de l'indiscipline à l'insubordination.

La répartition des récompenses accordées pendant la dernière campagne n'a pas été faite avec toute l'équité désirable et n'a pas atteint, par conséquent, le but proposé par notre sage règlement, qui est d'entretenir le bon esprit des troupes en donnant à tous cette satisfaction intime qui rend le devoir facile. Le système suivi jusqu'ici est tout à fait défectueux et réclame une réforme urgente et radicale.

CHAPITRE VII

DIFFICULTÉS A VAINCRE DANS LA GUERRE CIVILE
DU NORD.

Parmi toutes les conditions nécessaires pour résoudre le problème de la guerre, il en est une qui mérite une attention toute particulière ; nous voulons parler d'un service d'espionnage bien organisé. Un général qui connaît la situation des forces ennemies et l'esprit dont elles sont animées, qui possède des renseignements sur les mouvements projetés, compte déjà des données d'une valeur inestimable. Il peut, sans faire de grands efforts d'imagination, s'opposer aux desseins de l'ennemi, le tromper sur les siens et remporter des avantages décisifs. Lorsque, au contraire, quelques-unes de ces données lui manquent, quand il ne sait que peu de chose ou rien sur son adversaire, il se trouve comme un navire sans boussole perdu dans la haute mer ; tout est doute et perplexité pour lui, aucun calcul ne peut lui faire connaître les projets de l'ennemi. Au milieu de ces incertitudes, la marche de ses opérations ne saurait être qu'indécise, et le problème qui lui est proposé impossible à résoudre.

Comme si ce n'était pas assez des difficultés que nous avons exposées précédemment, et qui, dans la guerre civile dont le nord est le théâtre, tiennent à la situation respective des belligérants et à l'attitude ouvertement hostile du pays, il s'en présente encore d'autres que nous allons indiquer. La première est précisément l'absence d'un système d'espionnage bien organisé. L'argent est la base de ce service, dont les agents se recrutent dans toutes les classes de la société, sans distinction de sexe ni d'âge : c'est au ministère de la guerre que doivent aboutir, comme à un centre commun, tous les fils de la vaste trame qui le constitue, et l'état-major général de l'armée est le centre secondaire où ils convergent également.

Dans la dernière guerre, cette ressource nous a fait absolument défaut, et il n'était guère possible qu'il en fût autrement à cause des événements politiques et des changements continuels de gouvernement et de commandant en chef. Ce service si important a donc été réduit à celui que chaque général a pu constituer auprès de lui et dont les résultats ont été nuls, ou du moins très-incomplets : cette circonstance, jointe à l'hostilité déclarée des habitants, n'a permis d'obtenir que très-peu de renseignements, malgré le prix élevé dont on les payait : il est vrai de dire que souvent aussi on manqua des fonds nécessaires pour les acheter. Tant que la guerre fut irrégulière, que les colonnes parcoururent le pays dans tous les sens, on put, par des conversations adroitement conduites avec les habitants des villages, en les traitant avec affabilité, en les flattant, tirer d'eux quelques informations sur l'emplacement et la situation de l'ennemi. Quelques-uns d'entre eux qui pouvaient sans inconvénient s'entretenir en particulier avec les chefs, vendirent leurs confidences ; mais dès que la guerre prit un caractère régulier et que les troupes durent évacuer le pays, on rencontra des difficultés considérables à se les procurer. Les carlistes faisaient la guerre avec toute la rigueur qu'elle comporte, et ne connaissaient d'autre règle que les ordres de leurs officiers. Dès qu'un de nos espions, un paysan portant des dépêches, des ordres ou seulement soupçonné d'un délit de ce genre, se laissait prendre, il était immédiatement passé par les armes. S'il en tombait un entre nos mains, on se contentait de l'arrêter, d'instruire son procès dans lequel on ne prouvait généralement rien contre lui, et, quelques jours après, on le rendait à la liberté. Cette impunité avait pour conséquence de faire pulluler les espions dans nos rangs : à l'entrée de nos troupes dans les villages, nos avant-gardes et nos postes de sûreté étaient accueillis par des femmes, qui s'empressaient d'avertir immédiatement l'ennemi de notre arrivée ; on n'en pouvait douter, puisqu'elles allaient jusqu'à compter nos hommes, demandait le nom du chef qui les commandait et recueillaient tous les renseignements qu'il leur était possible d'obtenir. Que pouvait-on contre elles ? Absolument rien. Nous ne croyons pas qu'il nous soit jamais permis d'imiter les procédés cruels des carlistes ; mais nous sommes d'avis qu'on use dans l'avenir de mesures un peu plus rigoureuses que par le passé.

C'est presque dire une banalité que d'émettre cet axiome : que, pour faire la guerre, trois choses sont nécessaires : de l'argent, de l'argent, et encore de l'argent ; or la pénurie du trésor public laissait constamment l'armée privée de cette précieuse ressource. Nous voudrions bien voir les meilleurs généraux de l'Europe qui, dans ces derniers temps, se sont acquis une réputation si justement méritée par leur savoir et leur intelligence, faire la guerre comme les Espagnols l'ont faite, sans argent ou à peu près. On pourrait alors établir avec quelque raison un de ces parallèles dans lesquels on se complaît, lorsque, dans un cabinet confortable, on fait manœuvrer les troupes comme on le désire et qu'on livre sur la carte des batailles décisives sans se préoccuper le moins du monde de la question d'argent ni de bien d'autres éléments indispensables à la guerre. C'est alors, disons-le encore, qu'on pourra comparer deux choses aussi différentes que l'armée prussienne, par exemple, dans laquelle on s'occupe si activement de l'instruction militaire, où l'on récompense si largement le savoir, où tout ce qui touche à l'armée est l'objet d'études si scrupuleuses, où tout est si admirablement organisé, où, enfin, aucune ressource ne fait défaut, et l'armée espagnole, si en retard pour tout, dans laquelle, sans dédaigner tout à fait l'officier studieux, on n'accorde ni attention ni encouragement au travail, où l'on accueille avec une parfaite indifférence toutes les questions qui s'y rapportent, à laquelle tout manque, et dont les généraux emploient à trouver et à réunir des fonds pour payer et souvent pour nourrir leurs soldats affamés, un temps qu'ils devraient consacrer à mille soins de la plus haute importance. En présentant cette triste mais exacte peinture de notre armée et de ses souffrances pendant la guerre, nous ne craignons pas d'être taxé d'exagération, mais nous n'accusons personne ; cette situation était la conséquence inévitable de notre état politique, de notre incurie, bien plus encore que du manque de ressources, et nous ferons simplement acte de justice en reconnaissant qu'il n'était guère possible de mieux tirer parti de nos finances que ne l'ont fait les différents gouvernements qui se sont succédé pour arriver à recruter, à réunir et à organiser une armée aussi considérable que celle que nous possédions à la fin de la guerre.

Pour qu'on puisse se faire une idée des obstacles auxquels on se heurtait dans la campagne du nord, nous citerons seulement ceux qu'on a surmontés pour exécuter l'opération la plus rapidement faite et la seule peut-être qui ait été couronnée de succès; nous pouvons en donner tous les détails, car, à cette époque, nous exercions les fonctions de chef d'état-major général.

Tous les renseignements que l'on possédait dans les derniers jours d'octobre 1874 indiquaient que l'ennemi se disposait à mettre le siége devant Irun, place faiblement fortifiée, qu'il était indispensable de conserver néanmoins, non-seulement en vue d'un mouvement ultérieur vers la frontière, mais à cause de l'effet moral que sa perte aurait produit, et aussi parce que le pont de Béhobie et celui du chemin de fer du Nord ayant été interceptés, cette route restait ouverte aux carlistes pour recevoir les ressources immenses qu'ils tiraient de l'étranger.

Après les opérations contre la Rioja Alavaise, toutes les troupes dont on pouvait disposer se concentrèrent sur la ligne de l'Èbre; elles comptaient en tout deux divisions de quatorze bataillons, vingt-quatre pièces de montagne, un escadron de hussards, et se trouvaient à Miranda de Ebro, Cenicero et Briviesca. Dans la matinée du 4 novembre, on fut averti que les carlistes avaient commencé le siége et le bombardement de Irun. Aussitôt, dans les trois stations, on

procéda à l'embarquement des troupes; dans la
première, cette opération s'exécuta d'une manière régulière : six bataillons et une batterie
prirent place dans les wagons. Dans la seconde,
celle de Cenicero, qui avait été incendiée par
les carlistes comme toutes celles de cette portion de la voie ferrée, il y avait à charger cinq
bataillons, trois batteries d'artillerie, l'escadron
de hussards, le quartier général, deux brigades
de mulets de bât du parc mobile, soit environ
neuf cents chevaux ou mulets. L'embarquement
se fit sans rampes, sans quais d'aucune espèce,
par un temps affreux sous une pluie torrentielle,
et fut terminé le lendemain matin à quatre
heures, sans avoir eu pendant la nuit d'autres
moyens d'éclairage que deux lanternes et quelques chandelles de suif; c'était tout ce qu'on
avait pu trouver dans le village. A Briviesca, on
n'eut à embarquer que deux bataillons.

Ces troupes, réparties sur trente-trois trains,
furent dirigées sur Santander, où, au fur et à
mesure de leur arrivée, elles montèrent sur des
bateaux marchands, requis à cet effet et qui
n'avaient reçu aucun aménagement spécial pour
l'installation des animaux et des troupes; on
fut obligé de placer les premiers à fond de cale,

absolument comme des colis ; mais, malgré ces conditions si défavorables, deux ou trois mulets seulement furent mis hors de service dans la traversée de Santander à Saint-Sébastien. Le débarquement s'effectua le 9 dans ce dernier port ; le 11 au soir, les troupes entrèrent dans Irun et forcèrent les carlistes à abandonner leurs lignes fortement retranchées et défendues par vingt-quatre bataillons, sous le commandement de don Carlos en personne. Cette victoire aussi rapide que décisive ne leur avait pas causé des pertes matérielles sensibles, mais les résultats moraux en furent considérables ; ils avaient été obligés, en effet, de battre en retraite en désordre et presque sans combattre, sur la frontière même, à deux pas de la France, par une petite armée qui ne comptait pas la moitié de leur effectif.

Depuis plusieurs jours les troupes ne recevaient aucune allocation, et dans la caisse de l'armée il n'y avait pas un centime. A leur arrivée à Irun, on n'avait ni solde ni subsistances à leur distribuer ; on pouvait bien fabriquer du pain à Saint-Sébastien, et il s'y trouvait également des vivres de campagne, mais on manquait des moyens de transports pour les amener ;

les charrettes et les quelques voitures publiques qu'on avait pu trouver étant employées à évacuer les blessés des combats des 10 et 11 que l'on avait trouvés à Renteria, et qu'il paraissait préférable d'envoyer à Saint-Sébastien; elles auraient été d'ailleurs tout à fait insuffisantes pour transporter les subsistances.

On put à grand'peine cuire pendant la nuit, entre Irun et Fontarabie, une ration de pain; mais on ne possédait ni vivres de campagne, ni vin, ni viande; il n'y avait absolument rien. Si l'on n'avait manqué d'argent, on en aurait distribué à la troupe qui, tout près de la frontière, aurait pu sans peine se procurer du vin; on en demanda bien à Bayonne, mais il fut impossible d'en obtenir, parce qu'on n'avait pas de fonds pour le payer comptant. Nous étions victorieux, et nous ne pouvions profiter de la victoire! La journée du 12 se leva tristement avec la pluie dans les vallées et la neige sur les montagnes de Aya: au point du jour, on enleva après un léger combat le mont Saint-Martial, encore occupé par les carlistes, et quoiqu'on n'eût distribué en tout qu'une ration de pain, déjà consommée pendant la nuit précédente, puisque le soldat n'avait pas autre chose à manger, on résolut de recueillir tout le fruit possible du succès qu'on avait obtenu, en poursuivant les carlistes jusqu'à Vera, où l'on voulait détruire leurs fabriques de munitions. Mais la tempête redoubla avec une telle violence qu'il eût été téméraire de s'engager à leur suite dans les profonds défilés de la Bidassoa. On suspendit donc le mouvement jusqu'au lendemain, malgré les difficultés que l'on éprouvait, comme la veille, à ravitailler les hommes et les animaux. Le 13, au point du jour, la persistance du mauvais temps et l'impossibilité de tenir à Irun sans vivres et sans argent, nous forcèrent à revenir à Saint-Sébastien. Le manque de renseignements certains, tant l'espionnage était difficile, fit que nous ne pûmes connaître la véritable situation des carlistes; les informations à cet égard étaient vagues et contradictoires; nous ne savions pas d'une manière précise qu'un fait d'une extrême gravité s'était produit, que quelques bataillons avaient jeté leurs armes en criant qu'on les avait trahis et vendus. Malgré tous ces contre-temps, résultat inévitable dans cette guerre de la pénurie des ressources et de la mystérieuse obscurité dont l'ennemi resta toujours enveloppé, on se serait déterminé néanmoins à marcher en avant; mais on renonça à poursuivre ce projet à cause du froid et de la neige, qui, à défaut de nos attaques, causèrent de cruelles souffrances et des pertes sérieuses aux carlistes.

Le 13, au soir, les troupes étaient de retour à Saint-Sébastien, ville importante, offrant d'abondantes ressources dont, faute d'argent, l'officier et le soldat ne purent profiter. En présence d'une situation aussi pénible, le général en chef fit appel au patriotisme de la municipalité et du commerce, qui avaient déjà avancé à la garnison des sommes considérables et qui, sous sa garantie personnelle, mirent à la dispotion de l'armée 15,000 douros pour faire face aux besoins les plus urgents.

L'ennemi s'était retiré jusque dans l'intérieur de la Navarre; la ligne de l'Èbre depuis Reynosa jusqu'à Castejon avait été presque entièrement dégarnie et dix bataillons seulement la protégeaient; aussi était-il nécessaire, urgent même d'y revenir au plus tôt, puisqu'on n'avait pu pour les raisons que nous avons indiquées plus haut, recueillir les fruits de la victoire de Irun, et que l'effet moral qu'elle avait produit pouvait être détruit si l'ennemi dirigeait une attaque sur Miranda de Ebro, dont les fortifications n'étaient pas encore achevées, sur Logroño, Haro, ou sur l'importante et riche contrée de la Rioja Alavaise.

Au prix d'efforts inouïs et en surmontant des difficultés innombrables, causées par le manque de ressources, on parvint à exécuter une opération qui consistait à suivre les lignes en avançant, et à chasser ainsi l'ennemi de la région productive dans laquelle il se maintenait. Elle se fit avec succès, peut-être même plus heureusement qu'on ne l'avait espéré; mais on était obligé, avant de quitter chaque ligne conquise ou de porter l'armée dans une autre direction, de fortifier préalablement, comme nous l'avons dit dans la théorie de la guerre régulière, les points qu'on avait choisis et d'élever les ouvrages destinés à la garantir et à en assurer la possession. Le temps que l'on doit consacrer à la construction de ces forts est normalement de quinze à vingt jours lorsqu'on dispose des éléments nécessaires. On s'empressa de demander aux parcs du génie et au gouvernement ce qui manquait dans ceux de notre armée; ils n'étaient pas mieux pourvus que nous; on trouvait bien dans les villages des pics et des pioches, mais on n'y pouvait rencontrer aucun outil de maçon et de charpentier; les habitants les cachaient, refusaient de les donner, et l'on gaspillait un temps précieux à les rechercher.

On avait besoin de madriers et d'autres matériaux; il y en avait à Saragosse, à Logroño et sur d'autres points; les propriétaires refusèrent de les livrer si leur fourniture ne leur était payée d'avance; de là de nouveaux retards.

L'opération qui devait durer un mois en dure trois, et pendant ce temps l'armée, attachée à cette ligne, qu'elle ne peut quitter pour le moment, qu'elle n'a pas non plus les moyens de fortifier, est forcée de rester stationnaire et de renoncer à rien entreprendre.

Les gens qui, à Madrid, faisaient la guerre sur la carte sans compter avec toutes ces difficultés, criaient contre l'inaction des troupes et la lenteur des généraux, qui, disaient-ils, savaient vaincre, mais ne savaient pas profiter de la victoire; on allait jusqu'à réclamer leur remplacement. On ignorait s'il ne s'était pas présenté des obstacles insurmontables ou si le plan ne consistait pas précisément à avancer progressivement les lignes ; mais les journaux et les correspondances particulières avaient annoncé qu'on se proposait d'entreprendre des opérations décisives ; leurs récits, accompagnés de sous-entendus, faisaient supposer aux impatients que la guerre allait être terminée, et l'opinion égarée par ces racontars s'en prenait à l'armée et aux généraux, qu'elle accusait de n'avoir aucun plan et ne pas savoir se servir des moyens qu'ils avaient entre leurs mains.

Au mois d'avril 1873, une forte crue de l'Èbre emporta le pont de Castejon, sur lequel passe la voie ferrée de Pampelune ; cette communication était absolument nécessaire pour les opérations en Navarre. Il fallut pour y suppléer installer un bac, moyen de passage tout à fait insuffisant pour les troupes, les vivres et les munitions, et qui avait de plus le grave inconvénient d'être interrompu par les crues. Tous les généraux réclamèrent de la manière la plus pressante l'établissement d'un pont provisoire en madriers, pour le service exclusif de l'armée : toutes leurs démarches restèrent inutiles, les travaux de reconstruction ne furent commencés qu'après la guerre. Il est indispensable que ces difficultés, et bien d'autres que nous ne pouvons énumérer ici, soient mises au grand jour, qu'elles soient connues des historiens surtout, pour permettre d'apprécier plus tard avec impartialité les événements de la campagne ; nous ne contesterons pas cependant que, par un effet de la tendance à l'exagération qui nous caractérise, on n'ait attribué à certaines opérations insignifiantes une importance qu'elles ne présentaient point et que, dans les rapports officiels, on n'ait parfois un peu trop abusé du style hyperbolique.

Il est difficile, surtout avec l'armement actuel, de pénétrer dans le pays ennemi ; mais là n'est pas le principal obstacle qu'on ait à surmonter. Le général don Fernandez de Cordova disait avec raison : « Si l'on veut se charger de nourrir mes soldats, je les conduirai où l'on voudra. » Aujourd'hui, comme à son époque, on rencontre des embarras immenses lorsqu'il s'agit de pourvoir à la subsistance des troupes. Au début des opérations, on répartit dans les magasins de première et de seconde ligne la quantité de rations et de munitions que l'on juge nécessaire, ce qui n'est pas déjà très-aisé, à cause de l'imperfection et de l'insuffisance du matériel des transports; l'armée se porte en avant, elle trouve les chemins défoncés, les ponts et jusqu'aux passerelles rompus; il faut tout réparer avec les minces ressources que le pays fournit; c'est à ce moment que commence à se faire sentir la pénurie des moyens convenables pour assurer le ravitaillement et pour conduire les vivres et les munitions jusqu'à la nouvelle ligne et aux postes avancés que les troupes occupent.

On ne dispose, pour satisfaire à leurs besoins de tous genres, que de quelques brigades de chariots loués à la hâte sur différents points du territoire, et qui, dans les premiers jours de l'exécution du marché, remplissent sans doute les conditions stipulées, mais qui sont mis en quelques jours hors de service par les fatigues qu'ils éprouvent et le mauvais état des chemins qu'ils doivent parcourir. Les équipages dépérissent, parce qu'ils sont mal soignés; leur conservation importe peu d'ailleurs à l'industriel qui les loue, car si ces animaux viennent à mourir ou à être estropiés, on lui en rembourse le prix à un taux de beaucoup supérieur à leur valeur réelle. Bientôt les convois ne peuvent plus marcher avec régularité; on veut

obliger l'entrepreneur à remplir ses engagements et on le somme d'avoir à compléter sa
fourniture; il prouve alors que, comme il n'a
pas été soldé, son marché est annulé de plein
droit, et déclare qu'il se retire. Aussi qu'arrive-
t-il ? C'est que, même dans les conditions défec-
tueuses où l'entreprise est exécutée, on est
réduit à le prier de vouloir bien la continuer,
puisque, s'il en était autrement, l'armée, faute
de subsistances, se verrait dans la nécessité de
battre en retraite en sacrifiant les avantages
qu'elle a obtenus ou de s'exposer à un véritable
désastre. Faut-il s'étonner après cela que les
opérations soient paralysées et qu'un général
puisse bien rarement en retirer les avantages
qu'il se proposait de réaliser en les entreprenant ?

Dans une guerre aussi difficile par elle-même,
on se trouve aux prises avec bien d'autres
obstacles; mais ceux que nous venons d'indiquer suffisent, à notre avis, pour qu'on puisse
se faire une idée des embarras avec lesquels un
général est obligé de compter.

CHAPITRE VIII.

Quelque répugnance que nous éprouvions
à entretenir le public de notre modeste personnalité, il nous sera permis cependant de dire
quelques mots sur une particularité qui nous
concerne et de contribuer par cela même à
dissiper quelques erreurs et à prévenir de fausses
interprétations.

C'est peut-être un fait unique dans l'histoire
que presque tous les généraux de division
d'une armée aient reçu un avancement immédiat, comme récompense de leurs services, à la
fin d'une campagne ou d'une opération importante, à l'exception de celui qui a rempli les
fonctions pénibles et délicates de chef d'état-
major général de cette armée.

Les opérations exécutées par celle du nord,
dans les sept mois pendant lesquels il occupa ce

poste pour la troisième fois, avaient permis d'introduire dans Pampelune un convoi de vivres, alors que l'armée ennemie tout entière s'était établie sur la ligne du Carrascal pour s'y opposer. Elle avait, en outre, amené l'occupation de la Guardia et de la Rioja Alavaise, la levée du siége de Irun et l'entreprise sur le Carrascal qui fit cesser l'investissement de Pampelune. Il fallait pour justifier cet oubli que cet officier général eût négligé de remplir ses devoirs ou bien qu'il eût commis quelque faute grave; on aurait pu le croire si le commandant en chef, seul juge compétent, ne lui eût, dans ses rapports officiels, décerné les éloges les plus flatteurs et ne l'eût présenté pour un avancement immédiat, d'abord dans les propositions spéciales soumises au ministre de la guerre et plus importantes qu'il ne le méritait assurément, puis à la fin de l'opération du Carrascal.

La connaissance approfondie qu'il possédait de ce terrain, dont il avait fait la description détaillée à l'Athénée militaire de Madrid avant le commencement de la campagne, ses idées pratiques sur cette guerre à laquelle il prenait part depuis le jour où elle avait éclaté, lui avaient valu l'honneur d'être consulté par le général en chef, don Manuel de la Serna, qui lui demanda, à plusieurs reprises, son opinion sur les opérations entreprises depuis sous son commandement, avant même d'avoir reçu les avis des généraux qui étaient chargés de les exécuter. Qu'il veuille bien recevoir ici le témoignage de notre profonde et respectueuse gratitude.

A la fin de ces opérations qui amenèrent l'occupation de la Rioja Alavaise, on faisait des préparatifs pour rétablir d'une manière permanente les communications avec Vitoria ; lorsque des dépêches d'un caractère urgent apprirent au général en chef que don Carlos, avec le gros de ses forces, avait mis le siége devant Irun. Sauver cette place paraissait bien difficile, étant données les faibles ressources qu'on possédait pour y arriver et les positions défensives que l'ennemi pouvait occuper pour s'opposer à notre passage. Le général en chef, suivant son habitude, nous demanda des indications sur un terrain qui nous était familier, et il forma deux plans d'opérations en les prenant pour base.

La ligne de défense sur laquelle les ennemis devaient s'établir nécessairement appuyait sa droite au mont de Jaizquivel et sa gauche à la ligne générale de partage des eaux entre l'Océan et la Méditerranée, marquée dans cette région par les hautes montagnes de Urdaburu, de Zaria, de Briandiz et de Aya. On ne pouvait songer à la tourner de ce côté, et en essayant de le faire par la droite, l'ennemi avait toujours sa retraite assurée : il en résultait que la victoire, si on la remportait, ne serait point décisive; il fallait donc manœuvrer pour lui faire supposer que, malgré la difficulté du terrain, on voulait le déborder par sa gauche, et l'amener ainsi à dégarnir sa droite pour parer à un danger imaginaire. Il était possible alors, dans le cas où il n'aurait pas fortement retranché la sierra de Jaizquivel, de tourner cette position par le seul côté où elle pût l'être, en suivant un chemin peu connu, le long de la crête, et d'arriver à prendre en flanc les ouvrages ennemis qu'on était sûr de voir abandonner sans combat.

En admettant que ce plan n'eût pas réussi, l'autre consistait à débarquer à Fontarabie. On savait, en effet, que les carlistes avaient commis la faute inconcevable de ne pas établir un bon ouvrage de campagne, tel qu'une redoute armée d'artillerie, par exemple, sur le sommet du Jaizquivel, comme nous le vîmes plus tard, et qu'ils avaient négligé, eux qui construisaient des tranchées partout, d'élever un ouvrage défensif au cap Figuier, tandis qu'en fortifiant ces deux points ils auraient pu nous ôter entièrement la possibilité de secourir Irun. Le débarquement à Fontarabie est une opération extrêmement difficile, puisque les bâtiments ne peuvent franchir la barre de la Bidassoa et qu'on est obligé de transborder les troupes dans des embarcations qui les conduisent à cette ville. Il fallait laisser à Saint-Sébastien toutes les bêtes de somme, tout le matériel, en se contentant d'emmener seulement l'artillerie de montagne, dont les pièces ainsi que les munitions devaient être portées à bras. Le général en chef en conféra avec l'infortuné brigadier Barcaiztéguy, commandant de l'escadre de l'Océan, qui se rendit compte des difficultés de l'opération, mais convint avec lui de la nécessité de l'exécuter. Irun est situé sur la frontière française; délivrer cette ville était une question d'honneur pour le pays en même temps que pour l'armée du nord et l'escadre, et dans une semblable circonstance on tente même l'impossible.

Le lendemain du débarquement à Saint-Sébastien et pendant que le reste des troupes arrivait, le général en chef se disposa à aller par mer à Irun : cette excursion avait pour but de relever le moral de la garnison par sa présence et de reconnaître la sierra de Jaizquivel et le cap Figuier. N'apercevant sur l'une ni sur l'autre des ouvrages de fortification de quelque importance, et les renseignements ayant appris que la sierra n'était protégée que par quelques faibles tranchées, il fut décidé que l'on tournerait l'ennemi par ce côté. Les mouvements exécutés sur la gauche et l'occupation du mont de San-Marcos trompèrent complétement les carlistes sur nos projets,. et comme le Jaizquivel ne fut défendu que par deux compagnies, l'opération put s'effectuer heureusement.

Le quartier général étant revenu de Irun à Miranda de Ebro, le ministre de la guerre prescrivit au chef d'état-major général de se rendre à Madrid, le commandant en chef étant obligé de rester à la tête de ses troupes. Interrogé sur l'opinion de cet officier général au sujet du blocus de Pampelune que les carlistes avaient déjà investie, et qu'il fallait ravitailler à tout prix, le chef d'état-major déclara, comme les autres généraux le pensaient d'ailleurs, que l'investissement serait rompu quand on le voudrait et par les moyens dont on disposait, que les carlistes occupaient la ligne du Carrascal, sur laquelle ils pourraient être tournés et dispersés en perdant leur artillerie, et qu'on pouvait, en renforçant l'armée, livrer une bataille décisive dont le résultat certain serait la prise d'Estella. Le gouvernement goûta ces appréciations, éleva l'effectif de l'armée jusqu'à quatre-vingt-dix ou cent mille hommes, et le duc de la Torre, chef de l'État, en prit le commandement.

Le chef d'état-major général revint au quartier général pour instruire de ces détails le commandant en chef, qui lui demanda tous les renseignements nécessaires sur le pays dans lequel allait bientôt avoir lieu une bataille que nous supposions devoir être décisive si l'on se conformait au plan suivant.

PLAN D'OPÉRATIONS CONTRE LES LIGNES CARLISTES
DU CARRASCAL.

Les carlistes ont occupé la ligne du Car-

rascal dans le but d'empêcher l'armée de
secourir Pampelune, qu'ils viennent d'investir
et qu'ils espèrent réduire par la famine. Cette
ligne part d'Estella, qui forme sa droite, passe
par les monts de Esquinza, par Puente la
Reina, le Carrascal, les peñas de Unzué,
la sierra de Alaix, et va jusqu'à la route de
Sangüesa, à laquelle elle appuie sa gauche.
Quoiqu'elle présente un très-grand développement, elle a été néanmoins fortement retranchée
et armée d'artillerie, surtout à Estella, à Puente
la Reina et sur le Carrascal. En ce qui concerne les ouvrages élevés sur la route de
Sangüesa, les renseignements recueillis sont
un peu contradictoires. Cette ligne ne peut
être abordée de front; nos soldats y seraient,
comme dans d'autres circonstances, décimés
par un ennemi invisible avant de pouvoir
arriver aux tranchées dans lesquelles il se
cache.

Les opérations contre le Carrascal ne doivent
pas se borner à forcer cette ligne et à pénétrer
dans la place de Pampelune; l'objectif doit être
d'occuper au moins la ligne de l'Arga, dont la
possession est d'une importance capitale pour
l'adversaire. Il peut, en effet, tirer des vallées

de l'Aragon, de l'Irati et de celles de leurs affluents des ressources considérables qui doivent, pour arriver à Estella et dans l'intérieur du pays, traverser l'Arga à Puente la Reina. En nous rendant maîtres de cette ligne, nous pourrons les leur enlever. Après l'effet moral produit par l'échec d'Irun, en présence des haines et des intrigues de tout genre qui divisent la cour du prétendant, quand le mot de trahison court dans leurs rangs, une nouvelle défaite infligée aux carlistes pourrait terminer la guerre, ou du moins les placer dans l'impossibilité de la continuer de longtemps.

Pour donner un résultat décisif, comme le comporte la guerre moderne, les opérations doivent être conduites stratégiquement. On croit généralement en Navarre, où les carlistes ont accrédité cette opinion, que nos troupes n'entreront pas dans Pampelune. Leur général en chef Mendiri l'a promis, de sorte qu'ils ne peuvent abandonner leurs positions pour se porter sur d'autres qui leur offriraient des avantages plus sérieux, et ils se trouvent dans une situation telle, que, tournés et pris en flanc et à revers, il leur sera difficile de se retirer en bon ordre et d'emmener leur artillerie.

En partant de la base de l'Èbre, l'armée doit exécuter un changement de front stratégique sur la gauche, à pivot fixe ou mobile, suivant les circonstances tactiques de l'opération, ou bien un mouvement simple en doublant stratégiquement une aile. Notre droite s'étendra de l'Èbre à l'Aragon en prenant Sangüesa comme point de ravitaillement, et occupera également Lumbier. On répartira en trois corps les quarante bataillons qui composent le premier et le deuxième corps de cette armée, en enlevant quelques bataillons au troisième pour le commencement des opérations. Celui de droite, qui doit partir de l'Aragon comme base, se composera de deux divisions, soit seize bataillons, deux ou trois batteries de montagne et deux régiments de cavalerie. Au centre se trouvera une division (huit bataillons au moins) avec de la cavalerie et de l'artillerie montée pour menacer de front les positions du Carrascal : le reste des troupes formera le corps de gauche.

Les carlistes sont convaincus qu'ils seront attaqués par la route du Carrascal, par Artajona et Estella : à Sangüesa, ils ne paraissent pas avoir élevé de défenses bien importantes; ils les ont accumulées au contraire sur d'autres points. tels que Cirauqui, Mañeru, Puente la Reina, Obanos, Añober, Tirapu et Biurrun, jusqu'aux peñas de Unzué et à la sierra de Alaix.

Arrivé sur l'Aragon, mouvement qu'il ne peut dissimuler, le corps de droite se portera sur la vallée de Ibargoiti et la route de Sangüesa à Pampelune, autant pour reconnaître le nombre et la disposition des défenses ennemies que pour faire croire aux carlistes que l'attaque sera dirigée de ce côté. Si cette reconnaissance et les renseignements recueillis donnent la certitude que les retranchements peuvent être tournés tactiquement, on procédera alors à un véritable investissement. Dans le cas contraire, on se retirera pour prendre avec toute la promptitude possible la ligne de l'Irati, sur laquelle les carlistes n'ont construit aucun retranchement, en laissant quelques troupes pour menacer la vallée de Ibargoiti. Ce corps remontant ensuite le cours de l'Irati, par la route de Aoiz, jusqu'au point déterminé à son gré par le général qui le commande, conversera à gauche pour tourner les positions et les ouvrages de la vallée de Ibargoiti. Nous estimons qu'il suffira d'arriver aux villages de San-Vicente et de Ripodas, situés à trois kilomètres de Sangüesa, de prendre la petite vallée de Izagandoa pour tomber dans celle de Ibargoiti et de se diriger par celle-ci sur Monreal, afin de se placer en arrière du Carrascal. On conservera en même temps ses communications bien assurées avec Sangüesa, si l'on ne peut, une fois à Monreal, se mettre en relation avec Pampelune. Dans le cas contraire, on les établira avec cette place, et l'on couvrira la route du Perdon pour couper la retraite à l'artillerie ennemie.

Le mouvement de ce corps, isolé jusqu'à un certain point et qui ne se reliera pas fortement par sa gauche avec les troupes de Tafalla, pourra paraître un peu périlleux, et il le serait en effet si l'on avait devant soi d'autres ennemis; il ne l'est point avec les carlistes, aptes surtout à combattre défensivement à l'abri des ouvrages, prenant rarement l'offensive, sauf dans les mouvements de retraite, dont les chefs n'ayant point l'habitude de manier les troupes sur le champ de bataille, se bornent à les enfermer dans leurs nombreuses tranchées et ne savent point s'opposer à des mouvements stratégiques si l'on est assez habile pour les leur dissimuler au début.

D'Estella aux peñas de Unzué, la clef de la ligne ennemie est l'ermitage de San-Gregorio et les hauteurs qui dominent Puente la Reina. Si l'on parvient à les enlever, on prend en flanc le Carrascal, on commande et on canonne cette localité, Mendigorria et l'ermitage de Santa-Barbara; mais pour gagner ces points, il faut passer par les positions de Artajona et de Añorbe, très-fortement retranchées, inabordables de front et impossibles à tourner tactiquement; on ne tentera pas de prolonger de ce côté une attaque inutile, il faudra combiner une menace sérieuse avec une forte canonnade pour y attirer la plus grande partie des forces ennemies pendant qu'on agira de même du côté du Puello, puisque c'est du mouvement stratégique de la droite que dépendra le succès de l'opération. Conformément au principe qui consiste à appeler l'attention de l'ennemi sur les points que l'on ne se propose pas d'attaquer, à l'amener ainsi à disséminer ses troupes sur toute l'étendue de sa ligne, on procédera de la même manière vers Estella. en établissant le corps de gauche à Sesma et à

Lerin, et en poussant des reconnaissances sur les routes qui conduisent à cette ville. Ces mouvements et quelques autres analogues prescrits aux troupes de Tafalla, doivent s'exécuter pendant que le corps de droite se dirige vers la ligne de l'Aragon. Au jour indiqué pour le commencement des véritables opérations, le corps de gauche et celui du centre, par une concentration rapide et secrète, se porteront sur leur objectif, qui est Puente la Reina et Oteiza, et occuperont par surprise la route de Puente à Estella. Ces deux corps se tiendront prêts à entreprendre une vigoureuse poursuite dans le cas où l'ennemi, se voyant tourné et attaqué par derrière, abandonnerait ses positions du Carrascal.

Les abords de Puente la Reina offrent un terrain favorable à l'action de la cavalerie; cette arme, qui surveille et garde l'aile de l'armée, assure et maintient libres ses communications, escorte les convois et se dispose à charger l'ennemi à la moindre apparence de retraite ou de désordre qu'elle remarquera dans ses rangs.

Au mois de décembre 1875, deux ou trois

jours après l'arrivée du duc de la Torre à Logroño, dans son cabinet et en présence de M. Navarro y Rodrigo, ministre de Fomento, qui l'accompagnait, et du brigadier d'artillerie M. Alberico, il fut donné lecture de ce plan, qui fut expliqué sur une carte de Coello avec des détails qui ne sauraient trouver place ici, mais en le considérant comme une simple hypothèse, parce qu'on manquait encore sur l'ennemi de renseignements précis qu'on attendait d'un jour à l'autre. Ne possédant pas d'autre exemplaire que celui qui était sous ses yeux, le duc de la Torre chargea le brigadier Alberico d'en faire une copie. Plus tard et après quelques modifications apportées dans la nature et le caractère de ce travail, l'opération du Carrascal fut exécutée de la manière et suivant les instructions que le public connaît aujourd'hui, et que nous nous abstiendrons pour cette raison de reproduire. Dès qu'elle fut terminée, le général en chef et son chef d'état-major général furent relevés de leurs fonctions : l'histoire en recherchera certainement les motifs et les appréciera avec impartialité. Retiré dans notre demeure depuis la fin de l'opération du Carrascal, nous suivions jour par jour la campagne dans le Nord, toujours très-exactement informé, grâce aux relations que nous avions conservées dans l'armée, de tous les événements qui se produisaient et de la situation des carlistes, dont la démoralisation s'accentuait tous les jours davantage. Nous avions la conviction intime que lorsqu'on pourrait réunir le nombre d'hommes nécessaire, une seule bataille suffirait pour mettre fin à la guerre, et nous ne la dissimulions à aucune des personnes qui nous questionnaient à ce sujet.

Au mois de novembre 1875, à la suite de quelques circonstances particulières et de l'intervention de certaines personnes qu'il n'y a pas lieu de nommer ici, on nous demanda un plan d'opérations pour la campagne d'hiver que nous élaborâmes en prenant pour base ces deux principes de la science militaire moderne : 1º qu'il faut toujours porter de grandes masses de troupes sur le point le plus important afin d'y obtenir la supériorité numérique et d'y livrer, par conséquent, une bataille décisive ; 2º que, dans le cas où la base d'opérations forme un angle à peu près droit vers l'ennemi, il faut menacer d'un côté et attaquer résolument par l'autre : notre base de l'Èbre et de l'Arga remplissait entièrement cette condition.

OPÉRATIONS MILITAIRES POUR LA CAMPAGNE D'HIVER 1876 DANS LE NORD.

Une campagne d'hiver dans les provinces basques et la Navarre doit être étudiée avec le plus grand soin, non pas précisément au point de vue des opérations militaires en elles-mêmes, mais plutôt sous le rapport des conditions climatériques de cette région. On n'y peut compter, pour y entreprendre une campagne, sur un temps beau et constant que pendant la période comprise entre les mois de juin et d'octobre inclusivement : en dehors de ces époques, le baromètre indique parfois un temps sec et serein; en une nuit, en quelques heures même, il descend rapidement, de violentes tempêtes éclatent venant de la côte ou des Pyrénées, durent plusieurs jours et couvrent toutes les chaînes

et les hautes vallées d'un épais linceul de neige
qui atteint un mètre de hauteur et quelquefois
plus. Il est donc très-périlleux, en raison de ces
circonstances, de pénétrer dans le cœur du
pays ; on court le risque de voir un ou plusieurs
corps surpris par des bourrasques de ce genre
communes dans la contrée, coupés de leurs communications par les neiges et privés complétement de vivres et de munitions. Mais comme il
peut être urgent d'entreprendre une campagne
d'hiver pour profiter de la démoralisation des
carlistes après la pacification du centre, de la
Catalogne, et la prise ou le bannissement de
leurs chefs les plus habiles et les plus mar-
quants, on ne peut ni ne doit la différer jusqu'au printemps. Les conditions indiquées
ci-dessus pourraient en effet se modifier, et la
guerre, qui se terminerait aujourd'hui d'une
manière décisive et presque en une seule
affaire, avec des pertes relativement faibles, pourrait, dans le cas contraire, coûter plus de temps,
de sang et de sacrifices au pays.

Les carlistes ont choisi, pour couvrir Estella,
une ligne de défense sur laquelle ils peuvent
être facilement battus et dispersés en perdant
leur artillerie : comme leurs positions se trou-

vent limitées par des vallées profondes dans lesquelles il n'y a pas à craindre que les tempêtes de neige nous fassent éprouver un désastre, il est de notre intérêt de les y laisser s'établir pour les battre; toutes nos troupes communiqueront toujours facilement avec leur base d'opérations et de ravitaillement, l'Èbre et l'Arga.

La ligne carliste part de Santa-Cruz de Campezu, passe par le défilé de Arquijas, par les ramifications de la sierra de Santiago de Loquiz, les hauteurs qui forment la ligne de partage des eaux de l'Urredera et de l'Ega, et se prolonge entre celle de cette dernière rivière et de l'Iranzu par les hauteurs de Montemuro, Murugarren, Zurucain et Grocin, par celles de Villatuerta et de Alloz, par les monts du Guirguillano et de Muniain, jusqu'à ce qu'elle atteigne la sierra de Andia par la vallée de Goñi.

Estella n'a aucune valeur militaire réelle, mais elle en présente une très-grande au point de vue moral, pour les Navarrais. Dans leur opinion, la prise de cette ville, foyer du carlisme, entraîne inévitablement la ruine de leur cause; elle serait d'un grand effet à l'étranger, où l'on ne se, fait pas une idée bien exacte de sa situation. Dans la guerre actuelle, comme dans toutes les guerres qui ont cette province pour théâtre, ce n'est pas la ville elle-même, mais plutôt son territoire, qui présente une importance capitale : si l'on s'en empare, on parvient par cela même à se rendre maître des vallées de la Solana, de Yerri et de Guesalar, les seules, dans cette région, qui produisent en abondance le blé et surtout le vin, denrées de première nécessité pour les Navarrais. La perte d'Estella et, comme conséquence, celle de ces vallées portent un coup fatal à l'insurrection, quelle que soit d'ailleurs sa vitalité ; et dans les circonstances actuelles nous sommes convaincu qu'elle prendrait fin immédiatement. Il nous paraît donc utile, nécessaire même de livrer une bataille sur le terrain choisi par l'ennemi lui-même d'une manière aussi irréfléchie et aussi peu habile au point de vue militaire, sans qu'on soit obligé de recourir à de grands efforts pour l'y attirer. Il suffira de paraître menacer Estella pour le voir accourir avec toutes ses forces, afin de défendre cette ville et d'occuper la ligne que nous avons indiquée.

Pour donner des résultats décisifs sans causer

de grandes pertes, l'opération doit être, comme toutes celles de la campagne, basée sur l'offensive stratégique, et bien qu'en elle-même elle ne présente pas de difficultés insurmontables, elle n'est ni entièrement aisée ni exempte de dangers. Il s'agit de s'emparer par surprise de quelques positions, des retranchements ennemis, et pour y arriver, il faut des précautions infinies et une connaissance suffisamment exacte du terrain.

On peut entrer dans Estella par trois côtés; il existe par conséquent, pour s'y opposer, trois lignes de défense, qui sont : 1º la route de Logroño par la Solana; 2º celle de Villatuerta et de Allo, qui peuvent être considérées comme ne formant qu'une seule ligne; 3º enfin, celle de la vallée de Guesalar, c'est-à-dire la route de la vallée de Echauri et de Salinas de Oro. Il serait inutile de songer, en occupant les lignes de retraite, à couper quelques bataillons du gros de l'armée; les montagnards qui les composent, nés dans le pays, très-agiles, se dispersent dès qu'ils se trouvent dans une situation critique, et s'échappent par des sentiers, des chemins de traverse ou même en franchissant des précipices : mais ils ont en ce moment une artillerie assez nombreuse, avec le matériel qu'elle comporte, qui ne peut suivre que les voies carrossables et, dans une retraite, n'a d'autre issue que la route de Estella à Vitoria et celle de la Burunda par la sierra de Andia. Il en résulte que ces deux voies de communication étant interceptées, elle doit tomber tout entière entre nos mains.

Nous ignorons le nombre de bataillons dont on dispose pour entreprendre la campagne d'hiver, mais nous supposons qu'on parviendra à réunir ceux qui sont nécessaires pour constituer quatre corps d'armée de deux divisions chacun, et en outre deux divisions distinctes qui peuvent être affectées, l'une au premier corps, l'autre au troisième. Pour mieux faire comprendre les détails de l'opération, nous désignerons ces corps d'après le rang qu'ils occupent les uns par rapport aux autres; ainsi le premier sera celui qui tient la droite de notre ligne, et nous indiquerons les mouvements que chacun d'eux doit exécuter pendant le temps qu'exigeront les opérations. Si l'on peut disposer de troupes plus nombreuses, on formera deux autres corps, dont l'un sera à Saint-Sébastien et l'autre à notre gauche, du côté de la Biscaye, et dont le rôle consistera à attirer à eux les forces ennemies.

Au début, le Ier corps occupe les villages de Obanos, Uterga et Legarda ; la division indépendante se joint à lui à Puente la Reina ; le IIe s'établit à Tafalla et à Artajona ; le IIIe à Logroño et dans les environs ; l'autre division isolée se réunit à Larraga ; le IVe corps se place à Vitoria et dans la plaine au milieu de laquelle cette ville est située.

PREMIER JOUR DES OPÉRATIONS.

Le IIIe corps se concentre au point du jour à Logroño, se met en marche et se dirige sur Los Arcos, Sansol et Torres, où il s'établit en faisant garder Viana pour assurer ses communications ; sa division isolée se porte à Lerin. Ces mouvements font supposer à l'ennemi qu'on va l'attaquer par la Solana, aussi renforcera-t-il certainement le point qui lui paraît menacé, en laissant des forces assez considérables devant Puente la Reina, point également menacé par la concentration des Ier et IIe corps.

DEUXIÈME JOUR.

Le IIIe corps quitte ses cantonnements, et s'avance jusqu'au petit port de Cogullo ; s'il le trouve abandonné, ce qui n'est pas probable, ou s'il n'y rencontre qu'une faible résistance, il s'en empare, y met ses pièces en batterie et canonne les villages de Arroniz, Barbarin et Luquin, puis il s'étend sur sa gauche jusque sur la sierra de San-Gregorio afin d'assurer son flanc gauche. Si le port est fortement occupé, il se gardera bien de livrer un combat qui pourrait être meurtrier et dont le résultat serait douteux ; il se bornera à dessiner une attaque et à canonner vigoureusement la position, autant pour obtenir les effets qu'on peut attendre de l'artillerie que pour faire croire à l'ennemi que ce côté est réellement celui par lequel on essaiera de le percer. La principale mission du IIIe corps, ce jour-là, est d'attirer l'ennemi à lui.

Au point du jour, la division isolée se porte de Lerin à Allo ; si elle peut occuper ce point sans engager une action sérieuse, elle s'y installe, et canonne ensuite les villages de Dicastillo, de

Morentin et tous ceux qui se trouvent à bonne portée. Ce bombardement a pour but de confirmer l'ennemi dans la croyance que l'attaque doit avoir lieu par la Solana. Cette division empruntera la cavalerie du IIe corps, qui n'en a pas besoin à cause de la configuration du terrain sur lequel il opérera, et une partie de son artillerie montée avec des pièces de dix centimètres.

Si le IIIe corps ne peut se rendre maître du petit port de Cogullo, si la division qui le seconde échoue dans son entreprise sur Allo, l'un et l'autre rétrogradent sur leur point de départ pour y passer la nuit, opération qui n'offre aucun péril puisque leur cavalerie est assez nombreuse pour les protéger. S'ils ont réussi, au contraire, ils doivent, autant que possible, les retrancher immédiatement, et dans ce but tous les bataillons seront suivis de leurs mulets portant des outils, à raison de trois mulets environ par compagnie. Règle générale : toute position que l'on occupera sera fortifiée.

L'artillerie du Ier corps, qui a pris position à Puente la Reina, ainsi que celle de tous les forts qui défendent cette ville, canonnent depuis le matin du deuxième jour le fort de l'ermitage de Santa-Barbara ; en même temps, on organi-

sera à Puente la Reina un va-et-vient continuel
de troupes, des simulacres de sortie par le pont
sur l'Arga ; on fera venir d'un cantonnement
voisin quelques bataillons qui quitteront ensuite
la ville pendant la nuit, etc. Ces stratagèmes
ont pour but de faire croire à l'ennemi qu'outre la Solana ce point a été également choisi
pour l'attaquer, et pour se donner ainsi le moyen,
après la destruction du fort de l'ermitage de
Santa-Barbara, de poursuivre les opérations le
jour suivant.

TROISIÈME JOUR.

Si le II.e corps n'a pu précédemment s'emparer du petit port de Cogullo, il l'attaquera de
nouveau au point du jour en prononçant un peu
plus son mouvement en avant, mais sans cependant chercher à s'en emparer à tout prix ; il lui
suffira d'attirer fortement l'attention de l'ennemi de ce côté et de l'y tenir en échec ; s'il n'y
réussit pas, il se retirera dans ses cantonnements comme le jour précédent. La division qui
se trouve à Lerin procède de la même manière

sur Allo ; mais si, la veille, elle a réussi à s'emparer de cette localité, elle continuera à s'avancer avec beaucoup de circonspection par Dicastillo, Morentin et Muniain, sans dépasser le IIe corps, qui, ce jour-là, doit se porter au moins jusqu'à Villatuerta; elle se bornera à se maintenir à sa hauteur en couvrant son flanc gauche et en assurant le libre parcours de la rive droite de l'Ega aux convois qui pourront suivre la route de Oteiza à Estella; elle s'emparera, si l'occasion s'en présente, des batteries ennemies du Montejurra.

Dans le cas où, le second jour, le IIIe corps serait parvenu à occuper le petit port de Cogullo, il se portera jusqu'à Urbiola, Luquin et Barbarin, selon les circonstances, établira ses communications avec la division de Lerin et les assurera avec Logroño.

Le second jour des opérations, à la tombée de la nuit, le IIe corps suspend sa marche et concentre à Larraga ses deux divisions, en prenant, même avant son arrivée, la précaution d'interdire la sortie du village à qui que ce soit, pour que l'ennemi ne puisse être averti. Il calcule sa marche de nuit de manière à se trouver au point du jour à Oteiza, se dirige sur ce point et attaque dans la matinée l'ermitage de Santa-Barbara de Oteiza, en tournant la position par la droite et en s'emparant des hauteurs de Villatuerta. Ce mouvement brusque et rapide sera protégé par l'artillerie des forts de Ezquinza et de Oteiza ; l'ennemi ayant été menacé les jours précédents par la Solana et Puente la Reina, il n'y a pas à redouter qu'il ait des forces bien considérables sur ces points.

Le second jour des opérations, le Ier corps concentre pendant la nuit ses deux divisions sur la route du Perdon et se porte dans la direction de Belazcoain.

Il sera nécessaire de savoir auparavant d'une manière certaine, mais sans envoyer de reconnaissance, afin d'éviter d'éveiller l'attention de l'ennemi de ce côté, si le gué de Vidauretta est praticable ; des espions pourront donner ce renseignement. Dans le cas où il serait satisfaisant, on y dirigera trois bataillons choisis, qui passeront l'Arga, attaqueront avec décision les positions et les retranchements du Guirguillano et s'en empareront par surprise ; on leur donnera pour guides des gens habitués au terrain et tirés des contre-guerrillas. Pendant qu'ils franchiront la rivière, le génie jettera un pont de che valets de deux travées, opération à laquelle on ne doit consacrer qu'une demi-heure, si l'on a eu la précaution de choisir un point favorable à la construction rapide des rampes.

Après l'achèvement du pont, le Ier corps passera tout entier, mais avec son artillerie de montagne seulement; son artillerie montée restera à Puente la Reina. Il appuiera le mouvement des bataillons qui le devancent, complétera l'occupation des positions du Guirguillano et s'y étendra jusqu'à ce qu'il ait des vues sur la vallée de Guesalar. Il changera alors de direction à gauche et, poursuivant sa marche par la ligne de partage des eaux de ces montagnes praticable même pour la cavalerie, il prendra en flanc toutes les tranchées, à revers, les ouvrages de défense de l'ennemi, et continuera son mouvement en avant jusqu'à ce qu'il opère sa jonction avec la division de Puente la Reina.

Dans le cas où l'on ne pourrait passer par le gué de Vidaurreta, si celui de Ibero, situé en aval, se trouve dans de meilleures conditions, le Ier corps remonte l'Arga jusqu'à ce dernier et passe la rivière sur le pont de chevalets qui aura été établi le plus près possible du gué; il gravit ensuite la peña de Echauri, accessible même à la cavalerie; arrivé à son point culminant, qui est l'ermitage de Zurzun, il change également de direction à gauche et prend en flanc et à revers toutes les défenses ennemies jusqu'à ce qu'il soit en face de Puente la Reina. Dans le cas où l'Arga aurait grossi au point que l'eau montât, dans les gués, au-dessus du genou, il serait préférable d'y jeter un pont pour le passage des bataillons d'avant-garde. Si l'on parvient à prendre en flanc, sans engager un combat sérieux, les défenses du Guirguillano, le Ier corps fait sa jonction avec la division de Puente la Reina.

En supposant que la redoute de l'ermitage de Santa-Barbara ne puisse être enlevée, on laisse devant elle une force suffisante pour achever de la réduire, et le reste des troupes, après avoir rallié son artillerie montée, va occuper Alloz et Murillo ou les points que le commandant du corps juge convenables dans cette direction. Il se hâte alors de se mettre en communication avec le IIe corps, qui pendant cette journée a dû continuer sa marche, s'il a l'avantage, de manière à pouvoir se rabattre sur Villatuerta, occuper Grocin et les hauteurs par lesquelles cette ville est dominée dans la cordillère qui forme la ligne de partage des eaux de l'Ega et de l'Iranzu. Dès le matin, l'artillerie montée du Ier corps et toute celle des forts commenceront le feu sur l'ermitage de Santa-Barbara et les défenses voisines, non-seulement pour faciliter la prise de cette redoute, mais encore pour appeler fortement l'attention de l'ennemi de ce côté. Elles protégeront ainsi le mouvement de la division de Puente la Reina, qui se mettra en mesure de franchir le pont et simulera une attaque soit sur l'ermitage, soit sur le village de Artazu, suivant les circonstances. Cette division mettra en ligne le plus de monde possible et accentuera cette démonstration, sans cependant s'exposer à un échec ou à des pertes inutiles, jusqu'au moment où elle verra l'ennemi hésiter ou lâcher pied, ou bien encore lorsqu'elle apercevra les troupes du Ier corps. A ce moment, ce qui n'était qu'une diversion se changera en une attaque réelle; jusque-là, sa mission est d'attirer sur elle le plus grand nombre d'ennemis possible.

QUATRIÈME JOUR.

Si, la veille, le IIe corps n'a pas occupé les

positions qui lui ont été assignées, il continuera son mouvement offensif sur elles, mais sans essayer d'y arriver à tout prix, afin d'éviter des pertes sérieuses et aussi parce que, dans ce plan d'opérations, on écarte l'hypothèse d'une attaque de front poussée à fond contre les tranchées ennemies; cette manière d'agir n'aboutit qu'à des sacrifices considérables et l'issue en est toujours douteuse. Dans le cas où il serait parvenu à les occuper, il avancera par la ligne de partage jusqu'à ce qu'il se soit emparé de Montemuro.

Le Ier corps continuera sa marche par la vallée de Guesalar, suivra la route de Montalban et viendra s'établir à Abarzuza, Iriñuela, et sur les positions qui dominent ces villages. Si le IIe corps est arrivé à Montemuro, le Ier avancera jusqu'au village de Beriain, s'en rendra maître afin d'opérer la jonction des deux corps et de commander la vallée de Allin, que l'ennemi pourrait utiliser pour tirer des subsistances de ses dépôts des Amescoas; mais il ne doit pas perdre de vue que sa mission essentielle est d'intercepter la route d'Estella à la Burunda.

La division qui marche sur la rive droite de l'Ega suivra avec de grandes précautions la route d'Estella, en se maintenant constamment à la hauteur du IIe corps et en conservant ses communications avec lui et avec le IIIe, qui doit attaquer résolûment, dans la matinée de ce jour, le petit port de Cogullo, s'il n'a pas réussi déjà à s'en rendre maître; ce corps se portera ensuite, si cela est possible, jusqu'au village de Urbiola et à la sierra de San-Gregorio. A-t-il pu, au contraire, les jours précédents, s'établir sur les points qui lui ont été assignés, il poursuivra sa marche jusqu'à Azqueta, occupera, en suivant le chemin d'Iguzquiza, les hauteurs qui s'élèvent en face de Zufia, situé sur la rive gauche de l'Ega, mouvement qui a pour but d'intercepter la route de Vitoria. Dans le cas où il n'aurait pu arriver à Azqueta à cause des forces supérieures qui lui sont opposées ni sortir de Urbiola, il devra, si cela lui est possible, se porter vers son flanc gauche, par la route de Ocon, afin de couper à Ancin celle de Vitoria, sans abandonner pour cela la route de Los Arcos.

Si ce corps parvient à barrer la seconde de ces routes, l'ennemi n'a plus d'autre ligne de retraite que la vallée de Allin; sa situation devient extrêmement critique, puisqu'il se trouve à la fois attaqué de front, à revers, sur un flanc et menacé sur l'autre. S'il se retire par la vallée de Allin, il est probable que sa retraite se changera bientôt en déroute. Le rôle du IIIe corps est alors de fermer d'une manière absolue la route de Vitoria, comme celui du Ier est de barrer la route de la Burunda pour empêcher l'ennemi de faire filer son artillerie et son matériel par ces deux voies.

Depuis le premier jour des opérations, le IVe corps s'est concentré à Vitoria et s'est porté dans la direction de Salvatierra : il fait répandre le bruit de sa marche sur la Burunda, mais il n'entre point dans cette vallée ; elle est, en effet, très-resserrée entre des flancs inaccessibles d'où l'on peut croiser des feux d'artillerie et de mousqueterie sur toute son étendue. Sa mission est d'ailleurs de couvrir la plaine de l'Alava, d'emporter par surprise les monts de Vitoria et le port de Azaceta, dont l'attaque de vive force serait meurtrière et d'un succès problématique. Il doit en outre, si les carlistes se retirent à peu près sans désordre et si le IIIe corps n'a pu couper la retraite à leur artillerie, les empêcher de se diriger vers le Guipuzcoa et les obliger à se retirer sur la Biscaye. Il les réduira ainsi à la nécessité d'abandonner leurs canons et leurs parcs faute de routes pour les emmener, et dès qu'ils seront entrés dans cette province, ils se verront privés de communications avec la Navarre, la France, avec leurs principaux arsenaux, et leurs fabriques de munitions, qui sont établies à Vera, Azpeitia, Echarri-Aranaz et Plasencia. Ils se trouveront dans une situation identique aussitôt que le Ier corps occupera la vallée de Guesalar et les routes de Salinas de Oro et de la Burunda.

S'ils se retirent par la vallée de Allin et essaient de se défendre, la seule ligne qui se préte à cette éventualité est celle des défilés de Arquijas. Après la prise d'Estella, un corps d'armée se dirigera à la hâte de cette ville sur les Amezcoas, sans suivre le chemin direct de la vallée, qui est fangeux, complétement dominé et qui passe par le redoutable défilé des peñas de Artabia, que l'on ne peut battre par des feux de flanc. Ce corps montera par le port de Ollogoyen à la sierra de Santiago de Loquiz, et descendra dans l'Amezcoa par celui de Ecala; une de ses divisions occupera le port et la sierra pendant que l'autre se portera dans la vallée, détruira les dépôts de San-Martin et de Ecala, et toutes les subsistances et les autres ressources qu'elle pourra y trouver. Elle rejoindra ensuite l'autre division. Le corps entier rétrogradera alors jusqu'à son point de départ, ou bien se dirigera vers la vallée de Lana pour prendre en flanc les positions de Arquijas. Ce mouvement est cependant un peu dangereux par suite du manque de chemins pour ravitailler les troupes ; il ne pourrait être avantageux de l'entreprendre que dans le cas où la situation de l'ennemi serait tout à fait défavorable par rapport à la nôtre.

Après leur défaite à Estella, les carlistes ne pourront organiser dans leurs positions de Arquijas aucune défense sérieuse ; ils manqueront de vivres et de munitions : toutes les fois que nous nous placerons dans l'offensive stratégique, nous serons maîtres de toutes les routes qui conduisent dans la Navarre, le Guipuzcoa et l'Alava ; ils se trouvent de nouveau attaqués de front par les trois corps qui les ont battus à Estella, pris à revers par le IVe, et ils doivent l'être également sur leur flanc gauche si un corps d'armée s'est porté rapidement de cette place par la Rioja Alavaise sur Peñacerrada et la vallée supérieure de l'Ega. Il est certain que, dans l'état de démoralisation où sera l'armée carliste, la plus grande partie des soldats déposera les armes et le reste se débandera; c'est à ce moment qu'une grande vigilance sera sans doute nécessaire, car il pourra arriver que des bataillons navarrais exécutent quelques actes d'audacieuse témérité; mais si on les repousse en les châtiant vigoureusement, ils se disperseront certainement après s'être peut-être portés à quelques excès sur leurs chefs eux-mêmes; dans tous les cas, l'armée est prête à marcher rapidement pour occuper le pays et terminer la guerre par une seule bataille.

Des dépôts de vivres et de munitions devront être établis à Logroño, Oteiza, Larraga, Lerin, Puente la Reina et Vitoria. Le Ier corps aura pour ligne d'approvisionnement la route de Puente la Reina à Estella par Mañeru, Lorca, Montalban et Arizala; le IIe, la route de Tafalla, Larraga, Oteiza et Villatuerta; le IIIe, celle de Logroño à Estella; le IVe aura son centre de ravitaillement à Vitoria. Ces routes, qui parcourent des vallées basses, qui ne traversent aucun port, aucune chaîne, ne peuvent jamais, s'il survient quelque tempête, être

obstruées par les neiges au point de devenir
impraticables; elles constituent en outre des
lignes de ravitaillement et de communication
avec la base d'opérations et peuvent aussi, dans
l'hypothèse d'un insuccès, être considérées
comme des lignes de retraite.

LOGROÑO
Andosilla
Los Arcos

TABLE

IMPRIMERIE PAUL BOUSREZ, RUE DE LUCÉ, 5, TOURS.

IMPRIMERIE PAUL BOUSREZ, 5, RUE DE LUCÉ, A TOURS

THÈSES POUR LE DOCTORAT

PRÉSENTÉES

A LA FACULTÉ DE DROIT DE NANCY

DROIT ROMAIN

ÉTUDE

SUR LA

PROCÉDURE *IN JURE*

DANS LES *LEGIS ACTIONES*

DROIT FRANÇAIS

DE LA FAILLITE

EN DROIT INTERNATIONAL PRIVE

OU

Des effets du Jugement déclaratif rendu à l'étranger

PAR

Paul NACHBAUR

AVOCAT

NANCY

TYPOGRAPHIE G. CRÉPIN-LEBLOND, 14, GRAND'RUE

—

1883

THÈSES POUR LE DOCTORAT

PRÉSENTÉES

A LA FACULTÉ DE DROIT DE NANCY

DROIT ROMAIN

ÉTUDE

SUR LA

PROCÉDURE *IN JURE*

DANS LES *LEGIS ACTIONES*

DROIT FRANÇAIS

DE LA FAILLITE

EN DROIT INTERNATIONAL PRIVÉ

OU

Des effets du Jugement déclaratif rendu à l'étranger

PAR

Paul NACHBAUR

AVOCAT

L'acte public sur les matières ci-après sera présenté et soutenu le Mercredi 27 juin 1883, à quatre heures du soir.

Président : M. Lederlin, professeur-doyen,

Suffragants :
- MM. A. Lombard, Garnier, } professeurs.
- Chavegrin, Bourcart, } agrégés.

Le Candidat répondra, en outre, aux questions qui lui seront faites sur les autres matières de l'enseignement.

NANCY

TYPOGRAPHIE G. CRÉPIN-LEBLOND, 14, GRAND'RUE

1883

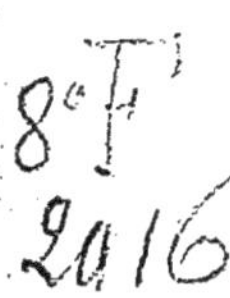

FACULTÉ DE DROIT DE NANCY.

MM. Lederlin, I &, Doyen, Professeur de Droit romain (2ᵉ chaire), autorisé à faire le cours de Pandectes et Chargé du cours de Droit français étudié dans ses origines féodales et coutumières.

Jalabert, ✳, I &, Doyen honoraire.

Lombard (A.), I &, Professeur de Droit commercial et Chargé du Cours de Droit des gens.

Liégeois, I & Professeur de Droit administratif et Chargé du cours d'histoire du Droit romain et du Droit français.

Blondel, A &, Professeur de Code civil (2ᵉ chaire), et Chargé du cours de Droit constitutionnel.

Binet, A &, Professeur de Code civil (3ᵉ chaire), et Chargé du cours de Droit civil approfondi dans ses rapports avec l'Enregistrement.

Lombard (P.), A &, Professeur de Code civil (1ʳᵉ chaire).

Garnier, A &, Professeur d'Economie politique.

May, Professeur de Droit romain (1ʳᵉ chaire).

Chavegrin, Agrégé, Chargé du cours de Droit international privé.

Gardeil, Agrégé, Chargé du cours de Droit criminel.

Beauchet, Agrégé, Chargé du cours de Procédure civile.

Bourcart, Agrégé, Chargé du cours de Pandectes, autorisé à faire le cours de Droit Romain (2ᵉ chaire).

Gavet, Agrégé, Chargé du cours d'Histoire générale du Droit français public et privé.

Lachasse, I &, Docteur en droit, secrétaire.

A MES PARENTS

A MES AMIS

A MES PROFESSEURS

DROIT ROMAIN

ÉTUDE

SUR LA

PROCÉDURE *IN JURE*

DANS LES *LEGIS ACTIONES*

INTRODUCTION

En étudiant les législations des peuples anciens, on est frappé d'une chose : de leur prédilection pour le monde extérieur, de leur attachement aux formes solennelles, paroles et gestes, dont l'accomplissement était rigoureusement exigé pour la plupart des actes juridiques. « Sensible, tangible, visible », telle est la notion du droit dans la société primitive, partout la forme l'emporte sur le fond. Cela peut s'expliquer : la sensibilité a dû être le premier degré de la spiritualité ; l'esprit humain ne peut s'affranchir du monde extérieur qu'après y être resté soumis un certain temps. « C'est là un temps d'épreuve nécessaire avant qu'il puisse s'élever jusqu'à la pensée abstraite » (1).

Ce caractère des institutions antiques, nous le trouvons à un très haut degré dans le droit romain, où il a longtemps persisté, car c'est seulement sous Justinien que disparurent les vieilles solennités du droit des Quirites. Tous les actes juridiques étaient à Rome entourés de certaines formes, nécessitaient la prononciation de certaines paroles, « *uti lingua nuncupassit, ita jus esto* », et l'accomplissement de certains gestes. Ces formes étaient presque toujours les mêmes ; créées pour un cas donné, elles avaient été étendues à tous les cas analogues pouvant se présenter dans la suite. On a pu, sous ce rapport, comparer la législation romaine au père de famille économe qui, tirant tout le parti possible des quelques ustensiles qu'il possède, les fait servir à des usages auxquels ils n'étaient pas naturellement destinés (Gide, *Etude sur la novation et le transport des créances en droit romain*, p. 243). Le *nexum*, acte par lequel le débiteur s'engageait, vendait en quelque sorte sa personne au créancier, donna naissance à la mancipation, opération qui, de réelle qu'elle était dans le principe, devint plus tard purement fictive (2).

(1) Ihering, *Esprit du droit romain*, III, § 48, p. 110.

(2) Ce qui semble indiquer l'antériorité du *nexum*, c'est que la mancipation est appelée par les auteurs *nexu traditio, jus nexi*. (Cicér. *Topiques*, ch. V.) Peut-être serait-il plus exact de considérer ces deux institutions comme remontant à la même époque ; on ne peut faire, sur ce point, que des conjectures.

Suivant M. Accarias, il serait téméraire et faux d'admettre que ce qui était fiction à l'époque classique ait été réalité au début. Le savant roma-

G. I, 119.

Nous retrouvons les mêmes solennités dans les actes relatifs à l'état des personnes, l'émancipation, l'adoption, nous les retrouvons aussi dans le testament, où le testateur vendait son patrimoine au futur héritier.

niste ne voit dans la mancipation « qu'une de ces fictions, comme les aiment les législations primitives, comme les aima surtout la législation romaine », et pense que de tout temps elle put être employée même pour les conventions qui, comme l'échange ou la donation, n'impliquent pas l'idée d'un *prix* ou excluent même cette idée (T. I, 2ᵉ éd. p. 499, note 2 ; 3ᵉ éd., p. 531, note 1.)

Nous croyons, au contraire, que dans le principe la mancipation était une véritable vente, et que les formalités qui la constituent, le *libripens*, les témoins, le pesage du lingot, peuvent, étant donné l'état de la société romaine primitive, s'expliquer sans qu'il soit nécessaire d'avoir recours à une fiction. Quel était en effet le but de la mancipation ? La translation de la propriété, or comme la propriété n'existe d'après le droit civil que par la garantie de la nation, *ex jure quiritium*, il était naturel que la manifestation de la volonté individuelle dans ce genre d'opération, reçût la sanction du peuple. Cette sanction était, à l'origine, donnée par les comices, qui cédèrent ensuite la place aux cinq témoins représentant les cinq classes de Servius Tullius (*classici testes*), et qui figurent dans la mancipation telle que nous la décrit Gaïus.

Quant à l'emploi de l'airain, de la balance (*œs et libra*), du *libripens*, il s'explique par des nécessités de fait et par l'état économique de la vieille société romaine. Il est constant, en effet, que les anciens Romains ne connaissant pas la monnaie, pesaient les lingots donnés en échange des choses qu'ils se procuraient : « *Ideo autem œs et libra adhibetur, quia olim œreis tantum ⁿnummis utebantur.* » (G., I, 122). Peut-être aussi le *libripens* était-il un prêtre ayant pour mission de donner à l'opération un caractère religieux. Lorsque l'on frappa des pièces de monnaie marquées au coin de la République, *signata forma populi romani*, dont la valeur ne se détermina plus par le poids, les solennités dont nous parlions tout à l'heure n'eurent plus leur raison d'être. L'esprit conservateur des Romains les maintint cependant ; elles devinrent alors imaginaires, symboliques. Elles servirent à rendre plus difficile l'accomplissement de certains actes de la vie civile, et à en faire sentir l'importance.

La seconde forme solennelle que l'on rencontre à chaque pas dans le droit romain, est la *legis actio*, manière de procéder en justice qui, du domaine de la juridiction contentieuse qu'elle constituait exclusivement dans le principe, passa dans celui de la juridiction volontaire. C'est ainsi qu'on la trouve dans l'*in jure cessio*, mode de translation de la propriété et des droits réels, dans l'émancipation et l'adoption où elle se combinait avec la mancipation, dans la cession de la *tutela legitima mulierum*, enfin dans le transfert de l'*hereditas legitima*. Elle différait de l'opération *per œs et libram* en ce qu'elle exigeait la présence du magistrat. C'est cette forme solennelle qui fera l'objet de notre étude ; nous ne l'envisagerons toutefois que comme manière de faire valoir ses droits en justice, et nous nous bornerons à l'étude de la procédure *in jure*.

Voici l'ordre que nous nous proposons de suivre :

Un premier chapitre sera consacré à la détermination du sens de l'expression *action de la loi* et aux caractères généraux de cette procédure.

Dans un deuxième chapitre, nous étudierons la procédure elle-même, nous passerons ainsi en revue les cinq manières d'agir *lege*.

Enfin, dans le troisième et dernier chapitre, nous aurons à examiner les avantages et les inconvénients de cette procédure ; les causes qui en ont amené la disparition, et les cas exceptionnels dans lesquels la *legis actio* fut maintenue.

CHAPITRE Ier

Sens du mot « legis actio ». — Caractères généraux de cette procédure.

I. — SENS DU MOT « ACTION DE LA LOI ».

Dans son acception la plus large, le mot *action* comprend tous les moyens à l'aide desquels un particulier peut veiller à la conservation de ses droits ; savoir : les demandes introductives d'instance, ou actions proprement dites, réelles ou personnelles, les *prejudicia* ou actions préjudicielles, les interdits et les stipulations prétoriennes (L. 37 pr. *de obl. et act.* 44. 7.), les exceptions (L., 1, *de Except.*), les *restitutiones in integrum*.

Dans un sens moins étendu, ce mot s'applique de préférence aux actions proprement dites, c'est-à-dire au droit de faire reconnaître ses prétentions en justice : « *Jus persequendi judicio quod sibi debetur* ». (Celsus, L. 51., Dig. *de Obl. et Act.* 44. 7.) Dans notre matière, le mot action est employé dans un autre sens, il ne désigne pas la faculté de poursuivre tel ou tel droit ; l'action est la mise en œuvre de cette poursuite, les formes dont elle doit être entourée, la procédure en un mot.

Mais pourquoi disait-on *action de la loi ?* Toutes les actions, toutes les formes de procéder n'ont-elles pas leur source dans la loi? Gaius se posait déjà la question : *Actiones quas in usu veteres habuerunt, legis actiones appellabantur, vel ideo quod legibus proditæ erant, quippe tunc edicta prætoris quibus complures actiones introductæ sunt, nondum in usu habebantur; vel ideo, quia ipsarum legum verbis accomodatæ erant, et ideo immutabiles proinde ac leges observabantur* », (IV, 11.) Deux raisons sont indiquées dans ce texte pour justifier l'expression de *legis actio*, nous ne discuterons pas leur valeur respective, car quelle que soit l'opinion qu'on admette, on arrive à la même solution ; nous dirons seulement que la seconde explication donnée par Gaius nous paraît la meilleure. Comme nous aurons souvent occasion de le dire, c'était un caractère distinctif des actions de la loi, que la correspondance des formules avec les termes dont s'était servi le législateur.

Un peu plus loin, au § 12 (Com. IV) Gaius ajoute : « *lege autem agebatur modis quinque : Sacramento, per judicis postulationem, per condictionem, per manus injectionem, per pignoris capionem* ». On a conclu de ce texte qu'il y avait cinq actions de la loi : cette manière de s'exprimer nous paraît inexacte, le nombre des actions était illimité, il correspondait au nombre des lois ou plutôt encore aux différents articles des lois. A chaque disposition des douze Tables qui s'y prêtait se rapportait une action spéciale. Ce qu'il y a de vrai dans l'affirmation de Gaius, c'est que le système des actions de la loi se composait de cinq moyens de contrainte; à côté de chacun d'eux se trouvaient des formes spéciales, dans lesquelles venaient pour ainsi dire *se mouler* les demandes suivant leur nature et leur caractère. C'est en ce sens qu'on a pu dire : *Sacramenti actio generalis erat* (G., IV, 13). « Pure enveloppe de procédure, elle supposait dans chaque cas particulier un droit reconnu par un texte de loi » (3).

II. — CARACTÈRES GÉNÉRAUX DES « LEGIS ACTIONES ».

a) *Nécessité de la présence de l'adversaire*

L'un des traits originaux du système de procédure que nous avons à étudier, c'est que l'on ne pouvait procéder *injure*, si l'on n'était en présence de l'adversaire, *coram adversario*. Le procès, comme les conventions, exigeait le concours des volontés, il fallait être d'accord pour que l'affaire pût être soumise à un juge ou à un collège de juges. *Neminem*, dit Cicéron, *voluerunt majores nostri, non modo de existimatione cujusquam, sed ne pecuniariâ quidem de re minimâ esse judicem* NISI QUI INTER ADVERSARIOS CONVENISSET. L'intéressé dont le droit était contesté proposait à son adversaire de recourir à l'arbitrage d'un tiers, ou bien il lui déférait le serment et s'en rapportait ainsi à sa conscience, dans les deux cas, la décision résultant de l'arbitrage ou du serment avait un caractère quasi contractuel, elle avait pour fondement le consentement réciproque des parties en cause. La convention des parties avait le caractère d'une promesse conditionnelle, elles se promettaient que le vainqueur aurait

(3) Ihering, II!, § 56, p. 318.

ce que le juge lui adjugerait. Les pouvoirs du juge ne dérivaient pas de l'état, mais de la soumission volontaire des parties ; ses fonctions étaient celles d'un arbitre : *compromissum ad similitudinem judiciorum redigitur*, il avait exactement la même position que le jurisconsulte de l'époque impériale investi du *jus respondendi*. De même que ces derniers, il n'émettait qu'un simple avis (*sententia*). C'est ce qui explique pourquoi il ne pouvait au cours du procès faire aux parties aucune injonction ; c'est ce qui explique encore pourquoi les tribuns qui pouvaient opposer leur *veto*, aux décisions du magistrat ne pouvaient en user contre le juge. Le juge n'était pas un officier public, mais un arbitre des parties, à la nomination duquel un officier public avait concouru ; le magistrat en l'instituant ne faisait que consacrer authentiquement la volonté des plaideurs. La procédure par défaut était alors inconnue ; seulement, la loi mettait entre les mains du demandeur certains moyens de contrainte pour vaincre la résistance du défendeur récalcitrant.

L'acte par lequel le demandeur appelait son adversaire devant le magistrat était l'*in jus vocatio*, acte purement privé, à la différence de notre ajournement qui se fait par le ministère d'un officier public.

La loi n'avait pas précisé la formule de cet acte. Voici celles que nous ont transmises les auteurs : *in jus veni, in jus sequere, in jus eamus, in jus te voco*. Cette dernière était le plus fréquemment employée, elle était bien plus en harmonie que les autres avec le sentiment d'indépendance des anciens Romains. Si, en effet, on parcourt les différentes formules sacramentelles en usage dans les actes juridiques, on remarque qu'une réquisition adressée par l'une des parties à l'autre n'est jamais à l'impératif car l'une n'a rien à commader à l'autre ; on n'employait ce dernier temps que lorsqu'il était certain que l'ordre serait exécuté, lorsqu'il s'agissait par exemple de témoins ayant promis leur coopération, *testes estote, testimonium mihi perhibetote*, ou lorsque le *libripens* s'adressait à la partie et la priait de frapper le plateau de la balance avec le lingot qu'elle donnait comme prix, afin d'en vérifier la pureté : *rudusculo libram ferito* (4).

Le demandeur n'avait pas à indiquer à son adversaire quel était l'objet de sa prétention (5) ; on craignait sans doute qu'une discussion ne s'engageât entre eux au détriment de l'ordre public. Du reste un semblable exposé n'eût présenté aucune utilité puisque l'*in jus vocatio*, avait précisément pour objet d'amener le défendeur devant le magistrat où les parties pouvaient s'expliquer à leur aise. Cette considération devait avoir un grand poids dans une législation où toute parole avait sa raison d'être et où l'économie des formes était poussée au degré que l'on sait. Toutefois, comme il n'existait dans la loi aucune prohibition formelle, rien n'empêchait, quand on citait un citoyen en justice, de lui donner immédiatement connaissance des prétentions que l'on entendait élever contre lui.

(4) Ihering : t. III, page 286.

(5) Les textes ne font pas mention de cette condition ; il est cependant certain qu'avec toutes les complications, tous les embarras qu'elle aurait nécessairement amenés dans la théorie et dans la pratique, il en serait resté quelques traces dans les sources.

Cela devait même arriver souvent, lorsqu'une conciliation était probable.

L'effet de l'*in jus vocatio* était l'obligation imposée, à celui qui en était l'objet, de suivre immédiatement son adversaire devant le magistrat, à moins de fournir un *vindex* (5 *bis*). Mais pour qu'il en fût ainsi il fallait la réunion d'un certain nombre de conditions : c'est ainsi que si le défendeur était infirme, on devait lui fournir un moyen de transport, c'est ainsi encore que l'*in jus vocatio* ne pouvait avoir lieu en un moment inopportun et que l'autorisation du préteur était exigée pour qu'elle pût être pratiquée vis-à-vis de certaines personnes. Nous n'insisterons pas sur tous ces points qui ne rentrent pas dans notre sujet, et sur lesquels d'ailleurs les sources nous donnent tous les renseignements désirables (6). En cas de résistance du défendeur, la loi autorisait l'emploi de la *manus injectio : si calvitur pedemve struit, manum endo jacito ;* nous aurons plus tard à revenir sur ce point.

b) *Solennité de la procédure* « IN JURE. »

Une fois en présence du magistrat, les parties accomplissaient les solennités de la *legis actio*. Nous arrivons ainsi au deuxième caractère de cette procédure, la solennité et le symbolisme soit dans les pa-

---

(5 *bis*) C'est-à-dire un tiers faisant le procès sien, comme si la dette lui était personnelle. — L. 22, § 1. Dig. de *in jus voc.* II, 4.

(6) Voir les textes cités par M. Accarias : *Précis de droit romain*, II, n° 749.

roles, soit dans les actes (7). Ces formes variaient suivant la nature du litige. Très nombreuses et très rigoureuses dans le principe, on arriva par des modifications successives à les réduire, et finalement elles ne subsistent plus qu'à titre exceptionnel. Toute la procédure est d'abord concentrée dans le *sacramentum* où domine le formalisme ; vint ensuite la *judicis postulatio* pour les affaires dont la nature exigeait le *mite*, le *moderatum* et n'aurait pu, par conséquent, s'accommoder des formes rigoureuses de la procédure primitive. Enfin la *legis actio per conditionem* restreignit encore le cercle de l'action *sacramenti* en lui enlevant la connaissance des droits personnels.

La nécessité et l'importance des paroles solennelles n'ont rien qui doive surprendre. L'écriture qui joue un si grand rôle dans la procédure moderne, a quelque chose de savant, elle suppose une civilisation relativement avancée, aussi ne la trouve-t-on nulle

(7) On a prétendu que le mot *symbolisme* devait être banni du droit romain. Ce que l'on cite, dit-on, comme exemple d'opérations symboliques était tout simplement des cérémonies en usage à Rome, mais sans avoir la moindre importance légale. Ce sont des solennités, « mais *solemnia, solemnitas*, de *solere* veut tout simplement dire *usité* sans que l'on doive y attacher aucune idée de ce que nous entendons par *solennel, solennité*. C'est un fait que l'on a trop souvent perdu de vue en exagérant la portée des *solemnia*, ou, comme on aime à s'exprimer, du *formatisme*, dans la législation romaine. »

Maynz, § 34, note 12. Ce système nous paraît inexact. Il suffit de lire ce que nous disent Gaius et les autres jurisconsultes classiques, pour être convaincu que les formes dont ils nous parlent n'étaient pas de purs usages ; ils les décrivent avec trop de précision, trop de minutie pour qu'on ne puisse pas voir dans leur accomplissement une condition essentielle de validité de l'acte juridique.

part à l'origine ; tout se fait par la parole, c'est la seule manière de manifester son consentement, c'est la seule manière de s'obliger (8). La parole est la loi des parties, *uti lingua nuncupassit ita jus esto* (9). La *legis actio* n'est que l'application de ce système à la procédure. Mais les paroles n'étaient pas laissées au choix des parties, elles étaient solennelles, déterminées à l'avance par la loi ; il y a mieux, les paroles étaient la loi elle-même ; elles étaient, comme on l'a dit (10), l'*incarnation judiciaire* de la loi, la loi elle-même entrait en lutte avec l'adversaire. Ceci nous amène à indiquer l'un des caractères les plus remarquables de la procédure primitive, à son mode particulier de *citation de la loi*, à la concordance des paroles prononcées avec le texte législatif consacrant le droit dont la reconnaissance était demandée (11). Cette concordance nous

(8) Le contrat *litteris* est d'une origine relativement récente. Il s'établit par l'usage, de sorte qu'on ne peut préciser l'époque à laquelle il commença à être employé.

(9) Dans certains cas la formule sacramentelle constituait tout une litanie et devait être récitée en entier d'un bout à l'autre sans qu'un seul mot pût être changé, tantôt les parties avaient une plus grande liberté d'action, la formule ne consistait qu'en un mot ; c'était « une sorte d'étiquette que l'on attachait à l'acte pour lui donner sa couleur propre » (Ihering, III, § 54, p. 267), une sorte de moule dans lequel l'acte librement débattu et consenti, venait s'adapter. Rentrait dans le premier cas le testament où la liberté du testateur était enchaînée d'un bout à l'autre. Au contraire, les formules de la stipulation, et, ce qui nous intéresse davantage, les formules de la procédure rentraient dans la seconde catégorie ; il était impossible alors, dans le dernier cas surtout, de circonscrire le débat à la prononciation de certaines paroles ; une certaine latitude devait être laissée à la discussion des parties.

(10) Ihering, III, p. 316.

(11) Aujourd'hui encore, les arrêts de condamnations émanant des cours d'assises, doivent contenir la reproduction intégrale du texte appliqué. (Instr. cr., art. 369).

est affirmée par Gaius dans un passage déjà cité. G. IV, § 11.

Recherchant la raison de la dénomination de *legis actio*, il paraît la voir dans ce fait que les formules correspondaient exactement aux termes de la loi « *quia ipsarum legum verbis accommodatæ erant, et ideo immutabiles proinde ac leges observabantur* ». Il cite ensuite l'exemple, devenu classique, de ce plaideur dont on avait coupé les vignes et qui perdit son procès pour avoir employé, en exerçant son action, le mot *vitis* au lieu du mot *arbor* qui se trouvait dans la loi des XII Tables (12). Ce fait, pris entre mille autres, démontre de la façon la plus pertinente, la nécessité de la concordance des paroles à prononcer avec la loi elle-même. On s'explique alors fort bien que la moindre déviation dans la forme dût entraîner la perte de l'action, et par conséquent du droit, *ut qui vel minimum errasset litem perderet*. Le formalisme ignore la différence entre les fautes lourdes et les fautes légères, les unes et les autres aboutissent aux mêmes conséquences. Le texte de la loi devant être reproduit dans la formule, la nécessité d'une exactitude littérale ne peut plus nous paraître une rigueur excessive. Dans la procédure actuelle, lorsque la loi exige la citation textuelle d'un article de loi, la plus légère erreur donne lieu à nullité. Ce

---

(12) L'ancienne collection des formules teutoniques connue sous le nom de *Glose de Malberg*, renferme des dispositions du même genre. Si c'est un taureau qui est en litige, on perdra son procès en disant que c'est un taureau ; *chef du troupeau*, telle est la dénomination juridique. L'index de la main doit être désigné sous le nom de *doigt-flèche*, et le bouc s'appelle *l'animal qui broute le poreau.*

caractère particulier de la *legis actio* nous donne la raison d'être de la règle *nulla actio sine lege*, alors appliquée dans toute sa rigueur. Le magistrat avait les mains liées, son rôle était purement passif, il n'était que le rouage d'une machine. Ou le droit invoqué était prévu par la loi, l'action était alors possible, ou il ne l'était pas, et alors le demandeur devait être débouté de sa prétention. Le préteur ne pouvait, même dans les cas les plus urgents et les plus légitimes, donner une action qui n'était pas prévue par la loi « Quippe tunc edicta prœtoris quibus complures actiones introductœ sunt nondum in. usu habebantur ». L'emploi des fictions était impossible ; l'action fictice était une action donnée dans des cas où, à l'exception d'une seule, toutes les conditions prescrites par la loi étaient réunies, on tenait cette condition pour accomplie, et pour cela on introduisait une fiction dans la formule. Il ne pouvait en être ainsi lorsque la formule était la reproduction du texte de la loi (13).

Les paroles solennelles que les parties devaient prononcer consistaient dans l'affirmation du droit en litige ; le laconisme de la loi se retrouvait dans la formule. Or, un droit ne peut être affirmé que par la partie qui s'en prétend titulaire ; d'un autre côté, les formes inflexibles de la procédure se seraient diffici-

---

(13) On pouvait jusqu'à un certain point arriver à un résultat analogue en étendant ou en restreignant l'application de la loi en donnant aux mots un sens plus ou moins large. C'est ce qu'on avait fait pour le mot *tignum* et le mot *glans*.

(L. 1., *Dig. de tigno juncto*, 47, 3; L. 3, *Arb. furtim cœs.* 47, 7.

lement accommodées aux nécessités de la substitution d'une personne à une autre, d'où la règle *nemo alieno nomine lege agere potest*, l'impossibilité de la représentation judiciaire : « quum olim, quamdiu legis actiones in usu fuissent, alterius nomine agere non liceret ».

Gaius, IV, § 82.

Ulp., 1. 123, pr., Dig. *de Reg. jur.*, 50, 17.

Inst. pr., *de iis per quos agere poss.*, IV, 10.

Cette règle recevait certaines exceptions lorsque la force des choses l'exigeait, lorsque le peuple était en cause, ou lorsque c'était un esclave qui réclamait sa liberté ; l'esclave n'étant pas une personne ne pouvait pas figurer en justice, il était représenté par un *assertor libertatis*.

La concordance de la formule avec le texte de la loi nous explique enfin pourquoi les jurisconsultes avaient composé des recueils de formules mettant en action chaque texte de loi. Pomponius nous dit qu'un travail de ce genre avait été fait après la rédaction de la loi des XII Tables ; on avait voulu mettre cette loi en action, pour cela, il avait fallu composer de nouvelles formules.

Pomponius, 1, 2, § 6. Dig. *de Orig. juris*, 1, 1.

L'action, tel était le point de départ du jurisconsulte romain, de là il remontait jusqu'au droit lui-même. Chez nous, on suit une marche inverse, on part des principes juridiques pour en tirer les actions. Pour les Romains « l'action est un *individuum*, elle a son domaine déterminé, ses principes déterminés, son nom propre, sa forme propre et son histoire particu-

lière. Sa naissance repose sur un fait historique, con-
cret, sur un acte spécial d'introduction. C'est ainsi
que le nom de l'inventeur d'une action se perpétue
avec le nom de l'action même (14) » On pourrait dire
que les Romains ignorèrent l'*action* et ne connurent
que *les actions*.

Les paroles solennelles prononcées par les parties,
non seulement renfermaient la citation de la loi, mais
faisaient encore ressortir la nature particulière du
droit en litige. Ce point sera examiné lorsque nous
étudierons en particulier chaque action de la loi.

Ces paroles étaient aussi accompagnées de gestes et
de pantomimes juridiques, simulacre des actes d'une
période antérieure plus barbare. Leur signification
étant intimement liée à la nature du droit litigieux,
nous ne pourrons en parler qu'en examinant les différentes formes de procéder, et particulièrement le
sacramentum (15).

(14) Ihering III, p. 338 et 339, § 56. « Les actions dont l'origine se perd
dans l'antiquité sont nommées d'après leur objet, par exemple, *rei vindicatio, actio confessoria, hæreditatis petitio;* celles de l'époque postérieure
portent surtout le nom de leur inventeur, par exemple, *actio Publiciana,
Pauliana, Serviana, interdictum Salvianum.* »
Ihering, *loc. cit.*, note 502.

(15) Ces actes étaient les uns *symboliques*, les autres simplement *apparents*, et il faut les distinguer. L'*acte apparent* est celui qui représente ce
qui est sensible ; c'est ainsi que la marche apparente vers le fonds que le
préteur invitait les parties à exécuter dans la revendication était un acte
apparent. Le *symbole* est l'expression sensible de ce qui est abstrait. La
lance était ainsi le symbole de la propriété.

Pour terminer sur ces caractères généraux de la *legis actio*, disons que l'acomplissement des formes de cette procédure n'était possible qu'à certains jours déterminés. Ceci nous amène à la distinction bien connue et sur laquelle nous n'insisterons pas long-temps des *dies fasti* (16) *nefasti, comitiales* et *inter-cisi*. Les premiers étaient consacrés en entier à l'exer-cice de la *jurisdictio*, l'exercice qui était au contraire suspendu pendant les *dies nefasti*. Les *dies comi-tiales* étaient consacrés aux comices ; mais , à défaut de comices, la *jurisdictio* était possible. Quant aux *dies intercisi*, ils excluaient toute convocation du peuple, mais restaient libres pour la *legis actio* entre les deux solennités religieuses dont l'une avait lieu le matin et l'autre le soir.

Cette classification doit être combinée avec la dis-tinction des *dies festi* et des *dies profesti* (profanes). Les premiers devaient être entièrement consacrés aux

---

(16) On définissait les *dies fasti* ceux où le préteur pouvait prononcer les mots DO, DICO, ADDICO, *nefasti* ceux où il ne le pouvait pas.

« Hic nefastus erit per quem *tria verba* silentur
« Fastus erit per quem lege licebit agi ».

Ovide, *Fastes*, I v. 47.

Ces trois mots résumaient les attributions de la juridiction, DO s'appliquait à la nomination du juge, et sans le système formulaire à la délivrance de l'action ; ADDICO désignait une déclaration quelconque faite conformément à la volonté des parties; Gaius II, 24 ; III, 189. Quant au mot DICO, il signi-fiait tout acte par lequel le magistrat déclarait le droit. Accarias, II. 810, note 1.

dieux et diminuaient ainsi le nombre des jours où la *legis actio* était possible (17).

17. La procédure des *legis actiones* appartenait-elle exclusivement au *jus civile* ? Dans le principe, lorsque l'étranger était considéré comme un ennemi, l'affirmative n'est pas douteuse.

G. IV, § 37.

Cette règle fut modifiée dans la suite puisque Gains nous montre l'action *sacramenti* s'accomplissant devant le préteur pérégrin, IV. 31.

L. 2, § 7 *de origine iuris*, I, 2.

Le développement de la cité, *augescente civitate*, nous dit Pomponius dans ce texte, nécessita la création de nouvelles formules qui constituèrent le *jus œlianum*, du nom de *Sextus Œlius* qui les composa. Ne peut-on pas nduire de là l'extension de la procédure aux pérégrins ?

CHAPITRE II

Procédure des « legis actiones »

I. — SACRAMENTUM

Cette action doit son nom à la somme d'argent que
déposait chacun des plaideurs et qui constituait une
sorte d'enjeu dont le montant était perdu pour celui
dont les prétentions étaient rejetées. La question litigieuse n'était ainsi tranchée que d'une manière indirecte. Ce mode de procéder se retrouve dans beaucoup de
législations primitives. On craint de soumettre directement au juge le point litigieux, on prend un biais,
on fait un pari, et c'est sur la question de savoir
lequel des deux plaideurs doit perdre, que roule toute
la discussion. Mais, par le fait même, le litige sera
vidé. Cette manière d'agir peut s'expliquer. Aujour-
d'hui encore, le pari est un des moyens les plus usités
de subordonner la solution d'une contestation à un
fait positif. « La disposition à parier sur des événements est profondément enracinée dans la nature
humaine et s'est développée avec elle dès le principe.
Il n'est personne qui, la tête échauffée, consente à
déférer sa querelle à l'appréciation d'un tiers présent,
encore moins d'un tiers absent, mais il n'y manquera

pas s'il existe une gageure à propos de la querelle (18). »

Deux hommes se disputent un objet contesté, chacun prétend en être propriétaire. L'un des rivaux en appelle à l'honneur de l'adversaire en le provoquant à un pari. « Je te provoque et gage 500 as que l'objet m'appartient. L'autre, à moins de se déshonorer aux yeux des commilitons accepte la gageure ; l'enjeu est déposé, et le roi, assisté des guerriers présents, est appelé à juger le pari. Mais en jugeant le pari, on décide en même temps la question de propriété » (19). Tel est le développement historique de l'ancienne procédure ; telle est la manière dont elle prit naissance. Or, étant donné l'esprit conservateur des anciens Romains, elle ne devait pas disparaître tout d'un coup, elle devait survivre à l'état de civilisation, relativement peu avancé, qui l'avait vu naître.

La somme perdue par celui qui succombait n'était pas attribuée au gagnant, elle était affectée aux besoins du culte ; le dépôt en était fait entre les mains des pontifes « *qui petebat et qui inficiebatur* .... *quingenos æris ad pontificem deponebant.* »

Varron : *de ling. lat.,* IV, 36.

Cette destination primitive du *sacramentum* nous amène à voir dans la *legis actio* de ce nom une procédure sacrée, essentiellement religieuse. Celui qui avait échoué dans ses prétentions était considéré comme ayant causé un outrage à la divinité, outrage que le

<hr>

(18) Sumner Maine : *Etude sur l'histoire des institutions primitives,* p. 320.

(19) Maynz : *Cours de droit romain,* I, § 43, p. 490.

sacramentum avait pour objet de réparer. Ce caractère de la procédure primitive peut s'expliquer par la confusion du droit et de la religion, confusion qui entraînaît chez les Pontifes cumul des fonctions de prêtres et de magistrats. Il était alors naturel, la mission de rendre la justice leur appartenant, que le *sacramentum* leur fût attribué (20).

Comment maintenant le dépôt de cette somme d'argent était-il assuré? Tant que le collège pontifical fut en possession du secret des formules, aucune difficulté ne put s'élever à cet égard. Le droit de refuser aux parties les renseignements qui leur étaient indispensables constituait un moyen de contrainte suffisant. Mais quand, par suite de l'indiscrétion de Cn. Flavius, la connaissance des paroles sacramentelles tomba dans le domaine public, on dut assurer le paiement des deniers sacrés. Festus nous indique comment on y arriva. Une loi rendue sur la proposition de Lucius Papirius décida que tous les ans, à l'expiration des pouvoirs du préteur, trois citoyens seraient nommés et chargés de poursuivre le recouvrement du *sacramentum* « *quicumque prætor post hoc factus erit, qui inter cives jus dicet tres viros.....populum rogato, hique tres viri.......* SACRAMENTA EXIGUNTO (21).

Lorsque le droit de rendre la justice cessa d'être l'apanage du collège pontifical pour devenir une fonction purement civile, la procédure perdit son caractère

---

(20) Cet argent engagé n'est-il pas la plus ancienne image des frais de justice ?

(21) Latreille, *Histoire des institutions judiciaires dss Romains*, nᵒ 150. Festus, vᵒ *sacramentum*.

religieux, et la somme mise en jeu par les plaideurs, tout en conservant sa dénomination primitive de *sacramentum* eut une autre destination; elle tomba dans le trésor public, *œrarium*. A la même époque le dépôt officiel cessa d'être exigé ; on se contenta de la promesse faite avec *prœdes*, c'est-à-dire garantie par des cautions, de payer la somme le cas échéant. Le taux du *sacramentum* avait été fixé par la loi des XII tables à 50 as pour les litiges dont la valeur était inférieure à 1000 as, de 500 as pour les autres. Dans les procès relatifs à la liberté, le *sacramentum* était toujours de 50 as; cela par faveur pour la liberté.

La constitution du *sacramentum* était précédée et accompagnée de paroles solennelles, de gestes apparents et symboliques ayant tous leur signification et variant avec la nature du droit en litige. Nous aurons donc ici à distinguer entre les actions réelles et les actions personnelles.

a) *Actions réelles.*

Lorsque les parties arrivaient au tribunal, le premier soin du demandeur devait être de faire connaître, de préciser l'objet de sa prétention. Pour atteindre ce but, la loi avait voulu que la chose elle-même fût mise sous les yeux du magistrat. Mais il pouvait arriver quelle fût entre les mains de l'adversaire, et que celui-ci refusât de l'exhiber. Comment arrivait-on à vaincre sa résistance ? Gaius ne le dit pas, il se borne à poser le principe de la nécessité de la présence de la chose.

G. IV, § 16.

Les parties se transportaient-elles au lieu de la situation comme cela se faisait lorsqu'il s'agissait d'immeubles? Nous ne le croyons pas. Le demandeur avait, d'après nous, l'action *ad exhibendum* contre le défendeur. Nous voyons en effet dans la loi des XII Tables que les matériaux employés à construire un édifice ne pouvaient, cet édifice une fois construit, être revendiqués par celui qui s'en prétendait propriétaire: « *Tignum junctum œdibus vineœque et concapet ne solvito.* » « *Lex neque solvere permittit tignum furtivum œdibus vel vineis junctum neque vindicare.* »

L. 1. Dig. *de tigno juncto*, 47, 3.

L. 7 § 10, Dig. *de adq. rer. dominio*, 41, 1.

Si donc dans un cas particulier la loi n'avait pas voulu qu'on pùt contraindre à exhiber, c'est qu'en principe cette exhibition était obligatoire chaque fois qu'une personne y avait intérêt (22). Voici alors comment on procédait : le défendeur refusant d'obtempérer aux injonctions de son adversaire, un nouveau procès venait se greffer sur le premier, mais le but même à atteindre indique bien qu'on devait employer les formules des actions personnelles, puisque les formalités des actions réelles ne pouvaient être accomplies qu'après l'exhibition.

L. 3, § 3, Dig *ad exhibendum*. 10, 4.

Un juge était nommé non point pour examiner si le revendiquant était propriétaire, mais pour voir s'il avait intérêt à ce que la chose lui fût représentée.

(22) Latreille, *loc. cit.*, n⁰ˢ 214 et 215.

L'exhibition une fois faite, les parties se livraient à un combat simulé et prononçaient certaines paroles solennelles. Le demandeur saisissait de la main l'objet litigieux. Cette mainmise que l'on retrouve dans la procédure des Germains et qui, sous des formes variées, a passé de chez eux très avant dans le moyen-âge, est un exemple de cet avertissement préalable à toute action sur lequel insistent toutes les jurisprudences du monde civilisé (23). Elle avait pour but de bien préciser l'objet que l'on avait en vue, et était suivie de l'imposition sur la chose, de la baguette (*festuca* ou *vindicta*) représentant la lance qui se retrouve, non seulement chez les Romains mais chez plusieurs autres peuples de l'Occident, comme le symbole de la propriété proclamée envers et contre tous. Le demandeur montrait qu'il entendait exercer sur la chose le droit le plus absolu ; aussi la même solennité existait-elle dans l'établissement de la propriété, non seulement par l'*in jure cessio* qui n'était qu'une fiction de la *legis actio*, mais par la mancipation ; *rem tenens* nous dit gaius en décrivant cette opération.

Gaius IV, § 119.

La corrélation entre l'établissement du droit et son exercice existait aussi dans les paroles qui accompagnaient les actes dont nous venons de parler : *hunc ego hominem ex jure quiritium, meum esse aio,* disait le demandeur lorsqu'il s'agissait d'un esclave. Une formule identique était prononcée lors de l'acquisition de la propriété par mancipation (Gaius, *loc. cit.*), ou par

____

(23) Sumner Maine, *loc. cit.*, p. 314

in jure cessio (II. 24). Elle était absolue comme le droit lui-même, elle exprimait très nettement le rapport existant entre le propriétaire, et sa chose, sans mentionner d'intermédiaire, ce qui est bien la nature du droit réel. Les mêmes actes et les mêmes paroles intervenaient de la part du défendeur. Celui-ci, sans se préoccuper de son adversaire, affirmait son droit d'une façon absolue par la *contravindicatio*, et procédait à l'imposition de la *festuca*. Il y avait ainsi un combat simulé d'où ressortait très bien l'idée d'une contestation. Lorsque l'objet litigieux était un immeuble la procédure ne pouvait suivre son cours ainsi que nous venons de le dire ; le magistrat et les parties se transportaient au lieu de la situation, et là s'accomplissaient les actes que nous venons d'énumérer et qui prenaient alors le nom de *manuum consertio*. Les immeubles ne pouvant être saisis manuellement, le combat consistait en ce que l'un des deux adversaires expulsât l'autre : cet enlèvement était ce que l'on appelait *deductio* (24).

(24) Cette notion de la *deductio* n'est pas admise par tout le monde. M. Bonjean (I, p. 384) appelle ainsi le transport même des parties avec ou sans préteur sur l'objet litigieux. Cette idée nous paraît inexacte, le mot *deducere* semble bien indiquer qu'il s'agit de l'enlèvement, de l'expulsion de l'une des parties par son adversaire. Suivant d'autres, le préteur n'étant pas sur les lieux, lors du combat simulé, pour imposer la paix, la violence était censée continuer jusqu'à son tribunal où l'adversaire était entraîné, *deducebatur*. Dans ce système la *deductio* n'aurait pris naissance qu'à l'époque où le préteur cessa de se rendre sur les lieux, ce qui est contredit par les textes. D'autres, enfin, attribuent la *deductio* à la nécessité que les parties fussent dans une situation égale. Le possesseur de l'immeuble devait donc en être arraché et conduit *in jure*. Nous n'insistons pas davantage sur cette question qui ne présente aucun intérêt.

V. Ortolan III, p. 488, n° 1864, et note 4.

Plus tard, les préteurs n'ayant sans doute plus le temps d'accompagner les parties, celles-ci se provoquaient devant le magistrat, à se rendre seules sur les lieux (25) accompagnées de témoins *supers-tites* (26). Elles s'y rendaient sur l'ordre du préteur et y engageaient le combat fictif. Puis elles détachaient une parcelle de l'immeuble ; elles l'apportaient *in jure* et accomplissaient sur elle les revendications respectives. On simplifia encore : les parties eurent soin, avant de comparaître devant le magistrat, de se rendre sur les lieux, d'y procéder à la *deductio* et d'apporter *in jure* la motte *gleba* représentant l'objet litigieux (27). La *manuum consertio* devint ainsi un acte extrajudiciaire ; c'est ce qu'indiquent bien les mots *ex jure*... etc., par opposition aux mots *in jure* qui se trouvaient dans la loi des XII Tables.

Le préteur mettait fin aux revendications des parties par ces mots : « Mittite, discedite », ou autres se m blables. Les parties obéissaient à cette injonction : « illi autem mittebant ». Le *vindicans* interrogeait alors son adversaire sur la cause et le fondement de sa revendication. « Postulo anne dicas quâ ex causâ vindicaveris (28). » Celui-ci se contentait de répondre

(25) C'était ce que l'on appelait l' « *ex jure manum consertum vocare.* »

(26) « *Superstites testes prœsentes significat.* »

Festus, v° *Superstites.*

(27) L'*ex jure manum consertum vocare* n'était plus que fictif. Les parties se provoquaient toujours, mais à peine avaient-elles fait quelques pas, le préteur les rappelait.

(28) Nous retrouvons encore ici l'emploi de l'indicatif, emploi qui, nous le savons, avait sa cause dans le sentiment d'indépendance des anciens romains.

qu'il avait satisfait aux formalités légales « jus feci sicut vindictam imposui ». Avait alors lieu la provocation au *sacramentum* dont il a déjà été question tout à l'heure, et sur laquelle nous ne reviendrons pas.

Ce dialogue formaliste qui intervenait entre les deux adversaires, et dont Cicéron se moque dans son *pro Murenâ*, peut être considéré comme ayant engendré l'art de la plaidoirie. Quant au combat fictif qui n'était chez les Romains qu'une simple formalité, il est longtemps demeuré réel dans d'autres sociétés, et a survécu dans le *gage du combat* qui, en tant qu'institution anglaise, n'a été aboli qu'à une époque relativement récente (29). « L'intervention du préteur et l'acceptation de sa médiation par les parties introduisirent, dans l'administration de la justice dans l'état romain, un des éléments les plus efficaces qui aient concouru à la transformation historique du monde civilisé » (30). C'était aussi là un souvenir de l'intervention de l'autorité dans la justice privée.

Le point litigieux une fois précisé, ainsi que nous venons de le dire, avait lieu de la part des parties un appel en témoignage, une invocation de témoins *contestatio* faisant partie du rite de la *legis actio*, mais destiné en outre à procurer plus tard, si cela était nécessaire, les moyens de preuve nécessaires pour établir devant le juge ce qui s'était passé devant le magistrat. Cet acte s'appelait *litis contestatio*, c'était

(29) Le duel judiciaire n'a été aboli légalement en Angleterre qu'en 1820, mais il était depuis longtemps tombé en désuétude.

(30) Sumner-Maine, *loç. cit.*, p. 315.

la clôture solennelle de la procédure *in jure*, la perfection du contrat judiciaire dont il a déjà été question (30 *bis*).

Devant le magistrat, chacun des deux plaideurs avait un rôle égal, chacun avait affirmé catégoriquement son droit de propriété. Le préteur devait alors déterminer lequel des deux adversaires serait demandeur, lequel serait défendeur, c'est ce que l'on appelait *vindicias dicere*. La possession provisoire, la garde de la chose était attribuée à l'une des parties (31).

(30 *bis*) La *litis contestatio* produisit sous le système formulaire, du moins dans les actions personnelles et moyennant l'accomplissement de certaines conditions, un effet très remarquable, nous voulons parler de l'extinction ou plutôt de la transformation du droit déduit en justice. Dans le *sacramentum* il ne pouvait en être ainsi, l'objet direct de la *deductio in judicium* étant non pas le droit mais uniquement la question *utriusque justum sit sacramentum*. Mais si en droit la *litis contestatio* ne produisait pas l'effet extinctif qui la caractérisa sous le second système de procédure, on aboutissait en fait au même résultat. La combinaison du principe *non bis in idem* avec celui qui veut que toute condamnation soit pécuniaire amenait en réalité quelque chose de très analogue au plein épuisement du droit qui avait servi de base à l'action.

Gaius, IV, § 108.

(31) Il n'y avait là qu'une simple détention, un séquestre et non une véritable possession, c'est donc à tort que l'on a considéré la décision du magistrat sur ce point comme *réglant le possessoire*. Il nous semble, en effet, que dans le droit primitif, la possession n'était qu'un pur fait n'engendrant aucun droit, ne produisant aucune conséquence juridique. « Unusquisque dominus erat aut non intelligebatur dominus », G., II, 40. Il ne pouvait donc, à cette époque, être question de régler le possessoire et cependant alors déjà « prœtor vindicias dicebat, id est interim aliquem possessorem constituebat ».

Plus tard, afin de consolider le régime de la propriété, troublé par de nombreuses possessions anormales, on institua l'usucapion, mode d'acquérir la propriété par la possession prolongée pendant un certain temps. La possession acquit dès lors une certaine force juridique ; mais elle n'était

Cette attribution n'était pas toujours faite au possesseur ; la *legis actio sacramento* constituait en effet un *judicium duplex* chaque partie jouait le rôle de demandeur, chacune d'elle opposait à l'autre une allégation indépendante, et devait prouver la vérité de cette allégation. Il n'eut servi à rien au *contravindicans* d'avoir à s'affirmer comme propriétaire, s'il lui eut été permis ensuite de se borner à dénier la propriété de l'adversaire. La possession antérieure était donc parfaitement indifférente et on comprend que le préteur put statuer suivant les circonstances. Grâce à cette liberté d'appréciation, le magistrat ne devait pas avoir uniquement égard au seul fait de la possession, il pouvait tenir compte des preuves offertes et il était libre de se laisser guider par le degré de confiance que lui imposaient les parties et leurs auteurs (32).

pas protégée pour cela ; elle n'avait aucune valeur tant que les deux années exigées n'étaient pas expirées. Venait-elle à cesser avant ce moment, le possesseur voyait ses espérances s'évanouir devant la revendication du propriétaire légal. Dans le cas contraire, il devenait véritable propriétaire. Un pas restait à faire, c'était de protéger, sous certaines conditions, la possession pour elle-même sans s'inquiéter si elle devait ou non conduire à la propriété. Ce progrès fut réalisé, et on en a tiré la distinction faite par les interprètes modernes, mais qui ne se trouve pas dans les sources entre la possession *civilis* ou *ad usucapionem* et la possession *ad interdicta*. Mais ce ne fut que relativement tard après l'institution de la préture, que la possession fut protégée contre les troubles et les violences, que prit naissance la distinction du possessoire et du pétitoire. Il ne pouvait donc en être question au début du système des *legis actiones*.

Latreille, *op. cit.*, n° 236.

(32) Cependant avec le temps, les cas semblables amenèrent des solutions identiques. Il fut décidé, par exemple, que dans les procès relatifs à l'état des personnes, la possession intérimaire serait donnée dans le sens de la liberté (*vindicias dicere secundum libertatem*). Cette règle fut méconnue

Celui auquel la possession avait été attribuée était tenu de promettre, pour le cas où il succomberait, la restitution de la chose et des fruits, et cette promesse était garantie par des cautions que l'on appelait *prœdes litis et vindiciarum* (33).

dans le procès de Virginie et provoqua une émeute. C'est ainsi encore que s'établit l'usage de « *vindicias dicere secundum populum* » dans certaines questions d'intérêt public « *de aquâ... prœtores secundum populum vindicias dicunt* » (Festus v° *Vindiciœ*). Pour les autres cas, aucune règle fixe n'avait été posée. Il cessa d'en être ainsi lorsque la possession devint un droit ou plutôt engendra des droits par elle-même, et fut protégée par les interdits. Le possesseur demeura nanti, ce fut à l'adversaire à prouver son droit. Cette innovation n'était en apparence que la conséquence de l'habitude qu'avait prise le magistrat de ne pas dessaisir sans motif le détenteur. Mais au fond elle était radicale et ne laissait plus rien subsister de l'ancien état de choses. Le magistrat, en attribuant les *vindiciœ* à l'une des parties, ne créa plus le droit du possesseur, il ne fit que consacrer un droit préexistant, il maintint une situation acquise et ne lia plus les parties par un contrat de dépôt ou de séquestre.

Latreille, *loc. cit.*, n° 238.

(33) Un texte assez obscur de la loi des XII Tables a donné lieu ici à une difficulté d'interprétation que nous devons examiner. « *Si vindiciam falsam tulit..... arbitros ter dato, eorum arbitrio..... fructus duplione dammum decidito.* On a prétendu que cette disposition condamnait à la restitution du double des fruits le possesseur de mauvaise foi. Mais, nous l'avons dit (*supra* note 31), la possession n'existait pas à l'époque des XII Tables en tant que fait pouvant produire des conséquences juridiques. Pourquoi dès lors un plaideur aurait-il cherché à retenir de mauvaise foi une inutile possession de fait ? Quel dommage aurait-il pu occasionner à son adversaire ? Celui à qui la chose était attribuée pendant l'instance, ne la conservait qu'à titre de dépôt, de séquestre ; le magistrat, pour la lui confier jouissait des pouvoirs les plus étendus, il ne pouvait donc être question de possession de mauvaise foi. Le vice de la possession n'aurait pu d'ailleurs être reconnu que par le juge chargé de statuer sur le fond du litige, c'est donc à lui qu'aurait dû revenir la mission de prononcer la condamnation. Or, notre texte ordonne la nomination de trois arbitres, il n'a donc pas en vue la restitution des fruits pour cause de possession vicieuse. Ces arbitres appar-

Pour terminer, demandons-nous à quel moment intervenait la décision du magistrat sur le possessoire.

tenaient à la classe des *recuperatores* et tenaient leurs pouvoirs de l'*imperium*. Il y avait ainsi, dans notre cas, une atteinte portée à un acte de l'*imperium* ; cet acte n'était autre que l'attribution provisoire de la chose à l'une des parties. La disposition précitée de la loi décemvirale avait donc, selon nous, pour but, d'établir la sanction de l'obligation imposée au dépositaire de restituer la chose à l'autre partie, si celle-ci était reconnue véritable propriétaire.

Paul nous dit que la loi des XII Tables donnait une action *in duplum* contre le dépositaire infidèle, et que le droit prétorien donnait une action *in simplum* : « Ex causa depositi lege XII Tabulorum in duplum actio datur ; edicto prœtoris in simplum. »

Paul. *Sent. recept.* Lib. II, tit. XII, § 11.

Il était dès lors tout naturel que le plaideur qui avait violé le dépôt fait entre ses mains par le magistrat, encourût la condamnation en double. On objecte que cette action prenait sa source dans un texte plus général placé dans la matière des contrats, et auquel se référait le fragment de Paul. Il faut alors, dit-on, donner un autre sens à celui qui nous occupe, car il est inadmissible que les décemvirs aient énoncé deux fois la même prescription.

Cette objection n'est pas décisive, l'existence d'une disposition plus générale n'est pas prouvée, elle supposerait des développements assez étendus sur les contrats ce qui ne serait pas en harmonie avec le laconisme habituel des XII Tables. Il y a mieux, la suite même du fragment de Paul prouve bien que notre texte était le siège de la matière. Le préteur, nous dit le jurisconsulte, avait établi contre le dépositaire infidèle une action *in simplum* et Ulpien nous dit qu'il distinguait entre le dépôt volontaire et le dépôt nécessaire, le premier seul n'étant puni que de la condamnation au *simplum*.

Ulp. L. 1 § 4 *depos. vel contra* 16-3.

Cela s'explique à merveille dans notre interprétation. Le texte de la loi des XII Tables statuait sur un cas déterminé de dépôt nécessaire, le préteur étendit cette disposition à tous les cas *analogues*. Si les Tables décemvirales avaient été aussi générales qu'on veut bien le dire, la distinction du préteur eût été un excès de pouvoir, une violation formelle de la loi, ce qui est inadmissible étant donnée la manière dont se développait le droit prétorien en apparence toujours respectueux de la loi dont il adoucissait la rigueur. V. Latreille : *loc cit.* n° 239.

Il est certain qu'elle suivait la constitution du *sacra-mentum* et la *litis contestatio*, il fallait en effet que l'instance fût engagée, que le contrat judiciaire fût parfait, pour que le dépôt de la chose entre les mains des plaideurs eut une cause, ce dépôt était la conséquence de la *litis contestatio* ; il ne pouvait donc pas la précéder. Cela est hors de doute et n'a été contesté, que nous sachions, par personne. On s'est demandé seulement, et nous ne nous arrêterons pas longuement sur ce point qui ne présente aucun intérêt, si le règlement des *vindiciæ* précédait ou suivait la nomination du juge. Nous penchons vers la seconde alternative et nous croyons que depuis la *lex Pinaria* dont il sera question plus loin, le dépôt de la chose litigieuse n'intervenait que lors de la deuxième comparution des parties *in jure*. Gaius nous dit en effet que l'on procédait dans les actions réelles de la même manière que dans les actions personnelles ; or, dans ce dernier cas, la *litis contestatio* ne pouvait être suivie que de la désignation du juge ; il devait donc en être de même dans les actions réelles ; et, comme la remise de la chose à l'un des plaideurs ne pouvait avoir lieu avant le *litis contestatio*, elle avait lieu nécessairement après la nomination du juge (34).

(Gaius, IV, 16).

Le règlement du possessoire nous paraît encore être une trace de l'intervention de l'autorité dans la justice privée. Le préteur distribue les rôles de même qu'il met fin au combat pour empêcher l'ordre public d'être troublé par les violences des parties.

____

(34) Latreille, n° 234.

Telles étaient, sous le système des *legis actiones*, les formes particulières à l'action réelle par excellence, à l'action en revendication. Ce n'était pas la seule action qui s'engageât au moyen de l'action *sacramenti*; cette forme de procéder était, nous dit Gaius (IV, § 13), d'une application plus générale « *generalis erat* ». Nous sommes ainsi amené à étudier les formes secondaires du *sacramentum*, son application à l'hérédité, aux servitudes et aux obligations. La nature de ces droits amenait nécessairement des modifications dans la formule.

En ce qui touche l'action en pétition d'hérédité, la figure de l'action *sacramenti* était celle que nous venons de décrire : qu'il s'agît de revendiquer le fonds Cornélien ou l'*hereditas Lucii Titii,* c'était toujours un droit de même nature qui faisait l'objet des prétentions des parties. Gaius, au § 17 du commentaire IV, paragraphe en grande partie perdu, indiquait sans doute la chose qui devait être apportée en justice pour représenter l'*hereditas* et sur laquelle devaient s'accomplir toutes les formes de la revendication.

Pour les actions relatives aux servitudes, l'existence d'une formule spéciale ne peut être mise en doute, bien qu'aucun renseignement précis ne nous soit parvenu à cet égard ; cette formule devait quelque peu différer de celle de l'action *sacramenti* appliquée à la revendication. Il est probable que ce qui forma plus tard l'*intentio* de l'action *confessoria* et de l'action *negatoria* constituait dans la *legis actio,* la *vindicatio* et la *contravindicatio.* Le demandeur disait sans doute *aio mihi jus esse eundi, agendi in fun-*

do ; le défendeur répondait: *nego,* etc. (35) ou à l'inverse le demandeur disait *nego*... etc. et le défendeur *aio*... etc.

Il faudrait se garder de croire que le caractère d'action confessoire ou négatoire s'induisait uniquement de la parole affirmative ou négative du demandeur ; ce caractère dépendait du règlement des *vindiciæ*, si elles étaient, dans le premier des cas supposés plus haut, attribuées au *vindicans,* dans le second au *contravindicans,* le *judicium* était *negatorium* ; dans les autres cas il était *confessorium.* Après l'affirmation des prétentions respectives des parties avait lieu la provocation au *sacramentum* ; il ne pouvait en effet être question de *manuum consertio,* l'objet litigieux étant un *jus incorporale* (36).

b) *Actions personnelles.*

Les sources sont muettes sur l'action *sacramenti* envisagée en tant qu'action *in personam* et la formule en usage dans ce cas ne nous est point parvenue. M. Heffter a cru pouvoir rétablir de la manière suivante le texte mutilé de Gaius : *Quando in jure te conspicio,* disait le demandeur, *postulo an fias autor quâ de re nexum mecum fecisti.* L'adversaire répon-

---

(35) La *contravindicatio* ne pouvait, dans cette hypothèse, se produire sous une forme affirmative, le défendeur eût affirmé l'existence d'une servitude sur son propre fonds ce qui eût été contraire à la règle : *nemini res sua servit.*

(36) Keller, *Procédure civile des actions,* p. 60 et s.

dant négativement, il continuait ainsi : *Quando negas sacramento quingenario te provoco, si propter te, fidemve tuam captus fraudatusve sim.* A cette provocation, le défendeur répondait : *Quando ais neque negas me nexum fecisse tecum, similiter ego te sacramento provoco, si propter me fidemve meam captus fraudatusve non sies.*

Nous ne pensons pas que la formule ainsi reconstituée soit la véritable, ce qui indique qu'il s'agit d'une action personnelle, c'est le mot *nexum*, mais la nature même du droit qui est de créer un rapport de personne à personne, ne transparaît pas dans la forme, comme lorsqu'il s'agit d'un droit réel : or c'est, nous l'avons vu, le caractère des formules romaines que d'indiquer par elles-mêmes la nature du droit à établir, ou à faire valoir. Il y a toujours concordance entre la forme et le fond. Nous préférerions donc la restitution donnée par M. Huschke d'après Valérius Probus, et qui est plus en harmonie avec la formule de l'action réelle : AIO, disait le demandeur, TE MIHI DECEM MILLIA SESTERTIUM DARE OPORTERE. Le défendeur répondait négativement, puis, avait lieu la provocation au *sacramentum* : *Quando negas...* etc. L'adversaire répondait : *Quando ais neque negas...* etc. On le voit, le rapport de personne à personne qui est de l'essence de l'obligation ressortait très nettement des paroles prononcées par les deux parties.

Maintenant, que la cause légale servant de base à l'obligation, entraînât dans la formule certaines particularités, c'est ce qui ne saurait être mis en doute, bien que ce ne soit là, en somme, qu'une pure conjecture. Ce qui la rend tout d'abord vraisemblable, c'est le texte où Gaius nous représente le plaideur perdant son procès pour avoir agi *de succisis vitibus* au lieu *de succisis arboribus*.

En second lieu, si, nous plaçant sous le système formulaire nous examinons l'*intentio* de certaines actions personnelles, et si nous admettons, ce qui est très vraisemblable, que cette *intentio* tirait son origine des actions de la loi et figurait déjà dans l'action *sacramenti in personam*, nous aurons la preuve que celle-ci revêtait des formes variant avec la cause de l'obligation. Prenons pour exemple l'action *furti*. L'*intentio* de cette action ne tendait pas à *dare oportere*, mais à *pro fure damnum decidere oportere*; il est donc probable que ces expressions figuraient déjà dans l'action *sacramenti in personam* applicable au *furtum nec manifestum* et que l'affirmation du demandeur était conçue en ces termes : *Aio ope consiliove tuo* (ou simplement *a te*) *mihi furtum factum esse pateræ aureœ, ob eamque rem, te pro fure damnum decidere oportere.* Ce qui corrobore cette manière de voir, c'est que l'action dont nous parlons, et dont l'objet n'était pas la plupart du temps un pur *certum*, était susceptible d'être exercée par le *sacramentum* qui supposait cependant un *certum* de ce genre. S'il en était ainsi, c'est que l'on avait soin de n'insérer dans la formule que ce qui pouvait être résolu par oui ou par non, savoir si le défendeur était tenu de réparer le préjudice causé au demandeur par tel ou tel vol, *an pro fure damnum decidere oportet* (36)?

(36) Keller : *op. cit.*, § 63.

La procédure *in jure* se terminait par l'engagement réciproque de comparaître à jour fixe devant les décemvirs, les centumvirs ou le juge choisi par les parties et institué par le magistrat, ou bien, depuis la *lex Pinaria*, de comparaître de nouveau au bout de 30 jours pour faire choix d'un juge auquel cas, le jour venu, intervenait un nouvel engagement de comparaître à jour fixe devant le juge désigné.

Lorsque devant le préteur l'affaire ne pouvait se terminer le jour même de la comparution, les parties se promettaient réciproquement de se représenter à jour fixe : cette promesse était connue sous le nom de *vadimonium*. Elle était garantie par des cautions que l'on appelait *vades* (Gaius, IV, § 184, Varron *de ling. lat.*, v. 7.)

Litis estimatio. — L'objet du procès étant, dans la *legis actio* dont nous nous occupons, uniquement de savoir *utrius justum sit sacramentum*, il fallait nécessairement, lorsque la prétention du demandeur ne portait pas sur une somme d'argent, il fallait bien, disons-nous, évaluer pécuniairement cette prétention (36 *bis*). Il paraît avoir existé à cet effet une pro-

---

(36 *bis*) Le principe des condamnations *ad ipsam rem* ne paraît pas avoir été celui de l'ancien droit romain. Les voies d'exécution rentraient dans l'*imperium* et n'appartenaient qu'aux magistrats. Les juges simples particuliers ne pouvaient en user.

Gains : IV. 89.

Pomponius, L. 9 § 1, Dig. *de Furtis*, 47-2.

Dans le dernier état de droit classique, il n'en fut plus ainsi. C'est ce qui semble résulter de la loi 68 au Dig. *rei vindic*, (VI. I). Toutefois, il existe sur ce texte une controverse dans les détails de laquelle nous ne pouvons entrer, disons seulement que l'opinion que nous venons d'émettre est celle qui tend à prévaloir parmi les interprètes.

cédure particulière que Valerius Probus appelle *arbitrium litis œstimandæ* procédure d'ailleurs accessoire du *sacramentum* et qui se déroulait soit devant le juge qui avait rendu la décision principale, soit devant des arbitres.

Nous ne possédons aucun renseignement sur cette partie du procès. Cependant quelque chose de bien analogue nous est mentionné par Festus (*v° vindiciœ*) à propos du *judicium repetundarum* qui dans son dernier état se présente comme un *judicium publicum*, mais qui dans le principe constituait un véritable procès civil auquel le *sacramentum* était applicable.

Nous n'insistons pas sur la *litis œstimatio* qui fait plutôt partie de la procédure *in judicio* que de la procédure *in jure*.

II. — JUDICIS POSTULATIO.

Nos explications sur cette seconde *legis actio* seront brèves, car les renseignements nous font complètement défaut. Ils se bornent à la connaissance de la formule sacramentelle que les parties devaient réciter devant le juge, formule qui nous a été transmise par Valérius Probus et qui était ainsi conçue : *Judicem arbitrumve postulo uti des*. Elle était sans doute précédée d'un exposé sommaire du litige. La *judicis postulatio* était le complément indispensable du *sacramentum*. Ce dernier mode d'action ne convenait en effet qu'aux contestations susceptibles d'être résolues par oui ou par non ; mais il est loin d'en être toujours ainsi : le débat devait souvent porter sur des rapports de droit incertains et flottants ; chacune des parties pouvait avoir des obligations l'une envers l'autre ; ce qu'il leur fallait, c'était un tiers intelligent et équitable, chargé de régler d'après son appréciation personnelle le point litigieux et les obligations respectives des plaideurs ; il leur fallait en d'autres termes ce *mite*, ce *moderatum* dont l'absence était le trait caractéristique de la procédure *per sacramentum*.

C'était là le véritable motif de la création de la *judicis postulatio* (37). On en a cependant cherché d'autres. On a dit qu'avant la loi *Pinaria* il n'y avait jamais dation de juge dans l'action *sacramenti* et que, par conséquent, lorsqu'on voulait un juge, il fallait recourir à la *judicis postulatio* qui ne faisait ainsi pas double emploi avec le *sacramentum*. Ce système ne repose pas sur une base bien solide, car précisément, cette prétendue innovation de la loi *Pinaria* est contestée. Autorisa-t-elle pour la première fois la dation d'un juge dans l'action *sacramenti*, se borna-

<hr>

(37) La formule précitée portait le nom ARBITER qui désigne dans le langage de la procédure romaine un juge ayant des pouvoirs plus larges que le JUDEX proprement dit. Mais ici, la signification de ce mot n'est pas bien grande puisqu'il se trouve à côté du mot *judex*. De là entre les jurisconsultes romains une controverse sur la question de savoir si le tiers chargé de vider le débat devait être appelé *judex* ou *arbiter*, discussion dont Cicéron se moque dans son *Pro Murena*.

La *judicis postulatio* nous paraît être postérieure au *sacramentum*. Cette marche est conforme au développement général du droit romain. On objecte que les formes raides du *sacramentum* ne durent jamais s'adapter d'une manière bien satisfaisante aux matières comprises dans la *judicis postulatio*, qu'il devait y avoir pour ces sortes d'affaires une action spéciale. Cette observation n'est pas décisive, tout ce que l'on peut en tirer, c'est que la *judicis postulatio* est bien antérieure à la *condictio*.

t-elle à décider que le juge qui auparavant était donné de suite ne serait plus désigné qu'après un délai de quarante jours ? L'une ou l'autre opinion devra être admise suivant que la lacune qui se trouve dans le manuscrit de Gaius (IV, 15) après les mots *ante eam legem* sera comblée par le mot *nondum* ou par le mot *statim*. C'est à cette dernière restitution que nous nous rallions (V. Accarias, II, n° 733. Dubois, *Institutes de Gaius* sur le § 15 du comm., IV, note 45), et nous pensons que dès avant la loi *Pinaria*, les parties pouvaient demander la nomination d'un juge. L'unique objet de cette loi fut de placer un délai de trente jours entre l'exposé des prétentions des parties et cette nomination ; dès lors la *judicis postulatio* ne pouvait avoir, pour raison d'être, que la nécessité de donner au juge, dans certains cas, des pouvoirs plus larges.

III. — condictio.

Ici encore, les renseignements nous manquent. En quoi consistait la procédure *per condictionem* ; quel était le besoin qui avait provoqué sa création ? Telle est la question assez obscure qui se présente à notre examen.

La *legis actio per condictionem* avait emprunté son nom à la sommation (*condictio id est denuntiatio*. — Festus, V° *Condictio*) faite par le demandeur à son adversaire de se trouver avec lui le trentième jour devant le magistrat pour faire choix d'un juge. Elle avait été introduite par la loi *Silia*, DE CERTA PECUNIA CREDITA ; plus tard la loi *Calpurnia* l'étendit à toute espèce d'obligations certaines. Mais ces sortes d'obligations pouvaient être poursuivies par le *sacramentum* ; pourquoi donc introduisit-on cette nouvelle manière de procéder? Gaius se posait déjà la question (IV. § 20), mais à tort, « car il ne pouvait être question de combler une lacune qui n'existait pas, mais de perfectionner ce qui existait » ; le but des deux lois précitées nous paraît donc avoir été de simplifier les formes de la procédure. Ceci nous amène à étudier en quoi consistait précisément la *legis actio per condictionem*. L'acte capital de cette forme de procéder était la sommation faite par le demandeur au défendeur de se trouver à jour fixe devant le magistrat pour faire choix d'un juge ; cette sommation faisait sans doute connaître l'objet de la demande ; on évitait ainsi la première comparution devant le magistrat. Cela implique que la *denuntiatio* était un acte extrajudiciaire, idée qui nous paraît exacte mais qui n'est pas admise par tout le monde. On objecte en effet que la sommation n'aurait pas fait, dans notre système, partie intégrante de la *legis actio*, qu'elle n'en aurait été que le préliminaire, et qu'il serait alors bien étrange qu'elle en eût déterminé le nom (38). Cette observation n'est pas sans réplique. D'abord, pourquoi une procédure n'emprunterait-elle pas son nom à l'acte introductif d'instance ? En second lieu, si la sommation devait se faire *in jure* en présence du magistrat, où se trouvaient la simplification, l'abréviation de délai que recherchaient les lois *Silia* et *Calpurnia*? Il y aurait eu

(38) Accarias, II, 144 ; Ortolan, n° 1876.

comme par le passé deux comparutions, et l'amélioration n'eût pu consister que dans la suppression des
paroles solennelles dont la prononciation était imposée aux parties avant la constitution du *sacramentum*. Or, dans les actions personnelles, ces paroles se
réduisaient à fort peu de chose; l'intérêt de l'innovation eût donc été absolument nul.

Supposons des parties éloignées de Rome, elles auraient dû, dans le système que nous combattons,
accomplir ce voyage dans le but unique de permèttre
au demandeur de faire de la *denuntiatio* une véritable
legis actio, c'est-à-dire de la faire en justice, pour s'en
retourner après avoir prononcé quelques paroles, et
revenir ensuite trente jours après s'occuper en réalité
de la cause. D'après notre manière de voir, les parties
n'avaient pas à se déplacer et pouvaient se contenter
d'une sommation extrajudiciaire. La coexistence de
la *condictio* avec le *sacramentum* et la *judicis postulatio* se trouve ainsi bien expliquée; ajoutons qu'aucun texte ne vient à l'encontre de cette conjecture
très vraisemblable (39).

Que se passait-il maintenant après la *denuntiatio ?*
On a prétendu que la *legis actio per condictionem* était
« une fiction de la loi dont l'effet est de faire tenir
pour condamné le défendeur qui ne comparaît pas »
(40) On a vu en d'autres termes dans la *condictio* l'origine des condamnations par défaut. L'argument
capital de cette doctrine se trouve dans un passage de

39. Keller, *loc. cit.*, p. 73. Ihering, § 56, p. 324.
40. Latreille, 187.

Cicéron (*Pro Roscio*, 10): « *Pecunia*, disait l'orateur à son adversaire, *tibi debebatur certa, quæ* NUNC *petitur per judicem.* » A ce moment donc, c'est-à-dire à une époque où les actions de la loi avaient été abrogées par la loi *Aebutia*, la *pecunia certa* était demandée en justice au moyen de la nomination d'un juge ; donc avant cette époque et sous le régime des actions de la loi, la *condictio* qui avait pour objet la demande d'une somme déterminée ne s'exerçait pas *per judicem*. Sans doute Gaius, au § 18 du Commentaire IV, nous dit que : *actor adversario denuntiabat ut ad judicem capiendum die XXX adesset*. Mais la contradiction avec le passage précité de Cicéron n'est qu'apparente. Le demandeur sommait son adversaire de se présenter pour faire choix d'un juge, c'était là l'acte essentiel de la *condictio*, mais le défendeur pouvait ne pas obtempérer à cet ordre, il y avait alors absence de juge, condamnation par défaut ; c'est le cas auquel Cicéron fait allusion et auquel s'appliquait la *condictio*. Si au contraire le défendeur déférait à la *denuntiatio* et se présentait au jour fixé devant le magistrat, il était procédé dans la forme ordinaire à la nomination d'un juge, mais on retombait alors dans la *judicis postulatio*.

Cette théorie est très ingénieuse, elle ne nous paraît pas cependant devoir être admise ; elle est trop contraire au texte de Gaius qui ne fait aucune distinction et semble au contraire, regarder la nomination du juge comme essentielle à la marche de la *legis actio*, sans faire aucune allusion à une condamnation feinte. L'argument *a contrario* tiré de Cicéron est loin d'être décisif, il nous amènerait à un résultat trop contraire aux principes les plus certains de la procédure romaine, savoir que la condamnation ne pouvait intervenir qu'à la suite du contrat judiciaire formé par la *litis contestatio.*

L'absence systématique de l'adversaire ne pouvait sans doute paralyser les droits du demandeur ; mais que résultait-il de là ? C'est que le débiteur était considéré comme *confessus* ; c'est à ce titre seul que les voies d'exécution pouvaient être exercées contre lui.

Les parties devaient donc comparaître en personne devant le magistrat. Quels étaient alors les actes qu'elles devaient accomplir dans cette comparution unique ? N'y avait-il pas un élément destiné à fournir au futur *judicium* sa direction, destiné particulièrement à en fixer l'objet et à remplacer ainsi la première comparution qui avait lieu dans l'action *sacramenti,* comparution consacrée, nous le savons, à l'énonciation de la prétention du demandeur, à la contradiction de l'adversaire et à la constitution du *sacramentum?* L'affirmative n'est pas douteuse. Il intervenait très probablement, de la part des parties dans la *condictio e lege Siliâ,* une *sponsio* et une *restipulatio tertiæ partis* c'est à dire un pari, mais dont le montant, à la différence de ce qui avait lieu dans le *sacramentum,* était attribué à la partie qui avait obtenu gain de cause (41). Nous ne trouvons, il est vrai, aucun texte formel à l'appui de cette opinion mais elle peut s'induire de ce que la *sponsio* existait très certainement dans l'action de *certâ creditâ pecuniâ* qui remplaça la *legisactio per*

---

(41) Cette *sponsio* avait aussi sur le *sacramentum* cet avantage que la somme à payer par la partie qui succombait, était proportionnée à l'importance du litige et variait avec elle.

condictionem. Son passage de l'une à l'autre est donc très probable. Quant à la *condictio lege Calpurnia* il n'est question ni directement ni indirectement d'une *sponsio penalis* qui aurait servi à établir le passage entre la procédure *in jure* et la procédure *in judicio*, et cependant, si une pareille *sponsio* eût existé, elle aurait certainement laissé des traces dans les textes. Ce passage se faisait, croyons-nous, par quelque chose d'analogue à la formule des temps postérieurs, par une déclaration verbale ou écrite du magistrat, déclaration précisant la mission du juge. Cette conjecture explique fort bien un passage où Gaius nous dit qu'il ne fut, sous le système formulaire, composé aucune formule *ad condictionis fictionem*, c'est-à-dire qu'il ne fut composé aucune formule s'appuyant sur la fiction d'une *legis actio per condictionem*, supposant l'accomplissement de cette *legis actio* pour en admettre plus ou moins les effets.

Gaius, IV, § 33.

S'il en était ainsi, c'était par une raison bien simple, parce que la formule existait déjà.

IV. — MANUS INJECTIO

Le nom seul de ce moyen de contrainte nous en indique le trait caractéristique. Le créancier pratiquait une sorte de mainmise sur la personne de son débiteur, *manum injiciebat* en prononçant certaines paroles solennelles, afin de le contraindre à exécuter la condamnation prononcée contre lui ou l'obligation par lui reconnue. Plus tard certaines créances furent, par privilège spécial et indépendamment de tout jugement ou de toute *confessio*, revêtues de la force exécutoire et sanctionnées par la *manus injectio*. On peut donc considérer cette *legis actio* comme une voie d'exécution.

Nous retrouvons ici les caractères généraux du *sacramentum*, solennité dans les paroles, solennité dans les actes du créancier : *quod tu mihi judicatus sive damnatus es sestertium decem millia quæ dolo malo non solvisti, ob eam rem ego tibi sestertium decem millum judicati*, MANUS INJICIO. Ce sont les termes mêmes de la loi des XII Tables *manus injectio esto* ; il y avait là une *actio ipsarum legum verbis accommodata*. La corrélation entre le mode d'établissement du droit et la mise en œuvre de ce droit était moins apparente. Le droit invoqué ressortait du jugement *æris debiti jure judicatis*. Or, le jugement n'était que l'expression d'une simple opinion, le juge décidait simplement lequel des deux plaideurs avait gagné ou perdu son pari, il ne prononçait aucune condamnation, la sentence ne renfermait aucun ordre, aucune injonction à la partie perdante. La formule de la *manus injectio* aurait dû être un simple rappel de la sentence rendue ; or, il n'en était pas ainsi, elle renfermait l'idée d'une condamnation antérieure. Cette condamnation était celle à laquelle aboutissait la procédure accessoire qui suivait la sentence et que nous avons appelée avec Valerius Probus *arbitrium litis æstimandæ*. C'est avec cette procédure dont l'effet était d'établir d'une manière nette et précise le droit du gagnant, que concordait la formule de la *manus injectio*. Quant aux actes auxquels devait se livrer le créancier, c'est la main qui y jouait le plus grand rôle, la main dont on a dit que c'est la partie la plus importante du corps après la langue, organe qui doit agir dans tout acte juridique. La langue annonce la résolution, la main l'exécute, c'est ce qui avait lieu dans notre hypothèse, la main y était le symbole de la puissance juridique.

Le fait de la *manus injectio* devait-il avoir lieu *in jure*; n'était-ce au contraire qu'un acte extrajudiciaire? On admet généralement la première alternative; on pense qu'avant d'exercer la *manus injectio*, le demandeur devait conduire son adversaire devant le magistrat et qu'alors seulement intervenaient la main-mise et la prononciation des paroles solennelles. On s'est fondé sur un texte où Gaius nous dit que certains auteurs avaient dénié à la *pignoris capio* le caractère d'une action de la loi « quod pignoris capio extra jus peragebatur, non apud prœtorem... cùm alioquin cœteris actionibus non aliter uti possent quam apud prœtorem ».

Gaius, IV, § 29.

Voici le raisonnement qu'on fait : certains jurisconsultes n'avaient pas voulu voir dans la *pignoris capio* une action de la loi parce qu'elle ne s'accomplissait pas devant le préteur *à la différence des autres actions*; donc celles-ci, et par conséquent la *manus injectio*, avaient bien lieu *in jure*.

Cette conclusion ne nous paraît pas exacte, et nous pensons que l'acte matériel de la *manus injectio* pouvait parfaitement se passer *extra jus*, c'est-à-dire hors la présence du magistrat. La preuve qu'il en était ainsi nous paraît résulter du texte suivant de la loi des XII Tables.

Si CALVITUR PEDEM VE STRUIT MANUM ENDO JACITO, on supposait dans ce texte une résistance à l'*in jus vocatio*, la *manus injectio* avait pour but de forcer le défendeur à comparaître *in jure* ; cela implique le caractère extrajudiciaire. On a alors dit qu'il ne s'agissait pas dans ce texte de la *legis actio per manus injectionem*, que celle-ci se trouvait désignée par ces mots : *in jus ducito, secum ducito*, sans y être expressément nommée ; mais alors on se trouverait en présence d'une *legis actio*, c'est-à-dire suivant Gaius, d'une *actio ipsarum legum verbis accomodata*, où les *verba legis* feraient complètement défaut, qui manquerait même de la plus légère indication dans la loi. « Bien plus, les *verba legis* existeraient ; mieux encore, l'acte serait désigné par la loi comme *manus injectio* et la *legis actio* manquerait ! » (42) L'un des caractères les plus essentiels des actions de la loi serait, dans ce système, complètement méconnu.

Le passage de Gaius que l'on nous oppose est loin d'être inconciliable avec l'opinion que nous venons d'émettre. Le fait de la *manus injectio* (manus injectio *stricto sensu*) ne constituait pas à lui seul la procédure, la *legis actio* de ce nom ; il n'était que le préliminaire, l'acte introductif d'une instance ultérieure qui, elle, se déroulait devant le magistat, il pouvait dès lors avoir lieu extrajudiciairement, sans faire dégénérer pour cela le caractère de la procédure elle-même.

(42) Ihering : III, § 56, p 324,

Dans le *sacramentum*, la *deductio* du dernier état du droit, avait indubitablement lieu hors de la salle d'audience ; lors donc que Gaius nous dit que toutes les *legis actiones*, à l'exception de la *pignoris capio* avaient lieu devant le préteur, il ne veut parler que des règles fondamentales de la procédure : *modi quibus lege agebatur*.

Qu'était-ce maintenant que cette procédure à laquelle présidait le magistrat, quel était son objet, quelles étaient les formes dont elle était entourée ? Le procès s'élevait lorsque le débiteur sur lequel la *manus injectio* avait été pratiquée contestait la validité de cette mesure, c'est-à-dire soit l'existence et le montant de la dette, dans les cas où les règles sur la chose jugée autorisaient cette contestation, soit l'observation des délais légaux. La *manus injectio* était donc une forme de procéder purement conditionnelle, elle restait un acte de justice privée, un acte extrajudiciaire dans le cas ou le débiteur ne disait rien et en reconnaissait ainsi le bien fondé ; elle devenait procédure dans le cas contraire. Nous repoussons ainsi toute distinction entre des *manus injectiones* judiciaires et des *manus injectiones* extrajudiciaires ; il n'y avait, selon nous, qu'une seule *manus injectio* qui pouvait s'accomplir *extra jus* et donnait lieu, le cas échéant, à un véritable litige. Le défendeur qui élevait une contestation contre les prétentions du demandeur ne pouvait agir par lui-même, il devait fournir un *vindex*, c'est-à-dire un représentant. Ce représentant ne pouvait intervenir qu'*in jure* c'est ce qui explique pourquoi, aussitôt après avoir arrêté son débiteur et pratiqué sur lui la *manus injectio*, (42 *bis*) le créancier le conduisait devant le magistrat. Dans certains cas dont il sera question plus loin, le *vindex* n'était pas exigé et il était permis au débiteur *manum sibi depellere et pro se lege agere,*

L'existence de la procédure qui se produisait lorsque le défendeur opposait à la *manus injectio* une résistance non pas de fait, car la force en eût en raison, mais de droit, nous est révélée par plusieurs passages de Gaius. Il n'était pas permis au débiteur, nous dit-il, *manum sibi depellere* et PRO SE LEGE AGERE, il devait fournir une *vindex qui pro se* CAUSAM AGERE *solebat* qui devait agir à sa place, qui devait le représenter dans la procédure.

Gaius, IV, 21.

Ce *vindex* agissait *lege* en place du débiteur, or il ne pouvait intervenir que l'acte de la *manus injectio* une fois consommé, et cette intervention se faisait en présence du magistrat ; donc l'action de la loi n'était pas une simple voie d'exécution sur la personne, mais une véritable procédure ayant pour but la reconnais-

---

(42 *bis*) On dit généralement que le créancier emmenaît son débiteur devant le magistrat pour qu'il pût se le faire adjuger par ce dernier ; cette *addictio* étant nécessaire pour que la *manus injectio*, envisagée en tant qu'acte de justice privée, pût produire les effets dont nous parlerons tout à l'heure. Cette idée ne nous paraît pas exacte ; il n'est pas question dans la loi des XII Tables d'une *addictio* à prononcer par le magistrat. « Ni judicatum facit aut quis endo eo in jure vindicit, secun ducito. » Gaius (IV. 20) s'exprime d'une manière analogue « qui vindicem non dabat domum ducebatur ab actore ». En présence de ces autorités importantes, le renseignement d'Au-lngelle (Nuits attiques XX. 1 44) : ad prætorem ducebantur et ab eo *addicebantur*, mérite-t-il d'être pris en considération ?

sance du droit du créancier, reconnaissance qui s'opérait *in jure*.

Les mots : LEGE AGERE, CAUSAM AGERE semblent bien indiquer que la *legis actio* dont nous parlons était constituée par autre chose que par le fait matériel de la *manus injectio*, et qu'il y avait là une procédure proprement dite donnant lieu à la constitution d'un *judicium*. Pour Gaius, le procédé normal c'était *lege agere* par soi-même ou par le *vindex* : c'est d'une façon tout à fait secondaire qu'il considère la *manus injectio* comme une procédure d'exécution.

Quelles étaient maintenant les formes de cette procédure ? Ici nous retombons dans le domaine des conjectures; il est possible qu'il y ait eu des formalités spéciales. On ne peut tirer en sens contraire aucun argument du silence de Gaius sur ce point, étant donné le motif qu'il donne pour justifier son exposé des *legis actiones* (IV, § 10, voir à propos de la *pignoris capio* l'explication de ce paragraphe). Peut-être suivait-on alors la forme ordinaire de procéder, mais alors la *legis actio per manus injectionem* se serait confondue avec les autres, ce qui rend cette hypothèse assez invraisemblable (43).

---

(43) Lorsque le débiteur voulait contester le droit du demandeur et provoquer ainsi la procédure dont nous parlons, il n'avait qu'à nier l'existence de la dette ou l'observation des formes prescrites. C'était au créancier qui, en exerçant la *manus injectio*, s'était constitué demandeur éventuel dans le débat sur sa légitimité, c'était au créancier, disons-nous, á établir la fausseté des allégations de son adversaire. Cette fausseté reconnue, le débiteur ou son *vindex* encourait la condamnation au double. C'est là une conjecture qui n'est établie, il est vrai, par aucun texte posi-.if, mais qui explique très bien les effets de la *revocatio in duplum* et ceux de l'*infiliatio* dans l'action *judicati* du droit classique.

V. Accarias, II, p. 821, note 2.

L'objection capitale que l'on fait au système que nous venons d'exposer, c'est qu'avec notre manière de voir, une procédure judiciaire empruntait son nom à un acte extrajudiciaire ; l'observation est exacte mais elle ne porte pas, nous avons eu occasion de dire pourquoi à propos de la *condictio*, dont l'acte principal s'accomplissait lui aussi, hors de la présence du magistrat. Dans la *legis actio* par excellence, dans le *sacramentum*, l'un des traits caractéristiques de cette procédure, la *manuum consertio*, s'est accomplie pendant longtemps extrajudiciairement.

Dans les cas où aucune contestation ne s'élevait de la part du débiteur, la *manus injectio* ne constituait qu'un acte solennel de justice privée. Cela se comprenait fort bien, même à une époque où cette manière un peu primitive de faire valoir ses droits était aban-donnée. Quels étaient en effet, dans le principe, les cas où la *manus injectio* était possible ? C'était le cas où le débiteur avait été condamné par jugement, et celui où il avait reconnu son obligation. Il paraît dès lors assez naturel, étant donné, d'un côté, l'esprit conservateur, de l'autre, la rudesse des anciens Romains, que les idées de vengeance qui avaient été dans le principe l'unique sanction du droit méconnu, se réveillassent pour l'exécution d'obligations décla-rées valables par un pouvoir judiciaire régulièrement organisé, ou par le débiteur lui-même.

Certaines lois admirent dans la suite la possibilité de la *manus injectio* dans des cas où il n'y avait pas condamnation proprement dite, on feignait alors l'exis-tence d'un jugement, le créancier agissait *pro judi-cato*. Gaius cite entre autres la loi *Publilia* qui autorisait ce moyen de contrainte contre celui qui, cautionné par un *sponsor*, ne lui remboursait pas dans les six mois la somme jusqu'à concurrence de laquelle le cautionnement était intervenu. La loi *Furia de sponsu* qui donnait la *manus injectio* contre celui qui avait poursuivi le *sponsor* pour une portion supérieure à sa part virile, et la loi *Furia testamentaria* contre celui qui aurait reçu à titre de legs ou de donation à cause de mort plus de 1,000 as, sans être dans un des cas d'exception où la loi autorisait un legs plus considérable. La même sanction était attachée à la *lex Marcia* qui permettait aux débiteurs d'agir contre les usuriers en restitution des intérêts indûment perçus.

Gaius, IV, §§ 22 et 23.

Dans les deux derniers cas, la *manus injectio* était *pura*, c'est-à-dire que le débiteur qui résistait n'avait pas besoin de *vindex* et qu'il lui était permis *pro se lege agere*.

Gaius, IV, § 24.

En ce qui touche les obligations contractées dans la forme du *nexum* il n'est pas douteux que leur exécution ne pût être poursuivie par la *manus injectio*. L'engagement que le débiteur faisait de sa propre personne, devant témoins, n'était-il pas le plus énergique de tous les aveux, et ne rentrait-on pas dès lors dans le texte même des XII Tables, *œris confessi ?*

Les interprètes se sont demandés si la *manus injectio* était applicable au cas où le débiteur avait promis de payer sous la condition que son adversaire prêterait le serment, il faut répondre affirmativement ; la condition une fois accomplie, le débiteur devait être considéré comme *confessus*.

On discute aussi la question de savoir si l'obligation qui incombait au vendeur de payer le double du prix de la chose à l'acquéreur évincé était sanctionnée par la *manus injectio*. Nous pensons avec M. Ihering (I, § 14, p. 159), que la circonstance que cette action tendait au double *a priori* et non point à la suite d'une dénégation écarte toute idée de *manus injectio* : « Si on avait pu appliquer la *manus injectio* dans ce cas, le montant déjà double de la condamnation aurait dû lui-même être doublé, ce qui est aussi peu vraisemblable que peu prouvé. »

Nous savons enfin que la *manus injectio* intervenait en cas de résistance du défendeur à l'*in jus vocatio*, le refus de comparaître en justice constituait un aveu tacite. Tout procès pouvait de cette façon donner lieu à la *manus injectio*, revêtir cette forme particulière de procéder et l'on peut sous ce rapport dire d'elle ce que Gaius (§ 13) disait du *sacramentum*, qu'elle était d'une application générale, *generalis*.

En résumé, la *manus injectio* n'était pas d'une manière absolue, une voie d'exécution, dans le sens où cette expression est prise aujourd'hui, elle l'était quand le débiteur n'élevait aucune contestation. Le créancier pouvait alors l'emmener comme prisonnier dans sa maison sans avoir, nous l'avons dit, besoin d'aucune *addictio* de la part du magistrat. La loi des XII Tables entrait à cet égard dans des détails très minutieux ; et, pour réprimer les mauvais traitements excessifs dont les créanciers accablaient leurs débiteurs, elle avait déterminé le poids des chaînes qui ne devait pas excéder 15 livres, et la nourriture qui devait être au moins d'une livre de farine par jour, comme celle des esclaves. Mais le débiteur pouvait à ses frais se procurer une nourriture plus abondante. SI VOLET SUO VIVITO. Courait ensuite un délai de soixante jours pendant lequel le débiteur pouvait entrer en arrangement avec son créancier, mais sans qu'aucune contestation ne fût permise. Durant ce délai, il était conduit à trois jours de marché consécutifs, sur la place publique, où la somme due était proclamée. On voulait ainsi exciter la pitié et amener quelqu'un à payer la dette. A l'expiration du délai, si personne ne se présentait, le débiteur était vendu comme esclave *trans Tiberim*, la loi ne voulait pas qu'un Romain devînt esclave dans Rome.

Le créancier avait-il le droit de tuer son débiteur? A cet égard, la loi des XII Tables n'était pas formelle, aussi beaucoup d'auteurs ont-ils refusé d'y voir la consécration d'un droit aussi monstrueux, et ont-ils entendu le fameux texte TERTIIS NUNDINIS PARTES SECANTO, dans le sens du partage des biens et non du partage des membres du débiteur. Mais en présence des explications si précises d'Aulugelle (44), de Quintilien (45), de Tertullien (46), il n'est pas possible de douter que la loi ne consacrât en effet ce droit barbare. Si la loi des décemvirs n'eut prescrit que le partage des biens, les auteurs que nous venons de citer ne se seraient pas élevés avec tant de violence contre la cruauté de la loi. Cette cruauté se trouvait du reste en harmonie avec l'esprit général de la légis-

(44) *Nuits attiques*, XX, I.
(45) *Inst. orat.*, III, 6.
(46) *Apolog.*, cap. 4.

lation romaine. Le père avait le droit de vie et de mort
sur le *filius familias,* le maître sur son esclave, rien
d'étonnant que le créancier eût le même droit sur son
débiteur devenu son esclave pour défaut de paiement
de sa dette. Et quand on voit, à la fin de tout débat
judiciaire, la peine de mort comme *ultima ratio,* on
ne doit pas être surpris « que le législateur n'ait pas
reculé devant la pensée de partager ce cadavre qu'il
venait de priver de la vie » (47).

Aulugelle nous apprend que jamais créancier n'usa
de ce droit rigoureux, aussi a-t-on pu dire avec raison (48) que cette mesure n'avait été édictée qu'en vue
d'amener les parties à une composition.

Tous les détails que nous venons de donner sur la
manus injectio envisagée comme mesure d'exécution
proprement dite, sont empruntés à Aulugelle ; Gaius
n'en dit pas un mot ; ce qui prouve une fois de plus
qu'en parlant de la *legis actio per manus injectionem,*
il avait en vue, non une voie d'exécution, mais une
procédure proprement dite.

V. — PIGNORIS CAPIO

Pour certaines créances de nature diverse, mais se
rattachant toutes au droit public ou religieux, l'ayant-
droit était autorisé à saisir, de son propre chef, un gage
sans l'intervention de l'autorité, et même en l'absence
de l'adversaire.

Gaius, IV, §§ 27 et 28.

(47) Latreille, n° 171. Bonjean, I, p. 403 et 404. Keller, p. 395. Accarias,
II, n° 822.

(48) Keller, *loc cit.*

Des paroles solennelles que nous ne connaissons pas devaient être prononcées. C'était là la *pignoris capio*, forme de justice privée que plusieurs législations anciennes (49) ont, comme le droit romain, retenu de leur période d'origine.

Gaius, dans un texte déjà cité, rapporte que certains jurisconsultes ne plaçaient pas la *pignoris capio* au nombre des actions de la loi, par ce motif qu'elle ne supposait pas la présence du magistrat, ni celle de l'adversaire, et qu'elle pouvait s'accomplir un jour néfaste. Si le fait de se saisir d'un gage avait constitué à lui seul la *legis actio per pignoris capionem*, et s'il n'y avait eu là qu'un acte de justice privée solennelle ne conduisant pas à une procédure judiciaire ultérieure, la classification de Gaius qui met la *pignoris capio* sur la même ligne que les autres modes de procéder, n'aurait pu échapper au reproche de contenir une grave erreur de logique. Nous retrouvons donc ici la question déjà examinée à propos de la *manus injectio :* La *pignoris capio* était-elle constituée exclusivement par l'acte matériel auquel elle avait emprunté son nom? Cet acte n'était-il au contraire que le prélude, l'acte introductif, la cause occasionnelle d'une procédure

---

(49) Notamment la loi salique ou il est question de *pignoratio*. Le plai- gnant devait, sous une forme solennelle, donner une série d'avertissements à celui qu'il accusait et dont il se proposait de saisir les biens. Il ne pouvait procéder à la saisie avant d'avoir cité son adversaire devant l'assemblée du peuple, et avant que l'officier de la Cour populaire n'eût prononcé une for- mule autorisant la saisie.

La vieille législation irlandaise (*Senchus Mor*) renfermait également quelque chose d'analogue à la *pignoris capio* du droit romain.

Voir sur ce point les intéressants développements donnés par M. Sumner Maine *loc. cit.*, p. 345 et suiv.

ultérieure ? Il est certain que, lorsque le saisi reconnaissait le droit de son adversaire, la saisie suivait son cours naturel sans qu'il fût question de procès ; la *pignoris capio* était alors un acte de justice privée. Mais le débiteur pouvait contester le droit de son adversaire, sans cela la *legis actio* dont nous parlons « aurait été un bill d'indemnité accordé à toute espèce de saisie arbitraire, au brigandage et à la violence » (Ihering, § 14). En d'autres termes: « Toutes les formalités qui présidaient à l'exécution personnelle devaient accompagner aussi l'exécution réelle ; comme l'acte de la *manus injectio,* celui de la *pignoris capio* doit avoir été suivi le cas échéant d'une procédure ayant pour but l'examen de sa légitimité, et ce n'est assurément pas faire une supposition hasardée que de croire que cette procédure a pris le nom de *legis actio per pignoris capionem* tout comme la procédure introduite au sujet de la *manus injectio* a pris le nom de *legis actio per manus injectionem* d'après le nom de l'acte qui y donnait ouverture. »

Quelle était dans cette procédure celle des deux parties qui jouait le rôle de demandeur ? Au premier abord, on pourrait croire que ce rôle incombait au saisi, c'était lui en effet qui contestait le droit du saisissant, c'était donc à lui à fournir ses preuves. Il n'en était cependant pas ainsi. Comme nous l'avons dit à propos de la *manus injectio,* celui qui avait exercé la justice privée se constituait par le fait même demandeur éventuel dans le débat sur sa légitimité (50).

(50) Cicéron, *in Verrem*, III, II, 27 : *Publicanus* (le publicain qui jouissait de la *pignoris capio* pour le recouvrement des contributions) petitor *ac pignerator.*

On a prétendu que la procédure dont nous parlons avait pour but de contraindre le débiteur au rachat du gage et que, comme conséquence seulement, intervenait le débat sur la *pignoris capio,* c'est-à-dire sur l'existence, le caractère privilégié et le montant de la créance. Cela est d'autant plus vraisemblable, dit-on, que le gage conventionnel ne renfermait pas à l'origine droit de vendre, il devait en être ainsi *a fortiori* du gage que le créancier avait saisi de son propre chef (50 *bis*). Cette opinion ne nous paraît pas exacte, et voici pourquoi : la *pignoris capio* n'était pas nécessairement suivie d'une procédure sur sa légitimité, elle ne l'était que si le débiteur saisi contestait, dans le cas contraire elle restait un acte de justice privée ; cependant si le créancier avait eu une véritable action en rachat, il eût dû pouvoir l'exercer dans un cas comme dans l'autre.

Les choses se passaient, suivant nous, comme dans la *manus injectio* avec cette différence toutefois que la *pignoris capio* était autorisée en l'absence du saisi ; la procédure ne devenait alors possible que plus tard, lorsque le saisi contestait le droit du saisissant, et c'était à ce dernier à prouver la légitimité de ses prétentions, et l'accomplissement des formes prescrites par la loi. On peut, d'un mot, caractériser cette procédure comme du reste celle de la MANUS INJECTIO en disant qu'elle avait pour but la faculté de saisir extrajudiciairement les biens d'une personne, elle était, comme on l'a dit, une épée à deux tranchants ;

(50 *bis*) Ihering, I, § 14, p. 163.

« On pouvait bien, avec elle, pousser son adversaire sur le terrain ; mais on courait risque de se blesser soi-même » (50 *ter*). Si, en effet, le plaignant n'observait pas rigoureusement les formes prescrites par la loi, ou s'il n'arrivait pas à justifier complètement ses prétentions, non-seulement il succombait dans son action, mais certaines condamnations pouvaient être prononcées contre lui pour le punir de sa témérité (*judicium calumniœ*), G. IV, 175. Aussi les parties contendantes regardaient-elles à deux fois avant de recourir à une procédure aussi périlleuse.

En quoi maintenant consistait la *legis actio per pignoris capionem ?* Comme pour la *manus injectio*, il n'y a rien à tirer du silence de Gaius. Au § 10 du commentaire IV, il oppose les actions qui reproduisent le texte de la loi, qui en sont, suivant une expression déjà employée, l'incarnation judiciaire, aux actions qui, tout en ayant leur principe dans la loi, ont cependant une existence propre et distincte ; dès lors, l'acte introductif de la *pignoris capio*, comme celui de la *manus injectio* étant le seul dont on puisse dire : *ad legis actionem exprimitur*, il était tout naturel que Gaius ne s'occupât que de lui. Il ne faut pas oublier non plus qu'à l'époque où écrivait Gaius, les actions de la loi avaient depuis longtemps disparu, que s'il en parle, c'est pour rendre plus claires certaines particularités de la procédure de son temps. On comprend donc fort bien qu'il ne soit pas entré dans de grands détails à cet égard.

(50 *ter*) Sumner Maine, *loc. cit.*, p. 338.

La seule chose qu'on puisse avancer comme proba·
ble, c'est que, étant donné la nature des créances
sanctionnées par la *pignoris capio* le magistrat
statuait lui-même sans renvoyer à un juge. C'était là
un des cas de ce que l'on a appelé, sous le système
formulaire, la *cognitio extraordinaria*.

Pour terminer sur la *pignoris capio*, il nous reste à
indiquer les cas dans lesquels cette procédure était
autorisée. Ces cas se rattachent tous au droit public
ou au droit religieux (51). Gaius nous dit qu'ils avaient
été déterminés les uns par la coutume, les autres par
la loi ; *de quibusdam* MORIBUS *de quibusdam* LEGE.
La coutume introduisit ce mode d'action pour diverses créances intéressant le service militaire. Le soldat
pouvait agir par *pignoris capio* contre celui qui était
chargé de payer la solde, *œs militare*, contre les personnes chargées de fournir à l'Etat un cheval propre
au service militaire, *œs equestre*, et l'avoine nécessaire à son entretien *œs hordearium*. Ces personnes
étaient les veuves et les célibataires riches.

La loi des XII Tables autorisa l'emploi de la *pignoris capio* contre celui qui avait acheté une victime
pour le sacrifice et n'en payait pas le prix, et contre
celui qui, ayant loué une bête de somme, n'en acquit-
tait pas le loyer. Mais il fallait dans ce dernier cas, que
le loyer dût être employé à offrir un sacrifice aux
dieux.

---

(51) C'est ce qui explique pourquoi la *pignoris capio* pouvait s'accomplir en l'absence de l'adversaire et un jour néfaste ; il était impossible de
laisser longtemps en souffrance l'intérêt de l'Etat et celui de la divinité.

CHAPITRE III

Avantages et inconvénients de la « legis actio ».— Son remplacement par le système formulaire. — Cas exceptionnels où elle fut maintenue.

La procédure des actions de la loi a été souvent critiquée (52). On l'a appelée ridicule, on lui a surtout reproché les subtilités qui s'y présentent, et le formalisme qui en constitue le caractère dominant. Ces critiques sont peut-être exagérées ; et, sans vouloir le moins du monde, méconnaître les inconvénients qui résultaient de ce système, et en ont entraîné la disparition, nous pensons qu'il présentait d'assez sérieux avantages.

Et d'abord, rien n'était laissé à l'arbitraire du juge ; le juge était sévèrement lié à la règle de la loi, la notion même de la loi comporte sans doute cette dépendance, mais la méthode de citation de la loi que nous avons relevée dans les *legis actiones*, assurait de la façon la plus énergique l'accomplissement de cette condition indispensable dans toute bonne législation. L'impartialité, a-t-on dit, était mécaniquement imposée au juge (53). L'arbitraire était d'autant moins possible que la procédure exigeait le concours de deux

(52) Cicéron, Pro Muréna, ch. XII.
(53) Ihering, § 56, p. 317.

autorités distinctes, le magistrat et le juge, autorités tout à fait indépendantes l'une de l'autre. Le contrôle du peuple qui intervenait tous les ans dans la nomination du préteur, était aussi une garantie contre les dangers d'une justice partiale (54). C'est à ce système qui faisait du juge l'esclave de la loi, que la loi des XII Tables dut sa longue existence. La même remarque peut s'appliquer aux autres lois conquises par la plèbe et que la jurisprudence eût sans doute violées.

Nous ne devons pas non plus passer sous silence la publicité résultant du formalisme des *legis actiones*. C'était là encore une garantie de bonne et impartiale justice. C'était au *forum*, en plein jour, que s'exerçait la juridiction, et le coucher du soleil était le terme suprême, *suprema tempestas* de toute procédure (55).

A côté de ces avantages incontestables, dont le dernier n'a pénétré dans notre procédure qu'à une époque relativement récente, le système des *legis actiones*

---

(54) Ces deux dernières garanties se maintinrent sous le système formulaire.

(55) « Omnia iterum vis memorari, scelus, *ut defiat dies.* »
Plaute, *Rudens*, acte IV, scène IV, vers 63.

Le principe de la publicité était appliqué à Rome à tous les actes juridiques. L'adrogation, l'adoption, la mancipation, le testament *calatis comiciis, in procinctu, per œs et libram*, et d'une manière générale tous les actes exigeant l'accomplissement de la solennité *per œs et libram*, renfermaient un élément de publicité. Cette publicité était tantôt absolue, lorsque la présence du peuple était requise d'une manière effective, c'est ce qui avait lieu dans le principe pour l'adrogation et le testament, tantôt relative, lorsque le peuple était représenté par des témoins, comme cela se faisait dans les actes se passant *per œs et libram*. Dans les *legis actiones*, le contrat judiciaire était conclu devant témoins (*testes estote, litis contestatio*). On retrouve également les témoins (*superstites*) dans la *manuum consertio* (voir *suprà*, note 26).

présentait des inconvénients qu'il est impossible de dissimuler. Le juge était, nous l'avons dit, l'esclave de la loi, la *legis actio* était la reproduction, l'incarnation judiciaire de la loi, donc pas d'action sans loi, le juge ne pouvait combler les lacunes de droit positif, il n'avait aucune initiative, et était ainsi condamné à laisser sans protection des droits certains. C'est là ce qui contribua, dans une large mesure, à jeter sur les actions de la loi le discrédit qui entraîna leur chute.

Outre cet inconvénient particulier aux *legis actiones* découlant de l'organisation de cette procédure, s'en trouvait un autre plus général résultant du formalisme qui caractérisait les institutions anciennes. Qui dit procédure formaliste, dit procédure dangereuse. Lorsque les formes sont prescrites la sanction naturelle de leur inobservation c'est que le demandeur doit être débouté de sa demande. Cela aboutissait dans la procédure romain à la perte même du droit en litige; *non bis in idem*, le contrat judiciaire une fois formé par la *litis contestatio* il n'était plus possible de venir en justice former un second contrat ayant le même objet que le premier. L'un des contendants ne pouvait obliger l'autre à modifier une convention parfaite. L'honnête homme ignorant *rerum forensium ignarus*, se trouvait ainsi à la merci « d'un adversaire retors et sans conscience » auquel il était facile de « se servir de la forme et de s'en faire une corde pour étrangler l'homme inexpérimenté » (55 *bis*). La forme n'admet en effet ni le plus, ni le moins, elle ne fait aucune distinction entre la faute lourde et la faute légère.

____

(55 *bis*) Ihering, III, p. 167, § 50.

Gaius nous dit, que ce formalisme doit être considéré comme la cause de la chute des actions de la loi.

Gaius IV, § 30.

Cela n'est pas tout à fait exact, car le formalisme subsista sous le système formulaire (56) et dans les autres parties du droit. Le danger auquel Gaius fait allusion dans le texte précité avait du reste la même cause que l'inconvénient dont nous parlions en premier lieu. Du moment que la *legis actio* consistait dans une citation particulière des termes de la loi, la nécessité d'une exactitude littérale n'avait rien qui pût surprendre (57).

Ce qu'il y a de vrai dans l'affirmation de Gaius c'est que sous le système des *legis actiones*, le formalisme était excessif. Cet excès disparut dans le second système, le formalisme changea de caractère, la formule écrite qui remplaça l'expression verbale ne dut plus reproduire textuellement les termes mêmes de la loi ; une source d'erreurs fut ainsi écartée, on ne succomba plus faute de connaître la loi ; l'ignorance de son propre droit put seule entraîner pour le demandeur la perte de ce droit ; en d'autres termes, la déchéance ne tenait plus à une erreur dans la forme, mais à une

(56) « Quum si uno verbo sit erratum totâ causâ cecidisse videamur » (Quintilien) de inst. orat. VII, 3).

(57) On rencontre encore aujourd'hui quelque chose de semblable en Angleterre. Un acte du parlement défend de débiter des spiritueux le *Lordsday* ou dimanche. Un contrevenant fut acquitté il y a quelques années, uniquement parce que la dénonciation l'avait accusé d'en avoir débité le *Sunday* (dimanche). Ihering, III, note 484.

erreur dans le fond (58). Il importe toutefois de remarquer qu'en affaiblissant, en diminuant les formes, on n'en conjura pas les dangers, la moindre déviation resta toujours une cause de déchéance. La force dangereuse du mot reste la même, elle fut seulement transportée dans un autre acte de procédure (59).

On a aussi reproché aux *legis actiones* de donner aux parties un rôle trop considérable, elles faisaient tout par elles-mêmes, le magistrat jouait un rôle purement passif, et la solution du procès n'était avancée en rien. Le reproche ne nous semble pas mérité. Les faits et gestes des parties étaient loin d'être inutiles ; ils servaient à imprimer au futur *judicium* sa direction, à préciser les points que le juge aurait plus tard à résoudre. Quant au magistrat, il représentait la puissance publique, et donnait l'authenticité aux actes des parties.

Le caractère mystérieux de la procédure des *legis actiones* n'était pas le défaut le moins grave de ce système. Pendant longtemps les pontifes eurent seuls le secret des formules. La *legis actio* constituait ainsi un moyen d'oppression au profit des patriciens, dont la présence était nécessaire pour souffler aux clients les paroles à prononcer. L'indiscrétion de Cnéius Fla-

(58) C'était ce que l'on appelait la *plus petitio*. Le juge qui s'apercevait quele demandeur qui réclamait 100 n'avait droit qu'à 50 devait rejeter la demande pour le tout, car il lui était ordonné de condamner si l'*intentio* était vérifiée et d'absoudre dans le cas contraire. Mais le *minus*, que le demandeur eût pu justement réclamer, se trouvait, lui aussi, déduit en justice et n'échappait pas à l'effet extinctif de la *litis contestatio*.

(59) Ihering, III, p. 328.

vius qui publia les formules, ne remédia pas à cet
état de choses, car les parties inexpérimentées ne se
risquaient pas ; elles se faisaient accompagner par des
jurisconsultes, c'est-à-dire presque toujours par des
patriciens qui continuaient ainsi à les tenir sous leur
dépendance (60).

Le véritable motif de la disparition des *legis actiones* nous est révélé par Cicéron lorsqu'il critique dans
son *pro Murena* la procédure du *sacramentum* (v.
supra, note 52). Ces formes grossières et bizarres que
l'usage avait déjà diminuées n'étaient plus én harmonie avec l'état de civilisation où l'on se trouvait au
moment de leur abrogation. Mais il faudrait se garder
de croire que la transition au nouveau système s'opérât brusquement ; ce serait méconnaître un trait caractéristique de la législation Romaine, savoir: le respect des romains pour les institutions du passé.

La loi *OEbutia* et les *leges Juliæ* qui vinrent abolir
les actions de la loi, n'eurent pas à créer le système
formulaire ; elles n'eurent qu'à en élargir l'application, à le modifier plus ou moins pour l'adapter à des
besoins nouveaux. Les textes ne s'expliquent pas formellement, mais cette manière de voir nous paraît
conforme, d'abord à la nature même des choses, car la
procédure ne comporte pas de transitions brusques,
ensuite à l'esprit général de droit romain qui ne con-

---

(60) La *legis actio* ns pouvait s'accomplir que les jours fastes, elle ne le
pouvait pas lés jours néfastes. Mais quand y avait-il jour faste, quand y
avait-il jour néfaste ? Ici encore il fallait s'adresser aux pontifes qui rédi-
geaient le calendrier, et dont les secrets sur ce point furent divulgués par
Cnéius Flavius.

naissait pas les innovations radicales, et dont les transformations se sont opérées très lentement à l'aide de détours, les anciens principes paraissant toujours sauvegardés.

Bien avant la mise en vigueur de la loi *OEbutia*, Rome comptait un grand nombre de sujets pérégrins, et, comme la procédure des actions de la loi leur était inaccessible, il fallait bien que, dans les procès où ils étaient engagés, on recourût à des formes nouvelles. De plus, il est très probable qu'avant l'abrogation des actions de la loï plusieurs actions honoraires existaient déjà notamment les actions édilitiennes en matière de vente auxquelles Plaute fait allusion (*Capt.* 2, v. 44 ; *Most*, III, 2, v. 112). Ici encore l'ancienne procédure n'était pas possib..e puisque l'action n'avait aucune base dans la loi et que les *legis actiones* devaient être adaptées aux termes des lois. Les parties ne pouvant, par des formules sacramentelles déterminer et préciser la mission du juge, il appartint au magistrat de le faire. Ce fut le but de la formule. Cette conjecture admise, il en résulte que les formules fictices et *in factum* sont les plus anciennes, car ce sont celles qu'emploie le magistrat lorsqu'il donne une action en dehors des termes du droit civil.

Gaius, IV, § 37.

L. 11, Dig. *de prescr. verb.*, XIX, 5.

Une certaine opinion que nous avons admise comme très vraisemblable trouve une application de la formule dans les *legis actiones* elles-mêmes. La *denuntiatio* qui avait donné son nom à la *legis actio per condictionem* était un acte extrajudiciaire ; il devait donc, lors de l'unique comparution des parties devant lè magistrat, y avoir quelque chose destiné à préciser la mission du juge. Ce quelque chose dans la *condictio è lege Silia* était selon toutes probabilitités une *sponsio*. Dans la *condictio è lege Calpurnia*, ce devait être, nous l'avons dit, quelque chose d'analogue à la formule.

L'une des actions de la loi, l'action *sacramenti* resta en vigueur postérieurement aux lois *Œbutia* et *Julia*, dans tous les cas où l'affaire pouvait être portée devant le tribunal des centumvirs, c'est-à-dire lorsqu'il s'agissait d'une question d'hérédité ou peut-être même de propriété (61).

Gaius, IV, 95.

De plus, les inconvénients de cette procédure s'étant surtout manifestés dans le domaine de la juridiction contentieuse, elle fut maintenue sous le nouveau régime dans tous les cas, où elle n'intervenait que comme simple forme, pour consacrer, pour rendre authentiques certains actes de la vie privée.

C'est ainsi que lorsqu'on voulait transférer à quelqu'un une chose ou un droit réel, la partie qui devait acquérir ce droit, en simulait devant le magistrat (*in jure*) une réclamation, une *vindicatio* ; celui qui voulait le céder ne contredisait point, et alors aucune contestation ne s'élevant, et, par conséquent, le renvoi devant un juge, n'étant nullement nécessaire, le magistrat déclarait lui-même le droit, et attribuait la chose ou le droit réel à celui qui l'avait réclamé. C'était là l'*in jure cessio* employée, pour la translation de la

---

(61) Gaius autorise le doute, car il parle sans préciser de la compétence des centumvirs dans les actions réelles.

propriété ou de ses démembrements, la translation de la tutelle (G. I, 168 et s.), l'affranchissement des esclaves (*manumissio vindictâ*), l'émancipation où elle se combinait avec la mancipation, enfin l'adoption où intervenaient aussi des mancipations et des cessions juridiques simulées. Voilà pourquoi ces actes recevaient quelquefois, des jurisconsultes le titre d'actions de la loi : *idque legis actio vocatur*.

Gaius II, 24.

Ulp. L. 1 Dig, *de off. judic.* I, 20.

Modest. L. 4. Dig. *de adopt.* I, 7.

Ulp. L. 3, Dig. de *off. procons.* I, 16.

Paul *Sent. receptæ*, 2, 25, § 4.

L. 1, Code, *de adopt.* 8, 48.

On n'aura dès lors aucune peine à s'expliquer pourquoi le terme et la condition étaient exclus de l'*in jure cessio* ; la partie affirmait un droit certain et actuel qu'elle prétendait lui appartenir, elle reproduisait dans cette affirmation le texte de la loi, toute modalité devait être bannie. De même on comprenait facilement que l'esclave ou le fils de famille ne pussent acquérir par ce mode, au père ou au maître ; d'une part, en effet, ils ne pouvaient ni l'un ni l'autre exercer une *vindicatio* (62) et d'autre part la représentation n'était pas possible dans la *legis actio*.

---

(62) Ils ne pouvaient être titulaires d'aucun droit, les affirmations solennelles du *sacramentum* n'étaient donc pas possibles de leur part.

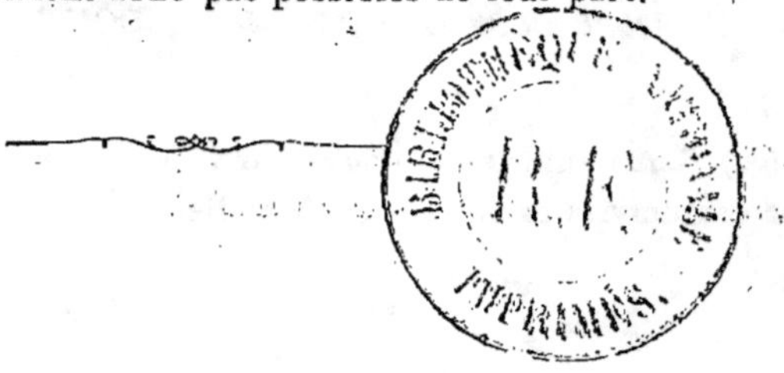

DROIT FRANÇAIS

DE

LA FAILLITE

EN DROIT INTERNATIONAL PRIVÉ

OU

Des effets du Jugement déclaratif rendu à l'étranger

BIBLIOGRAPHIE [1]

BRAVARD et DEMANGEAT. : *Traité de droit commercial*, Tome V. (Paris 1864).

CARLE : *De la faillite dans le Droit international privé, ou du conflit des lois des différentes nations en matière de faillite*, ouvrage traduit et annoté par M. Dubois. (Paris, Marescq, 1875).

FOELIX et DEMANGEAT : *Traité de droit international privé*, édit. 1856.

FIORE : *Del fallimento secondo il diritto privato internazionale*. (Pise, 1873).

---

(1) Nous n'indiquons ici que les ouvrages ou recueils périodiques que nous avons pu consulter avec le plus de fruit.

Traité de droit international privé, traduit et annoté par Pradier-Fodère. (Paris 1874).

Garraud : *De la déconfiture et des améliorations dont la législation sur cette matière est susceptible.* Paris 1880, et *Revue pratique de droit français.* T. 44, p. 72 et s.; 45 p. 243 et s.; 46 p. 266 et s.; 47 p. 317 et s.

Hœchster, Sacré et Oudin : *Manuel de droit commercial français et étranger,* 2ᵉ édit. (Paris, Marescq, 1874).

Laurent : *Droit civil international,* 8 vol. (Paris et Bruxelles, 1880, 1881 et 1882).

Massé : *Le droit commercial dans ses rapports avec le droit des gens et le droit civil,* 3ᵉ édit. (Paris, 1874).

Norsa : *Revue de la jurisprudence italienne en matière de droit international privé.* (Gand, 1877).

Salles : *Loi autrichienne sur les faillites,* traduite et annotée. (Paris, Marescq, 1877).

PÉRIODIQUES

Sirey : *Recueil général des lois et arrêts.*
Dalloz : *Jurisprudence générale.*
Journal du droit international privé, de M. Clunet.
Revue de droit international (revue de Gand).
Annuaire de législation étrangère.
Bulletin de la Société de législation comparée.
Revue critique de législation et de jurisprudence (année 1877).
Revue générale du droit, de la législation et de la jurisprudence (1882).

INTRODUCTION

L'étude attentive des phénomènes économiques, révèle à celui qui s'y livre deux faits distincts qui s'expliquent l'un par l'autre : d'une part l'extrême mobilisation de la richesse par suite du développement, de plus en plus considérable, des valeurs de bourse qui circulent entre les mains des capitalistes, avec autant de facilité que la monnaie ; d'autre part la soif de spéculation qui s'est emparée et s'empare tous les jours davantage de toutes les classes de la société, et les pousse dans les hasards de l'agiotage, des jeux de bourse et des placements aventureux. Ce qui résulte du rapprochement de ces deux faits, c'est la fréquence des insolvabilités.

L'insolvabilité se présente dans notre droit sous deux formes : la déconfiture et la faillite. La déconfiture est l'état d'une personne qui ne laisse en souffrance que des dettes civiles. Elle n'est pas organisée par nos lois ; si quelques textes en font mention, c'est d'une façon tout à fait accessoire et pour en préciser les effets. Elle résulte de l'exercice par les créanciers des voies d'exécution ; encore faut-il qu'elles soient assez multipliées pour caractériser un embarras général dans le patrimoine du débiteur, et l'impossibilité pour lui de soutenir sa situation. Elle ne fait pas l'objet d'une constatation officielle : la loi ne prend aucune précaution pour garantir l'égale répartition des biens ; le plus diligent sera payé le premier.

Toute autre est l'institution de la faillite, particulière au commerçant qui ne paie pas ses dettes commerciales. (2) Elle est caractérisée par la cessation des paiements, et constatée par un jugement qui établit un régime spécial et dont l'autorité s'étend même, par dérogation au droit commun, à ceux qui n'y ont pas été parties. Ce qui domine la législation en cette matière, c'est d'abord une idée d'égalité ; la loi met sur la même ligne tous ceux qui ont traité avec le débiteur et ont suivi sa foi. Pour assurer cette égalité, des précautions multiples ont été prises : certains actes sont annulés comme ayant été passés à une époque où le débiteur pouvait prévoir sa ruine, et peut-être avec l'intention d'avantager certains créanciers. Le failli est, à dater du jugement, dessaisi de l'administration de ses biens présents et à venir, administration confiée à des syndics représentant la masse des créanciers ; ces syndics sont également chargés d'intenter les actions pouvant appartenir au failli et de défendre à celles qui pourraient être dirigées contre lui.

On peut distinguer dans la faillite deux périodes : La première comprend les mesures préparatoires. On

(2) Les dettes civiles n'étant pas, comme les dettes commerciales, échelonnées à certains termes rigoureux, il ne saurait être question en ce qui les concerne de *cessation de paiements*. Mais il est clair que si des poursuites à raison de pareilles dettes produisaient une perturbation dans les affaires commerciales du débiteur, la faillite pourrait être déclarée.

dresse la liste des créanciers ; on les met en demeure de produire leurs titres ; leurs créances sont vérifiées contradictoirement et ils sont obligés d'en affirmer la sincérité. On vote ensuite sur l'admission d'un concordat, arrangement entre le failli et ses créanciers qui se contentent, sous certaines conditions, du paiement d'un dividende, le failli restant tenu naturellement du surplus. Si le concordat est admis, le failli est remis à la tête de ses affaires ; sinon les créanciers sont en état d'union : c'est la deuxième période de la faillite, période qui comprend la liquidation du patrimoine du failli et sa répartition entre les créanciers.

Quelque multiples que soient ces opérations, on remarque comme tendance dominante dans la loi, la tendance à l'unité. Un seul tribunal est compétent pour déclarer la faillite, l'administration des syndics est une, le concordat est unique ; unique est également la liquidation du patrimoine du failli ainsi que sa répartition entre les créanciers.

Faut-il abandonner ces principes lorsque le failli est étranger, ou bien lorsque l'actif de la faillite, au lieu de se trouver sur le territoire d'une même souveraineté, est disséminé dans plusieurs Etats ? Ne doit-il y avoir, même dans ces cas, qu'une seule faillite ? Doit-il, au contraire, y en avoir autant qu'il y a d'Etats où se trouvent situés des biens ou des établissements appartenant au failli ? Comment résoudre les conflits provenant de la diversité de législation ? Telles sont les graves et difficiles questions que présente l'étude de la faillite en droit international privé. Il nous paraît superflu d'en démontrer l'importance. Aujourd'hui

que la multiplicité des moyens de transport, la rapidité des communications, la nature mobilière des fortunes, rendent si aisées et si fréquentes les relations
entre commerçants, il arrive souvent que la ruine
d'une personne survenue dans un pays, ne se borne
pas à ce pays, mais que les contre-coups s'en font res-
sentir à l'étranger. De là la nécessité d'étudier l'institution de la faillite, non au point de vue particulier de
chaque Etat, mais à un point de vue général, et de se
demander ce que vaut dans les différents Etats et en
France spécialement, un jugement déclaratif rendu
par un tribunal étranger.

Voici l'ordre que nous nous proposons de suivre
dans ce travail :

Dans un premier chapitre nous donnerons un rapide
aperçu des diverses législations étrangères en matière
de faillite et des principales différences qui les distinguent.

Dans un deuxième chapitre, abordant le droit international proprement dit, nous parlerons de l'ouverture de la faillite, ce qui comprend la compétence du
tribunal auquel il appartient de la déclarer.

Dans un chapitre troisième nous supposerons le
jugement déclaratif rendu, et nous nous demanderons
quels sont les effets qu'il peut produire à l'étranger.

Nous chercherons dans un quatrième chapitre à
résoudre les conflits des lois pendant les opérations
de la faillite.

Nous nous occuperons dans le cinquième de la solution de la faillite, ce qui comprend le concordat,
l'état d'union et la répartition de l'actif entre les créanciers.

Dans un sixième nous parlerons de la réhabilitation.

Enfin un septième et dernier chapitre sera consacré aux traités internationaux qui ont pu intervenir sur la matière.

CHAPITRE PREMIER

Aperçu rapide des différentes législations étrangères en matière de faillite [3]

---

§ I. — Ouverture de la faillite

a) *Causes de la faillite*

D'une façon générale, on peut dire que partout, la faillite a pour cause l'impossibilité où se trouve le débiteur de faire honneur à ses engagements. Mais quels sont les faits caractéristiques de cette impossibilité? Les législations ici ne sont plus d'accord, les unes la font dériver de faits plus ou moins complexes, laissant plus ou moins de part à l'appréciation du juge ; les autres précisent au contraire, et indiquent limitativement les faits dont on pourra l'induire. Dans la première catégorie, nous rangerons les lois française, belge, italienne, allemande et autrichienne;

---

(3) Dans presque toutes les matières de droit civil, l'étude de la législation comparée offre un très grand intérêt ; les mœurs, les caractères de chaque peuple, jouent un très grand rôle dans la plupart de ces institutions. Ici, il n'en est pas de même ; la faillite est née des besoins du commerce, elle a pour but la sauvegarde du crédit, or, à cet égard, les besoins des peuples sont toujours les mêmes, aussi, partout prédominent les mêmes principes. Le point, pour ainsi dire unique, où les législations ne s'accordent pas, est celui de savoir dans quels cas, et à l'égard de quelles personnes, les règles sur la faillite doivent recevoir leur application.

dans la deuxième, les lois anglaise, américaine (Etats-Unis) et suédoise.

Les législations du premier groupe peuvent elles-mêmes se subdiviser : les unes comme les lois française, belge et italienne, n'organisent que la faillite des commerçants, et ne règlementent pas la déconfiture ; la cause génératrice de la faillite sera dans ce système la *cessation des paiements*. (Code français, art. 437. Code italien, art 543. Code belge, art. 437). Tout commerçant a en effet des paiements plus ou moins nombreux à faire pour solder les achats qui alimentent son commerce : ces paiements sont rigoureusement exigibles à certains termes ; leur cessation indiquera d'une façon certaine, un embarras dans les affaires du débiteur (4). Dans d'autres législations qui, comme la loi allemande, (10 décembre 1877) établissent un seul régime commun aux commerçants et aux non com-merçants, la faillite résultera de *l'insolvabilité*. (Loi précitée du 10 Déc. 1877, art. 94). Et il y a une diffé-rence entre ces deux faits *cessation des paiements* et *insolvabilité* ; l'un pourra parfaitement se produire sans l'autre ; un commerçant pourra cesser ses paie-ments sans être pour cela insolvable. Il suffit de supposer qu'un négociant ait mal combiné ses ren-trées avec ses échéances , qu'il ait consenti à ses débiteurs des termes trop longs, et ait dans son por-tefeuille des valeurs difficiles à réaliser ; il sera dans la

---

(4) Il n'en est pas de même chez le non commerçant ; il ne saurait donc être question de cessation de paiements, là où la profession n'en implique pas une série régulière, et en quelque sorte pèriodique. V. cep. Larombière : Théorie et pratique des obligations, t. II, art. 1188, n° 4.

nécessité de cesser ses paiements, sans que pour cela son actif soit inférieur à son passif. Enfin, dans un troisième groupe de législations qui règlent la situation des commerçants et des non commerçants insolvables, mais établissent pour les uns et pour les autres des règles différentes, la cessation des paiements entraînera la faillite commerciale, l'insovabilité, la faillite du non commerçant. (Loi autrich. du 25 Déc. 1868, art. 62, 63 et 94).

Nous arrivons à notre deuxième catégorie de lois, d'après lesquelles la faillite résulte, non pas d'un fait complexe comme la cessation des paiements ou l'insolvabilité, mais de certains faits limitativement déterminés. Le type en est la législation anglaise; les faits pouvant donner naissance à une déclaration de faillite (*acls of bankruptey*) sont les suivants : le débiteur a fait une cession frauduleuse de tout ou partie de ses biens; dans l'intention de frustrer ses créanciers il a quitté l'Angleterre, ou, étant déjà absent, il a prolongé son absence sans esprit de retour; il a quitté son domicile ou s'est laissé bannir; il a signé devant la Cour (5) une déclaration par laquelle il se reconnaît incapable de payer ses dettes; étant commerçant, une saisie a été opérée et exécutée contre lui pour une somme supérieure à 50 livres; il n'a pas dans les sept jours, s'il est commerçant, dans les trois semaines s'il ne l'est pas, satisfait, soit par paiement soit par arrangement, à la sommation (*dcbtors sum-*

---

mons) de payer une dette supérieure à 50 livres. Ces faits ne peuvent servir de base à la déclaration de faillite qu'autant qu'ils se sont accomplis dans les six mois antérieurs à la demande. Il faudra en outre que la dette soit liquide, et qu'elle ne soit pas garantie par une sûreté quelconque, à moins que le créancier ne renonce à cette sûreté et ne rentre ainsi dans la masse, ou qu'il n'en fasse l'estimation, et ne vienne concourir que pour ce qui lui reste dû, déduction faite de cette estimation (6). Chacun des faits que nous venons d'énumérer montre bien un embarras général dans les affaires du débiteur.

Les Etats-Unis suivent un système analogue. Aux termes de l'art. 11 de la loi du 22 juin 1874, pourra être déclaré en faillite : tout débiteur qui sortirait de l'Etat, du district ou du territoire, avec l'intention de frauder ses créanciers ; qui se cacherait pour éviter la procédure, en recouvrement d'une dette ; qui déroberait sa propriété aux effets de la procédure légale ; qui ferait une vente ou un transfert de ses biens avec l'intention de frauder ses créanciers ou d'avantager certains d'entre eux ; qui serait arrêté ou détenu en vertu d'une procédure d'exécution forcée ordonnée par le tribunal compétent, et fondée sur une demande dont on puisse fournir la preuve, et dont le montant soit au moins égal à 1000 dollars ; tout banquier ou courtier, marchand ou manufacturier qui aurait frauduleusement cessé de payer, ou frauduleusement suspendu le paiement de son papier commercial pen-

(6) Hæchster, Sacré et Oudin, p. 716 et 717.

dant plus de quarante jours. Ces deux législations anglaise et américaine établissent, à peu de choses près, le même régime pour les commerçants et les non commerçants. Au contraire, la loi suédoise, qui elle aussi précise les faits de nature à motiver une déclaration de faillite, pose pour les uns et les autres des règles différentes et se rapproche ainsi du système autrichien. En ce qui touche spécialement le point qui nous occupe, les faits qui donnent lieu à la faillite d'un commerçant sont plus nombreux que pour les non commerçants. Un commerçant peut être déclaré en faillite : 1° s'il a cessé ses paiements depuis plus d'une semaine ; 2° si, la dette étant liquide et échue, il ne l'a pas payée dans la huitaine de la sommation que lui en a faite le créancier par notaire ou en présence de témoins. Tout débiteur commerçant ou non peut être mis en faillite : 1° quand il a quitté son pays pour cause de dettes sans esprit de retour ; 2° quand une saisie portant sur la totalité des biens du débiteur a été opérée ; quand il a été détenu pour dettes pendant plus de trois semaines ; 4° quand il s'est livré à des manœuvres frauduleuses pour soustraire ou dissimuler ses biens à ses créanciers.

Nous venons de voir quels sont, dans les différentes législations, les faits donnant naissance à la faillite, nous devons maintenant nous demander si elle en découlera nécessairement. Ici encore nous trouvons les lois en désaccord : Les unes comme les lois française, italienne, allemande, autrichienne et anglaise (7)

---

(7) La loi anglaise contient tout un système sur les liquidations par arrangement (*liquidation by arrangement*) et les concordats amiables (*com-*

n'examinent qu'une chose, à savoir, s'il y a insolvabilité ou cessation de paiements Ce fait une fois constaté, la faillite s'en suit nécessairement.

Les autres, comme la loi espagnole, établissent pour le négociant malheureux un état spécial distinct de la faillite proprement dite (8). Tel est également le système du nouveau projet français qui vient d'être élaboré par le Conseil d'Etat (9). Aux termes de ce projet la faillite ne serait déclarée qu'autant que le commerçant aurait manqué à ses devoirs ; c'est alors seulement qu'il encourrait les incapacités civiles et politiques dont la loi frappe tout individu tombé en état de faillite.

D'autres, comme les lois belge et hollandaise (9) permettent aux tribunaux d'accorder, selon les cas, des sursis de paiement au débiteur qui, par suite d'événements imprévus, se trouvent momentanément dans l'impossibilité de faire face à ses engagements.

Enfin, un quatrième système n'est que la combinaison des deux précédents. La loi portugaise en est le type : tout en établissant un régime spécial d'insolvabilité fortuite, elle contient également des dis-

---

position vith creditors), mais il n'y a là qu'un contrat intervenant librement entre le débiteur et ses créanciers et ne liant que ceux qui l'ont consenti.

(8) C'est ce que l'on appelle en Espagne l'*insolvabilité fortuite*

(9) Des mesures analogues ont été prises par le législateur dans certaines circonstances spéciales où le commerce avait ressenti le contre-coup des commotions politiques. Voy. not. décret du 22 août 1848 D. P. 1848 4. 153 sur les concordats amiables et liquidations judiciaires; décret du 7 sept. 1870 et loi du 22 avril 1871, D. P. 1871 4. 51.

(9) C. Co. Belge art. 593-614. C. Co. Hollandais art. 900-923.

positions relatives aux sursis de paiements (10). Ce système est celui du Brésil, il est également suivi à Buenos-Ayres (C. Co. 1511-1549).

De ces quatre systèmes, le premier est injuste, il a le tort de mettre sur la même ligne le négociant honnête que des circonstances fortuites mettent dans l'embarras, et celui dont la ruine a pour cause des fautes plus ou moins graves. Aussi le nouveau projet français, dont il a été question tout à l'heure, a-t-il bien fait de les distinguer ; mais il aurait dû, à notre avis, aller plus loin encore et autoriser le tribunal à accorder des sursis de paiements analogues aux *lettres de répit* de notre ancien droit (11). Comme nous l'avons fait remarquer, une personne peut, à un moment

---

(10) — La loi espagnole semble au premier abord devoir être rangée dans cette catégorie, car elle met dans une classe spéciale le débiteur qui ayant un actif suffisant pour couvrir toutes ses dettes, suspend momentanément ses paiements et demande à ses créanciers un délai pour réaliser son actif et les désintéresser. Il n'en est rien cependant ; il ne s'agit nullement du sursis tel que nous l'envisageons en ce moment, du sursis imposé à la minorité ; la loi suppose que *tous* les créanciers ont accordé un délai à leur débiteur. Ce débiteur est alors réputé en état de *suspension de paiements.*

(11) Il est fait mention des sursis de paiement dans la loi 2 code, *de prec. imper. offer.* I. XIX. Ils étaient accordés par rescrit impérial. C'est surtout dans notre ancien Droit qu'on les employa sous le nom de *lettres de répit, arrêts de surséances, défenses générales, atterminations.* On en faisait quelquefois bénéficier toute une catégorie d'individus. C'est ainsi que Philippe Auguste en accorda aux chrétiens débiteurs de juifs, et saint Louis aux croisés. Le plus souvent c'était une faveur particulière. L'ordonnance d'Orléans 1560 (art. 61) chercha à empêcher les abus qui s'étaient produits en confiant au juge le soin de les accorder. Mais en 1660, le pouvoir royal revendiqua ce droit comme une prérogative de la souveraineté. (ordon. de 1660 tit. IV.) Les mêmes dispositions se retrouvent dans l'ordonnance de 1673 modifiée sur quelques points par la déclaration de 1699.

donné, se trouver dans l'impossibilité de faire face à ses engagements sans que pour cela son passif soit supérieur à son actif. Ne serait-il pas préférable dans ces cas, d'accorder des délais au débiteur, que de déclarer ses biens soumis à un régime distinct de la faillite, nous le reconnaissons, mais qui n'en suppose pas moins l'insolvabilité? Seulement, il est clair que des formalités devraient être prescrites pour éviter les abus : c'est ce qu'a fait le Code belge qui contient tout un titre consacré aux sursis de paiements, et dont nous allons rapidement passer en revue les dispositions.

D'après l'art. 593 du code de commerce belge « le sursis de paiement n'est accordé qu'au commerçant qui, par suite d'événements extraordinaires et imprévus, est contraint de cesser temporairement ses paiements, mais qui, d'après son bilan dûment vérifié, a des biens ou moyens suffisants pour satisfaire tous ses créanciers en principal et intérêts. »

En cas de décès d'un commerçant dans les circonstances qui viennent d'être indiquées, le sursis peut être accordé à ses héritiers bénéficiaires. C'est, dans tous les cas, à l'autorité judiciaire qu'il appartient de l'accorder, sur l'avis conforme de la majorité des créanciers. Voici quelle est la procédure, à notre avis un peu trop compliquée, que le débiteur doit suivre afin d'obtenir le sursis : deux requêtes doivent être adressées par lui : l'une au tribunal de commerce de son domicile, l'autre à la cour d'appel du ressort. Cette dernière requête est communiquée au procureur général par le premier président. Sur la première, le président du tribunal de commerce fixe les jour et heure auxquels, dans la quinzaine, les créanciers doivent être convoqués ; cette convocation est publiée par la voie des journaux. Au jour indiqué, les créanciers déclarent s'il adhèrent ou non à la demande de leur débiteur. Procès-verbal est dressé de éette assemblée; le tribunal y joint sont avis motivé. Le tout est transmis à bref délai au procureur général qui donne ses conclusions. Un conseiller nommé par le premier président fait un rapport et la cour statue dans la huitaine. Le sursis ne peut être accordé que si la majorité des créanciers présents et non privilégiés, représentant les trois quarts en somme ont adhéré à la demande. Le sursis ne peut être accordé pour plus d'un an, il peut être prorogé une fois seulement, et pour le même délai.

Les affaires du débiteur en sursis sont soumises à la surveillance d'un ou de plusieurs commissaires nommés par le tribunal de commerce. Leur autorisation est nécessaire pour tous actes d'aliénation ou même d'administration que voudrait passer le débiteur.

L'effet du sursis est d'arrêter toute voie d'exécution contre celui qui en a obtenu le bénéfice ; aucune inscription ne peut être prise sur ses immeubles et les créanciers privilégiés antérieurement inscrits ne peuvent procéder à la saisie des biens qui constituent leur gage et qui servent à l'industrie et au commerce du débiteur, tant que les intérêts de leurs créances sont régulièrement payés.

Le sursis peut être révoqué, s'il apparaît que l'actif du débiteur est inférieur à son passif, ou s'il se rend coupable de certains actes frauduleux vis-à-vis de ses créanciers (12).

Des règles analogues sont suivies en Hollande (C. co. art. 900-923) et en Portugal, avec cette différence cependant, que dans le premier de ces pays le sursis est accordé par la cour suprême, et dans le second par le tribunal supérieur de commerce, mais toujours après avis du tribunal de commerce du domicile du débiteur. Quant aux effets du sursis, la loi portugaise est moins radicale que la loi belge : certaines poursuites ne sont pas arrêtées par le sursis : ce sont celles qui ont pour cause une hypothèque, un gage, ou tout autre droit réel, le loyer de terres ou de maisons, une dette d'aliments, les salaires et gages des domestiques et employés, les dettes provenant de fournitures d'aliments pour le débiteur et sa famille.

La procédure de sursis nous paraît, avons-nous dit, un peu compliquée; pourquoi exiger dans tous les cas une décision de la cour d'appel, ou de la cour suprême? Le plus souvent, pour ne pas dire toujours, ces hautes juridictions se conformeront à l'avis émis par le tribunal de commerce, mieux placé que personne pour apprécier la situation du débiteur, et statuer en connaissance de cause. Il nous paraîtrait donc plus simple de se contenter de la décision de ce tribunal, sauf appel par le débiteur, si le sursis lui était refusé nonobstant l'avis conforme des créanciers.

Les législations diffèrent, nous venons de le voir,

____

(12) Voir sur les sursis de paiements : Humblet : *Traité des faillites, des banqueroutes et des sursis de paiement*, p. 515 et suiv.

sur le point de savoir quels sont les faits d'où peut
résulter la faillite, et quelles sont les conséquences
que le juge doit tirer de la constatation de ces faits. Il
est un point sur lequel elles s'accordent, à savoir que
la fraude doit être réprimée plus sévèrement que la
simple négligence. De là, la distinction entre la faillite
simple et la faillite frauduleuse. Sous ce rapport, la
loi française distingue la *faillite*, conséquence de la
cessation des paiements, peu importe que cette cessation ait pour cause des circonstances accidentelles, ou
la négligence du débiteur ; la *banqueroute simple* qui
suppose de la part du débiteur un manquement à
ses devoirs professionnels ; enfin, la *banqueroute
frauduleuse* qui, comme son nom l'indique, suppose
un dol, et est qualifiée crime par la loi. Les mêmes
distinctions se retrouvent dans la loi allemande, (art.
209 et 210) et dans la loi autrichienne (C. Pen. art. 199
et 486).

En Angleterre, l'acte du 9 août 1869 punit d'un emprisonnement qui peut aller jusqu'à 2 ans, avec ou
sans travaux forcés, les faillis qui se sont rendus cou-
pables de quelque fraude ; les cas de fraude indiqués
par cette loi correspondent à nos cas de banqueroute
simple et de banqueroute frauduleuse. Enfin, on retrouve la même distinction dans la loi espagnole.

b) *Déclaration de faillite.*

Connaissant les faits générateurs de la faillite dans
les différentes législations, nous devons nous demander maintenant comment elle s'ouvre.

Dans tous les pays, c'est à l'autorité judiciaire qu'il appartient de déclarer la faillite. Cette autorité, c'est le tribunal de commerce, dans les pays où il en existe, et dans lesquels la faillite constitue un régime spécial aux commerçants; c'est le système suivi en France, en Belgique, en Italie. Dans d'autres pays, ce sont les tribunaux de l'ordre civil; c'est ce qui a lieu en Alle-magne, en Autriche, en Suède et en Espagne. Enfin, la législation anglaise, suivie en cela par celle des Etats-Unis, a institué pour les faillites une juridiction spéciale qui porte le nom de *Cour des faillites* (13).

La compétence *ratione personæ* appartient partout au tribunal du domicile du failli (C. co. fr. art. 438; loi allemande, art. 64; loi autrichienne, art. 58). Cela se conçoit; comme nous aurons encore occasion de le dire, c'est ce tribunal qui est le mieux à même d'apprécier la situation du débiteur. Aux termes de l'art. 64 § 2 de la loi allemande, si plusieurs tribu-naux sont compétents, celui devant lequel la de-mande en ouverture de faillite aura été portée en premier lieu exclura les autres. La même disposition se retrouve dans la loi autrichienne : entre plusieurs tribunaux compétents, la priorité dans la déclaration de faillite crée la compétence (art. 58).

Maintenant, qui mettra en mouvement l'autorité judiciaire ? Pourra-t-elle agir d'office ? Le débiteur sera-t-il tenu de déclarer son état de cessation de

---

(13) La Cour des faillites est divisée en cour de Londres et cours de comté. La cour de Londres connaît en appel des affaires jugées en première ins-tance par les cours de comté. Les décisions qu'elle rend comme juge de première instance, peuvent être réformées par la cour d'appel.

paiements ? Tout créancier pourra-t-il requérir la déclaration de faillite ? Des divergences existent sur tous ces points entre les différentes législations. En France (C. co. art. 440), en Belgique (art. 412), en Italie (art. 546), en Espagne (art. 1010), en Autriche (art. 199 et 213), la faillite peut être déclarée soit sur la demande du failli, soit sur la requête des créanciers, soit enfin d'office (14). En Angleterre, la déclaration d'office n'est pas admise; il en est de même en Allemagne (art. 95). D'un autre côté, dans ces deux législations, aucune déclaration n'est imposée au failli; la faillite ne peut donc être déclarée que sur la requête d'un ou de plusieurs créanciers. Aux Etats-Unis, les créanciers requérants doivent constituer un quart au moins en nombre et un tiers en valeur des dettes qui peuvent être prouvées. Ceux dont la créance est inférieure à 250 schillings ne sont pas comptés pour compléter le nombre requis par la loi (Loi du 22 juin 1874, art. 12). En Angleterre, ils doivent représenter au moins une somme de 250 liv. sterl. (1,250 fr.). Signalons aussi la loi portugaise dont l'art. 1127 porte que

(14) En Autriche, il n'en est ainsi que pour la faillite commerciale. La faillite ordinaire ne peut être ouverte que sur la déclaration du débiteur, ou sur la demande des héritiers ou du curateur à la succession, ou encore sur la poursuite d'un ou de plusieurs créanciers nantis d'un titre authentique (art. 62 et suiv.). Aux termes de l'art. 66 , si au moment même de prononcer sur la requête en déclaration de faillite, il appert qu'un seul créancier personnel se présente ou que l'actif est trop minime pour couvrir les frais de la faillite, il n'y a pas lieu de déclarer la faillite. Le tribunal devra seulement, sur la demande d'un créancier, sans débat contradictoire, déférer au débiteur le serment qu'il n'a rien célé de son actif. Le refus de serment est communiqué au ministère public.

le père ou le fils commerçants créanciers l'un de l'autre, de même que la femme créancière de son mari commerçant, ne peuvent réciproquement se faire déclarer en faillite. Dans les autres législations, aucune restriction n'est mise au droit des créanciers : ceux-ci peuvent agir quels que soient le chiffre de leur créance et leur qualité vis-à-vis du débiteur.

Le jugement déclaratif est, dans toutes les législations, rendu public afin d'avertir les tiers des incapacités qui frappent le failli, et aussi afin de provoquer les oppositions (C. co. fr., 442. Lois all., art. 103 ; autrich. 69 ; belge, 466 ; anglaise. 10 et 11.)

§ II. — Des effets de la faillite par rapport au failli

I. — DANS L'AVENIR

a) *Quant à la personne du failli*

Dans presque toutes les législations, des mesures ont été prises pour mettre le failli sous la main de la justice. En France, il a été jugé que le dépôt du failli ou sa garde peuvent être ordonnés conformément à l'art. 455 du code de commerce, nonobstant la loi du 22 juillet 1867 abolitive de la contrainte par corps (15). Des dispositions analogues à l'article précité se trouvent dans les lois belge (art. 467, 481, 482, 495), italienne (art. 548), autrichienne (art. 98), allemande (art. 98), espagnole (art. 1044). En Angleterre,

---

(15) Montpellier, 11 mars 1871, D. P. 72, 2, 29.

l'acte du 9 août 1869 a abrogé l'emprisonnement pour dettes et s'est contenté d'édicter des dispositions pénales contre les débiteurs frauduleux (16).

Mais ces mesures coërcitives sont, partout où elles existent, abandonnées à l'appréciation du juge : ce dernier, du reste, ne peut en user que dans certains cas, vis-à-vis du failli qui n'a pas déposé son bilan et ne s'est pas conformé aux dispositions de la loi.

La faillite entraîne enfin dans tous les pays, certaines incapacités civiles et politiques. (C. co. fr. art. 83, 613, décret du 2 Févr. 1852, art. 15-17).

b) *Quant aux biens du failli.*

Le failli se trouve, en vertu du jugement déclaratif, dessaisi de l'administration de ses biens, (art. 443 du code français (17), 444 du code belge, 1 de la loi autrichienne, 552 de la loi italienne, 17 de la loi anglaise, 1035 de la loi espagnole). Cette mesure est impérieusement commandée par l'intérêt des créanciers ; il ne faut pas que le débiteur puisse diminuer son actif, augmenter son passif, avantager certains créanciers au détriment des autres. Il ne pourra donc plus aliéner ses biens, à titre gratuit ou à titre onéreux, ni constituer d'hypothèques ; celles antérieurement constituées et non inscrites au jour du jugement déclaratif, ne pourront plus l'être après cette époque

(16) D'après le nouveau projet français (art. 448 et 449), le tribunal de commerce statue sur la question de savoir si le débiteur en état de suspension de paiements sera ou non incarcéré ou gardé.

(17) Le projet français fait produire le dessaisissement au jugement qui prononce la suspension des paiements.

(loi autrich., art. 12). Il ne pourra plus disposer de ses créances, ni les éteindre par aucun mode volontaire (18), la compensation ne sera plus possible ; car, comme on ne sait pas quel sera le dividende afférent à chaque créancier, la *liquidité,* condition essentielle de la com·pensation, n'existera pas. Quant à ses dettes, le failli ne pourra les éteindre, au préjudice de la masse ; c'est même, nous l'avons vu, un des principaux buts du dessaisissement que d'empêcher le failli de désinté·resser certains créanciers au détriment des autres. C'est cette nécessité de maintenir l'égalité entre les créanciers qui a inspiré l'article 444 de notre code, aux termes duquel le jugement déclaratif arrête le cours des intérêts. La loi autrichienne ne contient pas de disposition semblable (voy. art. 17). Enfin le béné·fice du terme est enlevé au failli ; (C. civ., art. 1188); l'exigibilité immédiate était du reste nécessaire pour permettre de liquider la situation.

Ce dessaisissement et les nullités qui en résultent sont purement relatifs, et ne peuvent être invoqués que par la masse ; ils ne profiteront donc pas au failli revenu plus tard à une meilleure fortune ; d'un autre côté, les créanciers privilégiés et hypothécaires, étant hors de la masse, n'auront aucun compte à en tenir. On s'est seulement demandé chez nous s'ils pourraient se prévaloir de la disposition qui prononce contre le

---

(18) D'après la loi autrichienne (art. 3), le paiement fait après l'ouverture de la faillite est valable, alors même qu'il n'aurait pas profité à la masse, à la charge par le débiteur de prouver qu'à l'époque où il a fait le paiement, il ne pouvait avoir connaissance de l'ouverture de la faillite.

failli la déchéance du terme (19). Le Code italien (art.
684) et la loi autrichienne (art. 14) ont tranché la
question dans le sens de la négative. Sauf les divergences que nous avons signalées, les principes ci-
dessus exposés sont admis partout.

II. — DANS LE PASSÉ

La plupart des législations permettent de faire remonter la faillite à une date antérieure à sa prononciation judiciaire, au moment même de la cessation
des paiements, et annulent les actes passés depuis
cette cessation, ou même dans les derniers jours qui l'ont
précédée. C'est ce que l'on appelle le *report* de la faillite. Seulement le pouvoir donné aux tribunaux n'est
pas partout le même. Tandis qu'en France et en Italie
(art. 441) (20) le juge peut faire remonter la cessation
des paiements à quelqu'époque que ce soit (on a vu
des faillites reportées à vingt ans en deçà) (21), le report n'est possible en d'autres pays que dans une
certaine limite. Ainsi d'après l'art. 442 du code de
commerce belge, l'époque de la cessation des paiements
ne peut être fixée à une date antérieure de plus de six
mois au jugement déclaratif, sauf le cas de faillite
après sursis de paiement ; la faillite remonte alors de
plein droit au jour de la demande de sursis (art.
613). En Portugal, la faillite ne peut remonter à une

---

(19) Voir sur cette controverse : Boistel, *Précis de droit commercial*,
n° 924 et les autorités qu'il cite.

(20) Le nouveau projet de code de commerce italien n'admet pas le report
au-delà de trois ans.

(21) D. A. V° Faillite N° 272 1°.

date antérieure aux quarante jours qui ont précédé le jugement déclaratif (art. 1131 du Code portugais). Les mêmes dispositions se retrouvent au Brésil (art. 806). La loi anglaise permet de faire remonter la faillite au premier *act of bankruptcy* commis dans les douze mois précédents (22).

La loi espagnole doit être rangée dans une catégorie spéciale : elle ne fixe pas d'une manière absolue la date au-delà de laquelle le report ne sera pas possible ; cette date varie suivant les différentes espèces d'actes. Le code des faillites allemand se range à une théorie analogue ; il distingue trois catégories d'actes annulables : la première comprend les actes ne pouvant être annulés que s'ils sont survenus après la cessation des paiements ou la demande d'ouverture de la procédure ; ce sont les obligations contractées, et les sûretés consenties depuis cette époque à certains créanciers avec complicité de leur part (art. 23) ; la deuxième catégorie comprend les actes pouvant être annulés s'ils ont eu lieu dans les deux années qui précèdent l'ouverture de la procédure ; ce sont les dispositions à titre gratuit en faveur du conjoint, ou les garanties à lui consenties *dotis causa* (art. 25). En troisième lieu, certains actes sont annulables s'ils ont lieu dans l'année qui précède l'ouverture de la faillite (art. 24, 2°).

(22) Un auteur anglais, M. Robertson, dans un article analysé au bulletin de la Société de législation comparée, 1879, p. 320, voudrait voir fixer au jour de sa déclaration, le commencement de la faillite, sauf à la loi à décider que les actes accomplis dans une période déterminée seraient considérés comme nuls.

Enfin il est des actes annulables sans distinction de temps (art. 24, 1°.)

Le report de la faillite n'est pas admis dans la législation autrichienne; c'est ce qui résulte de l'art. 24 de la loi du 25 décembre 1868 aux termes duquel « les dispositions du code civil règlent le droit de contester la validité des obligations contractées frauduleusement par le failli avant l'ouverture de la faillite, au préjudice des créanciers » (23).

Là où le report de la faillite est admis par le législateur, des règles doivent être posées touchant la validité des actes accomplis dans l'intervalle de l'ouverture effective de la faillite au jugement déclaratif. Le principe suivi à cet égard est le suivant : les actes à titre onéreux et de bonne foi sont valables, au contraire les actes passés de mauvaise foi; ou bien à titre gratuit, sont frappés de nullité. Cette nullité, dans certaines législations opère de plein droit; c'est-à-dire est obligatoire pour le juge, du moins quant aux actes les plus suspects (C. co. Fr. art. 440). Dans d'autres législations, en Allemagne, par exemple, la nullité est toujours facultative.

(23) Cette disposition doit être critiquée et l'a été en effet par les jurisconsultes autrichiens. On a fait remarquer avec raison « que les principes dé droit civil auxquels il est fait allusion sont extrêmement défectueux et n'accordent pas aux créanciers de protection suffisante contre les actes irréguliers de leur débiteur. » On peut ajouter que quelque complètes que soient les dispositions du droit civil, la fréquence des fraudes et la nécessité de maintenir une égalité rigoureuse entre les créanciers exigent dans notre matière une réglementation spéciale. (Geyer : *Législation de l'Autriche*, revue de droit intern., 1869, page 402.)

§ III. — Des effets de la faillite par rapport aux tiers

Les tiers sont ici ceux que l'état de faillite touche directement, c'est-à-dire ceux qui ont à exercer contre le débiteur des droits de créance, ce qui exclut les revendiquants qui agissent non comme créanciers mais comme propriétaires (24). Les créanciers n'ont pas tous les mêmes droits : les uns ont suivi la foi personnelle du débiteur, en se contentant des garanties que la loi accorde à tous les créanciers ; les autres ont au contraire une situation privilégiée qu'ils tiennent soit de la loi, à raison de la qualité de leurs créances, soit de stipulations expresses avec le débiteur. Les premiers viennent en concours et ne participent à la répartition de l'actif qu'en proportion de leurs créances, les autres n'ont à subir aucun concours et sont payés intégralement, du moins dans la mesure des sûretés qui leur appartiennent.

Nous nous occuperons tout d'abord des revendiquants ; nous verrons ensuite quels sont dans les différentes législations, les créanciers munis de sûretés spéciales, et nous parlerons enfin des créanciers chirographaires.

---

(24) Notons ici une particularité de la loi espagnole qui qualifie les revendiquants « *accreedores de dominio* » *créanciers de propriété*. Il y a là une confusion manifeste du droit de créance et du droit de propriété.

I. — REVENDIQUANTS

L'exercice du droit de revendication suppose que des valeurs se trouvent entre les mains du failli sans qu'il en soit propriétaire. On lui a, par exemple, remis des effets de commerce avec mandat d'en opérer le recouvrement, on a déposé ou consigné chez lui des marchandises, le propriétaire des effets de commerce ou des marchandises pourra les revendiquer. Le fondement de cette revendication étant le droit de propriété, il s'en suit qu'elle est admise à peu près partout. Il est cependant une catégorie de revendiquants dont les droits sont diversement réglés dans les divers Etats, et à propos désquels le conflit pourra s'élever ; nous voulons parler de la femme du failli. Sous tous les régimes, sauf sous celui de la séparation de biens (25), il y a des biens de la femme qui se trouvent entre les mains du mari chargé de les administrer. Ces biens ne forment pas le gage des créanciers de ce dernier, la femme a le droit de les revendiquer comme propriétaire. Mais la loi a craint des fraudes, elle a craint que le mari ne détournât une partie du gage de ses créanciers, en faisant passer certains de ses biens sous le nom de sa femme ; aussi le législateur s'est-il montré très sévère vis-à-vis de cette dernière, pour la preuve de sa propriété. Ainsi, tandis que d'après le droit commun la femme peut faire la preuve de la consistance de son mobilier pro-

(25) La séparation de biens est le régime légal en Italie.

pre par tous moyens, même par la commune renommée (C. civ., 1415 et 1504), lorsqu'elle est en conflit avec les créanciers de son mari tombé en faillite, la preuve doit être faite par acte authentique (art. 560, C. co.). Quant aux immeubles, les modes de preuve du droit commun suffisent, parce que leur origine est facile à constater et à contrôler. On exige seulement des conditions particulières, en cas d'emploi en immeubles d'une somme propre à la femme : 1° constatation de l'origine des deniers par acte authentique; 2° déclaration d'emploi dans l'acte d'acquisition (art. 558, C. co.). Enfin, la loi enlève à la femme tout droit sur les biens à elle donnés par son mari, lorsqu'il était commerçant lors de la célébration du mariage, ou lorsque n'ayant pas à cette époque de profession déterminée, il l'est devenu dans· l'année (art. 564, C. co.).

Des dispositions analogues se trouvent dans les lois belge et italienne. Il y a cependant une différence entre notre législation et la législation belge ; dans ce pays la femme peut être privée de toute action à raison des avantages portés au contrat de mariage, si le mari non commerçant au moment du mariage l'est devenu dans les *deux* années (art. 557 C. com. belge). Les codes belge et italien se prononcent aussi expressément sur un point contesté chez nous, celui de savoir si la femme a le droit de reprendre les biens acquis en remploi. La loi belge (art. 554) exige un acte authentique, le code italien un acte ayant date certaine. En Espagne, la femme a le droit de revendiquer les biens dotaux, mais l'apport doit avoir été constaté par acte public. Quant aux biens paraphernaux la preuve se fera d'après le droit commun. L'article 880 du code des Pays-Bas autorise la femme à reprendre en nature tous les biens meubles ou immeubles qui lui appartiennent et ne sont pas tombés en communauté. L'apport des biens exclus devra être prouvé d'après le droit commun ; s'ils appartenaient à la femme au moment du mariage, s'ils lui sont advenus pendant le mariage à titre de succession ou de donation, il faudra un inventaire ou tout acte de nature à donner au juge une conviction suffisante. En Autriche « la déclaration faite par le mari, avant l'ouverture de la faillite, verbalement ou par écrit, qu'il a reçu la dot doit, pour faire preuve contre la masse, avoir lieu à l'époque de la réception de la dot, ou au plus tard un an avant le jour de l'ouverture de la faillite, et la date de cette déclaration doit être établie vis-à-vis de la masse. La date inscrite sur l'acte ne fait pas preuve suffisante » (art. 49). L'article 37 de la loi allemande reproduit la présomption de notre article 559. « La femme du failli ne pourra revendiquer les objets acquis par elle pendant le mariage qu'à la charge de prouver que ces objets n'ont pas été acquis des deniers du mari ». La loi ne parle pas des biens possédés par la femme avant le mariage, il faut en conclure que la preuve devra s'en faire d'après les principes généraux. La loi garde le même silence quant aux avantages résultant pour la femme de ses conventions matrimoniales ; il s'ensuit pour nous que la créance appartenant de ce chef à la femme se trouve dans la même condition que les autres.

Il n'est pas question dans le droit anglais de la revendication de la femme du failli ; la raison en est que par le mariage ses biens sont devenus la propriété du mari, à moins qu'elle n'en ait confié l'administration à un fideicommissaire *(trustee)*. Elle pourra alors revendiquer, ou plutôt le *trustee* le pourra, car c'est lui seul qui est investi de l'exercice des actions compétant à la femme. Quant au douaire que la loi anglaise lui accorde, elle pourra y prétendre en cas de faillite du mari.

Signalons en terminant sur la revendication de la femme une particularité de la loi du canton de Glaris C. civ., § 4). En cas de faillite du mari, la fortune de la femme, y compris ses propres, tombe dans la masse. Elle a le droit d'en prélever la moitié à titre de créance privilégiée en renonçant à toute prétention sur l'autre moitié, ou de figurer pour le tout parmi les créanciers chirographaires.

Outre la revendication dont nous venons de parler, et qui est, nous l'avons dit, fondée sur le droit de propriété, il en est une autre, admise dans un grand nombre de pays, et qui constitue une sorte de résolution de la vente. Elle est consacrée en France par l'art. 576 du code de com., en Belgique par l'art. 568, en Italie par les art. 689, 691, en Allemagne par l'art. 36. La loi espagnole contient des dispositions analogues. Mais les conditions auxquelles est subordonné ce droit de résolution ne sont pas partout les mêmes.

Ainsi, la loi française exige que les marchandises expédiées ne soient pas encore entrées dans les magasins du failli ou dans ceux du commissionnaire chargé de les vendre pour lui ; la loi espagnole n'est pas aussi rigoureuse, il suffit, d'après elle, du moins en cas de vente au comptant, qu'elles puissent être reconnues facilement. La législation néerlandaise diffère également de la loi française ; la revendication peut encore s'exercer dans un délai de trente jours après l'arrivée des marchandises dans les magasins du failli, et cela alors même qu'elles auraient été déballées, et que leur quantité aurait reçu une diminution. En Angleterre, la revendication des marchandises vendues au failli, et non payées par lui, n'est pas admise.

II. — CRÉANCIERS NANTIS D'UNE SURETÉ SPÉCIALE

a) *Créanciers hypothécaires et gagistes*

Les créanciers hypothécaires exerceront leurs droits sur l'immeuble hypothéqué, les créanciers gagistes sur l'objet du gage, et pour le surplus ils viendront en concours avec les créanciers chirographaires. Ces principes sont admis partout, il est donc inutile d'insister.

a) *Créanciers privilégiés d'après la loi*

Les créances privilégiées sont énumérées dans les articles 2101, 2102 et 2103 du code civil, 549 et 550 du code de commerce. Les unes sont privilégiées sur la généralité des biens du débiteur, d'autres sur des biens spéciaux meubles ou immeubles, suivant les cas. En Belgique, la loi hypothécaire du 16 décembre 1851 a modifié un certain nombre de dispositions du code civil relatives aux privilèges ; ainsi, il n'y en a

plus qu'un seul portant sur les meubles et les immeubles, c'est celui des frais de justice. Ajoutons que le
privilège du vendeur de machines subsiste bien que
celles-ci soient devenues immeubles par destination
(art. 2). Il dure deux ans à dater de la livraison, à la
charge d'être conservé au moyen de certaines formalités. Le code italien est calqué sur le nôtre, sauf que
le privilège du bailleur s'exerce conformément au
droit français antérieur à la loi de 1872 (C. civ. italien,
art. 1956). La loi anglaise de 1869 indique comme
créances privilégiées : 1° les taxes paroissiales et autres
taxes locales pour les douze mois antérieurs à la
faillite, l'impôt foncier et les contributions personnelles auxquelles le failli était assujetti à la date du
15 avril antérieur à la faillite, et pour un an au maximum ; 2° les salaires et gages des employés et domestiques du failli dûs au moment de la faillite, pour
quatre mois seulement et jusqu'à concurrence de
50 livres sterling, et les salaires des ouvriers employés par le failli, mais pour deux mois seulement.
L'apprenti a une créance privilégiée pour rupture de
son contrat (art. 33). Quant au propriétaire, il est privilégié pour une année antérieure à la faillite. La loi
autrichienne donne un privilège au commissionnaire, au voiturier et au vendeur d'effets mobiliers
(art. 38), à peu près dans les mêmes termes que la loi
française. Quant aux créances de la nature de celles
dont il est question dans l'article 2102 du code civil,
la loi autrichienne les range dans la catégorie des
créances chirographaires ; elles sont cependant privilégiées dans une certaine mesure, ainsi que nous le
verrons tout à l'heure. La loi allemande indique dans

les articles 39-45 les créances qui doivent être distraites de la masse de la faillite. Nous y trouvons notamment les impôts, les loyers et fermages, les créances des aubergistes, celles des ouvriers et des artisans, les frais faits pour la conservation de la chose, etc. Le privilège du commissionnaire est consacré par l'article 374 du code de commerce ; celui du voiturier par les articles 409 et 412.

La faveur dont sont entourées les créances dont il vient d'être question, tient à leur nature. Il en est d'autres qui doivent leur situation privilégiée à la personne du créancier ; nous voulons parler des créances garanties par des hypothèques légales, et spécialement de l'hypothèque légale de la femme mariée. Cette hypothèque, consacrée par l'art. 2121 du code civil, subit certaines restrictions en cas de faillite du mari : 1° Quant à son assiette ; la loi soustrait à l'hypothèque légale de la femme, tous les immeubles acquis à titre onéreux depuis le mariage. Elle présume qu'ils ont été achetés avec l'argent des créanciers, et cette présomption est absolue, la preuve contraire n'est pas admise. 2° Quant aux créances garanties (voir art. 563, C. com., al. 2.) Des dispositions analogues se trouvent dans la loi belge (art. 559), mais l'hypothèque légale a perdu dans cette législation son caractère de généralité ; elle doit être spécialisée. La loi allemande a supprimé l'hypothèque légale en cas de faillite. Notons cependant une disposition transitoire. La loi introductive du code des faillites (art. 13) autorise la législation de chaque Etat de la Confédération à accorder un droit de préférence à la femme du failli, pour les créances antérieures à la mise en vigueur du code, en tant que la législation précédente lui accordait un privilège ou une hypothèque. La loi ajoute que ce droit de préférence ne pourra plus être accordé dans les faillites ouvertes deux ans après la mise en vigueur de la législation nouvelle. Ce moment étant arrivé le 1er octobre 1879, la disposition transitoire n'a plus d'intérêt aujourd'hui.

L'hypothèque légale n'existe plus en Autriche et dans les Pays-Bas. En Angleterre, nous savons que, par le mariage, la femme perd sa personnalité, et que tous ses biens deviennent la propriété du mari qui en a seul l'administration et la disposition. Si donc, il vient à tomber en faillite, les biens de la femme comme les siens deviennent le gage de ses créanciers. Quand elle se sera constitué un douaire, elle aura contre son mari une créance, mais sans aucune garantie; elle partagera les conséquences matérielles du désastre, comme elle en partage la responsabilité morale, puisque le juge de la Cour peut exiger d'elle tous les renseignements utiles sur les affaires du mari.

Lorsque la femme aura confié l'administration de ses biens à un fidéicommissaire, elle pourra devenir créancière de son mari et produire à sa faillite, comme tout autre créancier ; mais elle n'agira pas ; l'action appartiendra aux *trustees* (26).

---

(26) L'hypothèque légale en général et celle de la femme en particulier ont été l'objet de nombreuses critiques. On l'a présentée comme nuisible à la propriété elle-même, comme ce qu'il y a de plus propre à détourner de la vente et du prêt, à cause des embarras qu'elle suscite dans la pratique des affaires et du discrédit qu'elle jette sur les fortunes les mieux assises. Ces inconvénients tiennent plutôt à l'organisation de l'hypothèque légale dans nos lois qu'au principe de cette institution. Le législ-

c) *Créanciers chirographaires*

Ce sont ceux qui n'ont aucune cause de préférence ;
ils viennent au marc le franc. Notons ici une particularité de la loi autrichienne. Les créanciers chirographaires sont divisés en cinq classes entre lesquelles
il y a priorité. La première classe comprend : *a)* les
frais funéraires ; *b)* les salaires des personnes employées
d'une façon stable dans la maison, et dus pour la dernière année avant l'ouverture de la faillite ; *c)*. Les créances des médecins, chirurgiens, gardes malades ou
pharmaciens, en tant que les droits au paiement de
leurs soins ou des remèdes fournis se rapportent à des
maladies, ou du failli, ou des membres de sa famille
auxquels il doit l'entretien, ou des gens de service
attachés à sa maison, et ne remontent pas à plus d'une

lateur a le devoir de protéger les incapables. En leur accordant une sûreté
spéciale, il ne fait que mettre leurs biens sous la protection du droit commun, il stipule pour eux la garantie que tout créancier maître de ses droits
peut se faire concéder par son débiteur. En ce qui touche spécialement la
femme mariée, l'hypothèque légale est une compensation bien légitime de
l'état de dépendance où elle se trouve vis-à-vis de son mari. Mais si le
principe même de l'hypothèque légale nous paraît bien fondé, nous n'en
dirons pas autant de la manière dont il a été mis en pratique. La clandes-
tinité offre les plus grands dangers ; d'abord quant aux autres créanciers
hypothécaires qui ignoreront le véritable crédit immobilier de leur débiteur, ensuite quant aux tiers acquéreurs. La situation de ces derniers sera,
il est vrai, bien moins défavorable, puisqu'ils auront toujours la ressource
de la purge légale, mais enfin ce sont toujours des formalités qu'on leur
impose. Des inconvénients analogues résultent de la généralité de l'hypothèque légale. Pour une somme relativement peu considérable, le crédit
d'une personne pourra être diminué. Nous donnons donc notre préférence
au système belge, qui était celui du projet de réforme hypothécaire de 1849.

année à compter du jour de l'ouverture de la faillite, ou bien si le failli est mort avant l'ouverture de la faillite, du jour de sa mort ; *d)* les impôts, ceux dus par abonnement, ceux de douane, de consommation, en tant que ces créances ne remontent pas à plus de trois ans à dater du jour de l'ouverture de la faillite et ne sont pas payées par la chose qui les garantit.

La deuxième classe comprend : *a)* les restitutions à la charge du père, tuteur ou curateur, à raison de l'administration infidèle de la fortune de celui dont il a la tutelle ou la curatelle ; *b)* les créances de l'Etat contre un fonctionnaire à raison de son emploi.

La troisième classe comprend les créanciers non désignés dans les deux classes précédentes.

Rentrent dans la quatrième, les intérêts, arrérages qui ne jouissent pas du même rang de priorité que le capital.

Enfin une cinquième et dernière classe comprend *a)* les créances résultant de donations, *b)* les amendes prononcées pour contravention de toute nature en tant qu'elles ne sont pas garanties par un droit de gage.

Doivent être rangés dans la catégorie des créanciers chirographaires, ceux qui, sans se faire concéder de sûretés réelles, ont exigé l'adjonction, soit d'un deuxième débiteur, soit d'une caution. Les droits de ces créanciers sont réglés par les articles 542 et suivants du code de commerce. Ces dispositions ont été reproduites dans les articles 537-540 de la loi belge, 18 et 19 de la loi autrichienne.

Le code italien (art. 656-658) consacre des principes analogues : il ajoute de plus qu'en cas de production

à la faillite par un créancier qui a reçu un *à compte*
et par un coobligé pour le montant de cet à compte,
le créancier conserve le droit de prélever jusqu'à parfait paiement le dividende revenant au coobligé ou à
la caution, en restreignant alors son action à la somme qui lui resterait due après encaissement des
deux dividendes (art. 658.) Le droit anglais contient
des dispositions analogues.

Créanciers étrangers. — Il n'est pas douteux,
comme nous le verrons, que nos lois sur la faillite
s'appliquent aux étrangers. Il en est ainsi dans tous
les pays, bien que les différentes lois ne se soient pas
expressément prononcées sur ce point (27). Quant aux
créanciers étrangers ils sont partout traités comme les
nationaux ; le principe est si évident que la plupart
des lois positives n'ont pas songé à le proclamer *in
terminis*. On le trouve cependant dans l'article 4 du
code des faillites allemand qui autorise toutefois le
chancelier de l'Empire à employer des mesures de représailles à l'égard des individus de nationalité étrangère ou de leurs ayants droit. D'après la loi autrichienne, il faut d'abord se référer aux traités internationaux. A défaut de traités, il faut appliquer le principe que les étrangers ont à la faillite les mêmes droits
que les nationaux, sous condition de réciprocité. En
cas de doute, la réciprocité doit se présumer. Si le
juge du pays a quelque motif spécial d'admettre le
contraire, c'est à l'étranger qui produit à la faillite à
prouver dans un délai déterminé par pièces authenti-

(27) Voy. cep. loi allemande, art. 208.

ques, d'après quels principes sont traités les sujets autrichiens, dans l'Etat auquel il appartient..Le juge autrichien prendra en considération ces mêmes principes relativement au droit de l'étranger. En cas de
besoin, il devra en être référé au ministre de la justice (art. 51).

§ IV. — Opérations de la faillite

I. — PERSONNEL DE LA FAILLITE

La faillite ayant pour objet l'égale répartition des
biens du débiteur entre ses créanciers, donne lieu à
des opérations multiples : d'abord à des mesures conservatoires sur la personne et les biens du failli, ensuite à différents actes ayant pour but d'en préparer
et d'en hâter la solution. Il ne pouvait être question
de confier la direction de ces opérations aux créanciers ; la loi les a concentrées entre les mains des
syndics que nous retrouvons dans toutes les législa-
lations. De plus, il importait de ne pas laisser cette
administration sans contrôle, de là des mesures diverses pour assurer la bonne marche des opérations
dans l'intérêt commun des créanciers.

a) *Syndics*. — En France, ils sont nommés par le
tribunal de commerce, après avis des créanciers (art.
462. c. com.) ; dans d'autres pays par les créanciers
eux-mêmes, ce qui est peut-être plus juste puisqu'ils
sont leurs mandataires. Mais pour faciliter ce choix,
on pourrait (et c'est ce qu'a fait le projet italien) donner aux chambres de commerce mission de former

une liste triennale des personnes aptes à remplir les fonctions de syndics, tout en permettant aux créanciers de choisir toute autre personne non portée sur la liste.

En Angleterre le syndic *(trustee)* est nommé par l'assemblée des créanciers. On a proposé la suppression des *trustees*, et leur remplacement par un système d'administration officielle. Ce système est repoussé avec raison par les hommes de commerce. La mission du syndic est de mener les opérations de la faillite pour le plus grand intérêt des créanciers ; ceux-ci doivent donc le choisir (28).

Quant aux fonctions des syndics, dans la plupart des législations ils ne sont qu'administrateurs des biens composant la masse. La législation anglaise, qui a inspiré celle des Etat-Unis, repose sur une théorie différente. Le failli est considéré comme mort civilement, la déclaration de faillite opère une véritable translation de la propriété des biens du failli aux *trustees*.

b) *Contrôle des opérations de la faillite*

A côté des syndics se trouve dans toutes les législations un personnel chargé, soit de contrôler et de surveiller les opérations de la faillite, soit de délibérer et de statuer sur les mesures les plus importantes. On

(28) Voir sur la nomination des syndics en droit anglais et les critiques que l'on peut diriger contre ce système : *Bulletin de la Société de législation comparée, 1879,* p. 379 et 380. — En Russie c'est aussi l'assemblée des créanciers qui nomme les syndics.

peut sous ce rapport trouver dans les différentes législations deux tendances, suivant la part donnée aux créanciers dans ce contrôle et ces délibérations. Les unes, comme les lois française, belge et italienne ne donnent aux créanciers qu'une influence minime dans l'administration de la faillite. C'est à l'autorité judiciaire, c'est-à-dire au juge commissaire et au tribunal de commerce, qu'il appartient de statuer sur les actes les plus importants. D'autres, comme les lois allemande, autrichienne, anglaise assurent aux créanciers la prépondérance dans les affaires de la faillite. D'après la loi autrichienne (art. 74), il doit être constitué un comité de créanciers, avec mission, non pas précisément de surveiller la gestion du syndic, cette surveillance appartient au juge commissaire (art. 70, al. 2), mais de représenter la masse des créanciers avec des pouvoirs plus étendus que ceux des syndics. Les mêmes principes sont appliqués par la loi allemande, avec cette différence que le juge commissaire n'est autre chose que le juge cantonal (*amtsrichter*) (29) devant lequel s'instruisent toutes les faillites. La loi anglaise ne connaît pas le juge commissaire; les attributions conférées à ce magistrat par notre code, sont dévolues à la Cour des faillites qui jouit d'un droit d'investigation très étendu; elle peut faire comparaître devant elle toute personne qu'elle suppose détenir des objets appartenant au failli, être son débi-

---

(29) Il faudrait se garder d'assimiler ce magistrat à nos juges de paix; en dehors du sujet qui nous occupe, sa compétence est plus étendue en matière civile, et en matière criminelle, où il juge, avec assistance d'échevins, de véritables délits.

teur, ou pouvoir donner des renseignements sur ses affaires. Nous trouvons également dans la loi anglaise un comité d'inspection auquel le syndic est obligé de rendre ses comptes tous les trois mois, et dont il est tenu de prendre l'avis en certains cas. Enfin, il existe dans toutes les législations des assemblées de créanciers chargées de la nomination des syndics, de la constitution du comité de créanciers, de la vérification des créances (30), enfin de délibérer sur le concordat.

II. — MESURES CONSERVATOIRES ET PRÉPARATOIRES

Ces mesures ont trait soit à la personne soit aux biens du failli ; elles sont les mêmes dans toutes les législations. Citons seulement à titre d'exemples, l'apposition des scellés et la confection d'un inventaire, l'exploitation du commerce du failli, la vente des objets sujets à dépréciation, etc., etc. La loi anglaise ne parle pas de l'apposition des scellés, le *trustee* étant investi de la propriété de tous les biens du failli.

Les mesures préparatoires sont celles qui se réfèrent à la formation du bilan, c'est-à-dire de l'état général de l'actif et du passif (art. 476, 477, 478, C. co.) et à l'établissement de la liste des créanciers, ce qui comprend la production, l'admission et la vérification des créances (491-504). Ici encore nous serons

(30) Le projet italien confère au juge commissaire la mission de vérifier les créances ; c'est, comme on l'a fait remarquer, une confusion entre les fonctions du juge et celles des syndics.

très brefs, car toutes les législations se ressemblent;
on n'y trouve que des différences de détail, par exemple, quant aux délais dans lesquels la production doit
se faire (31) et quant aux conséquences résultant de la
non production dans ces délais. En ce qui touche les
contestations auxquelles peut donner lieu l'admission
des créances, elles sont jugées d'après la procédure
en vigueur dans les différents pays.

§ V. — Clôture de la Faillite

La faillite est dissoute soit pour insuffisance d'actif,
soit par l'obtention d'un concordat, soit par la réalisa-
tion de l'actif.

a) *Clôture pour insuffisance d'actif*

Il arrive fréquemment que des faillites prennent fin
parce que les moyens de continuer les opérations
font défaut; c'est là ce qu'on appelle la *clôture en cas
d'insuffisance d'actif.* Les lois espagnole et anglaise
n'en font aucune mention. D'après la loi autrichienne
(art. 66), si au moment où la faillite est provoquée, il
appert qu'un seul créancier se présente, ou que l'actif
est trop minime pour couvrir les frais, la faillite ne
doit pas être déclarée. Dans ce cas, le débiteur doit
prêter serment qu'il n'a rien célé de son actif. L'art. 99

(31) C. com., **art.** 492. Belgique, 496. Italie, 601. Espagne, 1001. Angleterre, 14. Autriche, 103-106. Allemagne, 126.

du code allemand contient des dispositions identiques. Aux termes de ce texte, « la demande en
déclaration de faillite peut être rejetée, si le tribunal
est d'avis que l'actif de la masse n'est pas proportionné
aux frais qu'entraînerait la procédure ». L'article 190
de la loi permet au tribunal de clore la procédure de
faillite s'il est constaté « que l'actif de la masse n'est
pas en rapport avec les frais de la procédure ». Les
législations autrichienne (art. 155) et allemande (art.
188) admettent la cessation de la procédure sur la
demande de *tous* les créanciers.

b) *Concordat.*

Le concordat est un traité entre le failli et ses créanciers d'après lequel il s'engage à leur payer un certain dividende, moyennant certaines remises qui lui
sont consenties. Ce traité a cela de particulier qu'il ne
suppose pas le consentement de tous les créanciers, et
que la majorité fait la loi à la minorité. Il est très
avantageux pour le failli qui sera remis à la tête de
ses affaires, et pour les créanciers qui n'y consenti-
ront que s'ils peuvent obtenir un dividende plus fort
que celui qui leur reviendrait après la vente des biens.
Aussi le retrouve-t-on dans toutes les législations :
mais partout aussi des précautions sont prises pour
que les droits de la minorité ne soient pas sacrifiés :
partout on exige pour la formation du concordat une
double majorité ; majorité en nombre et majorité en
somme ; partout les créanciers hypothécaires en sont
exclus comme n'ayant aucun intérêt à y débattre, partout enfin le concordat un fois voté doit être soumis à

l'examen du juge. Nous n'aurons à signaler entre les différentes législations que des divergences de détail relatives au chiffre exigé pour la formation des majorités. En France (art. 507), en Belgique (art. 512), en Italie (art. 518), le concordat doit être formé à la majorité des 3/4 en somme et de la moitié plus un en nombre. L'art. 513 du code belge tranche une question controversée dans nos lois. On se demande si les créanciers hypothécaires qui, en principe, ne sont pas admis au concordat, peuvent, en renonçant à leur sûreté pour une portion, être admis à y prendre part jusqu'à concurrence de cette portion. En France la négative est admise (32) ; l'art. 513 de la loi belge décide qu'ils pourront voter au concordat à la condition de renoncer à leur sûreté pour une moitié. L'article 420 du même code porte que le débiteur qui a satisfait aux prescriptions de la loi et présente les bases d'un concordat, peut demander la convocation immédiate des créanciers, et, après vérification et affirmation des créances à bref délai, obtenir un concordat par le concours des trois quarts des créanciers vérifiés représentant les 5/6 des sommes dues. En Espagne le concordat doit être consenti par la moitié plus un des créanciers représentant les 3/5 du passif total ; la même règle est suivie en Allemagne (art. 169). En Autriche (art. 217) et en Portugal (art. 1186 et s.) on exige les 2/3 en nombre et les 3/4 en somme. En Angleterre, l'ordonnance de décharge qui équivaut au concordat peut être accordée au failli, s'il est prouvé à

(3 2) Boistel, *loc. cit.* n° 1035 ; Bravard, v. p. 375.

la cour que l'actif a produit un dividende au moins
égal à dix shillings par livre sterling, ou si une résolution spéciale sollicitant en sa faveur un ordre de
décharge a été adoptée par les créanciers. L'ordre de
décharge ne dégage pas le failli des dettes ou respon-
sabilités qui pèsent sur lui du fait de quelque fraude
ou abus de confiance qu'il aurait commis. Pour que la
résolution spéciale dont il vient d'être question soit
valable, il faut qu'elle ait été prise à la majorité des
voix dans une réunion des créanciers, ceux-ci ayant
été réguliérement convoqués et ayant produit leurs titres de créances, et que cette majorité représente les
3/4 des créances dont les titulaires assistent directement ou par intermédiaire à la dite réunion (33).

Le concordat une fois consenti est homologué par
l'autorité judiciaire compétente. (France, art. 513;
Belgique, art. 516; Italie, art. 625; Espagne, art. 1157;
Autriche, art. 227; Allemagne, art. 170.) En Angleterre l'ordonnance de décharge émane de la cour elle-
même, elle porte ainsi sa propre homologation.

Outre le concordat proprement dit dont il vient
d'être question, on trouve dans toutes les législations
le concordat amiable ; c'est l'application pure et simple du principe de la liberté des conventions. Les
créanciers pourront faire à leur débiteur telles remises
qu'il leur plaira, et lui accorder tels délais qu'ils juge-
ront convenables, mais le consentement de *tous* sera

---

(33) D'après le projet français (art. 501 et s.) le débiteur en état de suspension de paiements peut obtenir un concordat aux conditions requises aujourd'hui en cas de faillite.

exigé. Notre loi ne contenant pas de dispositions spéciales sur ce point, on appliquera le droit commun.

En Angleterre l'acte du 9 août 1869, distingue de la faillite, la *liquidation par arrangement,* et *la composition* ou concordat amiable. Dans le premier cas, les créanciers réunis et votant comme en matière de faillite consentent à ce que la situation de leur débiteur soit liquidée par voie d'arrangement et non par la faillite. Dans le second, les créanciers traitent avec leur débiteur en dehors de toute procédure de faillite. Dans les deux cas le consentement unanime est exigé.

La loi autrichienne qui, comme nous le savons, règle différemment la faillite commerciale et l'insolvabilité purement civile, indique comme mode de cessation de la faillite des non commerçants la *transaction* ou *conciliation* (art. 156-158). Lorsqu'il se présente des circonstances propres à faire prévoir la clôture de la faillite par une transaction, le juge commissaire doit fixer une audience de conciliation à laquelle seront appelés tous les créanciers. Mais pour que la transaction ait lieu, il faut, bien entendu, le consentement de tous (v. art. 157).

c) *De l'union et de la répartition de l'actif*

L'actif de la faillite est liquidé par les syndics et les créanciers sont payés au marc-le-franc. Ces principes sont admis partout ; et nous n'avons rien de particulier à signaler.

? VII — **Réhabilitation**

Dans tous les pays le failli peut obtenir sa réhabilitation. Nous ferons ici la même remarque que tout à
l'heure : rien de particulier à signaler.

? VIII — **Conclusion**

Le point capital sur lequel nous avons vu que les
législations modernes sont en désaccord, c'est celui
de savoir à qui la faillite doit s'appliquer, si on doit
assimiler les commerçants et les non commerçants,
établir pour eux des règles différentes, ou même laisser
les non commerçants en dehors de toute réglementation. Quel est sur ce point le système préférable ?
Il est certain, tout d'abord, que, dans une bonne législation,
lation, des règles précises doivent être posées sur la
situation du non commerçant insolvable. Sous ce rapport, notre code civil peut prêter à de sérieuses critiques. En effet, comme on l'a fait remarquer, (34) « si
les opérations de commerce par cela seul qu'elles né-
cessitent un maniement de fonds plus considérable,
conduisent plus fréquemment à la ruine que la gestion pure et simple d'une fortune patrimoniale, il ne
manque cependant pas de gens qui, sans appartenir
à la vie des affaires, se trouvent, à un moment donné,

(34) De Montluc, revue de droit intern., 1869. I, p. 569.

dans l'impossibilité absolue de faire honneur à leurs engagements. » Dès lors, pourquoi ne pas régler la situation des uns et des autres? La faillite est la mise en pratique du principe de l'art. 2092 du Code civil, à savoir que les biens d'un débiteur constituent le gage commun de ses créanciers ; or, ce principe est vrai pour le non commerçant comme pour le commerçant, pourquoi dès lors n'en régler l'application que dans un cas et non dans l'autre? La seule question qui puisse se poser est celle de savoir si les règles qu'il s'agit d'établir doivent être identiques, ou si, au contraire, la faillite doit être organisée autrement que la déconfiture. C'est cette dernière solution qui nous semble préférable. Les faits qui entraînent la faillite d'un commerçant sont, la plupart du temps, bien différents de ceux d'où résulte l'insolvabilité purement civile : dans le premier cas ce sera bien souvent le hasard, dans le deuxième ce sera presque toujours une faute. Le commerçant a d'incessants appels à faire au crédit; il doit être débiteur s'il veut vivre, et ses dettes sont rigoureusement exigibles à certains termes. Mais, pour payer exactement, il faut recevoir de même; il arrivera donc fréquemment que l'insolvabilité des uns retombera sur les autres. « *Negotia mercatorum*, disait Casarégis, *sunt magis periculosa, quia mercatores sunt semper in proximo periculo decoquendi et hodie sunt solvendo, cras vero non* ». Il importait donc d'organiser une procédure, plus favorable sous certains rapports que la procédure ordinaire.

Ces raisons n'existent pas pour le non commerçant qui ne fait que de très rares appels au crédit, et qui, en tout cas, n'en a pas besoin. Pourquoi dès lors le protéger contre ses créanciers? Pourquoi le libérer, même moyennant certaines conditions, de la portion de dettes qu'il ne peut payer? Et si maintenant nous envisageons la faillite dans ses dispositions rigoureuses, nous sommes encore amenés à reconnaître qu'une différence serait nécessaire entre la faillite et la déconfiture, ou que leur assimilation exigerait une refonte préalable de notre code, et l'établissement d'un état intermédiaire entre la solvabilité et la faillite (35). Les sévérités de la loi peuvent se justifier par la nécessité d'assurer la stricte exécution des engagements commerciaux; mais ce motif ne s'applique pas au débiteur civil. Nous avons dit, il est vrai, que le commerçant était plus exposé, courait plus de risques que le non commerçant et que, par conséquent, le non commerçant ne devait pas être traité aussi favorablement que le premier; il faut reconnaître néanmoins, qu'en acceptant la profession commerciale, le négociant s'est soumis à des obligations plus strictes et qu'ainsi il est juste qu'il soit traité plus rigoureusement que d'après le droit commun. Nous pensons donc qu'il faudrait organiser pour le non commerçant une procédure à la fois moins favorable et moins sévère que la loi commerciale, procédure dont le résultat serait de procurer, comme en cas de faillite, la plus égale répartition des biens du débiteur entre ses créanciers. Essayons rapidement de formuler ces réformes, et de déterminer les dispositions qui

---

(35) C'est ce que fait le projet français.

pourraient être empruntées à la faillite. Pour cela, nous nous placerons à trois points de vue: au point de vue des créanciers; au point de vue du débiteur; enfin au point de vue de l'ordre public.

Les intérêts des créanciers sont sauvegardés dans notre loi par deux ordres de mesures: 1° par l'organisation collective; 2° par les nullités que prononce la loi. Ces mesures devraient-elles être étendues à la déconfiture? En ce qui touche l'organisation de la masse des créanciers, il faut sans hésiter répondre affirmativement. Toutes les législations qui ont réglé la déconfiture lui ont donné un caractère collectif, et le but qu'on a voulu atteindre exigeait qu'il en fût ainsi. L'égalité des créanciers, qui doit être le plus grand souci du législateur, ne peut être obtenue qu'en substituant l'unité dans l'action à l'anarchie des poursuites individuelles, auxquelles l'hypothèque judiciaire donne un si grand intérêt; il serait facile alors de supprimer cette hypothèque en la remplaçant par un état de déconfiture analogue à la faillite. La conséquence naturelle de l'organisation du concours serait le dessaisissement du débiteur, sans quoi rien ne serait plus facile à ce dernier que de frauder ses créanciers en favorisant les uns au détriment des autres.

On a cependant critiqué la procédure collective; on a fait remarquer que le débiteur civil a en général peu de créanciers; que ceux-ci seront le plus souvent rapprochés de leur débiteur, ce qui leur permettra de se surveiller, et que dès lors le concours n'aurait d'autre résultat que d'augmenter les délais et les frais de la distribution par contribution : « imaginée dans l'intérêt des créanciers, a-t-on dit, cette procédure tournerait contre eux. Elle pourrait de plus détruire la réputation et l'existence civile du débiteur qui aurait pu être sauvé sans cela. » Que ces reproches soient fondés, c'est possible, mais en tous cas, ils s'attaquent moins à l'institution elle-même, qu'à son organisation spéciale dans telle ou telle législation ; ils n'ébranlent en rien les considérations que nous avons fait valoir.

Les intérêts des créanciers sont encoie sauvegardés, avons-nous dit, par les nullités dont notre loi frappe certains actes passés par le débiteur depuis la cessation des paiements ou dans les jours précédents. Faudrait-il étendre ces nullités à la déconfiture ? La question est des plus délicates.

On a soutenu (35) que les art. 446 et 447 qui édictent des présomptions de fraudes, dépassaient la mesure de la justice, et devaient disparaître de nos lois ; on a proposé d'appliquer aux actes antérieurs au jugement déclaratif le droit commun, tel qu'il résulte de l'art. 1167, avec cette modification que la fraude serait présumée en cas de donation ou de renonciation gratuite à un droit. Nous avouerons que ce système ne nous satisfait pas, et nous pensons que les nullités dont il s'agit, non seulement devraient être maintenues en cas de faillite, mais même étendues à la déconfiture, l'art. 1167 étant insuffisant pour assurer l'égalité qui doit être l'âme de toute procédure de concours. Précisons par quelques exemples : Aux termes de l'art. 446 du code de commerce sont nuls : certains paiements de dettes non échues, et de dettes

(35) Garraud, *Déconfiture*, p. 263.

échues s'ils sont faits autrement qu'en espèces ou effets de commerce; la loi ne veut pas qu'un créancier soit préféré aux autres : eh bien! ce résultat ne sera pas atteint si on applique purement et simplement l'art. 1167 du code civil. Quoique insolvable, le débiteur conserve la libre administration de ses biens; il pourra donc payer ses dettes comme bon lui semblera et même avantager certains créanciers au préjudice des autres. « Considérant, dit le tribunal de Lyon, que si dans l'intérêt du commerce, le législateur a voulu une égalité complète entre les créanciers d'un failli, il n'a édicté aucune règle quant aux créanciers d'un simple particulier, que la présomption légale de fraude leur est complètement inapplicable, que la fraude prévue par l'art. 1167 du code civil, ne saurait résulter de cela seul que le créancier a connu ou re-douté l'insolvabilité du débiteur; qu'il n'y a pas de fraude de la part de celui qui ne fait qu'exercer un droit légitime ; que tel est le droit du créancier qui, dans son propre intérêt, se borne à pourvoir à la ga-rantie de sa créance, qu'en pareil cas la préférence est non le prix de la fraude, mais le prix de la vigi-lance. (36) » Est-ce à dire que les actes en question seront toujours respectés ? Non, ils pourront être atta-qués en vertu de l'article 1167, mais alors les condi-tions édictées par ce texte devront être remplies ; les créanciers devront prouver la fraude du débiteur et celle du tiers cocontractant, preuve qui sera souvent très difficile à faire. Il suffira, sans doute, pour que le

---

(36) Trib. civ. de Lyon, 29 juillet 1871, cité par Garraud, p. 215.

débiteur puisse être considéré comme de mauvaise foi, qu'il ait eu, au moment de l'acte, connaissance de son insolvabilité ; mais une semblable connaissance ne suffira pas en ce qui touche le tiers, auquel on ne saurait reprocher de prendre des précautions pour échapper au désastre ; il faudra quant à lui, quelque chose de plus, *l'intention de détourner à son profit une partie de l'actif commun.* C'est cette intention qui constituera la fraude (37), et il faut reconnaître qu'elle ne sera pas toujours facile à établir. L'article 1167 serait, on le voit, bien insuffisant pour protéger les créanciers.

L'article 447 du code de commerce établit pour le juge certaines nullités facultatives qui, à la différence de celles dont il vient d'être question, n'atteignent que les actes passés postérieurement à la cessation des paiements. Ici encore nous avons à constater des différences avec le droit commun de l'art. 1167, d'abord quant aux conditions exigées, et en second lieu quant aux actes susceptibles d'être annulés. A ces deux points de vue, les créanciers d'un commerçant sont mieux protégés que ceux d'un insolvable ordinaire. Le créancier qui attaque un acte à titre onéreux au moyen de l'action Paulienne doit prouver trois choses : 1° que cet acte lui cause un préjudice ; 2° la fraude du débiteur ; 3° la fraude du tiers cocontractant. La première condition n'est pas modifiée par l'art. 447 ; la deuxième l'est au contraire, en ce sens que les syn-

---

(37) Garraud *loc. cit.* p. 216. Aubry et Rau, III, § 313, texte n° 2, lettre *c*, et note 32. Demolombe : *Contrats II*, 226, et les arrêts cités par ces auteurs.

dics n'auront pas besoin de démontrer la fraude du débiteur. Quant à la complicité du tiers, elle est toujours exigée et résulte, nous dit la loi, de la connaissance qu'avait le tiers de l'état de cessation des paiements (38).

L'action en nullité de l'art. 447 diffère en second lieu de l'action Paulienne quant aux actes qui peuvent être annulés ; c'est ainsi que l'art. 447 permet d'annuler les paiements de dettes échues, paiements qui seront parfaitement valables d'après le droit commun ; ils ne sauraient, en effet, être considérés comme frauduleux, car le débiteur est obligé de payer et les créanciers ont le droit de l'être au fur et à mesure qu'ils se présentent (Code civ. art. 808 et 809). La nullité des inscriptions de privilèges et hypothèques peut être prononcée en vertu de l'art. 448, (39) s'il s'est

(38) Les actes à titre onéreux consentis par le failli postérieurement à la cessation des paiements ne sont pas nécessairement nuls par cela seul que ceux qui ont traité avec lui avaient connaissance de cette cessation de paiements : les juges ont la faculté d'annuler ou de maintenir ces actes d'après les circonstances, et notamment eu égard à la bonne ou mauvaise foi qui y aura présidé, et aux conséquences qu'ils auront eues pour le débiteur et ses créanciers. Cass., 24 déc. 1860.

V. aussi Cass., 9 déc. 1868.

En droit civil il est également admis que la connaissance qu'avait le tiers au moment de l'acte, de l'insolvabilité du débiteur suffit pour le constituer complice de la fraude. Demolombe, *Contrats, II*, 203. Colmet de Santerre, V. 82 bis. VIII. Aubry et Rau, IV, § 313, texte n° 2 et note 20, p. 137.

(39) En faisant usage du pouvoir d'appréciation qui leur est accordé les tribunaux doivent principalement prendre en considération la durée de l'intervalle qui s'est écoulé entre la constitution d'hypothèque et son inscription ; ils pourraient malgré la bonne foi du créancier annuler l'inscription s'ils reconnaissent que le retard qu'il a mis à s'inscrire a été de nature à induire les tiers en erreur sur la situation de leur débiteur. — Aubry et Rau, III. § 272, texte n° 3, note 21 et les auteurs qu'ils citent.

écoulé plus de quinze jours entre sa date et l'acte qui a donné naissance à l'hypothèque ou au privilège. Le droit commun n'autoriserait pas une nullité de ce genre. L'hypothèque une fois valable, l'inscription a pu être prise à n'importe quelle époque, aux risques et périls du créancier. La loi, dans l'art. 448, a voulu empêcher que le futur failli, pour conserver son crédit, laissât pendant plus ou moins longtemps son hypothèque occulte pour la faire apparaître au dernier moment. C'est toujours la même idée; le législateur désire que les créanciers soient autant que possible dans une situation égale. Dès lors pas de raison pour ne pas étendre ces dispositions à la déconfiture. Nous en dirons autant de l'article 448 1° aux termes duquel le jugement déclaratif arrête le cours des inscriptions de privilèges ou d'hypothèques; l'extension de ce texte à la déconfiture a même été soutenue dans l'état actuel de la législation (40)

En résumé, il nous semble que dans l'intérêt des créanciers, on devrait étendre à la déconfiture: 1° l'organisation collective ; 2° le système des nullités des articles 446 et suivants C. com. On pourrait ainsi pallier les inconvénients qui résultent de la suppression de la contrainte par corps. Cette institution, telle qu'elle était organisée avant la loi du 22 juillet 1867 servait surtout d'épreuve de la solvabilité et accessoirement seulement de peine contre le dol ou la fraude du débiteur. On emprisonnait un individu pour le forcer à payer ou à révéler les ressources qu'il pouvait avoir.

---

(40) Voir sur cette question Garraud, *loc. cit.* p. 82.

C'est dire qu'elle était peu usitée en matière commerciale ; les créanciers avaient un moyen beaucoup plus sûr de connaître la situation de leur débiteur : la faillite. Par suite du dessaisissement, il lui était en effet bien difficile de soustraire à ses créanciers une partie de leur gage ; et si l'idée lui en était venue, la crainte des peines de la banqueroute aurait suffi pour l'arrêter. En matière civile, la contrainte par corps était le seul moyen qu'avaient les créanciers de savoir si l'insolvabilité de leur débiteur était bien réelle. Sa suppression laisse donc une lacune qu'il serait facile de combler en organisant la déconfiture avec dessaisissement forcé.

Plaçons-nous maintenant au point de vue du débiteur.

Le bénéfice le plus remarquable, accordé au commerçant par la loi des faillites, est celui d'obtenir un concordat, de pouvoir imposer à la minorité des créanciers, les avantages que lui a consentis la majorité. Faudrait-il l'étendre à la déconfiture ? C'est, nous l'avons vu, le système suivi par la loi allemande.

Le concordat, dit-on dans ce système, est une mesure particulièrement avantageuse pour l'insolvable, et qui ne porte aucun préjudice à la masse ; car il est certain qu'elle ne l'accordera qu'autant qu'elle y aura intérêt. Cette extension ne nous paraît pas justifiée. Comme le dit Fournier-Verneuil, « quel serait, en matière civile, l'objet d'un concordat, d'un atermoiement, d'une remise ? Ce sont peut-être là des opérations sages pour le commerce, parce que les valeurs commerciales d'une maison en faillite sont d'une nature toute particulière ; exploitées par le débiteur, elles peuvent produire deux ou trois fois plus qu'administrées par les créanciers unis. » (41). Ajoutons, avec M. Garraud, cette considération pratique, que quand il s'agit d'un non commerçant, les créanciers seront le plus souvent des parents et des amis venus à son secours ; ne serait-il pas dès lors à craindre, que, si on étendait à la déconfiture les règles du concordat, les droits de la minorité ne fussent sacrifiés à des considérations de famille et d'amitié ? (42).

La faillite peut aboutir à des poursuites en banqueroute simple et en banqueroute frauduleuse. Les faits constitutifs de ces délits ou de ces crimes, pouvant être commis par un simple particulier, aussi bien que par un commerçant, on ne voit pas pourquoi la banqueroute resterait un délit ou un crime spécial aux commerçants ; nous pensons donc qu'il serait utile tant dans l'intérêt des créanciers, que pour la bonne administration de la justice, d'étendre à l'insolvabilité civile les dispositions des art. 584-600 du code de commerce. On pourrait ainsi réprimer le dol et la fraude qui restent impunis depuis la loi de 1867 (43). Enfin la déclaration de faillite frappe celui qui en est l'objet de certaines incapacités civiles et politiques ; faudrait-il les attacher à la déconfiture comme à la faillite ? Le meilleur système serait, croyons-nous, de modifier la loi commerciale elle-même, et de restreindre les incapacités dont le failli est atteint au cas où c'est par sa faute ou son dol qu'il est devenu insol-

(41) Dissertation insérée au recueil Sirey 1811. 2. 273.
(42) Garraud, *loc. cit.*, p. 264 *in fine*.
(43) Garraud, *loc. cit.*, p. 267.

vable (44). Dans ces termes la privation de toute apti·
tude électorale, du droit d'êtrejuré, etc., nous paraîtrait
devoir être la conséquence de la déconfiture comme de
la faillite. S'il y avait une raison de distinguer, ce
serait plutôt en faveur du commerçant plus exposé
que tout autre, à raison de nécessités de sa profession,
à se laisser entraîner à d'aventureuses spéculations.
L'expérience démontre que c'est parmi les gens ruinés
que se recrutent, comme on l'a dit, « ces Catilinas modernes, ces agitateurs de la chose publique qui viennent s'emparer des emplois et combler par là le déficit
que le luxe et la prodigalité ont creusé dans leur patrimoine. » (45).

(44) C'est le système suivi par le projet français, art. 580 : « Le débiteur
en état de suspension de paiements qui n'a pas été déclaré failli ne peut
concourir comme électeur ni comme éligible aux élections de la chambre de
commerce, du Tribunal de commerce », il conserve donc en général sa capacité politique.

(45) De Montluc, *de la faillite des non commerçants*, rev. de dr. intern.
de Gand, année 1869, T. I., p. 577; Garraud, *loc. cit.*, p. 267.

CHAPITRE II

Ouverture de la faillite

————

Tant qu'un commerçant remplit ses obligations, il peut être poursuivi relativement à leur exécution, conformément au droit commun, soit au lieu du contrat, soit au lieu fixé pour le paiement, soit enfin dans tout autre endroit déterminé par la convention. Vient-il à cesser ses paiements, toutes ces juridictions font place à un tribunal unique, celui où il a le siège de ses affaires, son principal établissement. Cela s'explique par deux raisons : la personne du failli disparaît, pour faire place à un être moral, la masse des créanciers représentée par les syndics ; on ne voit pas quel serait le siège de cette personne, sinon le domicile du failli (46). On peut, dans une certaine mesure, comparer la faillite à la société ou à la succession, qui forment aussi des être collectifs et attribuent compétence à un tribunal unique, celui du siège de la société ou de l'ouverture de la succession. Le second motif de l'unité

————

(46) Comme il s'agit dans la faillite, dit M. de Savigny, de régler les droits de plusieurs créanciers, cela ne peut se faire que dans un seul lieu, au domicile du débiteur, de sorte que la juridiction personnelle générale l'emporte ici sur la juridiction spéciale de l'obligation.

Savigny. *Droit romain* traduct. Guenoux t. VIII, p. 279 *in fine.*

de juridiction, c'est que c'est au domicile du failli que sera le plus facile l'examen des livres, le contrôle du bilan ; c'est là que le failli aura probablement la plus grande partie de ses biens, enfin c'est là qu'il se trouvera et pourra donner aux syndics des éclaircissements facilitant leur tâche. Faut-il appliquer ces principes d'unité et de concentration : 1° au cas où c'est un étranger qu'il s'agit de déclarer en faillite ; 2° au cas où les biens du failli se trouvent dans des pays différents ; 3° quand ce dernier a deux ou plusieurs établissements commerciaux, situés l'un dans son propre pays, l'autre ou les autres à l'étranger ?

1°) *C'est un étranger qu'il s'agit de déclarer en faillite.*

Un étranger peut-il être déclaré en faillite en France ? Telle est la question qui se pose et qui au premier abord peut paraître étrange. Le but principal de la faillite est, en effet, de protéger les intérêts des créanciers en leur permettant de recouvrer dans la répartition de l'actif, la plus grande partie de leurs créances. S'il en est ainsi, il n'y a aucune raison de distinguer entre les regnicoles et les étrangers. Cependant, à certains égards, la faillite peut être considérée comme un bénéfice pour le débiteur auquel elle procure certains avantages ; de là le point de savoir si l'étranger peut en jouir. L'affirmative ne nous paraît pas douteuse, dans le cas où il a obtenu, conformément à l'art. 13, l'autorisation d'établir son domicile en France ; il est alors assimilé aux Français, quant à la jouissance des droits civils. Il doit en être de même dans le cas contraire, quel que soit le système que l'on adopte pour l'interprétation de l'art. 11 du code civil. Le fait de ne pas payer ses dettes n'a rien de commun avec la jouissance des droits civils. Du moment que l'étranger peut exercer le commerce en France, il doit pouvoir y être déclaré en faillite. Cela n'a jamais été contesté, quant aux droits des tiers créanciers, de provoquer la faillite de leur débiteur étranger, ou quant au droit du ministère public de la poursuivre au nom de l'ordre public ; mais on a soutenu que les commerçants étrangers ne pouvaient provoquer eux-mêmes leur mise en faillite, et certes il y a sur ce point, si l'on admet, en ce qui touche la condition des étrangers, la distinction traditionnelle des droits naturels et des droits civils, il y a, disons-nous, de sérieuses raisons de douter (47).

La faillite, a-t-on dit, est un état de droit tout à fait arbitraire, composé de dispositions les unes défavorables, les autres favorables au failli. Au premier point de vue, le failli est frappé dans sa personne et dans ses biens. Dans sa personne, il peut être surveillé, même arrêté, il est privé de l'exercice de ses droits politiques, il ne peut concourir à la nomination des prud'hommes ou à celle des juges consulaires ; l'entrée de la Bourse lui est interdite. Dans ses

---

(47) Nous repoussons ce système qui nous paraît trop vague et nous rangeons sans hésitation à la théorie de MM. Valette et Demangeat qui accordent aux étrangers la jouissance de tous les droits qui ne leur ont pas été refusés par un texte spécial. Nous ne pouvons ici discuter la question, nous renvoyons aux ouvrages généraux de droit civil et de droit international. Demangeat, *Condition des étrangers en France* n° 56. Valette *Cours de Code civil* p. 67. Demolombe I 240. 246 bis. Aubry et Rau I § 78. Laurent *Principes de droit civil*, I, n°; 60, *Droit civil international* II 5 et s.

biens, il est dessaisi de leur administration au profit de la masse.

Au point de vue des avantages, avant l'abolition de la contrainte par corps (loi du 22 juillet 1867), il ne pouvait être soumis à cette voie rigoureuse d'exécution. Aujourd'hui éncore, il peut obtenir la liberté provisoire si le tribunal lui accorde un sauf-conduit, et définitive s'il est déclaré excusable. Il peut stipuler un concordat, c'est-à-dire une remise partielle de ses dettes concédée par la majorité des créanciers et liant la minorité. Enfin il peut obtenir de ses créanciers un secours alimentaire. Il importe, ajoutait-on, que la faillite soit à la fois favorable et défavorable au failli ; or, il est manifeste que s'il est étranger les avantages l'emporteront sur les inconvénients : les incapacités politiques ne l'atteindront pas ; quant aux incapacités civiles, elles seront moins efficaces contre un étranger que contre un national, car il lui restera toujours la ressource de se réfugier dans son pays, où la fraude pourra être pratiquée plus aisément.

La Cour de cassation devant laquelle ce système a été soutenu, ne s'est pas arrêtée à ces objections, et a décidé, avec grande raison, que l'état de faillite, loin d'être l'exercice d'un droit civil, n'est au contraire que la constatation judiciaire d'un fait : la cessation des paiements. Les dispositions du code de commerce qui obligent le négociant tombé en état de cessation de paiement à déposer son bilan sont conçues dans les termes les plus généraux et ne font aucune distinction entre les étrangers et les régnicoles. Quant à la distinction entre le cas où la déclaration de faillite est demandée par les créanciers, et celui où c'est le débiteur lui-même qui la sollicite, elle est tout à fait arbitraire, et de plus, d'une application fort difficile si, ce qui pourra souvent se présenter, il se trouve des créanciers demandant la déclaration de faillite et d'autres s'y opposant. La faillite d'ailleurs constitue un état indivisible, aussi bien vis-à-vis des étrangers que vis-à-vis des Français. L'étranger qui peut exercer le commerce dans un pays, se soumet pour tous ses actes, pour toutes ses obligations, à la législation de ce pays; il en devient en quelque sorte le sujet temporaire; il doit dès lors pouvoir profiter des avantages qu'elle lui procure, comme il est soumis aux charges qu'elle lui impose. Qu'on n'objecte pas qu'elles ne l'atteindront pas; les incapacités dont il est frappé ne sont pas purement politiques; c'est ainsi que l'entrée de la Bourse lui est interdite, et qu'il n'est pas admis à l'escompte de la Banque de France. L'étranger en souffrira donc aussi bien que le Français (48).

La jurisprudence a été plus loin et a décidé, non-seulement que l'étranger commerçant est soumis à nos lois sur la faillite, mais encore qu'il peut se prévaloir des avantages attachés, dans certaines circonstances, à la qualité de failli. C'est ainsi que la cour de Paris, réformant un jugement du tribunal de la Seine, a décidé qu'un étranger qui avait cessé ses paiements

---

(48) Dubois *sur Carle*, note 50, I; Demangeat *sur Bravard*, V, p. 10, note 2; Massé, I, 504; Alauzet : *Droit com.*, 2427; Fiore *del fallimento*, cap. I; Paris, 23 déc. 1847, D. P., 48, 2, 3 ; Paris, 22 janv. 1857, D. P., 57, 2, 135; Req. rej., 24 nov. 1857, D. P., 58, I, 85 ; Req. rej., 12 nov. 1872, Sir. 72, 2, 238; Paris, 20 mai 1878, Clunet, 78, p. 375, Sir., 80, 2, 193.

dans la période du 10 juillet 1870 au 13 mars 1872 (49) était, conformément à la loi du 22 avril 1871, affranchi de la qualité de failli. La cour argumente de la généralité de cette loi dont le but a été de venir en aide aux négociants malheureux et de bonne foi frappés par les circonstances; ce motif ne permet pas de distinguer entre le régnicole et l'étranger (50).

Un étranger pourra donc être déclaré en faillite en France. Mais par quel tribunal le sera-t-il ? Nous appliquerons purement et simplement l'art. 59, § 7 du code de procédure (51). Le tribunal compétent sera

(49) Lois du 9 sept. 1871 (D. P., 1871, 4, 158) et du 19 déc. 1871 (D. P., 1871, 4, 167).

(50) Paris, 11 juin 1872. D. P., 72, 2, 191.

La cour de Paris, dans cet arrét, se range implicitement au système admis par nous (Voir note 47) et suivant lequel, en l'absence de traités diplomatiques, les étrangers jouissent en France de tous les droits qui ne leur ont pas été refusés par une disposition formelle. La solution donnée ne s'accorderait guère avec le système qui n'accorde aux étrangers que les droits qui leur ont été expressément concédés par des textes; elle est également incompatible avec l'opinion qui ne donne aux étrangers que la jouissance des facultés de droit des gens. Fiore, *loc. cit.* p. 14.

La quastion résolue par la cour de Paris se pose également à propos des autres lois de circonstance rendues pendant la guerre de 1870 (Lois du 13 août 1870, 10-14 sept. 1870, 24 mars 1871, 7 juillet 1871. D. P. 70, 4, 78, 87; 1871, 4, 30 et. s.) ct elle doit l'être de la même manière; les motifs sont identiques.

Même observation quant aux lois et décrets qui ont accordé des réductions de loyers motivées par le siège de Paris. Paris, 5 janv. 1871. D. P., 71, 2, 15. — *Contrà*, jury spécial des loyers du 4ᶜ arr. de Paris du 27 juil. 1871. D. P., 71, 3, 7.

(51) Nous pensons en effet que les tribunaux français sont en principe compétents, pour connaître des contestations ent.e étrangers. Nous ne pouvons entrer dans la discusssion de cette question très débattue ; qu'il nous suffise de faire remarquer qu'aucune loi ne leur interdit de s'adresser à la

celui du domicile du failli ; de son principal établissement. Les raisons que nous avons fait valoir
plus haut pour justifier l'unité de juridiction , conservent toute leur force quànd il s'agit d'un étranger (52).

2° et 3° *Le failli a des biens ou des établissements
distincts situés en des pays différents* (53).

Faudra-t-il alors déclarer autant de faillites qu'il y
a d'établissements ou de biens situés dans des pays
différents ?

Stracca enseignait l'affirmative. Les créanciers de
chaque établissement devraient, d'après lui, être appelés séparément sur le capital afférant à chacun de
ces établissements, par cette raison que *unusquisque
creditor magis merci quam debitori credidit* (54).

justice française. Ce droit semble, bien au contraire, leur avoir été reconnu
lors de la discussion de l'art. 14. En tous cas, le silence du code constitue
plutôt une lacune que la volonté d'écarter les étrangers des tribunaux
français.

(52) Bruxelles, 13 août 1836 ; Clunet : 1880, p. 89 ; — 13 août 1851 ;
Clunet, 1880 p· 90 ; Req. règl., 4 mai 1857, Sir., 57. I. 461. D. P. 57
I 401 ; Paris, 7 mai 1867, Sir. 68. 2. 149 ; Req. rej., 20 déc. 1871, D.
P. 72,I 200 ; Tribunal de commerce de la Seine, 10 août 1872 ; Clunet,
1874 p. 124 ; Req. rej., 10 mars 1874, Sir. 1875, I, 51 et la note ;
Paris, 20 mai 1878, Clunet, 1878, p. 375, Sir., 1880, I. 293 ; *Dissertation dans Clunet*, 1881 p. 240, et s. V-VI. ; Bravard et Demangeat. V. p·
43 ; Boistel : *Précis de droit commercial*, n° 899 ; Glasson : *Compétence des trib. français à l'égard des étrangers*, Clunet, 1881, p. 125
et 126.

(53) Cette question qui est de savoir quel est, dans le cas où le failli a des
établissements ou des biens situés en pays différents, le tribunal compétent pour déclarer la faillite ne doit pas être confondue avec celle de l'effet
dans un Etat, du jugement rendu dans un autre. La première doit être résolue pour que la seconde puisse se poser. Elles rentrent cependant dans
une certaine mesure l'une dans l'autre ; mais il nous a paru indispensable
de les examiner séparément.

(54) Stracca, *de decoctoribus*, dernière partie, n°ˢ 20, 21 et 22.

D'autre auteurs maintiennent dans ce cas, l'unité de juridiction ; ils s'appuient sur ce qu'un débiteur en s'obligeant a engagé tout son patrimoine à chacun de ses créanciers. Le patrimoine d'une personne, disent-ils, répond de l'ensemble des dettes et de chacune d'elles en particulier.

Nous pensons qu'il faut distinguer deux hypothèses : 1° celle où le même commerçant est associé dans des établissements distincts ; 2° celle où le même individu a ouvert des établissements dans différents pays. Dans le premier cas, le tribunal compétent sera celui de chaque établissement, et cela, alors même que la faillite de l'un aurait entraîné celle de l'autre. La pluralité de juridictions s'impose alors ; il y a plusieurs personnes, il doit y avoir plusieurs faillites.

Dans le second cas, au contraire, il ne devra être déclaré qu'une seule faillite. Tel n'est pas l'avis de la jurisprudence, d'après laquelle il doit y avoir autant de faillites que d'établissements distincts. Ce système a été formulé dans un arrêt de Bruxelles du 6 juin 1816, et il ne sera pas sans intérêt de rappeler l'espèce à propos de laquelle il est intervenu. John et Georges Ouhtvaïtes, frères, avaient deux maisons de commerce, l'une à Londres, l'autre à Anvers; la première régie par John Outhvaïtes, la deuxième par Georges Fergusson. La maison de Londres fut déclarée en faillite, et les sydics anglais demandèrent au gérant de la maison d'Anvers de leur rendre compte de l'état des affaires. Fergusson contesta leur qualité par ce motif que l'établissement de Londres était distinct de celui d'Anvers, et que la faillite du premier n'avait pas entraîné celle du second. Ce système, repoussé en première instance, fut accueilli par la cour d'appel : « Attendu que, bien que la maison John et Georges Outhvaïtes établie à Londres, soit déclarée être en état de faillite, il ne s'ensuit nullement que leur autre maison de commerce établie à Anvers, soit aussi en état de faillite. Qu'en tous cas il n'appartiendrait qu'au tribunal de commerce d'Anvers de connaître de l'état de cette maison, comme étant immédiatement et exclusivement soumise sous ce rapport à sa juridiction, d'en déclarer et fixer la faillite, le cas échéant... »

Rien ne s'oppose, dit-on, à ce qu'un commerçant soit l'objet de deux déclarations de faillite, dans deux endroits différents, pour des opérations de commerce distinctes. Les créanciers porteurs d'engagements nouveaux doivent avoir le droit de provoquer une nouvelle faillite. « Le manque d'équilibre survenu dans un établissement commercial, dit M. César Norsa, crée un nouvel ordre de rapports juridiques avec les intéressés ; il ne serait pas juste que ce nouvel état, particulier à l'un des établissements, influât sur les destinées de l'autre. Le fait accidentel que tous deux sont représentés par une même personne ne suffit pas pour confondre leur sort, pour rendre les débiteurs ou les créanciers de l'être vivant, respectivement débiteurs ou créanciers de l'être dissous. Pour ce qui concerne la personne même du commerçant les rapports sont distincts, suivant qu'il agit en qualité de représentant de l'une ou de l'autre maison (55) ».

(55) Demangeat sur Fœlix, II, n° 468, p. 204, note ; Massé, II, 810 ;

Cette théorie doit être repoussée; la faillite affecte l'état de la personne dont elle altère la capacité, il ne saurait donc y avoir plus de faillites qu'il n'y a de personnes à mettre en faillite. Or, dès qu'il est supposé en fait que c'est le même individu ou la même société qui a ouvert les établissements différents, il n'y a pas en droit plusieurs personnes distinctes, il n'y en a qu'une seule, physique dans le premier cas, morale dans le deuxième. Pour justifier la pluralité de faillites, il faudrait prouver que le fait d'une administration distincte suffit pour constituer autant de corps moraux qu'il y a d'établissements. Mais cette preuve nous paraît impossible; d'abord, en fait, il y aura toujours entre les différentes maisons un lien de dépendance : l'une sera siège principal des affaires, l'autre simple succursale. En second lieu, la faillite n'est autre chose que l'application du principe que les biens d'un débiteur constituent le gage commun de ses créanciers; elle a pour but l'égale répartition de ce gage, et l'insolvabilité consiste dans son insuffisance. Dès lors pas de milieu; l'insolvabilité existera ou n'existera pas, mais on ne saurait la concevoir partielle, on ne saurait concevoir un individu failli dans un lieu, *in bonis* dans un autre. Il est du reste complètement inexact de dire que chaque créancier n'a en vue que l'actif afférant à l'établissement qui

César Norsa, *Revue de jurispr. ital.*, n° 175 ; Fiore, *Dr. intern.*, n° 369; *Del fallimento*, p. 21; Bruxelles, 6 juin 1816, Merlin, *Rép.* V° *Faillite*, sect. 2, § 2, art. 10 ; Req. rej., 23 août 1853, D. P., 55, 1, 59; Paris, 30 août 1867, D. P., 68, 2, 113 ; Lyon, 12 juillet 1869, D.P., 70, 2, 10; Trib. fédér. suisse, 18 fév. 1876 , Clunet, 76, p. 510.

s'est obligé envers lui ; bien au contraire, ceux qui contractent avec un individu considèrent le plus souvent le patrimoine entier de la personne au nom de laquelle le commerce est exercé dans les deux maisons. On dit que dans le même individu on peut distinguer deux ou plusieurs personnes ; c'est une idée qui peut avoir du vrai, mais qui ne saurait ici recevoir d'application. Comme le fait très bien remarquer M. Carle (56), si le débiteur n'avait voulu engager son bien que dans une certaine mesure, il en aurait trouvé le moyen dans une société anonyme ou dans une société à responsabilité limitée ; du moment qu'il ne l'a pas fait, il a engagé tout son patrimoine à ses créanciers, il ne saurait leur soustraire une portion de ce gage ; la ruine de l'un des commerces doit entraîner celle de l'autre.

Les textes ne sont pas moins décisifs à l'appui de notre thèse. Aux termes de l'article 438 C. com., le commerçant qui cesse ses paiements doit, dans les trois jours de cette cessation, en faire la déclaration au greffe du tribunal de commerce de son domicile. Faut-il, s'il y a plusieurs établissements, qu'il fasse plusieurs déclarations ? Nullement, c'est sa personne, comme le dit M. Bravard, qui est mise en faillite ce ne sont pas les différents établissements qui lui appartiennent (57). Quand le jugement déclaratif est rendu, il doit être publié au lieu de l'ouverture de la faillite, et dans ceux où le failli possèdera des établissements.

(56) N° 21, p. 37.
(57) *Traité de commercial* T. V, p. 42

Cela prouve bien que la faillite de l'un entraîne la faillite de l'autre. L'art. 439 permet de ne déposer le bilan que postérieurement à la déclaration de cessation des paiements ; l'art. 463 autorise la nomination de trois syndics ; pourquoi ces mesures, sinon à raison des retards que peut occasionner la vérification de livres situés dans d'autres établissements éloignés du lieu de la faillite ?

Les diverses opérations de la faillite supposent toutes qu'il n'y a qu'un actif et qu'un passif, qu'un juge commissaire et qu'un syndicat.

S'il en est ainsi quand les établissements sont situés dans un seul et même Etat, pourquoi en serait-il autrement s'ils sont situés dans des Etats différents ? Les raisons que nous venons de faire valoir ne sont-elles pas décisives dans un cas comme dans l'autre ? Un seul tribunal sera donc compétent, celui du lieu où se trouve situé le principal établissement, et si cet établissement se trouve situé à l'étranger, la compétence appartiendra au tribunal étranger (58).

M. Carle (59) apporte au système que nous avons adopté avec lui un tempérament que nous serions assez disposés à admettre. Suivant lui, si les deux commerces du même individu, dans des Etats séparés sont tellement distincts que leurs créanciers respectifs

---

(58) V. les autorités citées à la note 52. v. aussi *Dissertation* de M. Beudant en note D. P. 68,2,113 ; Clunet 1881, V-VI, p. 240 et s. ; Carle, n° 21 et note 44. La jurisprudence anglaise a eu à résoudre la question que nous venons d'examiner, et elle s'est prononcée dans le sens de la doctrine suivant laquelle il doit y avoir autant de faillites que d'établissements situés en des pays différents.

(59) n° 22.

n'aient pu prendre en considération que le capital afférant à chacun d'eux, on colloquera les créanciers de chaque établissement sur l'actif de cet établissement. L'équité exige qu'il en soit ainsi ; c'est bien le cas de dire avec Stracca : *Ex bono et æquo et optimâ ratione inductum est, ut creditores separatim in negociationibus quarum causâ crediderunt, vocentur.*

La faillite une fois déclarée conformément aux règles de compétence que nous venons de déterminer, qu'elle sera, dans un pays, l'autorité du jugement déclaratif rendu à l'étranger ? C'est une question, qui, comme nous l'avons déjà dit, semble se confondre avec celle qui vient d'être examinée, mais n'en est pas moins distincte puisqu'elle suppose la faillite déclarée.

La détermination du principal établissement doit être abandonnée à l'appréciation du juge qui aura à tenir compte des circonstances. C'est ainsi qu'il lui appartiendra de juger qu'une société qui se dit étrangère a cependant en France son principal établissement et que, par conséquent, la compétence appartient aux tribunaux français. L'indication dans les statuts d'un siège social situé dans un lieu autre que le principal établissement, ne suffirait pas pour attribuer compétence au tribunal de ce siège. La question de savoir où se trouve le siège d'une société est essentiellement une question de fait, contre laquelle ne saurait prévaloir une affirmation contraire contenue dans les statuts (60).

<hr>

(60) Boistel : *Précis de dr. com.* n° 808 ; Alauzet, 2430 ; Renouard, *Traité des faillites*, I, 265 ; Vavasseur : *Dissertation* dans Clunet, 1875, p. 345 ; Civ. rej. 4 mars 1857, Sir., 58, I, 264 ; Bordeaux, 11 et 12 août

C'est ainsi encore que le transport du siège social dans un lieu autre que celui de l'exploitation ne suffirait pas pour entraîner un changement dans la compétence, s'il n'était pas accompagné du transport effectif du principal établissement. Deux conditions sont requises pour constituer le domicile : l'habitation réelle dans un endroit, l'intention d'y fixer son principal établissement ; si elles ne sont pas réunies, il n'y a pas de domicile dans le sens juridique du mot.

Les principes que nous venons de poser relativement au vrai domicile d'une société ont été appliqués dans l'affaire du crédit-foncier suisse, qu'il nous paraît intéressant de rappeler.

La société du crédit foncier suisse avait été déclarée en faillite à Genève en 1874, le 3 février ; et le 5 du même mois elle était également déclarée en faillite à Paris. Des syndics avaient été nommés par le tribunal français et le tribunal genèvois. Les syndics suisses firent opposition au jugement français, mais ils en furent déboutés par le tribunal de commerce de la Seine par ce motif que le domicile véritable de la société était à Paris où étaient traitées toutes les opérations et où se trouvaient les livres et toutes les pièces nécessaires à la liquidation, et que l'établissement de Genève était insignifiant, en tout cas, tout à fait secondaire.

1857, Sir. 58, 2, 257 ; req. règl., 13 mars 1865, D. P. 65 I, 228 ; Bologne, 18 sept. 1874. Clunet, 75, p. 258 ; Req règl., 16 mars 1874, Sir.; 75, I, 51 ; Nancy, 8 mai 1875, Clunet, 1877, p. 144, Sir. 76. 2. 137 ; Req. rej., 5 déc. 1877, Sir. 1878. 1. 220.

De leur côté, les syndics français formèrent opposition au jugement suisse, opposition qui fut également ment rejetée par le tribunal de Genève, le 19 mars 1874. « La faillite d'une société commerciale, dit le jugement, ne peut être déclarée qu'à son domicile, à son siège social ; or, en matière de société anonyme, les statuts seuls peuvent déterminer le siège social. Le fait d'établir des succursales à l'étranger, ainsi que le font généralement les compagnies financières, ne peut transférer à l'étranger le siège social déterminé par les statuts. L'établissement d'une succursale à l'étranger n'a d'autre effet que de rendre la société anonyme justiciable du tribunal étranger, pour les opérations faites par l'intermédiaire de cette succursale »... « Il importe, ajoutait-on, en présence du développement de plus en plus considérable de ce genre de société, en présence de son caractère international, que ceux qui y prennent des intérêts soient assurés de conserver jusqu'au bout les garanties qui ont contribué à leur faire accepter de devenir parties au contrat, comme actionnaires ou créanciers. Or, parmi ces garanties le domicile de la société est la plus importante ; ce domicile doit donc être fixé une fois pour toutes, car il entraîne avec lui la nationalité de la société, et c'est par la législation de ce domicile que le pacte fondamental doit être régi » (61).

Ces deux jugements furent confirmés, l'un par arrêt de la cour de Paris du 20 juin 1874, l'autre, par arrêt de la cour de Genève, du 25 mai 1874. Le conflit

(61) Clunet, 1874, p. 95.

menaçait de se perpétuer, lorsque le conseil fédéral, par un arrêt du 21 janvier 1875 (62), donna gain de cause aux tribunaux français, et renvoya à la faillite de Paris la liquidation de l'actif et la répartition du passif de l'établissement suisse. Nous allons reproduire les principaux motifs de cette importante décision. « Aux termes de l'art. 6 du traité du 15 juin 1869, la faillite d'un Français ayant un établissement de commerce en Suisse, pourra être prononcée par le tribunal de sa résidence en Suisse et réciproquement. Or, le Crédit foncier suisse avait un double établissement de commerce, l'un à la résidence de Genève que les statuts qualifiaient de siège social, l'autre à la résidence de Paris qualifié de siège administratif ; dès lors, aux termes du traité franco-suisse (art. 6) la compétence devait appartenir soit aux tribunaux de Paris, soit à ceux de Genève. Pour voir la juridiction qui devra en définitive rester saisie, il faut rechercher dans lequel des deux pays les intérêts les plus importants sont engagés, dans lequel le Crédit foncier avait le centre de ses affaires et de ses opérations. Or, les faits démontrent qu'il n'avait de suisse que le nom, et que le vrai motif de sa création à Genève, était d'éluder les lois françaises sur les sociétés anonymes. C'est à Paris que s'étaient faites toutes les opérations de la société, il ne doit pas lui être permis de se soustraire à l'autorité du pays où elle a principalement et presqu'exclusivement opéré ; c'est cette autorité qui a seule qualité pour la liquidation c'est elle seule qui a les moyens de la faire. »

(62) Clunet, 1875, p. 80.

Il est presqu'inutile de dire que cette décision nous paraît tout à fait conforme aux vrais principes, puisqu'elle fait déterminer le domicile par la réalité plutôt que d'après les apparences : « *Plus valet quod agitur quam quod simulatur.* »

De tout ce qui précède, il résulte que si un étranger n'a en France qu'une simple résidence, il ne pourra y être déclaré en faillite (63). Cette solution nous est également imposée par les principes que nous suivons en ce qui touche la compétence des tribunaux français entre étrangers. Si ces tribunaux sont compétents, avons-nous dit, c'est tout simplement par application des règles générales qui ne distinguent pas entre les régnicoles et les étrangers, or la jurisprudence décide que si une faillite a été déclarée par plusieurs tribunaux, il y a lieu à règlement de juges, (64) et que la connaissance de cette faillite appartient au tribunal du principal établissement. S'il en est ainsi dans le cas d'une faillite purement française, on ne voit pas pourquoi il en serait autrement dans celui où les divers établissements sont situés dans des Etats différents ; les règles applicables dans un cas doivent l'être dans l'autre (65).

(63) En sens contraire : Trib. de com. de la Seine, 18 août 1875, Clunet, 1876, p. 455; Paris, 17 juillet 1877 ; Sir. 1880, 2t 95.

(64) Req. regl., 4 mai 1857. Sir. 58 I, 461 ; Paris, 7 mai 1867, Sir. 68. 2 149. ; Req. regl. 26 déc. 1871, D. P. 72. 1. 200 ; Req. regl. 10 mars 1874. Sir. 75. I, 51. Rouen, 11 juillet 1874, Sir. 75, 2. 236; Req. regl. 29 juin et 21 juillet 1875, Sir. 75, I, 378 ; 21 déc. 1875, Sir. 1877, 1, 341 ; Req. règl. 28 avril 1880, Sir. 1881 I, 22 ; Req. règl. 17 août 1881, Sir. 82 I, 112; Lyon, 31 juillet 1881, droit du 29 octobre. Req. règl., 30 janv. 1882. Sir. 82 I, 150.

(65) Gerbaut ; *Compétence des tribunaux français à l'égard des étrangers* n° 344, p. 440.

A fortiori, faut-il décider que l'étranger qui n'a en France ni domicile, ni résidence, ne pourra y être déclaré en état de faillite. Mais l'étranger domicilié dans son pays, qui a contracté avec des Français ne pourra-t-il pas être attiré en France, conformément à l'article 14 du code civil, et y être déclaré en faillite? Ce texte qui déroge certainement à la règle générale de compétence en matière personnelle, *actor sequitur*... etc., en tant qu'il permet aux créanciers de citer devant les tribunaux de France son débiteur étranger n'ayant en France ni domicile ni résidence, n'apporte-t-il pas aux principes généraux une dérogation plus radicale, en attribuant compétence à nos tribunaux, alors même qu'en vertu de règles étrangères à la maxime précitée, la compétence devrait appartenir au tribunal étranger (66)? La jurisprudence s'est prononcée pour l'affirmative : « Considérant, dit la Cour de Paris, que les expressions dont se sert l'art. 14 pour définir le droit d'action qu'il confère au créancier français contre son débiteur étranger même non résidant en France, ont le sens le plus large et le plus absolu ; qu'elles comprennent dans leur généralité le droit de citer et de traduire l'étranger devant les tribunaux français, non-seulement aux fins d'obtenir reconnaissance de la dette et condamnation, mais encore à celles

(66) Nous aurons à nous demander plus tard, si, la faillite étant déclarée à l'étranger, les créanciers français peuvent néanmoins poursuivre leur débiteur, devant les tribunaux français, en exécution de ses engagements. En ce moment nous ne supposons pas des *poursuites individuelles après déclaration de faillite;* nous nous demandons si l'article 14 doit s'appliquer à cette déclaration elle-même, dont le résultat est l'organisation *d'une procédure collective.*

d'assurer l'exécution de l'obligation par toutes les mesures qu'il appartient à la justice d'ordonner, notamment par une déclaration de faillite, si l'étranger est
commerçant (67). » On ajoute que les art. 438 du code
de commerce et 59 § 7 du code de procédure ne règlent
que des questions de compétence, que l'art. 14 doit
dès lors recevoir son application : car il ne distingue
pas entre les cas où les tribunaux étrangers devraient
être compétents en vertu de la règle *actor sequitur
forum rei*, et ceux où ils le seraient en vertu de dispositions spéciales telles que celles qui s'appliquent
en matière de faillite, de société, de succession. Le
motif qui a inspiré les rédacteurs de l'art. 14 subsiste
dans le cas qui nous occupe. Si la crainte de la partia-
lité des juges étrangers a fait déroger à la règle qui
veut que le défendeur soit assigné devant le tribunal
de son domicile ou de sa résidence, on ne voit pas
pourquoi elle n'aurait pas été prise en considération
pour déroger à d'autres règles de compétence (68).

Ce système doit être repoussé. Le jugement déclaratif, bien qu'étant, comme nous le verrons, un véritable jugement rendu en matière contentieuse, diffère
cependant des jugements ordinaires en ce qu'il ne déclare aucun droit au profit de celui qui le provoque ;
il se borne à constater un état de fait, l'état de cessation des paiements ; or, comme le dit très bien M.

(67) Paris 17 juillet 1877, Clunet 1878, p. 271.

(68) Paris, 23 nov. 1874, Clunet 1875, p. 434 ; Paris, 17 juillet 1877, Clunet
1878, p. 271 cité à la note précédente ; Req. rej. 12 nov. 1872, Sir 73. I. 17 ;
Aix 15 mars 1870, Sir 70. 2. 297 ; Lyon, 24 avril 1850, Sir 51. 2. 354 ; Paris
30 juillet 1869, Droit du 12 septembre 69.

Bertauld, « l'article 14 est une disposition trop exorbitante, trop contraire aux vrais principes du droit international, pour qu'on puisse l'étendre à une classe de décisions qui ne sont vraisemblablement pas entrées dans la pensée du législateur » (69).

Mais s'il n'est pas possible d'invoquer l'art. 14 dans la question qui nous occupe, ne pourrait-on pas arriver à la même conclusion, en voyant dans la loi des faillites une loi de police et de sûreté, obligeant comme telle tous ceux qui habitent le territoire ? Un étranger n'a en France ni domicile, ni résidence, ni aucun établissement commercial quelconque ; mais il y vient souvent pour acheter, pour vendre, pour faire d'autres opérations commerciales ; ne pourrait-il pas, à raison des actes de commerce faits par lui en France, y être déclaré en faillite ? Les lois de police et de sûreté obligent tous ceux qui habitent le territoire, ce qui s'entend même de ceux qui n'y sont qu'accidentellement, qui ne font que le traverser. Un étranger qui traverse notre territoire commet-il une infraction, il est justiciable de la loi pénale à raison de cette infraction ; de même, peut-on dire, l'étranger qui fait des actes de commerce en France est justiciable de notre loi des faillites à raison de ces actes.

Ce raisonnement nous paraît inexact, et nous pensons qu'il n'est pas possible de considérer la loi des faillites comme une loi de police et de sûreté. Nous nous réservons de le démontrer un peu plus loin (70).

(69) Rertauld, *Quest. pratiques et doctrinales*, I, 204 ; Dubois *sur Carté* note 50, III ; Gerbaut, *loc cit.* 344.

(70) Voyez *infrà*, chap. III, § II.

Les solutions que nous venons de donner devront
recevoir leur application aussi bien s'il s'agit de déclarer en faillite un Français à l'étranger que s'il
s'agit de déclarer en faillite un étranger en France.
Un Français pourra être à l'étranger l'objet d'une déclaration de faillite, à la condition qu'il y ait son
principal établissement. Cette déclaration soulève une
question spéciale. Il existe en effet un édit de juin
1778 défendant à des Français se trouvant à l'étranger
de traduire d'autres Français devant les tribunaux
étrangers. Est-il encore en vigueur aujourd'hui, et si
oui, doit-il recevoir son application au cas qui nous
occupe? L'édit de 1778 a été reconnu applicable de nos
jours encore par un arrêt de la cour de cassation du
19 novembre 1864 (71), et nous serions assez disposés
à adopter cette opinion, car aucun texte n'est venu
l'abroger. On objecte l'art. 15 du code civil aux termes
duquel l'étranger *pourra* traduire un Français devant
un tribunal de France; cet étranger aura donc la faculté
de citer le Français devant les tribunaux étrangers
au sujet d'obligations souscrites à l'étranger; *à fortiori* le même droit doit-il appartenir à un Français.
Cette induction n'est pas exacte; on comprend, en
effet, que le législateur ait offert la juridiction française à l'étranger et ait au contraire maintenu la défense faite au Français de traduire un autre Français
devant des juges autres que les juges de France.
Mais si l'édit de 1778 est encore en vigueur aujour-
d'hui, il ne l'est que dans les limites où il l'était

(71) Sir., 65, I, 217 et la note.
D. P., 65, I, 423.

autrefois, c'est-à-dire que son application doit être restreinte aux Echelles du Levant et de la Barbarie. Les auteurs de cet édit n'ont en effet eu, en aucune façon, l'intention d'astreindre les Français à plaider devant les tribunaux français, à raison des contestations pouvant s'élever entre eux à l'étranger, ils les ont soumis à la juridiction des consuls. Or, cette juridiction n'est organisée que dans les Echelles du Levant, elle ne l'est point dans les pays chrétiens ; l'édit est donc étranger à ces derniers pays. C'est ce qui explique pourquoi la formalité de l'enregistrement n'a été remplie qu'au parlement d'Aix, qui recevait alors, comme les reçoit encore la cour d'appel de cette ville, les appels des jugements rendus par les consulats. dont nous venons de parler (72).

De ce que nous venons de dire résulte-t-il qu'il faille appliquer l'édit en notre matière, dans les limites que nous venons d'indiquer? Nous ne le pensons pas. Ainsi que nous l'avons dit il n'y a qu'un instant, le jugement déclaratif est un jugement d'une nature particulière. Il ne proclame aucun droit: il constate simplement un fait; or il résulte des termes de l'édit que les Français devaient avoir *formé une demande* ou *porté une plainte* pour encourir la pénalité qu'il édictait.

La compétence en matière de faillite, telle que nous venons de la déterminer, peut-elle être modifiée par une élection de domicile ? En général, l'élection de

(72) Dubois *sur Carle*, note 50, V, lettre *b* : Labbé, note sous l'arrêt précité du 19 nov. 1864 ; Bertauld, *loc. cit.* 176.

domicile attribue compétence au tribunal de ce domicile, pour tout ce qui concerne l'exécution de l'acte
en vue duquel elle a été faite. C'est même là un de ses
grands avantages. En est-il de même dans le cas qui
nous occupe ? La question s'est présentée dans des
faillites exclusivement françaises, et la cour de Bour-
ges, (6 mars 1840, Sir. 1840. 2. 269) a jugé qu'une élection de domicile l'emportait sur l'art. 59, § 7 du code
de procédure.

Les stipulations des parties font loi, a-t-on dit, et
obligent leurs représentants ou ayants cause ; le changement d'état (73) de l'un des contractants ne peut
nuire aux intérêts de l'autre, ni le priver des sûretés prises dans son intérêt. L'art. 59 dans son
énonciation des tribunaux devant lesquels les dé-
fendeurs doivent être assignés, ne règle la compétence que pour le cas où il n'y a pas de convention contraire, car après avoir posé les principes en matière de faillite, de société, de succession, il
ajoute qu'en cas d'élection de domicile, le défendeur
sera assigné devant le tribunal du domicile élu. La
jurisprudence n'a pas persisté dans ce système, et il a
été décidé plus récemment que la compétence attribuée par l'art 59, § 7 au tribunal du domicile du failli,
ne pouvait être modifiée par aucune convention contraire. Cette deuxième opinion nous paraît exacte,
aussi l'étendrons-nous, aux relations entre étrangers ;

(73) Cette expression est quelque peu inexacte. Elle semblerait faire
croire en effet que la faillite affecte surtout l'état de la personne, et constitue par conséquent, un statut personnel ce qui n'est pas vrai comme nous
le verrons plus loin. (v. *infrà*, chap. III, § 1, lettre A.)

comme le fait remarquer M. Dubois, les motifs d'intérêt général et de moralité qui exigent la concentration
de la compétence au tribunal du domicile du
failli, doivent prévaloir sur toutes conventions privées (74).

La compétence du tribunal du domicile du failli
n'est pas limitée à la déclaration de faillite, elle s'étend
à toutes les contestations *en matière de faillite* (art.
59 § 7, C- de proc., 635 C. com.) En sera-t-il de même
quand la faillite aura été déclarée à l'étranger ? La
question dépend du parti que l'on adopte sur l'autorité du jugement déclaratif rendu à l'étranger ; nous
nous bornerons donc ici à préciser le point de savoir
quand il y aura contestation en matière de faillite.

La dérogation apportée au droit commun par les
textes précités est double : 1° Le *tribunal du domicile
du failli* est attributif de juridiction ; 2° c'est au *tribunal de commerce* que la compétence est attribuée
pour les affaires relatives à la faillite. Sous le premier
rapport, exception est faite à la compétence *ratione
personæ* sous le second à la compétence *ratione ma-
teriæ*. Cette double dérogation concerne la même catégorie d'affaires, celles qui ont leur source dans la faillite,
dont la faillite est la cause, qui n'auraient pas pu naître si elle n'avait pas été déclarée. Dans ces cas, le
défendeur sera distrait de ses juges naturels, du juge
déterminé par la nature, peut-être civile, de l'affaire.

(74) Dubois : *sur Carle*, note 50, VII. — Req. règl., 15 juillet 1862, Sir.,
62, I, 933 ; D. P. 62, 1, 520. Metz, 26 mai 1868 ; civ. rej. 29 juin 1870,
Sir. 70, I, 417, D. P. 71, I, 289 ; Rouen, 30 juillet 1870, D. P. 72, 5,
239, n° 14.

Au contraire, les contestations qui s'élèvent à l'occasion d'opérations faites par le négociant aujourd'hui failli, à une époque où il se trouvait encore à la tête de ses affaires, qui procèdent d'une cause antérieure à la faillite, *ex causa primævâ et antiquâ* se porteront devant le tribunal déterminé d'après les principes généraux de compétence. Comme exemple d'une action naissant de la faillite, citons celle qui est fondée sur l'art. 446 du code de commerce ; la faillite est la condition essentielle de l'application de ce texte ; le défendeur ne pourra réclamer la juridiction de son domicile, et l'affaire sera portée devant le tribunal de commerce, alors même que la contestation n'aurait rien de commercial. Le droit commun s'appliquera au contraire lorsqu'il s'agira de demander la nullité d'une convention pour des raisons complètement étrangères à la faillite, pour cause de dol ou d'erreur, par exemple. Dans le premier cas la faillite se présente elle-même dans l'affaire, c'est son droit individuel qu'elle cherche à faire triompher ou à défendre. Dans le second, la masse des créanciers, la faillite en d'autres termes, n'agit plus pour elle-même, elle ne fait que représenter le failli et agit pour lui. Dès lors il est juste de suivre les règles générales que l'on aurait appliquées au failli lui-même.

Tel est le criterium à suivre en cette matière : Les conséquences seront faciles à tirer lorsque nous serons fixés sur les effets que doit produire en France le jugement déclaratif étranger.

CHAPITRE III

Effets du jugement déclaratif rendu à l'étranger

§ I. — Principes généraux.

A. Diverses opinions émises sur l'effet en France d'une faillite étrangère — Doctrine à laquelle il convient de s'arrêter.

Les auteurs qui se sont occupés de la question peuvent se diviser en deux camps bien distincts : les uns en ont cherché la solution dans la théorie traditionnelle des statuts ; les autres, se plaçant sur un autre terrain, ont appliqué au jugement déclaratif de faillite une théorie plus générale, celle de l'autorité, dans un pays, des jugements rendus à l'étranger, et ils sont arrivés à des conséquences différentes selon le degré d'efficacité qu'ils ont reconnu à ces décisions.

a) *Doctrine des statuts.*

Les partisans de la théorie statutaire ne sont pas d'accord sur le statut auquel il convient de rattacher la faillite. Les uns y voient une loi personnelle : Le failli est à leurs yeux pour ainsi dire mort civilement, *capite minutus :* les incapacités dont il est frappé le suivront donc partout, sans que le jugement ait, au préalable, été rendu exécutoire ; sauf à régler suivant la législation en vigueur dans les différents pays, les effets de la faillite quant aux biens, aux actes, et à la procédure. Le jugement déclaratif est assimilé par ces auteurs, à un jugement prononçant une interdiction ou nommant un conseil judiciaire. Tous ces jugements, disent-ils, se confondent en quelque sorte avec le statut personnel des individus qu'ils concernent (75).

D'autres auteurs, font remarquer que le but de toute loi sur les faillites est de veiller à l'intérêt des créanciers, et d'empêcher la perte de leur gage. Ils en concluent que la faillite est de statut réel et que, par conséquent, tel individu déclaré en faillite dans un pays, n'est incapable que quant aux biens situés dans ce pays ; et que, pour lui enlever la disposition de ceux situés à l'étranger, il faudra une nouvelle déclaration de faillite. « *Dispositio vel effectus principaliter versatur circa res et bona decocti crediloribus distribuenda, licet loquatur in personam.* » (Casaregis, disc. 130 n° 17).

Telle est l'opinion de Rocco : « Le débiteur déclaré en faillite par nos tribunaux sera regardé comme tel dans le territoire du royaume ; quant aux biens situés

(75) Liège 20 mai 1848 cité par M. Fiore, *del fallimento* p. 54 ; Bruxelles 9 nov. 1846, D. A. V° 238 3°. « L'état de faillite, dit la cour, établit une *incapacité personnelle* de disposer de ses biens qui le suit partout ; l'étranger ne peut plus en disposer, pas plus à l'étranger que chez lui, et tout paiement fait par lui serait frappé de nullité » — Aubry et Rau § 31 **T. I.** texte et note 35 4e édit. Fœlix, *Droit intern. privé*, I, 89. Cet auteur met sur la même ligne le failli et celui dont l'interdiction a été prononcée, mais il se fonde sur ce que le jugement déclaratif n'est pas un véritable jugement, mais un acte de juridiction volontaire constatant un fait. T. II, 468.

à l'étranger, il sera considéré différemment ; son incapacité s'évanouit, et le reste de sa fortune ne sera pas entraîné dans les conséquences de la faillite. » De ce principe, le savant auteur conclut que les aliénations et les constitutions d'hypothèques portant sur des biens situés à l'étranger seront parfaitement valables nonobstant la faillite de leur auteur (76).

M. Ripert, aujourd'h'ui professeur à la faculté de Paris, se rattache à la même doctrine (77). « Reportons nous, dit-il, à la pensée qui a donné naissance à l'institution de la faillite. Rationnellement lorsqu'une personne devient insolvable, on peut concevoir deux modes de liquidation de son patrimoine : le premier, qui a son origine dans la *venditio bonorum* du droit romain, tend à établir l'égalité entre tous les créanciers. Deux traits surtout le caractérisent : il emporte pour le débiteur dessaisissement, non pas de tel ou tel bien, mais de la totalité du patrimoine ; il suppose des mesures de publicité organisées pour avertir les ayants droit, et la nomination d'un mandataire chargé d'agir dans l'intérêt collectif des créanciers.

Le second mode, que le droit romain appliquait dans l'action *de peculio*, repose au contraire sur le principe que celui-là doit être préféré, entre les créanciers, qui a été le plus diligent à poursuivre « *occupantis melior est conditio.* » Aussi n'y trouve-t-on pas les deux caractères que nous venons d'indiquer, pas de dessaisissement, aucune publicité, aucun délai pour avertir les créanciers.

---

(76) *Droit international*, 3ᵉ partie, chap. XXXI, nᵒ 359

(77) *Revue critique*, 1877, p. 705-735,

De ces deux systèmes, notre législation a jugé le premier plus rassurant pour les créanciers, et partant le plus favorable au crédit public, et sans en faire le régime de droit commun, elle l'a appliqué au patrimoine des commerçants. De là est sorti l'institution de la faillite. Ce n'est donc qu'une voie d'exécution mise au service des créanciers non payés, une sorte de *venditio bonorum,* à cela près qu'elle porte à la fois sur les biens présents et à venir du débiteur. De là nous pouvons conclure que les lois qui la régissent, de même que toutes les dispositions concernant l'exécution sur les biens, rentrent dans le statut réel (77 *bis*). »

Mais ce raisonnement, le savant auteur ne l'applique qu'aux immeubles. D'après une théorie à peu près unanimement admise, pour savoir à quelle loi obéissent, dans un pays, les meubles situés à l'étranger, une distinction doit être faite. Considère-t-on les meubles en eux-mêmes, dans leur individualité, il faut s'attacher à leur situation. Les envisage-t-on dans leur ensemble, comme partie intégrante du patrimoine, il faut s'attacher, d'après les uns, au domicile, d'après les autres, à la nationalité du propriétaire ; par conséquent, lorsqu'on dit que la loi française règle seule les voies d'exécution sur les meubles, on suppose qu'il s'agit de poursuites n'atteignant que des biens isolés. Dès lors, puisque la faillite, à la différence des autres modes d'exécution, s'attaque à l'universalité du patrimoine, il faut en conclure qu'il n'y a pas lieu d'appliquer, à ce point de vue, aux meubles situés en France,

---

(77 *bis*) *Loc. cit.* nᵉ 21.

les dispositions de la loi française, et que par suite
ces meubles rentrent dans la masse de la faillite (78).
Telle est, nous le verrons, la jurisprudence anglaise.
Cette théorie aboutit à réduire à peu d'applications
pratiques la doctrine du statut réel ; l'actif d'une maison de commerce se compose, en effet, presqu'exclusivement de meubles. « Etendre la déclaration de faillite à tous les meubles, c'est en réalité l'étendre à tout
le patrimoine (79). »

Une autre distinction est proposée par M. Massé (80).
D'après lui, il faudrait distinguer dans le failli deux
sortes d'incapacité : une incapacité personnelle et
une incapacité réelle. Le commerçant déclaré en faillite dans un pays, ne pourra pas, à l'étranger, accomplir les actes dont la faillite le rend personnellement
incapable. L'entrée de la Bourse lui sera donc interdite chez nous, et il ne pourra être admis à l'escompte
de la Banque de France. Mais il lui sera parfaitement
loisible de faire des actes qui ne lui sont interdits que
par rapport à ses biens, pour la conservation du gage
de ses créanciers. La loi qui, dans ce cas encore, le
frappe d'une sorte d'incapacité, n'a pu atteindre par
là que les biens soumis à son empire. Les aliénations,
constitutions d'hypothèque consenties dans un pays,
par un individu déclaré en faillite à l'étranger, seront
donc parfaitement valables. Cette opinion revient à
bien peu de choses près à celle qui ne voit dans la
faillite qu'un statut réel ; l'incapacité où se trouve le

(78) Ripert, *loc. cit.* n° 27.
(79) Ripert, *loc. cit.* n° 28.
(80) *Droit comm.* T. I, n°ˢ 546 et 557.

failli de disposer de ses biens, importe en effet beaucoup plus à la masse des créanciers. que l'impossibilité de se présenter à la Bourse, ou d'être admis à l'escompte de la Banque de France (81).

Aucune de ces théories ne nous paraît satisfaisante,
et nous pensons que c'est en dehors de la doctrine des
statuts qu'il faut chercher la solution de la question.
Il est en effet des lois qui ne rentrent ni dans le statut
personnel, ni dans le statut réel ; ce sont celles qui
n'ont pour objet ni de déterminer l'état et la capacité
des personnes, ni de régler la condition juridique des
biens. Or, la loi des faillites nous paraît être assurément de ce nombre : elle n'a pour but, ni de déterminer l'état et la capacité des personnes ; le failli, ainsi
que nous le verrons plus loin, n'est pas à proprement
parler un incapable ; d'un autre côté, le législateur,
en enlevant au failli la libre administration de ses
biens, n'a pas eu en vue de régler leur condition juridique (82). Ce qui l'a inspiré, c'est le crédit et l'intérêt

(81) Carle, nᵒ 25, page 52.

(82) Le législateur règle la condition juridique des biens quand il détermine les droits réels dont les immeubles sont susceptibles (C. civ. 886 et
2129), les modes de transmission de la propriété et des droits réels. Rien
de semblable dans notre hypothèse ; le droit de gage des créanciers sur les
biens de leur débiteur, droit que la faillite met en pratique, ne saurait être
considéré comme un droit réel. Le droit réel implique en effet un droit de
suite, qui n'existe pas dans le droit de gage général. En vain, objecte-t-on
que, la faillite n'étant qu'une voie d'exécution sur les biens, les lois qui la
règlent doivent être rangées dans le statut réel comme celles qui régissent
l'expropriation forcée, nous répondons que le législateur, s'inspirant uniquement des intérêts du commerce, a précisément abandonné ici cette manière
de réduire en numéraire le gage des créanciers, et que dès lors on ne saurait conclure de l'une à l'autre. Ce qui, du reste, écarte toute assimilation,
c'est qu'à la différence des autres modes d'exécution, la faillite porte sur
l'universalité des biens du débiteur.

général du commerce, il n'a voulu qu'une chose : assurer l'égale répartition des biens du débiteur entre ses créanciers. Or, il est clair que l'ancienne doctrine des statuts n'atteindrait que d'une façon bien imparfaite le but qu'il s'est proposé. Cette théorie doit donc, dans notre matière, être entièrement laissée de côté.

b) *Unité et universalité de la faillite.*

Ce système est l'antipode de celui que nous venons d'exposer et de rejeter. Tandis que la doctrine des statuts restreint les effets de la faillite au territoire sur lequel elle a été déclarée, celle dont nous abordons l'examen proclame hautement que les lois commerciales et en particulier celles qui ont pour objet de régler l'état de faillite, ne connaissent pas de frontières, et que les principes d'unité et de concentration que nous avons vus ressortir des dispositions de notre code, ne doivent recevoir aucune modification parce qu'une partie de l'actif serait disséminé sur d'autres territoires ; sauf, bien entendu, l'application dans chaque Etat des lois intéressant l'ordre public. « Le failli, qui du jour de la sentence, est privé de l'administration de ses biens, et déclaré incapable de faire des actes et contrats valables quant à ces mêmes biens dont l'administration est confiée à des syndics, doit être considéré comme tel en quelque lieu que ce soit, de sorte que les conséquences de la sentence, à cet égard, doivent être valables à l'étranger comme dans l'intérieur de l'état » (83).

(83) Fiore, *Dr. intern.* n° 366.

Cette théorie n'est pas absolument nouvelle ; on la trouve exposée par deux anciens auteurs qui ont écrit sur le droit commercial, le cardinal de Luca et Ansalde. Le premier s'appuie sur ce qu'il est juridiquement impossible que le même individu soit failli à l'égard des uns, non failli à l'égard des autres. « *Item quia cum istæ causæ concursus creditorum sunt universales, super statu individuo personæ, hinc impossibile est dare hanc distinctionem* UT UNUS ET IDEM DEBITOR, EODEM TEMPORE, SIT DECOCTUS ET NON DECOCTUS, *quod que respectu clericorum sit habilis ad contrahendum citra fraudem, ista vero urgeat respectu laïcorum ; id enim continet implicantiam manifestam* » (84).

Ausalde fait valoir des considérations analogues. L'universalité du patrimoine, dit-il, est affectée au paiement des dettes en quelques lieux que soient situés les biens. La raison, l'intérêt des créanciers exigent qu'en cette matière on évite la contrariété des décisions ; il ne doit y avoir qu'un juge et qu'un jugement. Il n'y a point à distinguer entre les créanciers suivant que les uns sont étrangers et que les autres appartiennent à la même nationalité que le débiteur ; la loi les met tous sur la même ligne, sauf les causes légitimes de préférence qui peuvent exister entre eux.

Cette doctrine était repoussée par la majorité des anciens auteurs et par la jurisprudence, elle était trop opposée à la théorie des statuts pour qu'on pût l'ad-

(84) *De credito*, Disc. 10, n° 32.

mettre. C'est aux jurisconsultes modernes qu'il devait appartenir de la développer. Parmi eux, citons tout d'abord M. de Savigny : « La communauté de droit entre-Etats indépendants, communauté qui tend sans cesse à s'accroître, dit-il, veut qu'ils accordent une protection réciproque aux décisions judiciaires rendues dans un autre pays. Cette protection doit, par conséquent, s'étendre au curateur qui vend les biens du failli pour en former la masse à partager ; si elle lui était refusée, cela constituerait un véritable déni de justice » (85).

Mais c'est surtout dans ces derniers temps et particulièrement en Italie que la doctrine de l'unité et de l'universalité de la faillite a été précisée et appliquée (86). En France, notre regretté professeur M. Ernest Dubois, s'en est fait un des défenseurs les plus convaincus dans les savantes notes qu'il a ajoutées à sa traduction de l'ouvrage de M. Carle (87).

On fait valoir en faveur de ce système d'abord des considérations générales. « Le commerce, dit M. César Norsa, a un caractère essentiellement cosmopolite ; franchissant les limites étroites de la cité, de la province, de l'Etat, il étend ses rapports à tous les pays et répudie les lois et institutions purement locales. Les lois et institutions auxquelles il se soumet doivent

---

(85) Traité de droit romain, VIII, § 374.

(86) Fiore, *Drt. intern. privé*, Chap. X; *Del fallimento secundo il diritto privato internazionali* cap. III ; Carle, *La faillite en droit international privé;* César Norsa, *Revue de jurispr. Italienne* n° 170 et s.

(87) Voy. notamment note 92. Voy. aussi des notes du même auteur, Sir. 74. 2, 33; Sir. 79. 2, 161 et 164; Clunet 79, p. 77.

être, elles aussi, universelles, leur diversité empêcherait son développement. L'histoire du droit commercial, créé dans tous les pays d'une manière presqu'u-
niforme, en dehors des droits particuliers et différents
de chaque peuple, est la plus éloquente démonstration
de cette vérité. L'utilité de commerce doit l'emporter
sur la souveraineté territoriale. La faillite d'un commerçant peut étendre ses effets au delà même du cercle des relations commerciales du failli, puisqu'il
n'est pas rare de voir la faillite d'une maison en entraîner d'autres à sa suite : il importe donc qu'elle
soit aussi réglée, malgré la souveraineté territoriale,
par des lois universelles et uniformes. La procédure
de faillite tend essentiellement à mettre en pratique
la maxime que tous les biens d'un débiteur sont le
gage de ses créanciers. Cette maxime étant reconnue
par toutes les législations, rien ne s'oppose à ce qu'elle
soit partout appliquée. Or, le seul moyen de l'appliquer
est de réunir en une masse, d'un côté tout l'actif du
failli, de l'autre, toutes les créances qui forment son
passif, puis de répartir le patrimoine du failli entre
tous les créanciers ayant des droits égaux. Rien de
plus contraire à l'emploi de ce moyen que de créer
autant de faillites d'un même commerçant, par conséquent autant d'administrations de faillites qu'il y
a de territoires où le failli possède des biens, et de
s'exposer ainsi au danger de jugements contradictoires
et à des lenteurs onéreuses. Aussi la science moderne
est-elle unanime à repousser, sur ce point, la distinction entre les statuts personnels et réels, et à reconnaître l'unité et l'universalité de la faillite, nécessaire
à toutes ses phases, depuis le jugement déclaratif jus-

qu'aux opérations finales. » (88) L'opinion contraire, ajoute-t-on, aboutit à méconnaître le caractère du jugement déclaratif et entraîne les conséquences les plus fâcheuses. Le caractère de ce jugement est de faire foi envers et contre tous par dérogation à la règle *res inter alios acta, aliis neque nocet neque prodest.* Ce caractère est méconnu si le jugement déclaratif ne doit frapper que les biens situés dans le pays, où il aura été rendu. Il faudra alors, si on veut en étendre l'effet aux biens situés à l'étranger, s'adresser à la justice étrangère qui pourra refuser l'*exequatur*, et alors on arrive à cette conséquence tout à fait contradictoire, qu'un individu failli dans un pays ne le sera pas dans un autre ; une nouvelle déclaration sera nécessaire, il y aura deux faillites s'appliquant a un même patrimoine. Cette scission n'est pas sans exemple dans notre droit ; nous la trouvons en matière de succession ; mais à ce point de vue elle peut s'expliquer, ainsi que nous le dirons plus loin, tandis que dans notre matière elle ne se comprend pas. Que devient dans ce système l'égalité des créanciers ? A la faillite française on appellera les créanciers français ; à la faillite étrangère, les créanciers étrangers ; les dividendes ne seront pas les mêmes, les masses seront différemment traitées et la fraude sera possible ; un créancier pourra produire aux deux. Et puis que de frais, que de lenteurs dans une procédure que les législateurs de tous les pays cherchent à rendre rapide et peu coûteuse !

Le principe de l'unité de la faillite est du reste com-

_____

(88) César Norsa, *loc. cit.* n° 173.

mandé par la nature même de la faillite. Elle a pour but de répartir, aussi également que possible, le patrimoine du débiteur entre ses créanciers. Or comme chaque débiteur n'a qu'un patrimoine, que ce patrimoine répond en même temps de l'ensemble des dettes et de chacune d'elles en particulier, il en résulte qu'un commerçant ayant plusieurs établissements ne peut être en faillite dans l'un, *in bonis* dans l'autre. Cesse-t-il ses paiements sur un point, l'insolvabilité n'est pas partielle, mais s'étend à tout le commerce, et si l'insolvabilité est générale et indivisible, la liquidation qui en est la conséquence doit être également indivisible.

Le grand argument invoqué à l'appui de la théorie que nous exposons, se tire du principe admis par ses partisans, qu'un jugement rendu dans un pays doit avoir à l'étranger l'autorité de la chose jugée ; principe qu'il faut, dit-on, appliquer au jugement déclaratif de faillite. Une décision judiciaire produit trois effets principaux : d'abord l'autorité de la chose jugée, présomption de vérité en faveur de ce qui y est contenu, tantôt irréfragable, tantôt susceptible d'être combattue par la preuve contraire devant certaines juridictions et suivant certaines formes, (appel, opposition). Cette présomption empêchera la partie condamnée de renouveler le débat.

Le jugement aboutit, en second lieu, à l'exécution forcée contre la partie condamnée. Cette exécution n'est pas pratiquée partout de la même façon. Dans certaines lois, il faut après la levée de l'expédition, obtenir un mandement afin de saisir ; dans d'autres,

chez nous par exemple, il suffit de la grosse du jugement pour exécuter.

Enfin le jugement confère, dans presque tous les
pays, certaines sûretés au créancier qui l'a obtenu,
afin que ses droits ne soient pas paralysés par la mauvaise volonté du débiteur. (Hypothèque judiciaire,
générale ou restreinte dans ses effets).

Des jugements on peut rapprocher d'autres actes
qui supposent eux aussi la participation de la puissance publique : ce sont les actes authentiques qui
font foi de leur contenu, et aboutissent à l'exécution
forcée lorsqu'ils contiennent des obligations.

Ces différents effets se produiront-ils dans un pays
autre que celui où le jugement aura été rendu, ou
l'acte passé? Quant aux actes authentiques, ils ont partout la même force probante, par applicaiion de la
règle *locus regit actum* admise dans toutes les législations modernes. Si un créancier, se faisant donner un
acte authentique dans un pays, n'était pas assuré de
pouvoir l'invoquer partout, comme preuve de son
droit, il n'y aurait plus de sécurité dans les transac-
tions.

La force exécutoire doit, au contraire, être déniée,
dans un pays, aux actes notariés passés à l'étranger
(C. de pr., art. 546); un agent de la force publique
français ne saurait obéir à une réquisition faite par
un officier étranger ; il y aurait une atteinte portée à la
souveraineté française. Le créancier n'aura qu'à prendre jugement en vertu de son titre authentique, et
avec ce jugement il pourra saisir.

Cette distinction entre la force probante et la force

exécutoire doit-elle être faite à propos des jugements ?
Oui, dit-on, les jugements comme les autres actes
authentiques font foi de leur contenu, c'ést-à-dire
jouissent de l'autorité de la chose jugée ; partout cette
présomption empêchera le débat de se renouveler ;
mais dès qu'il s'agira de procéder à un acte d'exécution, de saisir, par exemple, un bien du débiteur, il
faudra s'adresser au tribunal étranger à l'effet d'obtenir l'*exequatur :* « Attendu, dit la cour de cassation,
que c'est seulement la force exécutoire des jugements
étrangers qui leur est déniée en France, ainsi que
cela résulte de la combinaison des art. 2123, 2128
C. civ., 546 C. de pr., que les dispositions de nos lois
qui consacrent le droit de souveraineté sur le territoire, n'ont pas été édictées en vue des intérêts privés,
et que les parties contractantes ou litigantes restent
liées par les actes de la juridiction volontaire ou contentieuse, à laquelle elles se sont soumises » (89). La
preuve que dans les articles visés par cet arrêt, le
législateur n'a voulu refuser aux jugements étrangers
que la force exécutoire, et leur laisser, par conséquent,
l'autorité de la chose jugée, semble bien résulter des
travaux préparatoires. Le droit de rendre exécutoire
les décisions rendues à l'étranger y est toujours présenté comme un attribut de la souveraineté ; la mission des tribunaux a pour objet de la sauvegarder, elle
ne concerne nullement l'intérêt individuel, d'où la
conséquence que la révision du fond du droit n'est
pas possible. Le fait de juger relève si peu de la sou-

(89) 15 nov. 1827, Sir. 1828. 1. 124.

veraineté, que des particuliers choisis par des plaideurs peuvent exercer la juridiction et rendre des sentences ; la qualité d'étranger dans un juge, n'est donc pas une raison suffisante pour contester l'autorité de son jugement.

Il y a du reste une grande différence entre l'exécution d'un jugement consistant dans la mise en activité de ses dispositions, et l'autorité de la chose jugée qui constitue un état passif diamétralement opposé à l'exécution qui constitue un état actif au plus haut degré. Pourquoi d'ailleurs établir une différence entre les jugements et les autres actes authentiques? Si les uns ont, avant d'être rendus exécutoires, l'efficacité nécessaire pour rendre sans effet les actes par lesquels on chercherait à en éluder les conséquences, pourquoi en serait-il autrement des jugements? N'émanent-ils pas les uns comme les autres des représentants de la puissance publique? On objecte le principe de l'indépendance des Etats ; mais au-dessus de ce principe s'en trouve un autre, à savoir, que les Etats doivent se faire toutes les concessions nécessaires à la bonne administration de la justice. « Ces idées étroites d'indépendance absolue et de souveraineté territoriale, inspirées par l'égoïsme et la jalousie, qui ont prévalu trop longtemps dans les relations internationales, doivent être abandonnées parce qu'elles ne sont plus en rapport avec les intérêts, les besoins, les aspirations des peuples modernes, qui les portent sans cesse à se rapprocher les uns des autres, à resserrer les liens qui les unissent, et à faire tomber les barrières qui peuvent encore les séparer » (90).

(90) Thomas, *études sur la faillite*, p. 79.

Appliquant ces données au jugement déclaratif, on arrive à reconnaître qu'il aura partout l'autorité de la chose jugée, et que la force exécutoire seule lui sera déniée à l'étranger. Mais quels sont les effets rentrant dans la chose jugée, quels sont ceux rentrant dans la force exécutoire? Il est clair tout d'abord qu'il ne faut pas, dans cette matière, prendre le mot exécution dans son sens large et vulgaire, où il désigne tout effet du jugement, car alors il ne resterait plus rien de la chose jugée. Pour résoudre la question, il faut se rappeler que l'*exequatur* est exigé par respect pour la souveraineté ; on ne veut pas que les agents de la force publique d'un Etat obéissent à un ordre donné par l'autorité étrangère. Tout se ramène donc à ceci : l'effet que l'on veut reconnaître au jugement étranger dans un pays, implique-t-il un ordre donné aux agents de ce pays ? Si oui, il s'agit d'une question d'exécution ; l'*exequatur* sera nécessaire ; sinon, il ne s'agit que d'un effet de la chose jugée, l'*exequatur* sera inutile. Tel est le principe, tirons-en les conséquences relatives au jugement déclaratif. Le fait de la faillite sera d'abord tenu pour constant à l'étranger, d'où il suit qu'il ne sera pas nécessaire de provoquer une nouvelle déclaration ; il y aura donc unité de juridiction. Le jugement aura partout l'efficacité nécessaire pour empêcher tout acte à l'aide duquel on chercherait à éluder l'égalité et à frauder les créanciers. Partout le jugement arrêtera les poursuites individuelles, partout il enlèvera au failli la libre disposition de ses biens, partout il annulera certains actes passés à une époque où le failli avait connaissance de son insolvabilité. Le jugement fera en second lieu partout preuve de la qualité des syndics ; l'*exequatur* ne sera nécessaire que s'ils veulent, en vertu du jugement, arriver à la vente des biens meubles ou immeubles situés à l'étranger ; car il s'agit là d'un acte d'exécution proprement dit, auquel il ne peut être procédé qu'avec l'agrément de l'autorité du lieu où cette exécution est poursuivie ; mais le rôle du juge en pareil cas consistera simplement à examiner si le jugement n'est contraire ni à l'ordre public ni aux règles de la compétence. Des principes identiques devront s'appliquer au jugement homologatif du concordat (91).

Cette théorie qui a pour elle une grande partie de la doctrine, est au contraire rejetée en jurisprudence. D'après ce second système, le tribunal français, saisi d'une demande d'exécution d'un jugement étranger, ne doit pas seulement délivrer un ordre d'exécution, un simple *pareatis*, mais procéder à une révision, après nouvel examen, etnouveau débat. Les arguments que l'on fait valoir sont tirés du principe de l'indépendance des Etats, de certains textes, enfin de l'esprit général de notre législation. La justice est un

(91) V. en ce qui touche les jugements en général. Massé, II. 800-802 ; Boitard et Colmet d'Aage, *Leçons de procédure civile*, 13e édit. I. 178 et s.; Pont, *Priv. et hyp.* I. 585 et 586 ; Labbé, *Dissertation* dans Sirey, 65-2-60 ; Bertauld, *Questions pratiques et doctrinales.* I. 123 et s.. En ce qui touche les jugements déclaratifs de faillite : Carle, chap. III et notes 50 et 92 de M. Dubois ; Fiore, *del Fallimento,* p. 33 ; *Droit intern.* chap. X, n° 366. Dubois, *Note* sous l'arrêt de Milan, du 15 déc. 1876, Clunet, 79, p. 77. *Note* sous le même arrêt, Sir. 79-2-161. *Note* sous l'arrêt de Paris, du 7 mars 1878, Sir. 79-2-264. Trib. de com. de Marseille, 20 déc. 1876 , Clunet, 77, p. 422 ; Paris, 28 mars 1873, Clunet, 1875, p. 118 ; Paris, 28 fév. 1881, Clunet, 81, p. 263.

attribut de la souveraineté; la *jurisdictio* et *l'imperium*
procèdent du même pouvoir souverain ; reconnaître à
un tribunal étranger le pouvoir de créer la chose
jugée, serait en quelque sorte lui déléguer l'*imperium*.
L'article 2123 confirme cette idée ; il exige que le jugement ait été rendu exécutoire pour qu'il puisse emporter hypothèque judiciaire ; or, l'hypothèque judiciaire ne tient pas à l'exécution, c'est un effet de l'autorité de la chose jugée, c'est donc que cette autorité
est déniée aux jugements étrangers. L'esprit de la loi
n'est pas moins douteux. L'article 14 du code civil
permet au demandeur français de citer devant les tribunaux français le défendeur étranger ; il implique
pour le jugement étranger, la négation de l'autorité
de la chose jugée. Du reste, n'est-ce pas en vue d'une
révision devant porter sur le fond même de l'affaire,
que la mission de déclarer exécutoires les jugemenls
étrangers a été confiée au tribunal entier, et non pas
seulement à un juge unique comme lorsqu'il s'agit
de rendre une simple demande d'*exequatur ?*

Enfin, et c'est là un argument particulier au jugement déclaratif de faillite, reconnaître à une décision
de cette nature, l'autorité de la chose jugée pourrait
aboutir à un conflit insoluble entre les tribunaux de
deux pays, dans le cas, par exemple où chacun plaçant le domicile du failli dans son ressort, affirmerait
sa compétence exclusive, conflit insoluble, puisqu'il
n'y a pas de haute cour internationale (92).

(92) *Conclusions* de M. l'avocat général Hémar, Sir. 79. 2. 168;
Douai, 22 déc. 1863, Sir. 63. 2. 61 ; Colmar, 10 fév. 1864, Sir. 64. 2.
122 ; Paris, 22 avril 1864, Sir. 65. 2. 62 ; Nancy, 11 janv. 74, Sir. 74. 2. 318;
6 juillet 1877, Sir. 78. 2. 129, etc. Voir les autorités citées par MM. Aubry et

Ce système, la jurisprudence ne l'applique pas dans toutes ses conséquences au jugement déclaratif ; elle lui fait, indépendamment de tout *exequatur*, produire certains effets, ainsi que nous le verrons plus loin, mais pour des raisons spéciales. Il faut cependant en repousser le principe, car les arguments invoqués sont plus spécieux que fondés.

Au-dessus de l'indépendance des Etats, il y a ce principe que tous les Etats doivent se faire les concessions nécessaires à la bonne administration de la justice ; or, cette bonne administration exige nécessairement que toute sentence régulièrement et définitivement prononcée soit tenue pour juste en tout lieu, et que la présomption de vérité qui s'attache à la chose jugée, ne soit pas enfermée dans les limites d'un territoire. Quant à l'article 2123, il n'est pas décisif ; car si le législateur a considéré l'existence de l'hypothèque comme une mesure d'exécution, tout le monde reconnaît que c'est par suite d'une erreur législative. Il faudra donc, puisque la loi est formelle, que l'*exequatur* soit obtenu pour que l'hypothèque existe, mais il n'y a rien à conclure de là aux autres effets de la chose jugée ; c'est ainsi qu'il ne viendrait à l'idée de personne de dire que puisque l'article 2128 refuse aux actes passés à l'étranger l'effet d'emporter hypothèque sur les biens de France, ces actes ne doivent produire aucun effet en France ; or, les art. 2123 et 2128 repo-

Rau, VIII, § 769 ter, note 64. V. aussi Trib. civ. de la Seine, 1er avril 1879, Clunet, 1881, p. 156 ; Trib. civ. de Pondichéry du 21 oct. 1872, Clunet 1879, p. 556. En ce qui touche le jugement déclaratif : Colmar, 11 mars 1826. Aff. Kolb.

sent sur la même idée, la même confusion, ils doivent
donc recevoir la même interprétation, ce qui n'est pas
vrai de l'un, ne doit pas l'être de l'autre. Si maintenant, la mission de déclarer exécutoires les décisions
étrangères a été confiée au tribunal entier, et non à un
juge unique, c'est parce qu'il pourra souvent s'élever, en dehors des intérêts privés qui divisent les
parties, des questions fort graves dont la solution ne
pouvait être abandonnée à un magistrat unique. Il
faut s'assurer que la décision dont il s'agit est un véritable jugement, que les juges étrangers ont été compétents pour le rendre, et qu'elle ne renferme rien de
contraire à l'ordre public, tel qu'on l'entend au lieu
de l'exécution. A l'argument tiré de la possibilité d'un
conflit de juridiction, nous répondrons avec M. Dubois :
1° Que si l'adoption d'un principe ne fait pas disparaître les difficultés dans tous les cas, ce n'est pas une
raison pour le rejeter absolument ; 2° que si un droit
peut donner lieu à un conflit de juridiction insoluble
parce qu'il n'y a pas de juridiction supérieure pour le
trancher, on ne saurait en conclure que ce droit n'existe
pas. « Ce système conduirait à nier l'existence de
tout droit international tant qu'il n'aura pas été institué de haute cour internationale » (93).

Ajoutons, enfin, qu'en adoptant le système de la re-
vision, la jurisprudence se met, pour le cas où il n'y
a que des étrangers en cause, en contradiction avec
elle-même. Elle pose en principe que les contestations

(93) Dubois, note précitée s. l'arrêt de Milan du 15 déc. 1876. Clunet, 79,
p. 77.

entre étrangers échappent à la compétence des tribunaux français ; si cependant ces tribunaux ont, sur
l'instance en *exequatur*, à examiner à nouveau la sentence des premiers juges, c'est qu'ils sont autorisés à
connaître de contestations entre étrangers.

Nous pensons donc qu'en principe l'autorité de la
chose jugée doit appartenir au jugement étranger, déclaratif de faillite ou autre, nous admettons donc la
théorie de l'universalité de la faillite, mais en y apportant une dérogation pour le cas où le jugement étranger aura été rendu contre un Français ; cas, il est vrai,
qui pourra se présenter bien souvent. En d'autres
termes, nous nous rallions au système de l'ordonnance de 1629 (art. 121) que nous croyons encore en
vigueur ainsi que nous allons essayer de le démontrer.

L'article 121 de l'ordonnance de 1629 est ainsi conçu :
« *Les jugements rendus, contrats ou obligations reçus
ès royaumes et souverainetés étrangères n'auront aucune hypothèque ni exécution en notre dit royaume,
mais tiendront lieu les contrats de simple promesse,
et nonobstant les jugements, nos sujets contre lesquels
ils auront été rendus pourront de nouveau débattre
leurs droits comme entiers devant nos officiers.* » Pour
comprendre cette disposition, rappelons que dès avant
l'ordonnance il fallait, pour qu'une sentence étrangère fût exécutoire en France, un *pareatis* du juge
français, et ce *pareatis* était accordé sans examen du
bien ou du mal jugé de la sentence, sans qu'il y eût
en d'autres termes révision du fond. C'est à cet usage
que fait allusion la première partie de l'article. La se-

conde partie va plus loin, elle autorise à se pourvoir par voie d'action nouvelle contre la chose jugée. A qui cette action est-elle accordée ? à « nos sujets » : elle est par conséquent refusée à l'étranger, *qui dicit de uno, negat de altero*. Cette interprétation de l'ordonnance de 1629 n'avait pas trouvé un seul contradicteur dans l'ancien droit ; tous les auteurs admettaient la distinction que nous venons de voir ressortir du texte précité. Il en fut de même pendant la période intermédiaire, et on peut dire que lors de la promulgation de nos codes, l'art. 121 de l'ordonnance de 1629 était encore, dans toutes ses parties, regardé comme loi de l'Etat (94). D'une part donc les condamnations prononcées à l'étranger contre des étrangers avaient en France l'autorité de la chose jugée, le *pareatis* du juge français n'était requis que pour procéder à des mesures d'exécution, et l'examen de la sentence ne devait avoir lieu qu'au point de vue de la souveraineté et de l'ordre public ; d'autre part, le jugement rendu par des magistrats étrangers contre un Français demandeur ou défendeur n'avait point à son égard l'autorité de la chose jugée.

Nos lois actuelles ont-elles voulu innover ? C'est ce qui paraît tout d'abord assez invraisemblable. Comme le dit M. Valette, « quand des maximes de droit ont pour elles l'assentiment et le respect des siècles, et que, sans s'altérer, elles ont traversé des temps de crises et de réformes violentes, ne serait-il pas bien extraordinaire qu'elles eussent péri à une époque de

(94) Merlin, *rép.* V⁰ Jugement § 8 ; *quest. de droit, eod.* V⁰ § 14.

rénovation, lorsque l'on remettait en honneur tous les principes anciens qui n'étaient pas incompatibles avec le nouveau régime ? « (95) Lorsque le code civil et le code de procédure déterminent comment les jugements étrangers acquièrent en France la force exécutoire, ils ne peuvent avoir en vue que des jugements valables et non ceux auxquels les règles de notre droit public refusent l'autorité de la chose jugée. On objecte il est vrai, que cette règle de droit public n'existe plus, qu'elle a été abrogée par les articles 2123 C. civ., 546 C. de pr.; sans doute la distinction de l'ordonnance n'est pas faite en termes formels dans ces textes ; s'ensuit-il qu'elle soit abrogée ? Il y est question d'un *exequatur* à accorder aux jugements étrangers, mais dans quels cas cet *exequatur* doit-il être accordé ? Nos articles ne le disent pas, ils s'en réfèrent donc à la tradition ancienne, et à la distinction alors unanimement admise. *Posteriores leges ad priores pertinent, nisi contrariæ sint.*

On objecte l'art. 7 de la loi du 30 ventôse an XI ; ce texte est loin d'être décisif; il n'abroge en effet que les lois ayant pour objet des matières régies par le code civil ; or, tel ne nous paraît pas être l'objet de l'art. 121 de l'ord. de 1629, dont les dispositions relèvent bien moins du droit civil que du droit international. Mais, dit-on encore, l'ordonnance n'avait pas été enregistrée partout, mais seulement dans les parlements de Paris, Dijon, Bordeaux, Toulouse ; si dans les autres ressorts

(95) Valette, *Revue de droit français et étranger*, VI. 1849, p. 597 et s.; *Mélanges* publiés par MM. Herold et Lyon-Caen. I p. 342.

on l'observait également, c'était une jurisprudence
que l'on suivait et non une loi à laquelle on obéissait ;
dès lors, étant donné le principe de l'unité de législation qui domine toutes nos lois, l'ordonnance de 1629
se trouverait avoir acquis aujourd'hui une force législative plus considérable qu'autrefois. Nous répondons
que l'ordonnance étant, lors de la promulgation de nos
codes, d'une application universelle, on peut dire que
le législateur a, par son silence sur ce point, législa-
tivement consacré ce qui autrefois pouvait n'être considéré que comme un usage et une jurisprudence (96).

(96) Même en laissant de côté l'ordonnance de 1629, on arrive dans une
certaine opinion à la distinction qu'elle consacre. La jurisprudence, on le
sait, n'accorde aux étrangers en France que l'exercice des droits naturels
par opposition aux droits civils réservés aux seuls Français ; or, le droit de
demander la révision des jugements rendus par les tribunaux étrangers,
bien qu'admis dans beaucoup de pays, n'est pas unanimement consacré par la
législation de tous les peuples civilisés, on peut dès lors, tout en admettant le principe de ce droit, en refuser l'exercice aux étrangers. Ripert, *loc.*
cit. n° 6.

V. dans le sens de l'ordonnance : Valette, *loc. cit.* Aubry et Rau, § 769 ter,
texte n° 2 et note 4 ; Demangeat, *Condition des étrangers en France*, n° 88.
Fœlix et Demangeat, II, p. 83 et suiv. Colmet d'Aage, *sur Boitard*, II, p.
802, note. D. A. V° *droit civil*, 418-425 ; Montpellier, 17 déc. 1869, Sir. 70,
2, 75 ; Toulouse 29 janv. 1872, Sir. 73, 2, 18. V. aussi les arrêts cités par
MM. Aubry et Rau. — En ce qui touche le jugement déclaratif de faillite,
le système de l'ordonnance est adopté par M. Demangeat ; cet auteur toute
fois ne développe pas son opinion d'une manière générale, il ne l'indique
qu'à propos de certaines conséquences du jugement déclaratif ainsi que nous
le verrons dans la suite. Telle est également l'opinion de notre estimé professeur M. Chavegrin, à son cours de droit international privé. Il n'existe
pas, à notre connaissance du moins, d'arrêt qui ait tranché la question dans
ce sens ; mais la protection de l'intérêt français, qui a évidemment inspiré
l'ordonnance de 1629, est invoquée dans plusieurs des arrêts que nous aurons occasion de citer.

Ce sytème que nous venons de développer relativement à l'autorité des jugements étrangers en France, nous l'appliquons au jugement déclaratif qui est, ainsi que nous le verrons, un véritable jugement rendu en matière contentieuse. Nous allons maintenant entrer dans les détails de cette application, après avoir posé quelques règles sur la compétence en matière d'*exequatur*, et avoir indiqué brièvement quelles sont, sur le point qui nous occupe, la doctrine et la jurisprudence des nations étrangères.

B) **Du tribunal compétent pour accorder l'exequatur, et de la manière d'introduire la demande.**

Lorsqu'on admet le principe de la révision du fond, il semble qu'on soit amené à attribuer au tribunal de commerce le droit d'accorder l'*exequatur* : en effet, peut-on dire, on s'adresse à la justice bien moins pour obtenir l'exécution du jugement étranger, que pour débattre à nouveau la question ; or, celle-ci étant commerciale, la compétence doit appartenir au tribunal de commerce.

Le système contraire nous paraît cependant préférable, et nous pensons que la demande d'*exequatur* devra, quelle que soit l'opinion que l'on adopte sur l'autorité des jugements étrangers, être portée devant les tribunaux civils. Le point principal soumis au juge français sera, bien qu'on lui reconnaisse le droit d'examen au fond, de savoir si le jugement doit ou non être déclaré executoire. C'est là l'objet, le but même de l'action. La question de révision ne se pré-

sentera que sous forme d'exception, or, c'est d'après
la nature de la demande et non d'après celle de l'exception que se détermine la compétence. Sans doute,
dans le système de la révision absolue, et dans celui
de l'ordonnance, pour l'hypothèse où le jugement a
été rendu contre un Français, les droits des parties
peuvent être débattus comme entiers, et la décision
du juge français une fois rendue, annule la sentence
étrangère dont elle prend la place ; mais tant que le
juge français n'a pas prononcé, le jugement étranger
existe ; la preuve en est que les témoignages, déclarations et aveux intervenus à ..'étranger, font foi devant
le tribunal français. On ne saurait mieux faire que de
comparer, comme le fait M. Valette, cette situation
avec celle qui se présente lorsqu'un jugement est
frappé d'appel. Ce jugement n'est pas mis à néant par
le seul fait de l'appel, jusqu'à preuve du contraire, il
est présumé bien rendu ; cette preuve, c'est à l'appe-
lant à la faire ; aussi joue-t-il devant les nouveaux
juges le rôle de demandeur ; il attaque le jugement de
première instance, il s'efforce d'en indiquer les vices,
il fait voir pour quels motifs on doit le réformer. De
même, le jugement étranger, quoique soumis à la révision du tribunal français, conserve provisoirement une
valeur réelle, c'est à celui qui refuse de l'exécuter à
prouver qu'il est mal rendu (97). C'est aux tribunaux
civils qu'appartient la plénitude de juridiction, la
compétence exceptionnelle des juges consulaires ne

____

(97) Valette, *Rev. de droit français et étranger*, 1849, T. VI, p. 607 et
608 ; *Mélanges*, 1. 347 et 348.

doit pas ètre étendue au delà des termes des art. 631 et s. du code de commerce. Ce principe est appliqué dans l'art 442 du code de procédure qui attribue aux tribunaux civils la connaissance des contestations relatives à l'exécution des jugements des tribunaux de commerce. Si donc ces tribunaux ne peuvent connaître de l'exécution de leurs propres décisions, *à fortiori* ne peuvent-ils connaître de l'exécution de jugements émanés d'autres juridictions. Dès que l'on admet, comme nous le faisons, que même dans les cas où il y a lieu à révision, la question principale est toujours de savoir si le jugement étranger doit ou non être déclaré exécutoire, il faut reconnaître qu'elle ne peut être portée que devant la juridiction civile (98).

En ce qui touche la question de savoir comment l'action sera introduite, si elle devra l'être par voie d'assignation ou de simple requête, la jurisprudence se prononce pour le premier mode. Cela se comprend parfaitement quand on méconnaît l'autorité des jugements étrangers ; le procès devant, dans cette opinion, être plaidé à nouveau, il est tout naturel que l'adversaire soit mis en cause, comme s'il s'agissait d'une contestation portée pour la première fois devant les juges français. La même solution doit être admise dans l'opinion qui n'admet pas la révision, et dans celle qui considère l'ordonnance de 1629 comme

(98) Aubry et Rau, VIII, § 769 *ter*, texte n° 4 et note 16. Valette, *loc. cit.* Demolombe, I. 263, *in fine*. Douai, 9 déc. 1843, Sir. 44, 2, 568. Bordeaux, 6 août 1847, Sir. 48, 2, 153. Paris, 16 avril 1855, Sir. 55, 2, 336. Colmar, 10 fév. 1864, Sir. 64, 2, 122. Bordeaux, 16 déc. 1867, Sir. 68, 2, 147. Chambéry, 12 fév. 1869, Sir. 70, 2, 9.

encore en vigueur, pour le cas où le jugement a
été rendu contre un étranger (99). L'introduction
d'une demande par voie de simple requête, a un carac·
tère exorbitant en ce qu'elle ne met pas les intéressés à
même de se défendre. Mais il est clair que si la cause
de sa nature, avait pu être introduite par cette voie,
si elle avait été portée pour la première fois devant
les juges français, ce qui est le cas de la demande en
déclaration de faillite, on ne pourra exiger des formes
plus compliquées pour former une simple demande
en *exequatur*. L'introduction par voie de requête sera
alors admise (100).

Certains jugements parmi lesquels le jugement déclaratif, sont soumis à certaines formalités de publicité ; faudra-t-il qu'elles soient accomplies en France,
lorsque la décision étrangère y sera invoquée, ou suf-
fira-t-il qu'elles aient été remplies dans le pays où le
jugement a été rendu ? Si l'on n'invoque ce jugement
en France que pour y trouver la constatation d'un fait,
si en d'autres termes on ne veut lui faire produire
que l'effet de la chose jugée, on ne pourra se prévaloir
du défaut de publication à l'étranger, qu'autant que la
loi étrangère exige cette publication. Mais lorsqu'on

(99) Nancy, 7 déc. 1872, Sir. 73, 2, 23 et la note. Dans l'espèce jugée par
cet arrêt, il s'agissait de rendre exécutoire un arrêt de la cour de Colmar.
Or, d'après le traité Franco-Badois du 14 juin 1846, applicable à l'Alsace-
Lorraine, le droit de révision des tribunaux français est restreint à certains
points ne touchant pas au fond du droit.

(100) Douai, 14 août 1845, Sir. 46, 2, 303 ; Colmar, 10 fév. 1864, Sir. 64,
2, 122. Les autres arrêts cités précédemment (note 98) ne le disent pas,
mais la solution s'impose.

veut exécuter en France le jugement étranger, comme il faudra au préalable le faire rendre exécutoire, le jugement qui donnera l'*exequatur* devra être accompagné des formalités de publicité, sans lesquelles les tiers ne seraient pas présumés en avoir une connaissance suffisante.

L'*exequatur* une fois accordé par l'autorité compétente, on peut se demander si c'est la sentence étrangère qui sera considérée comme réglant le droit des parties, ou si, au contraire, elle disparaîtra complètement en faisant place au jugement d'*exequatur*. Poser la question, c'est la résoudre. Lorsqu'on se trouve dans un cas où l'*exequatur* doit être accordé sans examen du fond, il y aura toujours un jugement étranger produisant ses effets à compter de sa date ; l'autorité de la chose jugée lui est alors reconnue, or, les droits des parties tiennent à la chose jugée. La solution contraire devrait être admise, s'il y avait lieu de réviser le fond du droit. Dans ce cas, le jugement d'*exequatur* serait seul à prendre en considération.

C. Doctrine et jurisprudence étrangères.

I. *Angleterre et Amérique.* — La théorie de l'unité et de l'universalité de la faillite est loin d'être admise en Angleterre. On s'inspire surtout de la doctrine du statut réel, en distinguant toutefois entre les meubles et les immeubles. Le jugement étranger a effet quant aux biens meubles situés en Angleterre, et à l'inverse, le jugement déclaratif anglais emporte pour les syndics anglais, transmission de la propriété mobilière que

 8*

le failli peut avoir à l'étranger. Il en est différemment des immeubles, la faillite étrangère ne les atteindra pas, et d'un autre côté la faillite anglaise ne comprendra pas ceux qui sont situés hors du territoire britannique. Les biens meubles, dit-on, pour justifier cette théorie, sont considérés, par une fiction juridique, comme situés au domicile de leur propriétaire, et quel que soit le lieu de leur situation effective, la propriété peut en être valablement transférée conformément à la loi de ce domicile ; cette loi autorisant la cession *in invitum*, cette cession doit produire ses effets sur tous les meubles en quelque lieu qu'ils soient réellement situés ; elle doit, a dit le juge Parsons dans l'affaire *Goodvin*, être considérée comme faite par le failli, puisqu'elle est l'effet d'une loi à laquelle il s'est volontairement soumis. Le grand principe de la loi des faillites, ajoute-t-on, c'est l'égalité, l'entière propriété mobilière du failli doit être soumise au contrôle immédiat des syndics, sans que l'on ait à s'occuper de la situation réelle de chaque bien, autrement on donnerait lieu à des préférences indues, le failli pouvant, en prévision d'une faillite prochaine, déplacer ses biens et les transporter à l'étranger.

Ces raisons n'existent pas pour les immeubles ; le droit anglais est essentiellement réaliste ; c'est d'après la *lex rei sitæ* qu'il faut décider toutes les questions relatives aux immeubles. « Aucun souverain, dit Warthon, ne saurait permettre l'intrusion *sur son sol* d'une loi étrangère ; l'indépendance de l'état et son existence même exigent que les lois territoriales gouvernent exclusivement tout ce qui se trouve sur son territoire. » « La condition de la propriété immobilière, ajoute-t-il un peu plus loin, est en rapport avec la nature du sol, avec les institutions politiques, avec le caractère de la population, avec la vie historique de la nation » La *lex loci* qui régit les contrats reçoit elle-même une dérogation quand l'objet du contrat est un immeuble.

De tout cela on conclut que, si une faillite est déclarée en Angleterre, les créanciers étrangers pourront exercer leurs droits sur les immeubles situés à l'étranger, sans avoir à tenir compte aux autres de ce qu'ils ont pu retirer de leurs actions, et qu'ils seront admis aux répartitions de la masse mobilière, jusqu'à concurrence de ce qu'ils n'auront pu obtenir sur la masse immobilière étrangère. A l'inverse, les immeubles anglais seront exclusivement destinés aux paiements des créanciers anglais.

Résumons sous forme de propositions la doctrine anglaise :

1° Le jugement déclaratif transfère à la masse la propriété des biens meubles quelle que soit leur situation.

2° Une saisie des biens meubles faite par un créancier anglais depuis le jugement déclaratif, n'est pas valable qu'il ait eu ou non connaissance de l'état de faillite.

3° La saisie pratiquée par des créanciers étrangers sur les meubles ou les créances du failli situés à l'étranger ne peut être efficace et ne saurait leur attribuer aucune préférence à l'encontre des syndics anglais.

4° Lorsqu'un créancier anglais a saisi des biens meubles depuis la déclaration de faillite et que ces meubles lui ont été adjugés par sentence étrangère, la propriété ne lui en sera pas garantie en Angleterre.

5° Les biens immeubles situés à l'étranger ne devront pas faire partie de la masse (101).

En Amérique prévaut une théorie différente de celle qui vient d'être exposée. Les effets d'une déclaration de faillite doivent être limités aux biens situés dans le pays où la faillite a été prononcée *sans qu'il y ait de distinction à faire entre les meubles et les immeubles.* « Il serait très périlleux, disent les cours américaines, pour les droits et actions de nos nationaux, de permettre que des transmissions opérées en vertu d'une loi étrangère, pussent prévaloir sur leur empressement à porter leurs actions devant nos cours. La règle la plus utile et la plus pratique, c'est que cette transmission de la fortune du failli, opérée par la loi, vaille seulement dans les limites du territoire. Si nos nationaux agissent, conformément à nos lois, sur la propriété de leur débiteur qui est soumise à notre juridiction, il n'est ni juste ni raisonnable qu'ils perdent le fruit de leurs diligences et qu'ils soient renvoyés dans un pays étranger pour toucher le dividende que leur accordera la loi étrangère. Si chaque gouvernement, en cas d'insolvabilité, saisissait et distribuait les valeurs soumises à sa juridiction, le résultat général serait favorable à l'intérêt des créanciers et à

---

(101) Voir les décisions dans Story, *confiict of laws* §§ 406 et s. Ces détails sur la doctrine anglaise ont été empruntés à l'excellent livre de M. Fiore, *del fallimento... etc.* p. 34 et s. V. aussi Carle, n° 4). Clunet 1882, p. 5.

l'harmonie entre les nations. » (102) Il y a une différence notable entre la cession volontaire faite par le
propriétaire, et la cession *in invitum* faite en vertu
d'une disposition de la loi. Tandis que la première est
efficace partout, la deuxième doit être limitée au territoire soumis à l'empire de la loi.

La conclusion de la doctrine américaine est que si
en général les biens meubles sont régis par la loi
du domicile du propriétaire, il ne doit en résulter cependant aucun préjudice pour les citoyens de l'Etat.
Quatenus sine prejudicio civium fieri potest. On refuse
ainsi au jugement déclaratif une efficacité extra-terri-
toriale, et, sur les choses mobilières, on préférera les
créanciers locaux qui auront pratiqué une saisie, aux
syndics qui les réclameront pour une faillite étrangère.

Cette doctrine est combattue avec raison par des
jurisconsultes de grande valeur tels que Kent et Story.
Pourquoi, disent-ils, ne pas admettre, en cas de faillite, la même règle qu'en matière de succession *ab
intestat ?* Pourquoi ne pas faire, dans un cas comme
dans l'autre, dépendre les meubles de la loi du domicile du propriétaire ? On dit en vain que celui qui
meurt sans faire de testament a consenti à ce que la
transmission de ses biens meubles s'opérât conformément à la loi de son domicile ; lorsqu'un commerçant a son principal établissement dans un pays, les
créanciers qui traitent avec lui ont aussi eu en vue la
loi de ce domicile. Même dans la matière de la faillite,

(102) Story, *loc. cit.* § 414

la doctrine américaine est contradictoire. On admet
que la déclaration de faillite par un tribunal étranger
suffit pour enlever au failli la libre disposition de ses
biens, et on décide cependant que ce jugement n'a pas
une efficacité suffisante pour en attribuer l'administration aux syndics qui représentent la masse (103).

II. *Belgique* (104). — En Belgique, la jurisprudence a
constamment consacré les principes les plus larges
relativement à la compétence du tribunal du domicile, et à l'autorité des jugements déclaratifs rendus à
l'étranger. Citons notamment des arrêts de Bruxelles
du 21 juin 1820, 19 juillet 1823, 25 mars et 27 décembre
1828 (105). Mais toutes ces décisions se fondent sur le
motif, inexact selon nous, que la faillite appartient au
statut personnel, que la qualité de failli le suit partout
avec toutes les conséquences qui en découlent. « S'il
est vrai, lisons-nous dans l'arrêt du 27 décembre 1828,
qu'on ne peut exécuter en Belgique des jugements
rendus à l'étranger et qui porteraient des condamnations susceptibles d'exécution contre les habitants, il
ne s'ensuit pas qu'on ne puisse puiser dans de semblables jugements la qualité de failli qui y aurait été
donnée à un étranger *tout aussi bien que celle d'époux
divorcé* ». L'arrêté-loi du 9 septembre 1814 (106), dit

(103) Fiore, *loc. cit.*

(104) Voir sur la jurisprudence belge un article de M. Humblet. Clunet,
1880, p. 87.

(105) A leur date dans la *Pasicrisie* belge.

(106) Cet arrêté rendu par le prince souverain des Pays-Bas sous l'Empire de la réaction antifrançaise portait que « les jugements rendus en France
n'auront aucune autorité en Belgique et que nonobstant ces jugements les
habitants de la Belgique pourront de nouveau débattre leurs droits devant
les tribunaux qui y sont établis, soit en demandant, soit en défendant ».
Clunet, 1875, p. 221.

un autre arrêt, a pour but d'empêcher qu'on n'exécute dans le royaume, au nom d'un souverain étranger, et *viâ executoriâ* des jugements obtenus dans l'Etat de ce souverain, mais il ne résulte ni de son texte, ni de son esprit, que ces jugements doivent être considérés comme n'ayant pas pour effet de prouver *l'état des personnes* réglé par ces mêmes jugements. La même idée se trouve dans un arrêt de Bruxelles du 9 novembre 1846. « L'état de faillite établit une *incapacité personnelle* de disposer, *incapacité qui suit le failli partout* ».

Plus récemment, le tribunal civil d'Arlon a décidé que les dispositions de la loi des faillites « *sont de statut personnel* et dès lors suivent le failli même à l'étranger, et que les articles 2123, C. civ., et 546 C. de pr. ne s'appliquent pas aux décisions judiciaires qui règlent la *capacité personnelle* d'un étranger... ». Enfin, le tribunal de Mons a rendu un jugement dans le même sens. Nous en extrayons le considérant suivant : « Attendu qu'il est de doctrine et de jurisprudence qu'un jugement par lequel un étranger est déclaré en faillite dans son pays est une décision qui règle *l'état de la personne et la suit partout* (107).

A côté de ces décisions où prédomine l'idée du statut personnel, citons un arrêt de la cour de Bruxelles du 13 août 1836. « C'est le tribunal du domicile, dit la cour, qui a compétence pour déclarer la faillite, cette déclaration doit être tenue pour vraie en Belgique, il

---

(107) Trib. de Mons, 14 février 1874. Clunet, 1875, p. 447. Voir dans le même sens les arrêts cités dans l'article de M. Humblet; Clunet, 1880, p. 91.

n'y a donc pas lieu d'ouvrir une nouvelle faillite, ni de rompre par là *l'unité de la faillite.* » La même raison est affirmée plus énergiquement encore dans un autre arrêt de la même cour, en date du 13 août 1851. Il s'agissait d'un Belge dont la faillite avait été déclarée par le tribunal de commerce de la Seine. Le tribunal d'Anvers avait ensuite de nouveau déclaré la faillite sur la requête des créanciers belges. L'opposition des créanciers français fut rejetée, mais la cour réforma le jugement : « Attendu, porte l'arrêt, que le juge compétent pour statuer sur la mise en faillite d'un négociant est celui du domicile de ce dernier.

« Attendu qu'il est également de principe que l'état de commerçant failli étend son effet *partout où ce commerçant possède des biens,* que l'administration de la faillite est *une, indivisible* et *universelle,* étendant son action sur tout l'avoir du failli *en quelque lieu qu'il se trouve.*

« Attendu que ce principe est fondé........ sur la *nature même des choses* qui s'oppose à ce qu'une faillite ait autant d'administrations qu'il y a de pays où le failli possède des biens » (108).

Voilà pour l'autorité des jugements étrangers (109).

(108) Cette décision fut déférée à la cour de cassation qui rejeta le pourvoi le 6 août 1852. Les motifs de l'arrêt sont inspirés par l'idée de statut personnel.

(109) On ne peut citer en sens contraire que de bien rares décisions. Dans un arrêt du 23 mars 1820, la cour de Bruxelles a décidé que le commerçant déclaré en faillite en France, avait pu valablement vendre des marchandises à Bruxelles. — Le 17 juin 1839, la cour de Liège a validé une saisie à charge de syndics étrangers, et dispensé les créanciers belges de faire leur production devant les tribunaux étrangers.

En ce qui touche la force exécutoire, les décisions que nous avons citées disposent que le *pareatis* sera nécessaire lorsqu'on voudra procéder à de véritables actes d'exécution, mettre en mouvement les dépositaires de l'autorité nationale (110).

III. *Allemagne*. Avant la loi du 10 février 1877 *(Concurs ordnung)* la jurisprudence était presque unanime à repousser la théorie de l'unité et de l'universalité de la faillite. Le tribunal supérieur de commerce de Leipzig *(Reichsoberhandelsgericht)* (111) décida à la date du 17 juin 1871, que les Etats ne devaient pas soumettre les biens situés sur leur territoire à la main-mise prononcée par le juge étranger de la faillite, et qu'il fallait *repousser la force attractive d'une faillite qui n'était pas reconnue*; qu'il fallait ouvrir sur ces biens un *concours distinct et indépendant des règles et des lois de l'étranger*; que tous ces résultats étaient commandés par le *principe de l'indépendance des Etats* » (112). A la date du 22 juillet 1870, là cour de Cologne avait adopté les mêmes principes (113).

(110) En résumé, on rencontre dans la jurisprudence belge beaucoup d'hésitation dans les motifs ; mais sa tendance vers la théorie de l'unité et l'universalité de la faillite n'est pas douteuse. Autrefois déjà, cette doctrine pouvait être critiquée, en présence de l'arrêté-loi de 1814 précité, lorsque c'était un belge qui avait été déclaré en faillite à l'étranger. Aujourd'hui encore, elle nous paraîtrait devoir être rejetée ; le nouveau code de procédure ne limite en effet le droit de révision des tribunaux belges que dans le cas de traité, et un semblable traité n'existe pas avec la France.

(111) Ce tribunal n'existe plus, il a été remplacé par la cour suprême de l'Empire, séante à Leipzig.

(112) Clunet 1874, p. 129; *Rev. de droit intern.* de Gand, T. VI, p. 410 et s.

(113) Clunet 1876, p. 460.

La doctrine s'était au contraire prononcée pour le système de l'unité de la faillite. Voici comment s'exprimait M. de Savigny : « Cette communauté de droit entre Etats indépendants qui tend constamment à s'accroître, veut qu'ils accordent une protection réciproque aux décisions judiciaires rendues dans un autre pays. Cette protection doit s'étendre au curateur qui vend les biens du failli pour en former la masse partageable. Si elle lui était refusée, cela constituerait un véritable déni de justice. » Puis M. de Savigny montre ce système mis en pratique dans les traités avec la Prusse, et il continue en ces termes : « Ce qui est établi par des traités n'est pas une invention nouvelle et arbitraire, mais l'expression de cette communauté de droit, qui de nos jours tend toujours à s'accroître. Aussi, ne doit-on pas hésiter à poser ce principe dans d'autres traités ; même indépendamment de traités, les tribunaux des différents Etats peuvent le consacrer par leur jurisprudence, de l'aveu exprès ou tacite de leur gouvernement. » (114).

La nouvelle législation positive allemande a consacré ces désideratas du grand jurisconsulte de Berlin. La loi du 10 février 1877, dispose en effet dans son article 207 que « *si un débiteur sur le patrimoine duquel une faillite a été déclarée à l'étranger, possède des biens dans l'empire, l'exécution forcée sur ces biens peut avoir lieu* (115) », et dans son article 208 4°

---

(114) Savigny, *Traité de Droit romain*, traduct. Guenoux, § 374, E.

(115) Après *pareatis* délivré conformément aux articles 660 et 661 du code de Procédure du 30 Janvier 1877, c'est-à-dire *sans révision préalable du fond*.

que « *quand une faillite sera déclarée à l'étranger il ne sera pas nécessaire de prouver l'insolvabilité pour l'ouverture de la faillite en Allemagne* ». Le jugement déclaratif a donc l'autorité de la chose jugée.

IV. *Italie.* — Autrefois, la jurisprudence admettait que la faillite a plutôt pour objet les biens que la personne et doit être régie par les principes du statut réel (116). La cour de cassation de Turin a considéré l'incapacité du failli comme purement relative « limitée aux biens situés dans le pays où la faillite a été déclarée, et inefficace au regard des immeubles situés dans le royaume » (117). Mais on peut dire qu'aujourd'hui les tribunaux italiens se sont ralliés définitivement au système de l'unité et de l'universalité de la faillite. Des cours d'appel et de cassation ont jugé que ses effets s'étendent à tous les biens du failli, et que le jugement rendu par un tribunal étranger doit par conséquent recevoir son exécution même sur les biens situés dans le royaume (118). C'est surtout dans un arrêt de Milan déjà cité que cette théorie a été proclamée avec une fermeté et une précision rares. On nous saura gré d'extraire un considérant de cet arrêt sur lequel nous aurons à revenir dans le cours de cette étude : « L'unité de la faillite répond au but même de cette institution qui est de rendre possible

---

(116) Naples, 4 Mai 1868, cité par M. Fiore, *op. cit.*, p. 55.

(117) Turin, Cass. 13 Avril 1867, 29 Avril 1871. Cour d'appel de Turin, 5 Mars 1866 et 7 Juillet 1866. Chambery, 14 avril 1849.

Quant aux meubles, on reconnaissait le failli incapable d'en disposer en quelque lieu que ce fut.

(118) Voir les autorités citées par Norsa, *Rev. de jur. italienne*, n° 173.

une répartition proportionnelle des biens du failli entre tous ses créanciers, pour le plus·grand avantage du commerce... *La nécessité d'une sentence d'exequatur maintenue pour rendre hommage au principe de la souveraineté territoriale est restreinte aux seuls cas dans lesquels il s'agit vraiment de donner exécution aux jugements et aux actes passés à l'étranger ; mais dans les autres cas, ces titres sont admis comme simples documents et rien n'est accordé de ce qui serait contraire à leur contenu* » (119).

V. *Autriche.* — L'unité et l'universalité de la faillite ne sont pas admises, du moins en ce qui concerne les immeubles ; quant aux meubles situés à l'étranger, on admet qu'ils doivent être compris dans la masse (120).

§ II. — Effets du jugement déclaratif dans l'avenir

A. Impossibilité de déclarer une nouvelle faillite

La première conséquence qui découle du principe de l'unité et de l'universalité de la faillite, et que les partisans de ce système en tirent en effet, c'est que la faillite ayant été déclarée à l'étranger, et ce fait étant tenu pour constant en France, il ne sera pas nécessaire d'y déclarer une nouvelle faillite ; les biens appartenant au failli y seront soumis de plein droit, et

---

(119) Clunet, 1879, p. 77, et note *importante* de M. Dubois. Sir., 1879, 2, 161, également avec une note de M. Dubois.

(120) Cour Suprême de Vienne du 20 Mars 1877. Clunet, 1881, p. 168.

l'*exequatur*, ne sera nécessaire que lorsqu'il s'agira de procéder à des mesures d'exécution sur ces biens. A l'inverse ceux qui dénient aux jugements étrangers l'autorité de la chose jugée, sont amenés tout naturellement à admettre qu'une nouvelle faillite pourra être provoquée en France, sans qu'on ait à se préoccuper de celle qui aurait été déclarée à l'étranger. La même doctrine est admise par ceux qui voient dans la faillite un statut réel, lorsqu'il s'agit de soumettre au régime de la faillite les biens situés à l'étranger.

D'après nous, une nouvelle déclaration de faillite pourra être provoquée en France par des créanciers français, mais le jugement étranger sera opposable en France à des créanciers étrangers.

La cour de Paris a eu récemment l'occasion de se prononcer sur ce point à propos de l'affaire Hoffmann et C\ie\. Hoffmann faisait le commerce à Londres et avait des succursales à Paris, Milan et Hambourg. Il fut déclaré en faillite par la cour des faillites de Londres qui nomma White administrateur de ses biens. La maison de Paris ayant fait de mauvaises affaires fut déclarée en faillite d'office, par le tribunal de commerce de la Seine qui nomma un syndic. White forma opposition à ce jugement, mais le tribunal l'en débouta par le motif que l'arrêt de Londres n'avait pas été rendu exécutoire. Ce motif est-il bien exact ? Pouvait-on voir un acte d'exécution dans l'action du syndic représentant la masse ? C'est ce que nous verrons plus loin ; toujours est-il que le syndic reconnaissant le bien jugé, s'adressa au tribunal civil de la Seine pour lui demander l'*exequatur* du jugement anglais.

Mais sa demande fut rejetée par jugement du 26 juillet 1877 confirmé par la cour de Paris le 7 mars 1878. Cette décision nous semble bien rendue. En effet, le jugement étranger n'avait pas l'autorité de la chose jugée contre des créanciers français. C'est ce que fait remarquer le tribunal lorsqu'il dit que « la demande d'*excquatur* ne pourrait être accueillie qu'autant qu'elle ne porterait pas atteinte au droit que les créanciers français tiennent de la loi de faire prononcer eux-mêmes la faillite par la juridiction nationale » (121). Le tribunal invoque encore d'autres raisons mais qui ne nous semblent nullement concluantes. Il y est dit que les dispositions légales en matière de faillite touchent à l'ordre public et constituent sous ce rapport des lois de police et de sûreté obligeant, aux termes de l'art. 6 du code civil, tous ceux qui habitent le territoire. Cette proposition est-elle bien exacte ? Pour qu'une loi puisse être ainsi qualifiée, il ne suffit pas qu'elle ait été édictée par des raisons d'intérêt général, car alors toutes les lois pourraient rentrer dans cette catégorie ; il faut que l'objet, le but de la loi soit la sûreté des personnes et le maintien du bon ordre (122), or, tel n'est pas le but de la loi des faillites. Elle est destinée à donner plus de sécurité aux relations commerciales, et favorise par conséquent le crédit, mais elle ne touche à aucun degré à la conservation de la société. La loi des faillites contient, il est vrai, des dispositions pénales, mais ce ne sont pas quelques dispositions accessoires qui

---

(121) Sir. 1879, 2, 164, et la *note* de M. Dubois.
(122) Aubry et Rau I, § 31 p. 81.

peuvent déterminer le caractère d'une loi. De ce que par exemple, la loi sur la capacité en matière de mariage ait apporté à ses prescriptions une sanction pénale, nul n'a jamais conclu que ce soit là une loi de police et de sûreté (123).

On a critiqué la décision du tribunal de la Seine en se plaçant sur le terrain de l'ordonnance de 1629. Le jugement anglais devait, a t-on dit (124), être déclaré exécutoire comme ayant été rendu contre un étranger. Mais peut-on bien dire que le jugement déclaratif soit rendu contre le failli ? Non, puisque bien souvent il le sera sur sa requête. Le jugement déclaratif est un jugement d'une nature spéciale, il produit ses effets même vis-à-vis de ceux qui n'y ont pas été parties, il n'est pas plus rendu contre le failli que contre ses créanciers. L'esprit de l'ordonnance est celui-ci : le législateur n'a pas voulu que les intérêts d'un Français fussent lésés par une décision étrangère, on est un peu parti de l'idée que l'impartialité des tribunaux dépend de la nationalité des plaideurs ; eh bien ! dans notre hypothèse, il en serait ainsi si les créanciers étaient privés du droit qu'ils tiennent de la loi, de provoquer la mise en faillite de leur débiteur. D'autres auteurs, tout en reconnaissant l'autorité du jugement déclaratif étranger, pensent néanmoins que ses effets ne doivent pas s'étendre aux biens situés en France, il faudrait, pour les soumettre au régime de la faillite, une nouvelle déclaration. On part dans cette opinion de l'idée du statut réel. Nous avons exposé et réfuté

(123) Ripert, *loc. cit.*, n° 14.
(124) Ibid., n° 6.

cette théorie, nous ne pouvons que nous référer à ce que nous avons dit précédemment. Notre opinion aboutira aux mêmes conséquences, du moins en ce qui touche les biens, lorsque le jugement sera opposé à des créanciers français, il en sera différemment, lorsqu'il sera opposé à des créanciers étrangers ; il aura alors l'autorité de la chose jugée, l'*exequatur* ne sera nécessaire que pour procéder à des mesures d'exécution.

B. Cessation des poursuites individuelles.

La cessation des poursuites individuelles est commandée par le but même de la faillite ; les créanciers qui en exerceraient, seraient obligés de verser à la masse les sommes ainsi recouvrées, mieux vaut donc accorder l'action au syndic qui l'exercera directement au nom de cette masse. On réalisera de la sorte une économie de frais, et on évitera des complications dans l'administration des syndics. Cet effet du jugement déclaratif se produira-t-il en tous lieux ? Pour ceux qui refusent dans tous les cas aux jugements étrangers l'autorité de la chose jugée, la question ne saurait être douteuse, le jugement déclaratif n'existe pas pour les créanciers étrangers, ils pourront exercer contre leur débiteur des poursuites individuelles. C'est le système de la jurisprudence française. « Attendu, dit la cour de Bordeaux, que si un jugement rendu à l'étranger et déclarant une faillite, fait preuve suffisante de la qualité des syndics qu'il a nommés, et leur permet d'exercer en France les droits de la masse, il ne saurait en être de même lorsque le failli invoque lui-même l'autorité de la chose jugée pour se soustraire aux poursuites exercées contre lui par ses créanciers ; que, même lorsque le défendeur ne fait que l'opposer par voie d'exception pour s'affranchir des réclamations dont il est, en France, l'objet de la part de ses créanciers français, il est manifeste qu'il en réclame l'exécution et veut lui faire produire tout l'effet qu'il en obtiendrait dans le pays où il a été rendu » (125). C'est par application de cette théorie que le droit de faire pratiquer des saisies-arrêts au préjudice de leur débiteur-failli (126), a été reconnu aux créan. ciers étrangers par un certain nombre de décisions.

Dans son arrêt du 13 août 1875, la Cour de Paris a apporté à cette doctrine un tempérament équitable, mais contraire au principe qui a inspiré l'arrêt. Il s'a-gissait dans l'espèce d'une société mise en état de liquidation judiciaire, en Angleterre. Des créanciers de la société assignèrent le syndic en validité de sai-sie-arrêt et demandèrent l'attribution à leur profit d'une somme due à la compagnie anglaise par un Français. Le tribunal de commerce de la Seine valida la saisie-arrêt, par le motif que l'arrêt de la cour de Chancellerie de Londres n'avait pas contre des Fran-

---

(125) Bordeaux, 2 juin 1874, Sir. 75, 2, 37. D. P. 75, 2, 209. V. dans le même sens, Colmar, II mars 1820, D. A. Vᵒ Droit civil, 467, 2ᵒ. Req. rej. 29 août 1826, *eod. loc.* 467 3ᵒ. Req. rej. 12 nov. 1872, Sir. 73, I, I7 ; Trib. com. de la Seine, 29 juin 1881, Clunet 1883, p. 50.

(126) Bordeaux, 5 fév. 1813, D. A. Vᵒ Droit civil, 467. 4ᵒ. Liège, 17 juin 1839, D. A. Vᵒ Faillite, 575. Trib. comm. Seine 28 mars 1854, Journal des Trib. de Comm. III, p. 158 ; Aix, 15 mars 1870. Sir. 70, 2, 297. D. P. 70, 2, 204 ; Paris, 13 août 1875. Clunet, 1877, p. 40.

çais l'autorité de la chose jugée, et autorisa les créanciers français à toucher dès à présent le montant de leurs créances entre les mains du tiers saisi. La cour de Paris admit bien avec le tribunal, que le jugement déclaratif étranger ne suffisait pas pour arrêter les poursuites individuelles des créanciers, et que, par conséquent, la saisie-arrêt devait être validée, mais elle réforma la décision des premiers juges, en ce qu'elle avait ordonné le paiement immédiat des créanciers français, et elle prescrivit le dépôt de la somme saisie à la caisse des dépôts et consignations, pour être employée au paiement des saisissants, jusqu'à concurrence de ce qu'ils auraient à recevoir d'après les résultats de la liquidation. L'effet de la saisie a été ainsi limité à une mesure purement conservatoire. C'est équitable à coup sûr, mais est-ce logique? D'après la plupart des législations, le jugement déclaratif arrête les poursuites individuelles, afin de sauvegarder l'égalité qui doit régner entre les créanciers ; cette égalité serait rompue, si un créancier pouvait en agissant *s'approprier* des valeurs faisant partie de l'actif de la masse. Tout cela indique bien que par poursuites individuelles, le législateur n'entend pas des mesures simplement conservatoires ; or, d'après la cour, le jugement déclaratif rendu à l'étranger, n'a pas pour effet de suspendre les poursuites individuelles des créanciers : « attendu que l'exercice de ces droits et actions est indépendant des dispositions de la loi étrangère et des décisions des tribunaux étrangers qui tendraient à le restreindre ou même à le paralyser entre les mains du demandeur français » ; les créanciers français pourront donc agir et exercer contre leur débiteur, toutes les voies d'exécution que la loi met à leur disposition, frapper de saisie-arrêt les sommes à lui dues, et s'en voir attribuer le montant.

La théorie de la jurisprudence s'appuie sur l'article 14 du code civil qui permet au Français demandeur de citer l'étranger défendeur devant le tribunal de son domicile. L'article 59, § 7, du code de procédure qui pose le principe de la compétence en matière de faillite n'a été fait que pour les Français, quant aux contestations où figurent des étrangers, la règle fondamentale se trouve dans l'article 14 qui devra recevoir son application. Mais le créancier français pourra renoncer au bénéfice que le législateur a consacré en sa faveur, et cette renonciation pourra s'induire d'une citation devant un tribunal étranger, d'une production à la faillite étrangère. Toutefois, cette citation ou cette production ne pourront lui être reprochées et il ne sera pas non recevable à se prévaloir de l'article 14 quand il aura agi sous l'empire d'une contrainte qui lui ôtait toute liberté, par exemple, quand il aura été obligé sous peine de voir périr son droit de poursuivre son adversaire devant ses juges naturels ; cette nécessité existera aussi lorsque l'étranger défendeur ne possèdera en France aucune valeur saisissable (127).

(127) Paris, 22 novembre 1851, Sir., 1851, 2, 783. Req. rej., 23 mars 1859, Sir., 59, I, 289 ; Lyon, 1er juin 1872, Clunet, 74, p. 121 ; Trib. civ. Seine, 21 avril 1875, Clunet, 1876, p. 181 ; Cass., 30 novembre 1868, Sir., 69, I, 267. Ces deux derniers arrêts tiennent compte de la faillite déclarée à l'étranger, mais c'est en se fondant surtout sur l'effet du contrat judiciaire ; l'état de faillite ayant été dans l'espèce reconnu par les deux parties.

Pour les auteurs qui reconnaissent au jugement étranger l'autorité de la chose jugée, la question ne présente aucune difficulté, les poursuites individuelles seront suspendues *erga omnes* quelle que soit la nationalité des créanciers, et sans qu'on ait à se préoccuper du lieu de la situation des biens. Il ne s'agit pas en effet d'un acte d'exécution, le jugement n'est pas invoqué pour mettre la force publique en mouvement ; on ne s'en prévaut que pour lui faire produire en quelque sorte un *effet négatif*, pour établir l'état de faillite, or c'est là une conséquence de la chose jugée. Cette doctrine a été consacrée dans un jugement du tribunal de commerce de Bordeaux du 22 février 1869 (128). On y lit que s'il est vrai que les jugements étrangers ne peuvent recevoir leur exécution en France, qu'après avoir été déclarés exécutoires par un tribunal français, ce principe ne doit plus s'appliquer quand on se borne à les opposer par voie d'exception. La même doctrine se trouve reproduite dans deux jugements du tribunal de commerce de Marseille, en date l'un du 7 décembre et l'autre du 20 décembre 1876 (129).

Le premier se borne à affirmer que les faillites déclarées à l'étranger doivent produire leurs effets en France (130), le second est plus fortement motivé, c'est

(128) Sir., 1875, 2, 37.

(129) Clunet, 1877, p. 423 et 424.

(130) Il apporte toutefois une restriction au principe qu'il pose : « le juge français ne doit, suivant lui, se dessaisir de la protection des intérêts français, qu'autant que la faillite étrangère aboutit au terme qu'elle doit avoir par un concordat ou par une liquidation des biens du failli. Il lui appartient donc de fixer un délai dans lequel le failli en pays étranger devra terminer les procédures d'une faillite ouverte ». Cette restriction nous paraît en contradiction avec le principe d'où part le tribunal.

par des raisons tirées du but et de la nature de la faillite, qu'il admet l'effet en France du jugement déclaratif étranger. C'est surtout dans un arrêt de Milan
du 15 décembre 1876 (131) rendu dans l'affaire Hoffmann
dont il a été question plus haut, que cette théorie se
trouve exposée d'une façon nette et précise. Une saisie-
arrêt avait été pratiquée par un créancier du failli ; le
tribunal de commerce de Milan, par jugement du 27
juin 1876, valida les saisies, mais cette décision fut
réformée par la cour « qui n'hésite pas à adopter le
principe de l'universalité de la faillite ». La nécessité
d'une instance en *exequatur*, maintenue pour rendre
hommage au principe de la souveraineté territoriale,
doit être restreinte aux seuls cas dans lesquels il s'agit
vraiment de donner *exécution* aux jugements et aux
actes, passés à l'étranger ; mais dans les autres cas il
faut admettre ces titres comme simples documents ;
dans l'espèce, les appelants cherchant uniquement à
conserver la position que leur assurait la faillite déclarée à Londres, et à empêcher que le patrimoine du
failli ne fût en partie soustrait à l'action légitime du
syndic, on devait reconnaître au jugement étranger une efficacité suffisante pour que ce but fût
atteint (132).

M. Rocco, pour concilier l'universalité de la faillite
avec la réalité du statut, admet que le jugement déclaratif arrête les actions des créanciers tant nationaux

---

(131) Clunet, 1879, p. 77. Sir., 79, 2, 161.
(132) Carle, n° 26, p. 53. *Notes* de M. Dubois, Clunet, 1879, p. 77. Sir.,
1879, 2, 161.

qu'étrangers, mais seulement en ce qui concerne les biens du failli situés dans l'Etat où le jugement déclaratif a été rendu. Telle est également l'opinion de M. Massé (133). Nous rejetons tout d'abord ce dernier système ; la distinction des statuts personnels et réels est, nous l'avons vu, étrangère à la matière qui nous occupe, nous n'avons qu'à nous référer à ce que nous avons dit précédemment sur ce point.

Le système de la cour de Milan nous paraît également inexact car il part du principe, faux suivant nous, que les jugements rendus dans un pays ont, d'une façon absolue, l'autorité de la chose jugée à l'étranger.

Nous appliquerons ici la distinction que nous avons déjà faite : le jugement déclaratif étranger n'empêchera pas les créanciers français de poursuivre leur débiteur sans tenir compte de la faillite ; il s'opposera au contraire aux actions que des créanciers étrangers voudraient exercer contre lui. Notre système revient en somme à celui de la jurisprudence, mais les motifs qui nous déterminent sont différents : les arrêts se fondent sur l'art. 14 qui, disent-ils, doit s'appliquer dans l'espèce ; c'est faire une pétition de principe, car il s'agit précisément de savoir s'il en est ainsi : nous croyons que oui parce que nous refusons au jugement étranger l'autorité de la chose jugée ; le droit commun

(133) Massé II, 809. « La faillite..... en attribuant à la masse des créanciers les droits individuels de chacun, constitue un statut réel qui ne peut affecter que les biens situés dans le territoire du juge qui a déclaré la faillite ». C'est aussi à cette conséquence que l'on arrive dans la théorie anglaise.

c'est-à-dire l'art. 14 devra alors recevoir son application (134).

Lorsqu'il s'agit d'un créancier étranger, la jurisprudence arrive encore au même résultat que nous, puisqu'il est admis que l'art. 14 constitue une disposition de faveur dont les Français seuls sont admis à profiter. Il est cependant un cas où notre système différera de celui des arrêts, c'est celui où le failli ayant une résidence en France pourra y être assigné par des créanciers étrangers en vertu des règles générales de compétence (C. de pr. art. 59). Dans ce cas, la jurisprudence ne tenant aucun compte du jugement déclaratif autorisera la poursuite, d'après nous au contraire qui reconnaissons à ce jugement l'autorité de la chose jugée, l'action du créancier devra être écartée.

C. Dessaisissement

La première mesure que commande l'intérêt des créanciers, c'est d'enlever au failli l'administration et la disposition de ses biens, afin qu'il ne puisse augmenter son passif, ni diminuer son actif, ni avantager certains créanciers au détriment des autres. C'est

---

(134) Nous sommes ainsi amené à une solution que nous avons repoussée en principe à savoir que des créanciers français ne peuvent en vertu de l'art. 14 attirer leur débiteur en France pour l'y faire déclarer en faillite. Du moment que le jugement étranger n'a pas en France l'autorité de la chose jugée, le tribunal devant lequel on l'opposera aura à apprécier à nouveau l'état de fait constaté par ce jugement, il aura en d'autres termes à déclarer une nouvelle faillite. Mais il faut remarquer que ce résultat ne se produira que par voie de conséquence, à la suite de poursuites auxquelles s'applique *sans aucun doute* l'art. 14. Le principe est ainsi sauvegardé.

ce qu'ont fait toutes législations : partout nous avons vu le failli dépouillé de l'exercice de ses droits au profit de la masse, représentée par les syndics. Ce dessaisissement résulte de plein droit du jugement déclaratif ; quelle est, sur ce point, la portée de ce jugement ? C'est ce que nous avons maintenant à examiner. Nous nous placerons d'abord au point de vue du failli dont nous examinerons la capacité ; nous parlerons ensuite des personnes qui lui sont substituées dans l'administration de ses biens, ce qui comprend la nomination et les pouvoirs des syndics.

I. — Incapacité du failli (135)

Le jugemeut déclaratif rend comme nous venons de le dire le failli incapable de faire aucun acte ou contrat relatif aux biens qu'il possède ou à ceux qui pourraient lui advenir au cours de la faillite. On se demande si cette incapacité doit être admise dans un pays autre

---

(135) Il est d'usage d'appeler *incapacité* la défense faite au failli d'administrer et de disposer de ses biens. Le terme est inexact ; le failli n'est pas un *incapable* dans le sens juridique du mot, il ne saurait être assimilé au mineur, à l'interdit, à la femme mariée ; seulement les actes par lui passés ne sauraient être opposés à la masse, c'est elle seule qui pourra en demander la nullité. Si l'on veut parler d'incapacité, on doit dire qu'il y a là une incapacité tout à fait *relative*. C'est l'intérèt des créanciers qui en est la mesure. « Tout ce qui dépasse cette mesure, dit M. Massé, devient une peine dont on ne peut sans injustice frapper le malheureux en l'assimilant au coupable. Dans le malheur commun qui frappe le débiteur et ses créanciers, ceux-ci sont, sans contredit, le plus à plaindre ; ce sont eux qui méritent plus particulièrement la sollicitude de la loi. Mais cette sollicitude a des bornes et, lorsqu'elle a pris toutes les précautions pour empêcher le failli

que celui où la faillite a été déclarée, et quelle est, en pareil cas, la loi à appliquer. Un individu a été déclaré en faillite en Allemagne ou en Autriche ; il passe un acte en France, quel sera le sort de cet acte ? devra-t-il être annulé comme passé par un incapable, et en admettant l'affirmative quelle loi faudra-t-il appliquer ? Supposons que la loi du lieu où la faillite a été déclarée prononce la simple annulabilité de l'acte, tandis que la loi du lieu de cet acte prononce la nullité de plein droit ; laquelle de ces deux lois faudra-t-il appliquer ?

Sur la première question les opinions sont très partagées. Un arrêt, déjà cité, de la cour de Colmar a considéré le jugement déclaratif rendu à l'étranger comme non avenu en France et admis, en conséquence, que l'incapacité dérivant de ce jugement n'existait pas pour la loi française : « L'étranger *interdit* dans son pays pour fait de faillite, n'est pas réputé interdit en France. » C'est la conséquence logique du système quidénie aux jugements étrangers l'autorité de la chose jugée (136).

---

d'aggraver par sa conduite ou une mauvaise administration le préjudice qu'il cause à ses créanciers, elle ne peut aller au delà sans courir le risque de ressembler à une vengeance inutile ou à une punition imméritée. L'incapacité qui résulte de la faillite n'est donc pas absolue, elle n'est que *relative* » V. en ce sens, Carle et Dubois, note 51. Fiore *del fallimento,* p. 58 ; civ. cass., 8 mars 1854. Sir. 54, I, 238 ; civ. cass. 21 févr. 1859, Sir. 59 I, 555. civ. rej. 25 juin 1860 ; civ. cass., 12 janv. 1864. Sir, 64. I, 17. Il est formellement dit dans ce dernier arrêt que « la capacité du failli reste entière pour s'obliger de même que pour agir et défendre en justice ». C'est en ce sens qu'est fixée la jurisprudence italienne, voy. les arrêts cités par M. Dubois, *sur Carle,* note 51. Si donc nous appliquons au failli la qualification d'incapable c'est uniquement faute d'un autre mot.

(136) Colmar, 11 mars 1820. (aff. Kolb). La Cour de Bruxelles s'est prononcée dans le même sens (arrêt du 23 mars 1820, aff. Petitain), et a décla-

A l'inverse, ceux qui reconnaissent l'autorité de la chose jugée à l'étranger, admettent que le failli doit être considéré comme tel, et par conséquent comme incapable en tous lieux. La même solution est admise par ceux qui, suivant la doctrine des statuts, ne voient dans la faillite qu'une loi personnelle. Le jugement déclaratif modifie la capacité du failli, absolument comme celui qui prononcerait une interdiction ou nommerait un conseil judiciaire ; or, ces jugements se confondent en quelque sorte avec le statut personnel des individus qu'ils concernent, et les suivent en tous lieux. Il doit en être de même du jugement déclaratif (137). Ceux qui font prévaloir la réalité dans la loi des faillites arrivent à une solution opposée ; le débiteur failli, incapable dans un pays, sera capable dans un autre, pourra, par conséquent y aliéner ses biens, constituer des droits réels sans qu'on puisse lui opposer le jugement déclaratif.

Il est enfin, nous l'avons vu, des auteurs qui distinguent entre les différentes incapacités : les unes qui s'attachent plutôt à la personne suivent le failli en tous lieux, les autres qui ont plutôt les biens pour objet sont restreintes au territoire où la faillite a été

ré qu'un négociant français déclaré en faillite par un tribunal français, pouvait valablement contracter et s'obliger en Belgique, sans que les syndics pussent opposer le jugement déclaratif au cocontractant belge. C'est aussi en ce sens que se sont prononcés certains arrêts italiens cités par M. Norsa, *loc. cit.*, n° 180. V. aussi Fiore, *del fallimento*, p. 57.

(137) Carle et Dubois, 25. Aubry et Rau, § 31, notes 35 et s. ; Demolombe, I. 103. *Contrà* Laurent, *Droit civ. intern.* T. VI, n° 90. Cet auteur combat d'une manière générale la théorie qui assimile les jugements constitutifs d'état aux lois de statut personnel.

déclarée. Nous avons étudié et réfuté ces systèmes dans la partie générale de cette étude, nous n'y reviendrons donc pas ici.

Suivant Merlin, la question devrait être résolue d'après les principes d'équité et de bonne foi. Si l'acheteur, par exemple, connaissait l'état de faillite, et avait ainsi sciemment acheté au préjudice des créanciers, la vente devrait être annulée ; dans le cas contraire, on devrait toujours la maintenir, alors même que les créanciers feraient rendre exécutoire le jugement déclaratif, ce jugement ne pouvant retroagir au préjudice de l'acheteur (138).

Cette opinion est très équitable ; elle nous paraît cependant devoir être rejetée. Il est certain, en effet, que, d'après notre loi et presque toutes les législations étrangères, la sentence qui déclare la faillite prive du jour de sa date et de plein droit, le failli de l'administration de ses biens. Tous les actes postérieurs sont nuls sans qu'on ait à se préoccuper de la question de savoir si les tiers qui ont contracté avec le failli étaient ou non de bonne foi (139).

MM. Aubry et Rau admettent une théorie analogue. D'après les savants auteurs, l'incapacité dont est frappé le failli, le suit en tous lieux ; mais le juge français saisi d'une contestation relative à la validité d'une convention passée en France par un commerçant déclaré en faillite à l'étranger, pourrait et devrait faire abstraction du jugement étranger, si le Français co-

---

(138) Merlin, *répert.* Vᵒ Faillite, Sect. 11, § 2, art 10.

(139) C'est en ce sens qu'on a pu dire qu'il s'agissait, dans l'hypothèse, d'une question de capacité et non de bonne foi. (Massé, I, nᵒ 546).

contractant avait agi de bonne foi et dans l'ignorance de cette décision : « Si le Français, disent-ils, doit s'enquérir de la capacité de son cocontractant, telle qu'elle est réglée par la loi du pays de ce dernier, on ne peut raisonnablement exiger de lui qu'il s'assure qu'aucun jugement rendu à l'étranger n'est venu modifier cette capacité. Imposer une pareille obligation aux Français serait leur interdire tout commerce avec les étrangers » (140). Nous ferons à ce système la même objection qu'à celui de Merlin ; il n'est, du reste, que l'application d'une théorie plus générale, d'après laquelle le principe que le statut personnel suit l'individu partout, comporte des restrictions dans l'intérêt français (141). Le jugement déclaratif rentrant, suivant MM. Aubry et Rau, dans le statut personnel, les incapacités qui en découlent, suivront l'étranger partout, mais à la condition qu'elles ne lèsent aucun intérêt français. Nous repoussons cette théorie, et, sans entrer dans les détails d'une controverse qui pourrait nous mener trop loin de notre sujet, nous ferons remarquer que l'art. 3 du code civil est absolu, qu'il pose d'une manière tout à fait générale le principe du statut personnel, sans y apporter aucune modification en faveur des Français. « Le juge, dit M. Laurent auquel nous renvoyons pour de plus grands développements, a pour mission de décider d'après le droit, et non d'après l'intérêt. Dire qu'il lui appartient d'appliquer le statut personnel, ou de le rejeter selon l'intérêt du Français qui est en cause, c'est anéantir la

(140) Aubry et Rau, § 31, texte n° 2, lettre d et note 38.
(141) Valette, *sur Proudhon*, I, 85. Demolombe I. 102.

notion même du droit » (*Dr. civ. international*, II, n°
48, p. 84).

M. Demangeat arrive à la même solution que MM.
Aubry et Rau en appliquant la distinction de l'ordonnance de 1629 : « Toutes les fois, dit-il, que c'est un
Français qui a été déclaré en faillite par un tribunal
étranger, je pose en principe que le jugement n'a pas
en France l'autorité de la chose jugée, et que la question de savoir s'il y a faillite, pourra être débattue à
nouveau devant un tribunal français » (142). Lors, au
contraire, qu'il s'agira d'un étranger déclaré en faillite à l'étranger, le jugement aura l'autorité de la chose
jugée ; le failli sera considéré comme tel, et, par conséquent, incapable, mais seulement, et ici le savant
auteur se rattache à la distinction de M. Massé, quant
aux droits se référant directement à sa personne,
comme celui d'être admis à la Bourse ; il aura l'exercice des droits relatifs à ses biens, et la vente qu'il
ferait d'un immeuble dont il serait propriétaire en
France ne pourrait être annulée dans l'intérêt de la
faillite. Aux termes de l'art. 490 du code de commerce,
les syndics doivent prendre inscription sur les immeubles du failli, dans le but, dit-on, de prévenir les
tiers qu'il n'a plus la libre disposition de ses biens.
Une pareille inscription ne peut être prise en vertu
d'un jugement étranger ; les art. 2120, C. civ. et 546,
C. de pr. s'y opposent, et, d'un autre côté, il serait
bien rigoureux d'annihiler les droits du propriétaire

(142) *Sur Bravard*, V. p. 12, en note.

sans cette inscription (143). Cet argument est très sérieux, nous croyons cependant qu'il est possible d'y répondre. Qu'en fait l'inscription dont il est question dans l'art. 490 du code de commerce puisse prévenir les tiers, c'est possible, mais il nous paraît certain que tel n'a pas été le but du législateur. Il a voulu dans ce texte conférer à la masse une véritable hypothèque, car il parle d'un bordereau pour l'inscription, et l'art. 517 est encore plus formel en disant que le jugement d'homologation du concordat conservera l'hypothèque inscrite en conformité du § 3 de l'art. 490, (144). Il sera, du reste, très facile à celui qui voudra acheter des biens possédés en France par un étranger, de savoir si son cocontractant n'a pas été déclaré en faillite, le jugement déclaratif a toujours une publicité bien plus grande qu'un jugement d'interdiction, et ce, à raison même de la nature de la faillite, dont les contre-coups se font, bien souvent, sentir hors du territoire où elle s'est produite.

Nous admettons le principe de M. Demangeat ; nous pensons comme lui que l'ordonnance de 1629 est encore en vigueur aujourd'hui ; nous déciderons donc que lorsqu'un Français aura été déclaré en faillite à l'étranger, le jugement n'aura pas en France l'autorité de la chose jugée, et que la capacité du failli restera pleine et entière ; mais dans l'hypothèse contraire, lorsqu'il s'agira d'un étranger déclaré en faillite à l'étranger, l'état de faillite devra être tenu pour

(143) Demangeat, *loc. cit.*

(144) Boistel, *Droit commercial*, n° 914. Paris, 22 juin 1850 ; D. P. 52. 2. 213.

constant en France, et dès lors les ventes et autres actes passés par le failli tomberont sous le coup de la loi, sans qu'il y ait aucune distinction à établir entre les différentes incapacités. Une pareille distinction se rattache à la doctrine du statut réel dont nous croyons avoir démontré l'inexactitude.

Quelle sera maintenant, dans ce dernier cas, la législation à appliquer? Sera-ce la loi du lieu de l'acte, sera-ce celle du pays où a été rendue la sentence déclarative? Une première opinion applique la *lex loci actus*. L'action en nullité dont nous parlons a en effet sa racine dans le contrat lui-même. Sur quoi repose cette nullité? Sur une présomption de fraude; la loi pense que les actes passés postérieurement au jugement déclaratif, l'ont été en fraude des droits des créanciers; il y a là une application pure et simple de l'art. 1167 avec cette différence seulement que la fraude est présumée.

Un second système distingue: Le contrat a-t-il pour objet des meubles, on appliquera la loi du domicile, c'est-à-dire celle du lieu où la faillite a été déclarée, bien que l'acte ait été passé, et que les meubles soient effectivement situés dans un pays dont la loi n'admet pas de semblable nullité; la raison en est que les meubles sont, par une fiction légale, situés au domicile de leur propriétaire et suivent, par conséquent, la loi personnelle de ce dernier. Cette raison n'existant pas quant aux immeubles, on ne prendra en considération que la loi de la situation.

Nous repoussons cette distinction; la nullité ne frappe pas l'objet de l'obligation, mais l'obligation elle-même; elle repose sur une présomption de fraude, ce qui suppose que la chose était aliénable, et que par conséquent les lois relatives aux biens n'avaient pas été violées. Il faudra, suivant nous, appliquer dans tous les cas la loi du lieu où la faillite aura été déclarée, car c'est la faillite qui est le principe de la nullité, peu importe qu'il s'agisse de meubles ou d'immeubles : le principe de l'unité et de l'universalité de la faillite qui est le nôtre dans l'hypothèse, commande d'ailleurs qu'il en soit ainsi (145).

Nous ne nous sommes occupés jusqu'à présent que des actes passés par le failli lui-même ; les principes que nous avons posés à ce sujet, nous en ferons l'application au cas où c'est un tiers qui agit au nom du failli par suite d'un mandat à lui donné avant la déclaration de faillite (146). Il a, par exemple, donné ordre à son commissionnaire d'acheter pour lui une certaine quantité de marchandises, l'exécution de ce mandat sera-t-elle possible ? Lorsque c'est un étranger qui aura été déclaré en faillite à l'étranger, le jugement déclaratif aura en France l'autorité de la chose jugée ; nous distinguerons alors suivant que le mandataire connaissait ou non, au moment de l'exécution, l'état de faillite de son mandant, dans le premier cas l'opération tombera, le mandat étant révoqué par la faillite du mandant ; dans le second au contraire, elle

(145) Certains anteurs ont voulu appliquer la loi française dans le cas où la loi étrangère serait plus rigoureuse, et la loi étrangère dans l'hypothèse contraire. Nous avouons ne pas saisir le principe de ce système.

(146) La question ne peut pas se poser à propos d'une gestion d'affaires, l'acte ne devenant alors parfait que par la ratification ; il en résulte que cette ratification n'est plus possible après le jugement déclaratif.

sera parfaitement valable (147). S'il s'agit d'un Français, l'état de faillite n'étant pas reconnu en France, le mandat pourra être valablement exécuté, sans qu'on ait à se préoccuper de la bonne ou de la mauvaise foi du mandataire.

Pour pouvoir être annulés en vertu du dessaisissement dont est frappé le failli, les actes de ce dernier devront, cela va de soi, avoir été passés postérieurement à la déclaration de faillite. Mais ici des conflits peuvent s'élever à raison de la diversité de législation ; un acte peut être parfait selon une loi, imparfait suivant une autre. C'est ainsi qu'en Allemagne et d'après le droit commun anglais, la tradition est requise pour la translation de la propriété, tandis qu'en France prévaut le principe que le consentement des parties suffit pour transférer la propriété de la chose (C. civ., art. 1138). Ainsi encore, la signification

---

(147) Cette distinction n'est pas faite *in terminis* dans la loi, mais elle ressort bien de son esprit (V. art. 2008, C. civ.). — Pour apprécier la bonne foi du mandataire, il faudra se placer au moment de l'exécution du mandat, et ce moment sera celui où la marchandise aura été consignée au commissionnaire représentant du mandant. Il peut arriver que le commissionnaire ait lui-même la marchandise et qu'au lieu de l'acheter d'un tiers, il expédie la sienne et soit ainsi en même temps commissionnaire et vendeur. Quand alors le mandat sera-t-il réputé exécuté ? Sera-ce au moment de l'expédition, ou bien la marchandise devra-t-elle être parvenue au commettant ou lui être consignée ? Nous pensons que c'est l'expédition qui constituera l'exécution du mandat. Comme nous le disions il n'y a qu'un instant, le commissionnaire joue un double rôle, celui de vendeur pour son propre compte et celui d'acheteur pour le compte d'autrui ; il reçoit de lui-même la tradition des marchandises, dès que celles-ci seront individualisées le mandat sera réputé exécuté. Or, cette individualisation ne peut résulter que de l'expédition.

au débiteur cédé n'est pas exigée en Angleterre pour rendre le transport des créances opposable aux tiers ; elle l'est au contraire d'après le code civil (1689-1691 ; C. civ. italien 1539 et s.) Supposons alors une vente passée en France entre un Français et un Anglais, le vendeur tombe en faillite avant la livraison, les syndics français pourront-ils comprendre les marchandises dans l'actif de la masse sous prétexte que, la tradition n'ayant pas été opérée, la propriété n'a pas cessé d'appartenir au failli ? Non, parce que le contrat a été passé en France où la tradition n'est pas requise pour le transfert de la propriété à l'égard des tiers, et qu'à défaut de convention spéciale des parties, c'est d'après la *lex loci contractus* qu'il faut apprécier leurs stipulations.

A l'inverse, si les choses ont été vendues dans un pays où la tradition est nécessaire pour la translation de la propriété, et si elle n'a pas été opérée, le vendeur en faillite restera propriétaire, et l'acheteur n'aura que le droit de concourir avec les autres créanciers pour les dommages-intérêts à lui dus à raison de l'inexécution du contrat. Nous donnerons de cette décision le même motif que tout à l'heure ; en contractant dans un pays, les parties se sont soumises tacitement à la loi qui le régit.

Les mêmes principes nous permettront de résoudre la question de savoir si l'endossement en blanc fait par le failli devra être considéré comme suffisant pour transférer la propriété d'une lettre de change, ou au contraire, s'il ne vaudra que comme simple procuration et si les syndics pourront réclamer l'effet, la procuration étant révoquée par le fait de la faillite. Il faudra s'attacher à la loi du lieu où l'endossement aura été opéré.

Supposons maintenant qu'une créance appartenant au failli ait été cédée par lui avant la déclaration de faillite, mais que la notification au débiteur cédé n'ait pas été faite, la loi de ce débiteur ne l'exigeant pas. Un Français a cédé une créance sur un Anglais, il est déclaré en faillite avant la signification. Les syndics français pourront-ils recouvrer le montant de la créance pour le compte de la masse, ou au contraire la préférence devra-t-elle être donnée au cessionnaire? La première de ces deux alternatives est soutenue par M. Fiore. La cession de créances, dit-il, n'emporte pas le transport du droit qui est personnel, mais seulement la faculté d'agir contre le débiteur comme pouvait le faire le cédant; or, la créance est exigible au domicile du débiteur, c'est la loi de ce domicile qui doit être appliquée (147).

Il faut repousser cette théorie : le débiteur n'est pas en cause, le débat s'élève entre le cédant, le cessionnaire et les tiers, on ne voit pas dès lors pourquoi on appliquerait la loi du débiteur.

On a voulu à l'inverse appliquer la loi du créancier; la créance *jus incorporale* n'ayant pas de position locale doit être considérée, a-t-on dit, comme étant en la possession du créancier. Nous répondons que la fiction qui répute les meubles situés au domicile de leur propriétaire suppose qu'il s'agit de meubles envisagés *ut universi*, ce qui n'est pas dans l'hypothèse.

(147) *Droit international* n° 341, *del fallimento,* p. 85.

Pour nous, la signification à faire au débiteur est une mesure de publicité ; elle touche, par suite, à l'ordre public ; or, nous savons que les lois de cette nature sont territoriales. L'autonomie des parties contractantes cesse alors pour faire place à la volonté générale dont la loi est l'expression. On ne peut pas dire que les parties aient entendu se soumettre à leur loi nationale ; elles ne le peuvent pas si cette loi se trouve en opposition avec celle du pays où elles contractent. On ne peut pas dire non plus qu'elles aient entendu se soumettre à la *lex loci contractus*, si cette loi est contraire à l'ordre public du pays où elles plaident. La loi du *for* dominera, dans l'hypothèse, la loi française, les syndics seront donc préférés au cessionnaire (148).

II. — *Des syndics et de leurs attributions*.

La nomination de syndics devant représenter la masse était le corollaire inévitable du dessaisissement. Elle est faite par le tribunal qui a déclaré la faillite, mais on se demande s'ils devront être reconnus à l'étranger, et quelle est, en ce qui les concerne, l'autorité du jugement déclaratif. Il est tout d'abord un point certain, c'est que, lorsque les syndics voudront procéder à des mesures d'exécution sur des biens situés dans un autre pays, l'*exequatur* sera nécessaire ; comme nous l'avons dit, la *force exécutoire* manque

(148) Laurent, VII, 231 et s. ; VIII, 131 et s.

aux jugements étrangers ; le principe de la souveraineté exige qu'il en soit ainsi. Mais si le jugement déclaratif est simplement invoqué comme preuve de
leur qualité, pour leur permettre de prendre certaines
mesures conservatoires, d'agir en justice contre les
débiteurs récalcitrants, ou de répondre aux actions
dirigées contre eux, devra-t-on lui reconnaître une
certaine efficacité, ou sera-t-il nécessaire de le faire
déclarer exécutoire ?

Si l'on reconnaît aux jugements étrangers en général, et au jugement déclaratif en particulier, l'autorité
de la chose jugée, la question n'est pas douteuse, les
syndics nommés à l'étranger seront partout considérés comme tels : il ne s'agit pas en effet d'un ordre
émanant de la souveraineté étrangère, il s'agit simplement de tenir pour constants des faits constatés à
l'étranger par une décision judiciaire, il s'agit, en
d'autres termes, d'un effet de la chose jugée, la force
exécutoire est hors de cause (149).

(149) Carle et Dubois 30 ; Albert Simon, *de la faillite en droit international*, Paris 1878, p. 151 ; Fiore, *del fallimento*, p. 63 et 64. La même
doctrine semble ressortir des motifs d'un jugement du tribunal de la Seine,
(19 janv. 1876, Clunet 1877, p. 144) : « Attendu que les jugements étrangers
déclarant l'état de faillite d'un commerçant, font foi pleine et entière
de ce qui y est énoncé, sans qu'il soit nécessaire de les soumettre au préalable, à la formalité de l'*exequatur*, laquelle n'est exigée que pour les décisions prononçant une condamnation proprement dite, et non pour celles
qui se bornent à constater un fait matériel, à savoir que le commerçant
dont il s'agit se trouve en état de cessation de paiements » — La cour de
cassation, (req. rej. 19 mars 1872, Clunet, 1874, p. 32) s'est inspirée de la
même idée en déclarant qu'un syndic étranger pouvait, en vertu de son mandat, exercer devant les tribunaux français les actions qui auraient appartenu
au failli lui-même. « L'*exequatur* n'est exigé que pour les jugements et

Dans le système qui dénie aux jugements étrangers l'autorité de la chose jugée, on arrive à des conséquences inverses. On ne tient pas plus compte du jugement en ce qu'il nomme les syndics, qu'on n'en tient compte quand on le considère comme dessaisissant le failli de l'administration de ses biens, et suspendant les poursuites individuelles. « Un Français, dit M. Pardessus, est déclaré en faillite par le tribunal de son domicile, et il possède des biens en pays étranger. Les syndics pourront-ils les administrer, comme s'ils étaient situés en France, mais dans un arrondissement autre que celui où la faillite a été déclarée? Nous ne le pensons pas, à moins qu'il n'existe un traité qui accorde force exécutoire aux jugements de ce pays. » (*Droit commercial, n° 1488 bis.*) C'est aussi l'opinion qui a été consacrée dans l'arrêt déjà cité de la cour de

actes étrangers pouvant entraîner en France des mesures d'exécution et de contrainte affectant la personne et les biens, et commandant obéissance aux agents et fonctionnaires. Or, le jugement déclaratif ne comporte *en luimême* aucune mesure d'exécution en France contre la personne et les biens, puisqu'il n'a d'autre effet que de dessaisir le failli de l'administration de ses biens et de lui substituer un mandataire chargé de le représenter dans toutes les actions actives et passives qui peuvent l'intéresser ». A côté de ce motif très juridique, la cour invoque une autre raison : elle assimile le jugement déclaratif à un acte par lequel on aurait constitué un mandataire à l'étranger. C'est une idée inexacte, comme nous le verrons plus loin. — Voir dans le même sens : Cour d'appel de Gênes, arrêt du 27 février 1863, cité par Carle, note 66. Dans les motifs de sa décision, la cour part du principe que la nécessité du *pareatis* se restreint aux jugements servant de base à une exécution proprement dite, et ne doit pas s'étendre aux actes qui ne sont produits en justice que pour la justification d'une qualité ou la preuve d'un fait quelconque. V. aussi : Macérata, 31 oct. 1866. Les motifs de cet arrêt sont identiques à ceux de l'arrêt de Gênes.

Colmar du 11 mars 1820. Plus récemment, le 31 janvier 1873 (Sir. 74, 2, 33) la Cour de Paris s'est rangée à cette doctrine en déniant au syndic étranger le droit de former une saisie-arrêt en France. Elle pouvait arriver à cette solution par ce motif que le jugement déclaratif ne constitue pas un titre suffisant pour pratiquer une saisie-arrêt ; nous verrons tout à l'heure si cela est exact. Mais ce qui a déterminé la cour, c'est cette idée que le jugement déclaratif étranger n'a en France aucune autorité ; le syndic nommé par ce jugement ne peut dès lors, avant l'*exequatur*, exercer aucun de ses pouvoirs, ni même procéder à des mesures purement conservatoires. Ces solutions sont logiques étant donné le principe d'où part la jurisprudence ; elles n'ont cependant pas prévalu, et les deux arrêts que nous venons de citer peuvent être considérés comme isolés. La plupart des décisions judiciaires admettent que le jugement déclaratif étranger fait preuve de la qualité des syndics, les constitue représentants de la masse des créanciers, leur permet ainsi d'agir en France, indépendamment de tout *exequatur* ; il y a dans ce jugement un acte de juridiction volontaire qui confère aux syndics une qualité pour faire valoir les droits d'une tierce personne ; le mandat qui en résulte doit être valable à l'étranger, tout comme celui qui résulterait d'un acte public ou privé, dans un pays autre que celui où on s'en prévaut (150).

---

(150) Foëlix et Demangeat, 468. Demangeat, *sur Bravard*, V. p. 12, en note ; Fiore, *droit intern..* 368, l'auteur est revenu sur cette opinion dans son mémoire sur *la faillite en droit international ;* Merlin *Rep.* v° *Faillite,* Sect. 2, art. 2, § 2 ; Aix, 8 juill. 1840 ; D. A. V°. *droit civil,* n° 474 1°. Bor-

Dans les premières éditions de son ouvrage, M. Massé distinguait entre le cas où le failli s'était opposé à la déclaration de faillite et celui où il y avait adhéré. Dans cette dernière hypothèse seulement les syndics devaient être considérés comme les mandataires du failli ; au cas d'opposition de ce dernier, le jugement ayant vis-à-vis de lui les caractères d'une véritable condamnation ne pouvait être regardé comme une procuration de sa part. Dans sa dernière édition, le savant auteur a abandonné cette distinction, il reconnaît qualité aux syndics nommés à l'étranger, alors même que la faillite aurait été déclarée malgré l'opposition du failli. Cette déclaration, dit-il, constitue moins une condamnation proprement dite qu'un mandat donné aux syndics par le juge étranger, mandat que ceux-ci peuvent mettre à exécution en France, soit en contraignant les débiteurs du failli à payer entre leurs mains, soit en agissant en son nom. Du

deaux 22 déc. 1847, Sir, 48, 2, 228. Colmar, 10 févr. 1864, Sir., 64, 2, 122 ; Req. rej. 30 nov. 1868, Sir, 69, I, 267 ; Paris 23 Mars 1868 ; civ. rej. 21 juin 1870, D. P. 75, 1, 295, Sir. 71, 1, 49 ; Paris 22 févr. 1872. Sir., 72, 2, 90, D. P. 72, 2, 107. Req. rej. 19 mars 1872, Clunet 1874 p. 32, cité plus haut. Paris 28 mars 1873, Clunet, 75, p. 19 ; Bordeaux, 2 juin 1874, D. P. 75, 2, 209 ; Paris 14 déc. 1875, Sir, 76, 2, 70, Clunet 77, p. 144. Trib. civ. Seine 19 janv. 1876, Clunet 77, p. 144. Paris 7 mars 1878, Sir, 79, 2, 164, Clunet, 1878, p. 600 ; Rennes, 19 févr. 1879, D. P. 79, 2, 65, Clunet, 1880, p. 476, V°. aussi, Paris, 20 janv. 1877, Clunet 1878 p. 41. Dans ce dernier arrêt il semble que la Cour de Paris n'ait reconnu à des syndics étrangers le droit de requérir l'apposition des scellés sur les titres et papiers concernant le débiteur, que parce que cette mesure était sollicitée, non point en vertu du jugement déclaratif, mais en vertu de l'art. 909, § 2, du C. de pr. et du droit que ce texte accorde à tout créancier de se faire autoriser à cet effet, par le président du tribunal de commerce.

reste, si le failli a adhéré à la déclaration de faillite, s'il n'y a pas formé opposition, il avait le droit de le faire, il se trouve dans la situation de tout débiteur qui se laisse condamner sans se défendre (151).

Ce système, qui considère le jugement déclaratif comme un simple mandat, paraît très séduisant au premier abord, il faut cependant le rejeter, car il méconnaît le caractère véritable du jugement déclaratif. Ce jugement, en effet, ne doit être considéré ni comme un simple acte de juridiction volontaire, ni spécialement comme la forme authentique d'un mandat conféré aux syndics. Que ce jugement intervienne sur la requête du failli, ou sur celle de ses créanciers, il doit être tenu pour un vrai jugement rendu en matière contentieuse. La déclaration d'une faillite soulève d'assez nombreuses difficultés, comme le prouvent les nombreuses décisions rendues à ce sujet. D'après l'art. 440 du code de commerce, le créancier qui veut faire prononcer la faillite doit assigner son débiteur et, par

______

(151) Massé, II, 809. Au tome 1 n° 547, il soutient que les syndics d'une faillite déclarée en France, n'ont aucune autorité sur les biens situés à l'étranger, parce qu'ils administrent ces biens moins dans l'intérêt du failli qui n'est atteint d'aucune incapacité personnelle à cet égard, que dans l'intérêt des créanciers. Il y a là, dit-il, une manière d'être des biens, non de la personne, il y a un *statut réel*. Cette doctrine anihile presqu'entièrement celle du n° 809 ; car l'intérêt qu'il y a à reconnaître le mandat des syndics en dehors du territoire où la faillite a été déclarée consiste précisément à leur permettre d'administrer les biens situés à l'étranger, ce que M. Massé ne leur permet pas. Suivant lui, ils ne pourraient mettre leur mandat à exécution qu'en contraignant les débiteurs du failli, ou en agissant en son nom. Cette opinion doit être rejetée. Comme nous avons eu occasion de le répéter souvent, les lois sur les faillites doivent être tenues en dehors de la distinction du statut personnel et du statut réel.

conséquent, discuter avec lui sur l'existence des conditions requises pour la déclaration de faillite. Sans doute le jugement déclaratif confie aux syndics le mandat d'administrer les biens du débiteur et d'en tirer le plus grand parti possible au profit de la masse, mais ce n'est ni le seul, ni le principal effet de ce jugement; il produit des conséquences importantes quant à la personne du failli, quant à ses biens, quant à certains actes passés par lui avant que la faillite n'ait été déclarée, enfin, quant aux actions de ses créanciers; la nomination des syndics n'est que le corollaire de tous ces effets. Le principe admis par la jurisprudence ne conduit pas d'ailleurs au résultat que l'on pouvait en attendre. Il ne faut pas s'y méprendre, le mandat conféré aux syndics est tout à fait dérogatoire au droit commun. Le jugement est rendu à la requête du failli ou de l'un des créanciers, et cependant le mandataire représente tous les créanciers. Pour admettre l'existence d'un mandat aussi exceptionnel, il faut qu'il y ait véritable déclaration de faillite, or, d'après la jurisprudence, le jugement déclaratif étranger ne constate pas *erga omnes* l'état de faillite, tout intéressé peut en récuser l'autorité et faire ainsi tomber du même coup le mandat des syndics qui seront ainsi sans qualité pour agir (152). On arrive dans cette théorie à tenir pour nommés les syndics d'une faillite qui n'est pas considérée comme déclarée.

L'idée du mandat nous paraît donc inexacte en droit, et insuffisant en fait, pour permettre aux syn-

(152) Trib. civ. Seine, 21 déc. 1877, Clunet, 78, p. 376.

dics d'exercer leurs pouvoirs dans un lieu autre que celui où la faillite a été déclarée (153). Pour qu'il en fût ainsi, il faudrait tenir pour constant le fait de la faillite, il faudrait reconnaître aux jugements étrangers l'autorité de la chose jugée. Mais nous avons vu que cette doctrine ne doit pas être admise d'une manière absolue ; nous avons reconnu l'autorité de la chose jugée à un jugement rendu contre un étranger, nous l'avons déniée à un jugement rendu au préjudice d'un Français, conformément aux dispositions encore en vigueur aujourd'hui, de l'ordonnance de 1629. Nous appliquerons ces principes au cas qui nous occupe. Lorsque les syndics opposeront le jugement étranger qui les nomme à un Français déclaré en faillite par ce jugement, et cela pour administrer les biens qu'il possède en France, ce Français pourra leur répondre que le jugement n'a vis à lui de lui aucune autorité, et que, par conséquent, ils n'ont aucune qualité. Si nous supposons au contraire un étranger déclaré en faillite, nous arriverons à une conséquence inverse, le jugement aura autorité de chose jugée, les syndics pourront exercer leurs fonctions, et l'*exequatur* ne sera nécessaire que lorsqu'il s'agira de procéder à des mesures d'exécution proprement dites, à la vente des biens par exemple. Nous approuvons donc le dispositif de l'arrêt de la cour de Paris du 31 janv. 1873, en ce qu'il n'a pas reconnu l'autorité de la chose jugée au jugement du tribunal de commerce de Strasbourg qui avait déclaré en état de faillite un Alsa-

(153) Carle et Dubois, n° 29 ; Ripert, *loc. cit.* n° 11.

cien ayant conservé par l'option sa qualité de Français ; mais les motifs donnés par la cour sont absolus et laissent supposer que la décision aurait été la même, s'il s'était agi d'un étranger.

L'*exequatur* sera nécessaire, avons-nous dit, lorsqu'il s'agira de procéder à un acte d'exécution. Quand en sera-t-il ainsi ? *Lato-sensu* l'exécution d'un jugement s'entend de tout acte d'obéissance volontaire ou forcée aux prescriptions qu'il édicte ; mais quand la loi, dans les articles 2123 du code civil, 546 du code de procédure, veut qu'un jugement étranger ne soit exécuté qu'après avoir obtenu le *pareatis* du juge français, elle prend le mot *exécution* dans un sens plus restreint ; elle suppose une contrainte exercée sur la personne ou les biens du débiteur avec l'aide de la force publique ; alors, dans l'intérêt de la souveraineté nationale, elle ne veut pas que les agents français obéissent aux ordres donnés par une puissance étrangère. Il suit de là que si les syndics agissent simplement comme représentant la masse des créanciers, l'*exequatur* ne sera pas nécessaire. C'est ainsi qu'ils pourront faire rentrer dans la masse les sommes dues au failli et demander des comptes aux succursales étrangères (154). Pour la même raison, nous leur permettrons des actes conservatoires, tels que l'apposition des scellés : on a toujours, en effet, opposé les actes conservatoires aux actes d'exécution.

On s'est demandé si la saisie-arrêt pouvait être considérée comme un acte conservatoire, ou devait être

____

(154) Req. rej. 7 juin 1880, Clunet, 1881, p. 262.

rangée dans les actes d'exécution. Dans l'arrêt précité du 31 janvier 1873, la cour de Paris a adopté cette dernière opinion (155) ; ce point importait peu, étant donné que, d'après elle, le jugement n'avait aucune autorité en France. Elle s'est cependant expressément prononcée sur ce point : « Attendu, porte l'arrêt, qu'un jugement étranger ne peut fonder en France une *voie d'exécution* qu'après avoir été déclaré exécutoire par un tribunal français. » Nous pensons au contraire que la saisie-arrêt doit être considérée comme un acte conservatoire (156). Ce qui le prouve, c'est l'art. 557 du code de procédure qui permet de la pratiquer en vertu d'un acte sous seing privé. Les actes d'exécution ne pouvant avoir lieu que sur l'ordre du pouvoir exécutif, et cet ordre ne se trouvant pas dans les écrits sousseing privé, il en résulte qu'un acte qui peut être pratiqué en vertu d'un titre privé, n'est pas un acte d'exécution : or, un jugement étranger déclaratif de faillite doit être considéré comme équivalent à un titre privé.

Dans ses résultats, la saisie-arrêt participe de la nature des actes d'exécution ; aussitôt que ce caractère apparaîtra, le syndic devra se pourvoir de l'*exequatur* du juge français. Quand en sera t-il ainsi ? On a prétendu que la saisie-arrêt devenait mesure d'exécution

(155) Dans le même sens : Bordeaux, 28 août 1827, C. N. 8, 2, 411.

(156) Paris, 19 janvier 1850, Sir. 1850, 2, 462. Demangeat, *Revue pratique* 1856, I, p. 392 ; Trib. Seine, 10 avr. 1880, Clunet, 1880, p. 301. Dubois, *note* s. l'arrêt du 31 janvier 1873 ; *sur Carle*, note 92, III. V. aussi les autorités citées dans la *Table générale* de Dévillencuve et Gilbert, V° *Saisie-arrêt*, n°s 1 et 37.

au moment de l'assignation en validité de saisie; cette assignation est le premier acte par lequel le saisissant va prendre l'initiative, va conclure non seulement à ce qu'on ne paie pas son débiteur, mais à ce qu'on le paie lui-même. « C'est à ce moment que la saisie-arrêt commence à changer de caractère et devient réellement une voie d'exécution proprement dite » (157).

Cette opinion aboutit, comme le fait remarquer M. Dubois (158), à restreindre notablement le droit du syndic de former opposition. D'une part, en effet, le délai de huitaine, dans lequel doit être faite l'assignation en validité, ne suffirait pas pour obtenir l'*exequatur*, et d'autre part à défaut d'assignation dans ce délai, la saisie-arrêt est nulle.

Pour résoudre la question, nous partirons du principe que le jugement déclaratif a au moins autant d'efficacité qu'un titre privé; or, celui qui a formé saisie-arrêt en vertu d'un titre privé peut faire sa demande en validité sans donner à son titre la force exécutoire, il doit donc en être de même de celui qui a saisi en vertu du jugement étranger. L'*exequatur* ne sera nécessaire que pour les actes auxquels ne pourrait procéder sans titre exécutoire, celui qui a saisi en vertu d'un titre privé.

Plaçons-nous un instant dans l'hypothèse où c'est un Français qui a été déclaré en faillite. Le jugement étranger n'a pas l'autorité de la chose jugée; les syn-

---

(157) Boitard et Colmet d'Aage, *Leçons de procédure civile*, II, n° 825.
(158) *Note* s. l'arrêt du 31 janv. 1873.

dics n'auront aucun pouvoir. Ne faudra-t-il pas cependant leur permettre de prendre des mesures conservatoires et, par conséquent, de saisir-arrêter? Logiquement, il faudrait répondre négativement; ce serait là une solution bien rigoureuse, et la jurisprudence, qui méconnaît l'autorité des jugements étrangers, tend de plus en plus à autoriser l'emploi, en vertu de ces décisions, de mesures conservatoires ; nous sommes assez disposé à nous ranger à son avis : sans doute, les syndics ne sont pas considérés comme tels en vertu du jugement qui les a nommés ; mais, en fait, leur qualité est établie d'une façon certaine; cela doit suffire pour qu'ils puissent sauvegarder la situation de ceux qu'ils représentent légalement à l'étranger. Ils pourront donc saisir-arrêter, mais le tribunal saisi de la demande en validité, devra, avant de prononcer cette validité, rendre exécutoire le jugement étranger et comme ce jugement n'a pas dans l'espèce l'autorité de la chose jugée, il pourra examiner l'affaire à nouveau.

La faculté de prendre des mesures conservatoires doit cependant être restreinte dans certaines limites. Divers articles du code de procédure (909,930) exigent en effet pour quelques actes de cette nature l'existence d'un titre exécutoire. Le syndic étranger ne pourra donc pas, avant d'avoir obtenu l'*exequatur*, requérir l'apposition ou la levée des scellés, ni faire procéder à la confection d'un inventaire.

Les pouvoirs des syndics ne sont pas les mêmes dans toutes les législations. C'est ainsi qu'en Angleterre les *trustees* sont investis de la *propriété* même des biens du failli ; en France ils ne sont qu'*adminis-*

trateurs. Supposons un individu déclaré en faillite en Angleterre et possédant des biens en France ; quels seront les pouvoirs des syndics sur ces biens ? Si c'est un étranger, Anglais ou autre qui a été déclaré en faillite, le jugement ayant autorité de chose jugée en France, on appliquera la loi anglaise. Dans le cas contraire, le tribunal français aura à examiner l'affaire à nouveau, les syndics nommés par lui le seront conformément à la loi française, la faillite sera française, c'est donc la loi française qu'il faudra prendre en considération.

Telle n'est pas la doctrine suivie en Angleterre : on distingue entre les meubles et les immeubles ; les premiers sont attribués *en propriété* aux syndics en quelque lieu qu'ils se trouvent, les immeubles situés à l'étranger ne font au contraire pas partie de la masse. Cette distinction est repoussée en Amérique, la territorialité prévaut quant aux meubles comme quant aux immeubles.

Au dessaisissement on peut rattacher la disposition de l'art. 490 du code de commerce qui est destinée à en consacrer plus énergiquement les effets. Ce texte confère à la masse une hypothèque sur les biens du failli et charge les syndics de l'inscrire. Des dispositions analogues se trouvent dans les lois italienne et belge. Supposons une faillite déclarée en Belgique, les syndics pourront-ils prendre inscription sur les biens de France ? Non, l'article 2123 du code civil est formel, l'hypothèque ne peut résulter des jugements déclarés à l'étranger, qu'autant que ces jugements ont été rendus exécutoires en France. Il y a là une confusion regrettable entre l'existence même de l'hypothèque et l'exécution qui doit en résulter, confusion reproduite dans l'art.

2128. Que dans l'intérêt de la souveraineté, on ne puisse procéder à des mesures d'exécution en vertu d'un jugement étranger, cela est de toute évidence ; mais pourquoi, dans le cas où l'autorité de la chose jugée est reconnue au jugement, lui refuser l'efficacité suffisante à établir l'existence de l'hypothèque ? C'est ce qui ne peut s'expliquer.

L'hypothèque ne résultant pas du jugement étranger, il s'en suit que les syndics ne pourront prendre aucune inscription même à titre purement conservatoire : on n'inscrit que les hypothèques qui existent ; or, dans l'espèce, elle n'existe pas aux yeux de la loi française. Nous avons, il est vrai, reconnu aux syndics le droit de prendre des mesures conservatoires, alors même que le jugement déclaratif serait dépourvu de toute autorité, mais nous ne l'avons fait que sous la réserve des dispositions formelles qui pourraient l'interdire ; or, l'art. 2123 nous paraît être de ce nombre, car il refuse tout effet à l'hypothèque acquise en pays étranger.

A l'inverse il a été soutenu (159) que, sous l'empire des législations admettant l'autorité des jugements étrangers et ne contenant pas de dispositions analogues à notre art. 2123, le jugement déclaratif avait bien la puissance de créer une hypothèque, mais que l'inscription n'en était possible qu'après l'obtention de l'*exequatur* ; on s'est fondé sur ce que l'inscription de cette hypothèque peut, par son propre effet, conduire à l'expropriation et à la vente des immeubles et donner ainsi matière à une exécution propement dite. Mais

(159) Carle, n° 46.

on a fait remarquer avec raison (160), que l'inscription seule ne conduit pas à l'expropriation ; elle est plutôt une mesure prise pour la conservation de l'hypothèque qu'un acte d'exécution proprement dit.

§ III. — Effets du jugement déclaratif dans le passé

Nous avons vu que dans un assez grand nombre de législations, les effets du jugement déclaratif ne se bornent pas à dessaisir le failli de l'administration de ses biens, à le priver pour l'avenir du droit d'en disposer, mais que dans le passé même, certains actes sont annulés comme accomplis à un moment où le fait de la faillite existait déjà, ou à une époque où le failli avait nécessairement connaissance de l'état embarrassé de ses affaires. En sera-t-il de même lorsque ces actes seront passés à l'étranger, ou lorsqu'ils seront relatifs à des biens meubles ou immeubles situés à l'étranger ? Quelle sera, dans ces cas, la loi à appliquer ? Nous supposons, bien entendu, des actes dont la nullité a son principe dans le fait de la faillite ; lorsque cette nullité tiendra aux conditions intrinsèques de l'acte lui même, on appliquera le droit commun c'est-à-dire la loi qui régit le contrat (161).

La question s'est posée devant le tribunal de Lyon et la cour de Milan. La maison Sottocasa, société commerciale française, fut déclarée en faillite par le tribunal de commerce de Lyon, le 25 sept. 1865 ; le 5 juil-

---

(160) Dubois, *sur Carle*, n° 99.

(161) Laurent, VII, 471 et les auteurs qu'il cite.

let 1867 intervint un jugement du même tribunal faisant remonter la faillite au 20 sept. 1865. Le 30 avril 1868, le tribunal de Lyon annula l'expédition faite le 15 sept. 1865, de Lyon à Milan, d'une certaine quantité de marchandises abandonnées par la maison Sottocasa à la maison Noseda et Buroeco de Milan. Par arrêt du 14 août 1868, la cour de Milan décida que l'art. 446 du code de commerce français était applicable à l'espèce, et qu'en conséquence, le jugement de Lyon qui avait annulé l'expédition des marchandises faite dans les dix jours précédant l'époque fixée par le tribunal comme étant celle de la cessation des paiements, devait recevoir son exécution, bien que la loi alors en vigueur à Milan (la loi autrichienne), n'admît pas de nullité semblable à celle de la loi française. La cour se fondait sur ce que le failli, ayant son domicile à Lyon, le tribunal de cette ville était seul compétent pour déclarer la faillite, et que le jugement, ayant l'autorité de la chose jugée, les effets de ce jugement devaient se produire à l'étranger (162). C'est là le véritable motif de la décision. Nous écarterons donc la raison suivante que l'on a quelquefois invoquée. C'est par suite d'un défaut de capacité personnelle, a-t-on dit, que la loi annule certains actes accomplis par le failli, or, c'est par la loi du lieu de l'ouverture de la faillite, que sa capacité personnelle est réglée, c'est donc d'après cette loi que l'annulation doit être prononcée. Ce raisonnement est inexact, car le failli ne doit pas être assimilé, nous l'avons dit, à un inca-

(162) Dubois, *sur Carle*, note 95.

pable proprement dit ; il a la jouissance et l'exercice de tous ses droits, seulement ses actes ne sont pas opposables à la masse des créanciers. Une fois reconnu que le jugement étranger a l'autorité de la chose jugée, il faut en tirer toutes les conséquences qui y sont attachées par la législation sous l'empire de laquelle il a été rendu. Il n'y a alors qu'une seule faillite, la seule loi à prendre en considération est celle du lieu où elle a été déclarée : les tiers ne peuvent pas se plaindre, en traitant avec le failli ils ont dû s'attendre à voir appliquer la loi de son domicile. Il importe peu que l'acte ait été passé en France ou à l'étranger. Le contraire a cependant été décidé par arrêt de la cour de Brescia du 20 nov. 1873 confirmé par arrêt de la cour de cassation de Turin le 6 oct. 1876. Ces arrêts décident que la loi applicable était celle du lieu de l'acte, dans l'espèce la loi autrichienne qui ne contient pas de dispositions analogues à notre article 446, et que, par conséquent, l'acte devait être maintenu. Cette solution est contraire aux principes particuliers de la matière ; comme nous le disions il n'y a qu'un instant, si c'est la faillite française qui est reconnue à l'étranger, on doit appliquer la loi française.

Les raisons que nous venons de faire valoir, montrent bien que notre opinion serait autre, si le jugement n'avait pas l'autorité de la chose jugée. Il ne pouvait en être ainsi dans l'espèce, étant donnés le traité franco-sarde du 24 mars 1760 et la déclaration interprétative du 11 septembre 1860 qui reconnaissent aux décisions judiciaires rendues dans chacun des deux pays l'autorité de la chose jugée. Mais le cas pourrait se présenter si le jugement avait été rendu dans

un pays avec lequel nous n'avons pas de traité, en Belgique par exemple, et s'il l'avait été contre un français. Dans cette hypothèse le jugement n'aurait pas en France l'autorité de la chose jugée, on n'appliquerait pas la loi étrangère.

Quelle sera la juridiction compétente pour prononcer la nullité ? Ce sera le tribunal qui aura déclaré la faillite. Il s'agit en effet d'une contestation ayant son principe dans la faillite et nous avons vu que les art. 59, § 7, C. de pr. et 635 C. co. qui règlent la compétence pour ce cas, doivent s'appliquer aussi bien aux faillites où se trouve un élément étranger, qu'aux faillites exclusivement françaises.

Si la nullité est invoquée par voie d'exception, le tribunal compétent sera celui devant lequel l'action principale aura été intentée ; le principe que *le juge de l'action est juge de l'exception* exige qu'il en soit ainsi. Mais la loi applicable sera toujours celle du lieu où la faillite aura été prononcée.

La jurisprudence belge a jugé dans le même sens que la cour de Milan (163).

Sauf le jugement de Lyon qui ne se trouve pas dans les recueils français, la jurisprudence française n'a pas eu, que nous sachions, l'occasion de se prononcer sur la question.

(163) Trib. de Neufchâteau, 9 févr. 1871, Pasicrisie belge 1873, 3 245. Ce jugement a annulé une hypothèque donnée en Belgique pendant la période suspecte, en garantie d'une créance préexistante. Le débiteur était belge, et avait été déclaré en faillite par le tribunal de com. français de Sedan.

CHAPITRE IV

Du Conflit des lois pendant les opérations de la faillite.
§ I. — Vérification des Créances.

La faillite une fois déclarée, chaque créance est soumise à un contrôle, à une vérification, faits par les syndics. L'examen a lieu contradictoirement devant le juge-commissaire et c'est le tribunal qui aura à statuer en cas de contestation, si l'affaire est de nature à être portée devant un tribunal de commerce (C. co., art. 494 et suiv.) Aucune difficulté ne s'élève lorsque les créanciers appartiennent tous au pays où la faillite a été déclarée ; mais que décider s'ils sont de nationalité différente ? Une faillite a été déclarée en Belgique, et il y a des créanciers français, quel sera le tribunal compétent pour vérifier les créances ? Ce sera le tribunal belge, si le jugement a, en France l'autorité de la chose jugée (164), dans le cas contraire ce sera le tribunal français qui aura, à nouveau, déclaré la faillite.

(164) Qu'on ne nous objecte pas que nous permettons ainsi d'opposer un ugement étranger à des *créanciers français* contrairement à ce que nous avons décidé plus haut. Nous répondons que les intérêts de ces créanciers ne seront pas lésés. Ils n'avaient, en somme, qu'à user du bénéfice de l'art. 14, à traduire leur débiteur étranger devant les tribunaux français ; on n'aurait pas pu alors leur opposer le jugement déclaratif. S'ils ne l'ont pas fait ils ont consenti à ce que leur créance fût appréciée par la juridiction étrangère.

La compétence appartenant au tribunal qui a ouvert la procédure de faillite, faut-il en conclure que la loi applicable sera celle de ce lieu ? Pour résoudre la question, il convient de distinguer ce qui touche à la procédure et ce qui a trait au fond même du droit, *l'ordinatoire et le décisoire (litis ordinatoria et litis decisoria)*. « On appelle règles *ordinatoires* celles qui regardent l'instruction du procès, et la manière de procéder des parties et des juges, c'est-à-dire les formes, les solennités du procès. On donne le nom de *décisoires* aux règles qui servent de base à la décision du litige. Les formes de procéder sont étrangères aux motifs de décider, elles varient d'un pays à l'autre, elles peuvent être entièrement distinctes sans que cela influe en rien sur le fond du litige. La procédure du droit canonique se faisait entièrement par écrit, il en était encore ainsi, il n'y a pas longtemps, dans la législation allemande. Cependant les deux systèmes conduiront d'ordinaire dans des procès identiques à la même décision. Pourquoi ? Parce que la décision est indépendante de la procédure. La décision, dit Boullenois, se tire en matière de conventions de la volonté expresse ou tacite des parties, en cas de silence de leur part, de leur volonté présumée par le législateur, ou de la loi du lieu du contrat, ce qui est encore une présomption de volonté. Or, ces motifs de décider sont partout les mêmes, « *Diversitas fori non debet meritum causæ variare* » (165). Cette distinction entre

---

(165) Laurent. VIII, 21 et suiv. ; Boullenois, *traité de la personnalité et de la réalité des lois*, I, 535 et 536.

les formes de procédure et les règles de fond est très importante. Les premières dépendent de l'organisation judiciaire, elles ont un lien intime avec le droit public, or tout ce qui tient au droit public est de statut réel. On ne pourra donc, devant un tribunal, employer d'autres formes de procéder, que celles qui sont prescrites par la loi locale. Les intérêts des parties ne seront pas lésés, puisque la différence de procédure n'influe pas directement sur le bien fondé de la demande dont le mérite sera apprécié conformément à l'intention des parties. Appliquons à notre matière ces principes qui ne sont contestés par personne. Nous dirons que pour le mode et les délais de convocation, la forme dans laquelle les créances doivent être vérifiées, la nécessité d'une affirmation avec ou sans serment, la loi du pays où s'instruit la faillite sera exclusivement applicable. On pourra vérifier d'abord les créances des nationaux, en mettant en réserve pour les étrangers, une part correspondante à la somme pour laquelle ils sont portés au bilan (C. co. fr., art. 567. C. co. Ital., art. 680 et 681.) A l'expiration du délai le plus long, accordé pour la production des créances de ceux qui habitent à l'étranger, on procèdera à la répartition, entre les créanciers vérifiés, des sommes mises en réserve.

Les créanciers étrangers sont-ils déchus de tout droit sur le patrimoine du failli lorsque les répartitions définitives ont été faites? Ne doit-on pas, en cas de force majeure, apporter une dérogation aux règles générales, dans le cas, par exemple, où la guerre interromprait les communications? L'affirmative est enseignée par M. Carle, et nous nous rallions volontiers à son opinion. Comme le dit le savant professeur de Turin, la loi peut bien punir la négligence et présumer même la renonciation tacite du créancier, mais elle ne doit pas faire perdre son droit à celui qui est empêché de l'exercer. On pourrait, ajoute-t-il, revenir aujourd'hui aux promesses, *de restituendo vel contribuendo cum æqualia vel potiora jura habentibus*, qui intervenaient autrefois à l'occasion de pareilles répartitions et dont parlent tous les anciens auteurs (166).

Voilà pour la forme, pour la procédure de la vérification ; mais supposons qu'une créance soit contestée, quelle loi faudra-t-il appliquer? On appliquera les principes généraux du droit international en matière d'obligations. Si la faillite entraîne dérogation aux règles de procédure, elle ne déroge en rien aux lois qui régissent la forme et le fond des contrats (167). Nous ne pouvons entrer ici dans de grands détails, nous nous bornerons à poser brièvement les principes à suivre.

Il est tout d'abord certain que la capacité des contractants sera appréciée d'après leur loi nationale, d'un autre côté les formes extrinsèques dépendront de la loi locale en vertu de la règle *locus regit actum*. Mais quelle est la loi qui régira les conditions intrin-

---

(166) Carle, n° 48 ; Stracca. *De decoctoribus, pars ultima*, n° 35. En matière de lettre de change, on se demande quelle est l'influence de la force majeure ayant empêché la levée du protêt en temps utile. Voir sur ce point Chrétien, *de la lettre de change en droit international privé*, n° 75.

(167) Il existe une exception à ce principe : la loi prononce en effet la nullité de certains actes antérieurs au jugement déclaratif.

sèques d'existence et de validité de l'obligation ? Ici, le grand principe du droit international c'est l'*autonomie* des parties contractantes. La volonté des parties est souveraine : « Les conventions tiennent lieu de loi à ceux qui les ont faites » (art. 1134). Les dispositions qui gouvernent les contrats sont interprétatives de la volonté présumée des parties ; le législateur prévoit par la nature du contrat ce que les parties veulent, et leur facilite ainsi le règlement de leurs droits en les dispensant de tout prévoir. Lors donc que plusieurs lois sont en conflit, les parties pourront choisir la loi qu'elles préfèrent ; mais il arrivera rarement qu'on trouve une clause expresse à cet égard ; on appliquera alors la loi à laquelle elles se sont vraisemblablement référées, c'est-à-dire la *lex loci actus* (168).

Supposons donc qu'il s'agisse d'apprécier les créances de la femme contre son mari, on se référera aux conventions matrimoniales, ou à leur défaut à la loi qui en tient lieu. Cette règle ne s'appliquera pas à toutes les créances de la femme : l'art. 564 du code de commerce refuse en effet, sous certaines conditions, toute action à la femme dans la faillite du mari « *à raison des avantages portés au contrat de mariage* ». Le législateur a craint des fraudes, c'est donc là une disposition d'ordre public, contre laquelle ne saurait prévaloir aucune convention, aucune loi étrangère. On a soutenu cependant que ce texte ne devait recevoir son application qu'autant que le contrat de ma-

---

(168) Voir sur toutes ces questions, Laurent, II, 209 et s. VII, 427 et s.; Fiore, *Droit intern. privé*, 257 et s. ; Fælix, n° 72; Aubry et Rau, I, § 31, p. 106 et 107; Demolombe, I, 105.

riage aurait été passé en France. Le législateur, dit-on, n'a voulu faire tomber les donations faites à la femme que lorsqu'au moment du contrat, elle a pu prévoir l'éventualité de la faillite. L'art. 564 exige, en effet, que le mari *soit commerçant lors de la célébra- tion du mariage, ou le soit devenu dans l'année*. La femme étrangère qui a fait à l'étranger ses conventions matrimoniales, qui s'y est mariée, et a suivi ainsi les lois du pays où elle se trouvait, a prévu toutes les éventualités, elle n'a pu savoir au moment de son mariage, que son mari irait un jour s'établir en pays étranger, et l'on voudrait que ces conventions, sur lesquelles elle pouvait valablement compter, fussent restreintes par une circonstance qu'elle n'a pu empêcher (169) !

Ces considérations peuvent avoir de la valeur, mais elles ne résistent pas au principe que l'on ne peut, par des conventions particulières, déroger à des lois d'ordre public (art. 6), que ces conventions aient été passées en France ou à l'étranger. Du moment qu'on applique notre loi sur la faillite, et c'est le cas puisque la faillite a été déclarée en France, l'art. 564 devra recevoir son application (169 *bis*).

La preuve à faire par le créancier tient-elle à la procédure? Devra-t-elle, en conséquence, être faite conformément à la loi du lieu où la faillite a été déclarée? Devra-t-on, au contraire, la considérer comme règle de fond et appliquer par conséquent la loi qui régit la

(169) E. Marx, *Etude sur les droits de la femme dans la faillite du mari*, Paris, 1880, p. 103 et 104.

(169 *bis*) Voir en ce sens un article de M. Brissaud dans la *Revue géné rale du droit*, 1881, p. 18 et 159.

convention elle-même? Il faut tout d'abord écarter
l'autonomie des parties contractantes. Le législateur
établit les modes de preuves en prenant en considération l'état intellectuel et moral de la nation; or, ce
n'est pas aux parties qu'il appartient de juger si l'état
intellectuel et moral d'un peuple exige que *témoins
passent lettres*, ou que *lettres passent témoins*. Mais
faudra-t-il appliquer la loi du lieu de l'acte ou celle du
lieu où le proéès se poursuit? L'opinion générale
écarte la loi du for compétent; les preuves tiennent
au fond même du droit, ce sont les motifs de décider.
Or, ces motifs de décider n'ont rien de commun avec
les formes de procéder. C'est, du reste, au moment où
les parties contractent qu'elles doivent avoir une
certitude complète sur la manière dont elles prouve-
ront leurs conventions ou le fait juridique qu'elles
ont intérêt à constater. Quelle est la loi qui leur
donnera cette assurance? C'est évidemment celle du
lieu où elles contractent, le lieu où un procès se dé-
roulera peut-être, leur est inconnu; la compétence
peut varier, et il n'est pas toujours possible de la déterminer par une élection de domicile. Mais si la
manière de faire la preuve doit être déterminée par la
loi du lieu du contrat, l'acte qui la constitue pourra
quelquefois être apprécié suivant une loi différente;
cela arrivera lorsque les parties contractant dans un
pays donné auront pu, grâce au caractère facultatif de
la règle *locus regit actum*, et dans le cas où ce caractère existe (170), *constater* leurs stipulations d'après

(170) C'est-à-dire lorsqu'elles seront de même nationalité, et qu'il ne
s'agira pas d'ailleurs d'actes exigeant l'intervention d'officiers publics étran-

une législation différente. Le tribunal devant lequel la contestation sera portée devra, pour l'appréciation de la force probante de l'acte, se conformer aux prescriptions de cette législation.

Des contestations peuvent s'élever sur la quotité de la créance. Le créancier a droit, en effet, non seulement à la somme par lui stipulée, mais aux intérêts qu'elle produit soit en vertu de la loi, soit en vertu d'une convention ; et cela jusqu'au jour du jugement déclaratif. Mais le taux des intérêts varie suivant les différentes législations ; quelle sera la loi à appliquer? Ici encore, nous ne pourrons entrer dans les détails de la question, mais il nous paraît indispensable d'en dire quelques mots. D'abord, quant aux intérêts conventionnels, s'ils sont dus à raison du délai accordé pour le paiement d'une somme, le taux se déterminera d'après la loi du pays où la somme devra être payée ; si l'intérêt est dû à raison d'un prêt, le taux sera celui du lieu où la somme a été avancée. Les intérêts représentent l'usage que le débiteur fait du capital et la perte qu'éprouve le créancier en étant privé de la jouissance de ce capital. C'est donc d'après la loi du lieu où se produit ce fait que le taux de l'in-

gers. Le caractère facultatif qge nous reconnaissons à la règle *locus regit actum* est vivement contesté. Il nous paraît cependant résulter du motif qui a fait admettre la règle. Ce motif, c'est l'impossibilité où pourrait se trouver le Français de passer à l'étranger certains actes si on lui imposait l'emploi des formes nationales. Cette impossibilité n'existant pas, on ne voit pas pourquoi on refuserait au Français de se prévaloir de sa loi nationale. La règle *locus regit actum* qui a pour but d'aider les étrangers qui contractent dans un pays, ne doit apporter aucune restriction à leurs droits.

térêt devra être déterminé, alors même que dans le lieu où le procès se déroule ce taux serait illicite Sans doute, les lois qui régissent le taux de l'intérêt sont des lois de police et de sûreté obligeant tous ceux qui habitent le territoire ; il en résulte qu'elles régiront les prêts faits en France. En sera-t-il de même des prêts faits à l'étranger ? Nous ne le croyons pas. Quelle est, en effet, la raison de la limitation du taux de l'intérêt ? Le législateur a pensé, étant données l'étendue et les nécessités du commerce français, que le taux légal serait suffisant. Mais ces considérations sont spéciales à la France ; aussi la liberté des conventions est-elle à cet égard plus grande en Algérie et dans les colonies; pourquoi dès lors ne pas respecter les stipulations d'intérêts faites ou devant recevoir leur exécution dans des pays où le législateur, par des considérations économiques, a également laissé aux parties une liberté plus ou moins complète ?

Quant aux intérêts que la loi elle-même fait courir à raison de certains faits juridiques, on appliquera la loi qui régit le fait juridique dont il s'agit. Les motifs pour lesquels la loi fait courir les intérêts de plein droit se lient intimement à ce fait. La dot stipulée dans un contrat de mariage régi par la loi française, produira 5 0/0, conformément à l'art. 1440 du code civil, alors même que la loi du lieu où le contrat est invoquée serait différente (171).

---

(171) Voir sur ces questions fort intéressantes : Laurent, VIII, nᵒ 188 et suiv.; Fiore, *de intern.* 261 ; *del fallimento*, p. 76, *in fine*. Massé, I, 616, et les renvois faits par les auteurs.

Des conflits analogues peuvent s'élever relativement au taux du change.

Le jugement déclaratif arrêtant le cours des intérêts il ne pourra être question de réclamer ceux qui seront échus postérieurement. Cela est certain dans le pays où la faillite a été déclarée, et il en sera de même à l'étranger si l'état de faillite y est reconnu. Il s'agit, en effet, d'une conséquence particulière au jugement déclaratif, qui ne devra se produire à l'étranger qu'autant que ce jugement y aura l'autorité de la chose jugée.

En ce qui touche les dommages-intérêts qui pourraient être dus, le principe est qu'il faudra appliquer la loi du lieu de l'exécution ; le *vinculum juris* est hors de cause, et les parties, en songeant à l'exécution de l'engagement, ont dû nécessairement prévoir le cas où cet engagement resterait inexécuté. Mais si le droit aux dommages-intérêts est restreint dans ce lieu par une disposition particulière de la loi des faillites, cette restriction n'aura d'effet à l'étranger qu'autant que la faillite y sera reconnue.

La question s'est posée devant le tribunal régional d'Altona.

Les administrateurs d'une faillite anglaise réclamaient du négociant P. à Altona un solde qui devait, suivant contrat être payé en Angleterre. P. répondit

Supposons que deux négociants, ayant leur résidence dans deux places différentes, fassent des affaires l'un pour l'autre et que le taux du change ne soit pas le même dans les deux places. Si les opérations se sont accomplies sur la même place, par exemple, si le négociant résidant à Hambourg vend des marchandises pour le failli qui habite Paris, la balance du compte se fera au taux en vigueur à Hambourg. Si le failli fait des opérations pour son correspondant, on fera deux balances dans chacun des deux pays où des opérations ont été faites par l'un pour le compte de l'autre.

qu'il avait, avant l'ouverture de la faillite, formé avec le failli un contrat de consignation, que celui-ci n'avait pas exécuté *à cause de la faillite* survenue dans l'intervalle ; que par suite de cette non exécution, il avait subi une perte importante, dont il prétendait compenser le montant avec l'objet de la demande. Les administrateurs anglais répondirent que, d'après le droit anglais, les dommages-intérèts pour rupture de contrat ne peuvent être réclamées de la masse faillie qu'autant que la rupture a eu lieu avant l'ouverture de la faillite mais non pas lorsqu'elle est *le résultat de la faillite*. Le tribunal d'Altona, appliquant le principe que les dommages-intérêts doivent s'apprécier d'après la loi du lieu de l'exécution, la loi anglaise dans l'espèce rejeta l'exception de compensation et condamna P. au paiement de la somme demandée.

Ce jugement fut reformé par le tribunal supérieur de commerce de Leipzig (171 *bis*). Le tribunal allègue que la restriction particulière apportée par le droit anglais à la faculté de faire valoir dans la procédure de faillite une demande en dommages-intérêts pour rupture de contrat *n'est pas équivalente à la suppression de l'obligation, l'existence matérielle de cette obligation ne se trouvant altérée en aucune façon.* Cette restriction ne doit donc pas être rangée parmi les règles de droit essentielles qui *peuvent prétendre à être reconnues dans d'autres pays comme droit du lieu de l'obligation.* Il y a là une prescription particulière d'une loi sur les faillites, prescrip-

---

(171 *bis*) Trib. de comm., 25 janvier 1873, *Revue de Gand*, VI, p. 414.

tion dont il faut repousser l'application à l'étranger puisque l'état de faillite n'y est pas reconnu. Ces motifs nous paraissent exacts étant donné le principe de la jurisprudence allemande qui repoussait à cette époque le principe de l'unité et de l'universalité de la faillite. La loi du lieu de l'obligation est hors de cause puisque, comme le fait remarquer le jugement, le *vinculum juris* n'est pas atteint. Quant à la loi du lieu de l'exécution, on admet généralement qu'elle doit être appliquée aux dommages-intérêts, mais ce principe doit être combiné avec celui qui refuse tout effet à une faillite déclarée à l'étranger. La restriction aux droits du négociant créancier de la masse résultait dans l'espèce du fait même de la faillite. Ce fait n'étant pas reconnu en Allemagne on ne devait pas tenir compte de la conséquence,

§ II. — Prélèvements à opérer sur la masse

Stracca (*de decoctoribus, pars ultima*) dépeint en ces termes le conflit d'intérêts, et les prétentions respectives des créanciers : « Le commerçant qui a manqué à ses engagements tombe en faillite et s'enfuit ; se présentent alors les déposants qui réclament leurs dépôts, les vendeurs qui demandent la marchandise ou le prix, les créanciers gagistes ou hypothécaires qui font valoir leur droit de préférence, la femme et la bru qui élèvent les mêmes prétentions, enfin les créanciers privilégiés qui veulent être préférés à tous. » Nous parlerons d'abord des revendiquants ; nous nous occuperons ensuite des créanciers privilégiés et hypothécaires.

N.   12*

A. Revendications

La revendication peut se présenter sous deux aspects bien différents : ou bien il s'agit de la revendication de choses dont le failli n'a que la détention matérielle, ou bien, il s'agit d'une revendication qui constitue plutôt une résolution de la vente, et permet au vendeur de reprendre la chose vendue dans la faillite de l'acheteur moyennant l'accomplissement de certaines conditions. Occupons-nous d'abord de la revendication de la propriété ; c'est le cas du déposant, du mandant, du commodant, de la femme du failli. Le fondement en étant la qualité de propriétaire qui appartient au revendiquant, on appliquera, pour voir si cette qualité existe réellement, la loi qui régit le dépôt, le mandat, le contrat de mariage ou toute autre convention. En ce qui touche particulièrement la femme, nous avons vu que presque toutes les législations admettent des restrictions à ses droits en cas de faillite du mari, à l'effet d'éviter des fraudes concertées pour frustrer les créanciers et détourner une partie de leur gage. C'est ainsi que les biens acquis par la femme du failli pendant le mariage sont présumés appartenir à son mari et avoir été payés des deniers de celui-ci, sauf la preuve contraire (C. co. art. 559). C'est ainsi encore que les immeubles acquis par la femme des deniers provenant des successions à elle échues, ne peuvent être repris que si la déclaration d'emploi est stipulée au contrat d'acquisition, et que si l'origine des deniers est constatée par un inventaire ou tout autre acte authentique (C. co. art. 558). Enfin l'art. 560 exige pour la reprise du mobilier resté propre à la femme que l'identité en soit prouvée par un inventaire ou tout autre acte authentique.

Supposons que les parties se soient référées pour leurs conventions matrimoniales à une loi étrangère dont les dispositions diffèrent des textes que nous venons de citer, et que la faillite du mari ait été déclarée à l'étranger. La femme qui aura des reprises à exercer en France subira-t-elle les restrictions que nous venons de voir établies par la loi française, faudra-t-il au contraire appliquer la loi qui régit le contrat de mariage ? La question doit se résoudre par une distinction. Si le mari déclaré en faillite est Français, le jugement déclaratif étranger n'aura en France aucune autorité, la femme ne sera pas considérée comme femme de failli ; elle pourra donc exercer ses reprises, conformément à son contrat de mariage ou à la législation qui en tient lieu.

Si le mari est un étranger, le jugement aura autorité de chose jugée, la femme sera considérée en France comme femme de failli, ses droits seront restreints mais ils le seront *conformément à la loi française.* Les dispositions que nous rappelions tout à l'heure, sont d'ordre public, ainsi que le prouve le motif qui les a fait admettre par le législateur, elles sont applicables à tous les régimes, or, la loi étrangère qui régit, dans l'hypothèse, les conventions matrimoniales, ne le fait que parce que les parties l'ont voulu et s'en sont approprié les dispositions (172).

(172) Carle n° 68. Cet auteur ne s'exprime pas formellement sur ce dernier point, mais sa doctrine n'est pas douteuse. « On devra laisser à l'ap-

Passons à la revendication improprement appelée de ce nom, à la revendication que l'art. 576 du code de commerce, suivi par la plupart des lois étrangères, accorde au vendeur de meubles dans la faillite de l'acheteur. Avant d'étudier la question au point de vue du droit international, nous devons nous demander quelle est la nature de cette revendication, car cette nature influera sur le point de savoir quelle sera la législation applicable. Il existe à ce sujet une controverse que nous exposerons aussi brièvement que possible.

Suivant certains auteurs, la revendication dont il est question dans l'art. 576 du code de commerce, est, comme celle dont parle l'art. 2102 du code civil, une véritable revendication, mais de la possession seulement ; le vendeur n'était pas tenu de délivrer l'objet vendu avant le paiement du prix (art. 1612), il a cependant effectué la livraison comptant être payé dans un bref délai ; son espoir a été trompé, la loi vient à son secours en lui permettant de ressaisir la chose, il y a là une extension du droit de rétention, mais l'acheteur reste propriétaire, et les obligations réciproques subsistent, à moins que la résolution judiciaire ne soit demandée et obtenue (173).

préciation du juge, devant lequel la revendication sera portée en raison du lieu où les biens se trouveront, de discerner et d'appliquer comme loi territoriale les dispositions législatives qui se rattachent aux intérêts économiques des divers Etats».

(173) En ce sens : sur la revendication de l'art. 576. Delamarre et Le Poitvin, VI, p. 402 ; sur celle de l'art. 2102 : Valette, *Traité des priv. et hyp.*. n° 90 ; Mourlon, *Examen critique*, 120 et s. ; *Répétit. écrites*, sur l'art. 2102, 4° ; Pont, *Priv. et hyp.* sur l'art. 2102, XI ; Aubry et Rau, § 356, *in fine* ; Demolombe, *Contrats*, II, 502 ; Garraud, *De la déconfiture*, page 102.

Dans une autre opinion, diamétralement opposée, on considère la revendication de l'art. 576 de même que celle de l'art. 2102 comme une résolution de la vente (174).

Nous disions qu'il faut être fixé sur la nature de la revendication pour résoudre la question de droit international; en effet, s'il y a dans l'art. 576 une revendication de la possession, une extension du droit de rétention, c'est-à-dire un droit découlant directement de la vente, les conditions auxquelles ce droit sera soumis dépendront de la loi régissant le contrat lui-même. (175)

Si, au contraire, on voit dans le droit consacré par l'art. 576 une véritable résolution, dérivant de la faillite de l'acheteur, c'est-à-dire d'une circonstance étrangère à la vente, la loi applicable sera celle du lieu où le fait se sera passé, dans l'hypothèse la loi du lieu où la faillite aura été déclarée (176).

A notre avis la revendication dont il est question dans l'art. 2102 et celle de l'art. 576 sont essentiellement différentes; la première a pour objet la possession, la seconde constitue au contraire une véritable résolution de la vente soumise à des conditions par-

(174) Bravard et Demangeat, v. p. 577 et 578 ; sur la revendication de l'art. 2102, Duranton, XVI, 204.

(175) Remarquons cependant que si la *lex rei sitœ* refusait au demandeur le droit de rétention on ne devrait pas le lui reconnaître, alors même que la législation régissant le contrat l'admettrait. Les privilèges touchent en effet à l'ordre public: on ne peut dans un Etat en admettre d'autres que ceux qui sont reconnus par la loi de cet état.

(176) Il y a, comme on le dit, une *suite accidentelle* du contrat de vente, or, d'après une théorie genéralement admise, on applique dans ce cas la loi du lieu où le fait s'est produit.

ticulières, et destinée à remplacer le privilège et le droit
de revendication qui, aux termes de l'art. 550 du code
de commerce, ne peuvent être exercés contre la faillite.
Cela nous paraît résulter de l'art. 576, al. 3, aux termes
duquel le revendiquant sera tenu de rembourser à la
masse, les *à-comptes* par lui reçus.....etc. S'il s'agis·
sait d'un véritable droit de rétention, le vendeur
pourrait conserver la chose et les avances qui lui ont
été faites.

Concluons donc que la loi applicable sera celle du
lieu où la faillite à été déclarée et non celle qui
régit le contrat de vente. Cette conclusion suppose
que le jugement déclaratif a l'autorité de la chose
jugée dans le lieu où doit s'exercer la revendication,
et ce lieu peût être distinct de celui de la faillite. Un
négociant déclaré en faillite en Belgique a une succursale en France; un Français lui vend des marchan·
dises et les expédie à sa maison de France; si le jugement belge n'a pas, en France, l'autorité de la chose
jugée, le vendeur aura le privilège et l'action en reven·
dication, conformément à l'art. 2102 du code civil qui
sera seul applicable jusqu'à ce qu'une nouvelle faillite
ait été déclarée en France.

Avant de terminer ce paragraphe, disons un mot du
droit de rétention. Un Français a vendu un objet mobilier à un étranger, la vente est, nous le supposons,
régie par la loi française, et le vendeur usant de la
faculté qui lui est accordée par l'art. 1612 du code civil,
a retenu la chose jusqu'au paiement du prix; l'acquéreur est ensuite déclarée en faillite à l'étranger. Quelle
sera la loi qui régira le droit du créancier français?
Pour résoudre la question il faut déterminer la nature

du droit de rétention. Une controverse existe sur ce point ; on se demande si le droit de rétention est un droit purement personnel, c'est-à-dire, opposable seulement au propriétaire de la chose qui en fait l'objet, ou bien s'il est également opposable aux tiers, et si, en ce sens, il constitue un droit réel. C'est en faveur de cette dernière alternative que nous nous prononçons.

En droit romain, le droit de rétention avait pour objet de remplacer par un moyen de défense, par l'exception de dol, un moyen d'attaque qui manquait au créancier. Un possesseur de bonne foi faisait des constructions sur le terrain d'autrui, il avait droit à une indemnité, mais se trouvait sans action pour la réclamer ; on lui donnait alors l'exception de dol par laquelle il écartait l'action en revendication, et retenait ainsi l'immeuble jusqu'au paiement des impenses. Ces principes sont abandonnés aujourd'hui ; tout droit donne naissance à une action, le droit de rétention ne peut donc avoir que le caractère d'une sûreté ; or, quelle sûreté naîtrait d'un droit qui ne serait opposable qu'au débiteur ? L'esprit de la loi nous paraît du reste bien ressortir de l'art. 1613. Aux termes de ce texte, le vendeur peut retenir l'objet vendu en cas de faillite ou de déconfiture de l'acquéreur, bien qu'il lui ait accordé un terme ? Pourquoi cela ? Parce que la nécessité du droit de rétention se fait surtout sentir en cas de faillite ou de déconfiture, et constitue pour celui qui en bénéficie, une situation privilégiée, ce qui implique qu'il peut l'opposer à la masse.

Ce caractère de réalité qui appartient au droit de rétention résout la question de droit international : il en résulte un privilège (*lato sensu*), or, ainsi que nous le verrons bientôt, les privilèges sont de statut réel, ils ne sauraient exister dans un Etat, qu'en vertu de la loi de cet Etat. Le droit de rétention ne pourra donc être opposé aux syndics, si la loi du lieu de la situation ne le reconnaît pas ; il le pourra dans le cas contraire.

B. Créanciers privilégiés.

Un privilège, un gage, ou tout autre droit de préférence peut-il être valablement acquis d'après une loi étrangère sur des biens situés dans l'Etat où la faillite a été déclarée, et *vice versâ* ? Quelle loi faudra-t-il appliquer pour déterminer la priorité entre les différents créanciers ? Sera-ce celle de la situation des biens, sera-ce celle du lieu où la faillite a été déclarée ? Les exigences de la faillite entraîneront-elles des dérogations aux règles régissant l'action réelle des créanciers ? Telles sont les questions qu'il nous faut maintenant examiner.

a) *Créanciers privilégiés sur les meubles.*

Il est généralement admis que la faillite déclarée dans un pays comprend tout le mobilier du failli, en quelque lieu qu'il se trouve ; et cela, à raison de la fiction qui répute les biens meubles situés au domicile de leur propriétaire. Cette fiction, n'ayant d'autre but que de remédier à la mobilité incessante des choses mobilières, ne doit plus recevoir son application, quand, par une circonstance quelconque, ces choses se trouvent fixées en un lieu déterminé. C'est ce qui a lieu, lorsqu'on veut exercer sur elles un droit de gage ou de privilège; le créancier saisit alors l'objet de son droit, on n'appliquera plus la loi du domicile; la loi territoriale sera seule prise en considération. Quelle est, en effet, la condition mise par la loi à l'exercice de ces droits? C'est la possession; le créancier doit être en possession de la chose grevée, ou posséder par l'intermédiaire de son débiteur: cela décide la question, tout ce qui a trait à la possession est de statut réel. Un créancier ne pourra donc prétendre à un droit de préférence sur un bien situé dans un Etat, si la loi de cet Etat ne le reconnaît pas. D'après le code de commerce, le privilège du vendeur n'existe pas en cas de faillite; un étranger dont la loi ne contient pas de disposition semblable, ne pourra donc s'en prévaloir; à supposer, bien entendu, que l'état de faillite soit reconnu en France.

Si le privilège dérive d'une convention, ce qui n'arrive qu'en cas de gage, l'acte constitutif pourra être passé à l'étranger, mais le créancier ne pourra le faire valoir dans le lieu où se trouve la chose, que si toutes les conditions requises d'après cette loi, pour l'efficacité d'un pareil contrat, se trouvent réunies. Ces conditions constituent l'essence même du privilège; si elles ne sont pas remplies, le privilège n'existe pas ou ne peut pas être exercé; il est donc de statut réel; la loi territoriale doit prévaloir sur celle du lieu de l'acte.

Un contrat de gage passé dans un pays dont la législation n'exige pas un acte écrit, ne produira aucun effet en France. C'est encore la loi de la situation qui déterminera si la chose donnée en gage est susceptible d'un pareil droit ; pourquoi ? Parce que les dispositions législatives sur tous ces points, font partie de l'organisation économique de chaque Etat.

Les créances, les effets à ordre, les titres nominatifs peuvent être donnés en gage. Quelques législations, la loi française notamment, (c. civ. 2075) exigent pour que la mise en gage d'une créance soit valable, une signification au débiteur (code civil italien, art. 1881). Dans d'autres législations, aux Etats-Unis par exemple, (177), le droit du gagiste est parfait par la seule possession du titre. Le droit anglais exige la notification, mais seulement pour désigner au débiteur la personne qui a le droit de recevoir le paiement de la chose due. Supposons un Anglais ou un Américain donnant en gage une créance exigible contre un Italien ou un Français sans signifier au débiteur. Le gagiste pourra-t-il en cas de faillite se prévaloir de son droit devant un tribunal français ? Il ne s'agit plus ici de situation réelle puisque la créance est un *jus incorporale ;* un privilège est réclamé en France sur ce droit incorporel : toutes les conditions requises par la loi française devront donc être réunies. La notification est du reste ici, comme en matière de cession de créance, une mesure de publicité. On ne peut en France se prévaloir d'un droit acquis sous l'empire d'une loi étrangère, qu'autant que ce droit ne porte pas atteinte à l'ordre public français ; or, il en serait ainsi si l'on pouvait opposer aux tiers français un acte clandestin.

Un objet peut être grevé de plusieurs privilèges :

(177) Etat de Massachusetts.

quelle sera la législation à suivre pour leur classement ;
d'après quelle loi, en d'autres termes, faudra-t-il déterminer l'ordre dans lequel les créanciers viendront
sur l'objet grevé ? Poser la question, c'est la résoudre.
Les lois qui dans chaque Etat établissent le rang des
créanciers ont trait à l'organisation de la propriété
territoriale, c'est-à-dire sont essentiellement réelles.
On appliquera donc la *lex rei sitæ*, et s'il s'agit d'une
chose incorporelle, la loi du lieu où l'on fera valoir le
privilège.

L'importance de ce principe apparaît en cas de saisie. D'après certaines législations, en Allemagne, par
exemple, la saisie attribue un droit de préférence au
premier saisissant. Il en est différemment dans d'autres législations, par exemple dans la législation française. Supposons une saisie pratiquée en Allemagne
sur des objets appartenant à un individu déclaré en
faillite en France ; les syndics français pourront-ils
comprendre les biens saisis dans la masse chirographaire ? Non ; il s'agit d'un privilège acquis conformément à la loi territoriale, cette loi seule sera applicable (178).

Si nous supposons maintenant une saisie-arrêt,
nous appliquerons les principes que nous avons posés
pour le cas où une créance serait donnée en gage ; les
raisons que nous avons fait valoir conservent ici toute
leur force.

Les choses mobilières grevées d'un privilège peuvent être déplacées, le privilège subsiste-t-il dans le

---

(178) Carle, n° 66 ; Fiore, *Dr. intern. privé*, 376 ; Massé 1, 557.

pays où elles sont transportées? Casarégis se prononçait pour l'affirmative : « *Per ipsam translationem de loco ad alium, non amittitur hypotheca vel potioritas quœ jam contracta fuerit in priori loco, vigore alicujus consuetudinis vel legis particularis, licet in loco ad quem res transvectœ sint, nulla hypotheca vel potioritas pro illis creditori competeret, vel ab initio competiisset* (179) ». La même doctrine est encore aujourd'hui celle de Carle et de Fiore (180). Il est, en effet, impossible d'admettre que le débiteur puisse, en transportant la chose d'un pays dans un autre, détruire le droit de son créancier. M. Massé objecte la réalité du statut (181). « De même, dit-il, que c'était par l'effet d'un statut réel, qu'un droit de préférence avait été acquis sur les meubles qui se trouvaient à l'étranger, de même c'est par l'application d'un statut réel que ces droits sont perdus sur les meubles transportés. » Sans doute, tout est dans notre matière de statut réel, mais qu'en résulte-t-il ? Qu'un meuble transporté d'un Etat dans un autre, cesse d'être gouverné par la loi du lieu où il se trouvait, pour subir celle du territoire où il se trouve actuelle-

(179) Discursus, 130, n° 29.

(180) Carle, n° 67 ; Fiore, *del fall.*, p. 108 et suiv. Ce dernier auteur justifie son opinion en disant qu'il faut appliquer la loi régissant la convention des parties. L'argument n'est pas topique ; le privilège ne dérive pas directement de la convention, la convention n'en est que la cause occasionnelle ; la loi seule a le pouvoir d'en créer, car tout ce qui touche au droit de préférence est d'ordre public et est réglé par chaque législateur d'après l'état économique du pays. Cela exclut l'autonomie des parties contractantes.

(181) I, n° 557.

ment. Pour l'exercice du privilège, toutes les conditions requises par la loi de la situation devront être réunies. Si donc cette loi n'admet pas le privilège, le créancier ne pourra s'en prévaloir, la masse chirographaire lui répondrait qu'elle ne reconnaît d'autres privilèges que ceux résultant de la loi de la situation. De même, un gage peut avoir été constitué dans un Etat où la remise et la rétention de sont pas requises pour sa validité à l'égard des tiers. Si l'objet grevé est transporté dans un pays qui considère cette remise et cette rétention comme indispensables, le créancier ne pourra se prévaloir de son droit qu'à la condition de se procurer la possession de la chose, à supposer bien entendu qu'elle puisse faire l'objet d'un gage. Telles sont les seules conséquences de la réalité du statut mobilier : on ne voit pas pourquoi le déplacement d'un meuble devrait entraîner d'une manière absolue, l'extinction des droits dont ce meuble se trouve grevé.

La question que nous examinons s'est posée il y a quelques années en jurisprudence. Un navire avait été construit en Angleterre par un armateur anglais, et une hypothèque ou *mort-gage* avait été constituée sur ce navire, conformément à la loi anglaise, au profit de ceux qui avaient prêté des fonds pour sa construction. Cette hypothèque avait été rendue publique par une mention sur le registre d'enregistrement des navires. L'armateur vint s'établir en France, et y fut déclaré en faillite. Les bailleurs de fonds invoquèrent leur droit de préférence sur le navire. Le tribunal de commerce de Honfleur admit leurs prétentions et décida que le mort-gage constitué en Angleterre pouvait valoir comme nantissement en France. La cour de

Caen infirma le jugement, et proclama, après un arrêt
de partage, l'inefficacité du mort-gage (182). Les droits
de gage ou d'hypothèque acquis à l'étranger, porte
l'arrêt, ne peuvent valoir en France qu'autant que les
prescriptions de la loi française ont été observées,
c'est-à-dire qu'autant, d'une part, que la chose est susceptible d'un pareil droit, et, d'autre part, que la possession exigée par la loi française a été réalisée. Or, il
n'en est pas ainsi dans l'espèce, le mort-gage ne peut
valoir comme hypothèque, la loi ne reconaissant pas
(à cette époque) l'hypothèque maritime, il ne peut valoir comme nantissement, les créanciers n'ayant pas
été mis en possession du navire.

La décision nous semble bien rendue en droit. Mais
en fait, n'y avait-il pas quelque chose d'équivalent à
la détention ? Nous ne discuterons pas la question,
nous renvoyons à la savante dissertation de M. Labbé,
sous l'arrêt précité de la Cour de Caen.

La question s'est posée depuis la loi du 10 décembre 1874 sur l'hypothèque maritime. On s'est demandé
s'il suffisait, pour que l'hypothèque constituée à l'é-
tranger sur un navire fût valable en France, que les
formalités de la loi étrangère eussent été observées,
ou s'il était nécessaire que les prescriptions de la
loi française, spécialement les règles de publicité fussent remplies. La cour d'Aix, par arrêt du 22 mai 1876
(Sir. 1880, I, 260), décida que l'hypothèque maritime
fait partie du statut réel et ne peut dès lors être exercée
en France et consacrée par un juge français que par

(182) Caen, 12 juillet 1870. Sir., 71, 2, 57

application et en conformité des lois qui régissent le territoire. La cour de cassation (arrêt du 25 nov. 1879 Sir. 1880, I, 257), décida au contraire qu'il suffisait que les prescriptions de la loi étrangère eussent été observées. L'arrêt affirme tout simplement que les règles de publicité dont il est question dans l'art. 6 de la loi de 1874 n'ont été faites que pour les navires français. C'est ce qu'il faudrait démontrer et ce que nous n'admettons pas ; nous nous référons sur ce point, aux raisons données dans l'arrêt de la cour d'Aix.

b.) *Créanciers privilégiés sur les immeubles.*

Nous poserons ici le même principe que pour les meubles : territorialité absolue de la loi. Un immeuble est situé en France, il ne pourra être grevé d'un privilège qu'en vertu de la loi française. Le contrat d'où résulte la créance à laquelle est attaché le privilège, pourra avoir été passé en pays étranger. On pourrait cependant objecter qu'aux termes de l'art. 2128 du code civil les contrats passés en pays étranger ne peuvent donner une hypothèque sur les immeubles situés en France, or le privilège est une hypothèque privilégiée, donc..... etc... Ce raisonnement est inadmissible ; l'art. 2128 suppose que le contrat lui-même donne l'hypothèque, or il n'en est pas ainsi dans l'hypothèse, car le privilège résulte de la loi, l'acte ne fait que constater l'existence de la créance ; pour que la créance soit privilégiée, il faut que la loi du lieu où l'immeuble est situé attache un privilège à cette créance. Le vendeur d'immeubles, le copartageant, les créanciers énumérés en l'art. 2101 pourront donc s e prévaloir de leur privilège dans une faillite française, si les biens grevés se trouvent en France, alors même que le fait juridique qui les a constitués créanciers aurait été passé à l'étranger. Mais il va sans dire que pour que le privilège existe, les conditions requises par la loi de la situation devront être réunies. Ainsi un copartageant français n'aura son privilège sur les biens situés en Belgique que si l'acte de partage contient, conformément à la loi hypothécaire belge, stipulation d'une somme fixée pour le cas d'éviction (183).

Les principes que nous venons de poser recevront leur application quel que soit le lieu où la faillite a été déclarée : la faillite n'aura d'influence que sur la question de savoir s'il doit y avoir ou non dérogation aux règles ordinaires concernant l'exercice de l'action réelle compétant aux créanciers, à raison de leur privilège, question que nous aurons à examiner un peu plus loin.

C. Créanciers hypothécaires

I. — *Hypothèque conventionnelle.*

Il serait inexact d'appliquer ici exclusivement la *lex rei sitœ*. On peut en effet dans l'hypothèque, distinguer deux choses : d'une part le droit réel, le *jus in re* qui existe au profit du créancier, et d'autre part, les effets

(183) Fiore, *droit intern.*, n° 220, lett. *i* ; *del fallim.*, p. 107 ; Carle, n° 59 ; Laurent, VII, 404.

qui en dérivent, c'est à dire l'action hypothécaire. Le droit réel est toujours un accessoire de l'obligation principale dont il garantit l'exécution, il devra donc être régi par la loi qui règle l'obligation principale, pourvu que le régime de la propriété territoriale n'en soit pas blessé. L'action hypothécaire au contraire, étant une action réelle devra toujours s'exercer, con·formément à la loi de la situation, les régles de procédure, et surtout celles qui concernent l'exécution sont d'ordre public et excluent l'application des lois étrangères. Cela posé, supposons un immeuble grevé d'une hypothèque par acte et à raison d'obligations passés à l'étranger, le créancier pourra se prévaloir de son droit dans l'état où est situé l'immeuble, la constitution du droit sera donc apprécié d'après la loi étrangère ; mais l'étendue de ce droit, sa généralité ou sa spécialité, la nécessité de le rendre public, la manière de le réaliser, devront s'apprécier d'après la loi étrangère. La raison en est que l'acquisition d'une hypothèque, ne peut, *en elle-même*, porter aucune atteinte à l'organisation de la propriété mais qu'il en est différemment, de la publicité de l'hypothèque et des effets de l'action hypothécaire.

Ces règles que nous croyons conformes à tous les principes du droit international ont été méconnues par le code civil français, dont l'art. 2128 porte que « les contrats passés en pays étranger ne peuvent donner d'hypothèque sur des biens de France, s'il n'y a des dispositions contraires dans les lois politiques ou dans les traités. » Il y a là, comme l'ont fait remarquer tous les commentateurs, une confusion regrettable

N. 13*

entre la force probante et la force exécutoire. Qu'un acte passé à l'étranger ne puisse pas emporter, en France, exécution parée, rien de plus juste, mais qu'il ne puisse même pas servir à constater les faits qui y sont relatés, c'est ce qui se conçoit difficilement. Un acte de célébration de mariage, un testament, une convention, passés à l'étranger auront effet en France. Pourquoi refuser la même autorité à une constitution d'hypothèque ? Quoi qu'il en soit, la loi est formelle (184).

II. — *Hypothèque légale.*

Supposons un individu déclaré en faillite en France et y possédant des immeubles, un étranger pourra-t-il réclamer sur ces biens une hypothèque légale? A quelles conditions le pourra-t-il ? Les restrictions que la loi française apporte à certaines hypothèques légales pour le cas de faillite lui seront-elles applicables ? Telles sont les questions qui se présentent à notre examen. Nous supposerons pour plus de simplicité une femme étrangère voulant exercer son hypothèque,

---

(184) On explique généralement la disposition de l'art. 2128, par les errements de l'ancien droit, autrefois en effet, tous les actes notariés produisaient de plein droit, hypothèque sur tous les biens présents et futurs, indépendamment de toute inscription sur des registres publics. Il était alors facile de confondre le droit d'hypothèque *jus in re* et la mise en œuvre de ce droit. Cette confusion se trouvait déjà dans l'art. 121 de l'ordonnance de 1629 qui portait que : « *les contrats ou obligations reçus en royaumes et souverainetés étrangères n'auront aucune hypothèque ni exécution en France.* » Voy. sur l'art. 2128, discours de M. Valette à l'assemblée nationale de 1848, *Mélanges* II, p. 573 et s.

en cas de faillite du mari, sur des biens situés en France. Mais il est entendu que ce que nous aurons dit d'elle, sera vrai des autres incapables auxquels la loi a accordé la garantie de l'hypothèque légale.

Eh bien ! quelle sera la position de la femme étrangère ? Aura-t-elle les mêmes droits que la femme française ? Elle ne pourra les avoir qu'à une double condition : d'abord qu'il n'y ait rien d'incompatible entre ces droits et les lois relatives à son état et sa capacité, qui constituent son statut personnel, à l'application duquel on ne peut se soustraire ; en second lieu que la loi française ne lui interdise point l'acquisition de ces droits.

Tenons pour remplie la première condition qui ne présente aucune difficulté. Il n'en est pas de même de la seconde. La loi française refuse-t-elle à la femme étrangère l'hypothèque légale sur les biens de France ? Question célèbre qui a donné lieu à plusieurs systèmes que nous allons exposer aussi rapidement que possible.

Une première opinion reconnaît l'hypothèque légale a la femme étrangère, elle se fonde sur l'art. 3 du code civil, aux termes duquel les immeubles situés en France, même ceux possédés par des étrangers sont régis par la loi française. L'hypothèque légale est donc dans cette doctrine essentiellement de statut réel (185). Mais avant de rechercher la nature du statut qui régit l'hypothèque légale, il faut se demander si elle ne constitue pas un de ces droits civils dont il est ques-

____

(185) Alger. 22 mars 1860. Sir. 61, 2, 65.

tion dans l'article 11 du code civil. Si ce point est résolu affirmativement (186), celui de la nature du statut viendra à tomber dans tous les cas où l'étranger ne jouit pas des droits civils. La solution de la question dépendra alors de l'interprétation qu'on donne à l'article ci-dessus. Dans le système qui refuse aux étrangers les droits qui ne leur sont pas concédés par un texte spécial, ou dans celui qui distingue entre les facultés de droit des gens et celles de droit civil, il faudra refuser a la femme étrangère l'hypothèque légale sur les biens de France (187). Si au contraire on admet, avec MM. Demangeat et Valette, ce que nous serions assez disposé à faire, que les étrangers jouissent de tous les droits qui ne leur sont pas refusés par un texte formel, on arrivera à une solution opposée, l'hypothèque légale appartiendra en France à la femme étrangère. Toutefois, en ce qui touche l'hypothèque légale, ce système nous paraît trop absolu. La nature particulière de ce droit, commande l'accomplissement de certaines conditions. Cette garantie a, en effet, son principe dans l'état de la femme, c'est

(186) Il nous paraît bien difficile de ne pas faire rentrer l'hypothèque légale dans la catégorie des droits civils. Comme le disent MM. Aubry et Rau, « si l'hypothèque considérée en elle-même et sous le rapport des droits qu'elle confère au créancier, peut être rangée dans les institutious de droit des gens, l'hypothèque légale envisagée dans le mode de sa constitution est au contrairɔ de droit civil, parce qu'elle rentre évidemment dans la classe de ces institutions qui ne doivent leur origine qu'à la législation positive, et qui, admɩses par tel peuple d'une manière plus ou moins étendue, sont absolument rejetées par d'autres ».

(187) Aubry et Rau, *loc. cit.* ; Demolombe, I, 88. Massé, Il, 827. Cass. 20 mai 1862, cassant l'arrêt précité d'Alger. Sir. 62, 1, 673. D. P. 62, I,204. et les renvois en note.

comme compensation de l'état d'incapacité où elle se
trouve que la loi la lui a accordée. Or, la loi qui détermine l'état de la femme mariée et les pouvoirs du
mari peut seule régler convenablement les garanties
dont cette femme a besoin. Ces garanties doivent être
mesurées sur l'état à raison duquel elles intervien-
nent. Si donc la loi personnelle de la femme ne lui
accorde pas d'hypothèque légale, nous ne lui recon·
naîtrons pas en France un droit de cette nature (188).
A l'inverse, si la loi personnelle admettant l'hypothèque,
la loi de la situation la refuse, faudra-t-il en accorder
le bénéfice à la femme? L'affirmative a été soutenue
(189), mais cette théorie doit être repoussée sans hésitation, il ne saurait y avoir de droit réel, de droit de
préférence qu'en vertu de la *lex rei sitæ;* le statut personnel serait sans cela en conflit avec le statut terri·
torial; or, il est de principe que le statut réel quand il
concerne les intérêts de la société domine tout statut
étranger (190).

On a objecté à notre solution qu'un acte étranger
tel qu'un acte de mariage ne peut pas plus donner
en France d'hypothèque légale qu'il ne pourrait y
donner d'hypothèque conventionnelle (Massé, II,
n° 827). Nous répondons que si le mariage est la condition *sine quâ non* de l'hypothèque légale, il n'en
est cependant pas le principe. C'est la loi qui, par sa

(188) Demangeat, *sur Fœlix* I, p. 151, n° 67, note *a*. Laurent, VII, *Principes* I, 116. Fiore, *drt intern.* 231; *Del. fallimento*, p. 118, Carle 58.

(189) Demangeat, *loc. cit.*

(190) Valette, *Privilèges et hypothèques* n° 139; — Brissaud, *Revue
générale du droit*, 1881, p. 159.

toute-puissance, l'attache à ce fait. Dès lors ce fait, le mariage, étant tenu pour [constant en France, et il . l'est en vertu de l'art. 47 du code civil, devra y produire tous les effets que la loi française attache au mariage sur les biens situés en France (191).

Ce que nous venons de dire conduit à écarter une opinion qui s'attache au lieu où le mariage a été célébré, et admet l'hypothèque légale, lorsqu'il a été célébré en France. Il n'y a du reste aucune raison pour accorder à la femme étrangère mariée en France à un étranger, une garantie qu'on refuse à la femme étrangère mariée dans son pays.

Après avoir établi que l'hypothèque légale appartient à l'incapable étranger sur des biens situés en France si la loi personnelle de cet étranger la lui accorde, demandons-nous si les restrictions apportées par notre droit à l'hypothèque légale de la femme en cas de faillite du mari recevront leur application dans un pays autre que celui où la faillite a été déclarée. La question ne nous paraît pas douteuse si le jugement déclaratif de faillite a à l'étranger l'autorité de la chose jugée, la femme est alors partout considérée comme femme de failli, partout elle devra subir les restrictions que la loi attache à cette qualité. Mais la loi du lieu de la faillite et celle de la situation peuvent être différentes, laquelle appliquera-t-on ? On appliquera la loi du lieu de la situation. Les dispositions législatives dont il s'agit sont fondées sur une présomption de fraude ; c'est

(191) Ce qui prouve d'une manière non douteuse que l'hypothèque légale ne doit pas être assimilée à l'hypothèque conventionnelle, c'est qu'elle ne peut être totalement supprimée par un contrat de mariage.

dire qu'elles sont d'ordre public, la loi territoriale sera seule applicable. Si le jugement n'a pas en France autorité de chose jugée, l'état de faillite n'étant pas reconnue en France, la femme pourra y exercer ses droits comme si cet état n'existait pas.

A côté des hypothèques légales dont il vient d'être question, il en est une autre accordée à l'Etat et aux établissements publics sur les biens des receveurs et administrateurs comptables (c. civ., 2121, l. belge, art. 47). Cette hypothèque est de droit public, la société est intéressée à ce que le maniement des deniers affectés au service de l'Etat soit garanti ; c'est dire qu'il y a là un droit essentiellement territorial ; il n'appartiendra donc pas à un Etat ou un établissement public étranger sur les biens de ses administrateurs situés en France.

III. — *Hypothèque judiciaire.*

L'hypothèque judiciaire est celle que la loi attache aux jugements comme garantie des condamnations qu'ils prononcent. Résultera-t-elle des jugements étrangers ? L'art. 2123 répond à la question. Elle n'en résultera qu'autant que le jugement aura été rendu exécutoire par les tribunaux français. Nous avons vu quelle est, sur ce point, la mission du juge, nous n'avons pas à y revenir. Si le jugement a été rendu sans révision du fond, il faudra pour qu'il emporte hypothèque judiciaire que la loi sous l'empire de laquelle il a été rendu y attache cet effet. Un jugement belge auquel le *pareatis* aura été donné par un tribunal français ne produira pas en France hypothèque judiciaire.

L'*exequatur* ne donne pas au jugement étranger une autorité nouvelle, ce jugement reste ce qu'il était, un jugement ne conférant pas d'hypothèque, le créancier qui l'aura obtenu restera créancier chirographaire (192). Ce motif montre bien que notre solution serait autre si la mission du tribunal français avait été non pas de donner au jugement étranger un simple *pareatis*, mais de procéder à la révision même du procès, il y aurait alors un nouveau jugement français qui produirait hypothèque judiciaire conformément au droit commun.

On a repoussé la distinction que nous venons de faire, et on a prétendu que lorsqu'il s'agit de faire produire hypothèque à un jugement étranger, la révision du fond est toujours nécessaire alors même que ce jugement aurait été rendu contre un étranger. Sans cela, a-t-on dit, il ne serait plus vrai que les immeubles situés en France sont régis par la loi française (193). Nous nous demandons ce que deviendra dans ce système l'art. 2123 du code civil, il ne recevra plus aucune application car l'hypothèque résultera toujours du jugement français qui aura statué à nouveau sur la contestation. Notre opinion ne fait pas le moins du monde échec à l'art. 3, puisque, comme nous avons eu plus d'une fois occasion de le dire, on se référera

---

(192) C'est également d'après la loi du lieu où le jugement aura été rendu que sera appréciée l'étendue des droits des créanciers ; la *lex rei sitæ*, ne sera prise en considération que pour la détermination des biens grevés d'hypothèque, la mesure dans laquelle ils seront frappés, et la manière de mettre en action le droit hypothécaire.

(193) D. A. V° *Priv. et hyp.*, n° 1168.

à la loi française pour la détermination des biens soumis à l'hypothèque, les règles de publicité,..... etc.

Connaissant maintenant les créanciers qui peuvent réclamer un droit de préférence dans la faillite de leur débiteur, nous devons nous demander si cet état entraîne dérogation aux règles concernant l'exercice. de l'action réelle qui leur compète a raison de leurs privilèges ou hypothèques. C'est ce que nous ferons dans le paragraphe suivant.

D. La déclaration de faillite entraîne-t-elle dérogation aux règles générales concernant l'exercice de l'action réelle des créanciers privilégiés ou hypothécaires ?

Le créancier hypothécaire a, en cas de faillite, une situation tout à fait spéciale. Il a d'abord deux droits : Un droit de gage général sur tous les biens de son débiteur, un droit de gage spécial sur les biens affectés à sa créance. L'actif de la faillite se compose par conséquent de deux masses : la masse privilégiée réservée aux créanciers privilégiés et hypothécaires, et la masse chirographaire comprenant tous les autres biens du failli, et à laquelle prennent part également les créanciers privilégiés et hypothécaires eux-mêmes, soit pour toute leur créance s'ils n'ont rien pu obtenir sur le prix de l'immeuble qui leur était affecté, soit pour une partie s'ils n'ont pu recouvrer qu'une portion de leur créance. Si la garantie résultant de leur droit de préférence est sérieuse, elle peut leur faire espérer un paiement intégral, le mieux sera de se tenir en dehors de la faillite et d'exercer leur action comme si la faillite n'existait pas ; dans le cas contraire, ils pourront, tout en réservant leurs droits réels, faire vérifier et affirmer leurs créances afin de participer aux distributions à faire entre les créanciers chirographaires. Mais ils ne pourront prendre immédiatement l'un ou l'autre de ces partis ; de là une incertitude sur la question de savoir s'ils prendront ou non part à la faillite ; de là aussi la nécessité de concilier le respect de leurs droits avec les exigences de la faillite dont le but est de liquider le patrimoine. On peut, dans un premier système, enlever aux créanciers privilégiés et hypothécaires à dater de la déclaration de la faillite, leur action sur les biens grevés, et en confier l'exercice aux syndics, de sorte que le tribunal de la faillite opérera la répartition aussi bien entre les créanciers hypothécaires qu'entre les créanciers chirographaires. Ce système à l'avantage de concentrer, dans une puissante unité, l'expropriation et la vente des biens, ainsi que la répartition des deniers entre les différents créanciers. Seulement, il présente le grave inconvénient de priver les créanciers privilégiés et hypothécaires de leur liberté d'action ; il porte en quelque sorte atteinte à leur droit qui était d'attendre le moment le plus favorable pour saisir les biens qui leur avaient été spécialement affectés. Aussi est-il généralement rejeté.

Dans un autre système consacré par le code de commerce français et par la loi italienne, la faillite se divise en deux périodes : une période préparatoire qui commence au jugement déclaratif et se termine à la tentative inutile de concordat, et une période définitive, lorsque les créanciers sont en état d'union.

Pendant la première de ces deux périodes, les créanciers ayant un droit de préférence, conservent toute leur liberté d'action, ils peuvent se tenir en dehors de la faillite, agir comme ils le voudront. Dans la seconde, au contraire, il appartiendra aux syndics seuls de provoquer la vente des biens, même de ceux frappés de privilèges et d'hypothèques. On présume dans ce système que ceux des créanciers qui n'ont pas exercé leurs droits pendant la période préparatoire, ont voulu laisser aux syndics l'exercice de leur action, tout en se réservant la faculté de faire valoir leur droit de préférence devant le tribunal de la faillite. Ce système, on le voit, concilie fort bien le respect des droits des créanciers avec les exigences de l'état de faillite. Nous en appliquerons le principe au cas où les biens grevés sont situés dans un pays autre que celui où la faillite a été déclarée (194).

Si la vente des biens situés à l'étranger est faite à la requête des créanciers privilégiés ou hypothécaires, c'est au tribunal de la situation qu'il appartiendra d'y procéder et de faire la répartition suivant l'ordre des préférences. Le surplus sera versé entre les mains des syndics.

Si on est arrivé à l'état d'union sans que les créanciers hypothécaires aient exercé leurs droits, les syndics devront, après avoir fait rendre exécutoire le jugement déclaratif (195) demander le concours de

---

(194) Carle, n° 62.

(195) L'exequatur sera nécessaire, car il s'agira de procéder à une mesure d'exécution sur les biens, et cela en vertu du jugement déclaratif, puisque les deniers provenant de la vente seront attribués aux syndics.

l'autorité locale qui procédera à la vente d'après la loi du lieu de la situation, le prix en provenant sera versé entre les mains des syndics qui auront à faire la répartition entre les créanciers. Le droit de préférence sera réglé bien entendu d'après la *lex rei sitœ* parce qu'il tient à l'organisation de la propriété foncière dans les divers Etats. Si le jugement n'a pas l'autorité de la chose jugée, il y aura lieu d'ouvrir un nouveau nouveau concours au lieu de la situation des biens, c'est alors devant le tribunal de ce lieu que se feront toutes les opérations (196).

Les modifications que nous venons de voir apporter à l'exercice des privilèges et hypothèques par l'état de faillite se produiront également lorsqu'il s'agira des créanciers gagistes et privilégiés sur les meubles ; eux aussi réunissent en leur personne un double droit : l'un réel sur la chose grevée, l'autre personnel sur le reste du patrimoine : nous leur appliquerons donc les règles qui viennent d'être posées. Mais il se présente ici un expédient plus simple consacré par l'art. 547 du code de commerce et qui consiste à permettre aux syndics de retirer le gage en payant la dette. Ce moyen, ils pourront l'employer contre un créancier étranger comme contre un créancier national. Cette mesure est, en effet, plutôt favorable au créancier qu'elle ne lui est préjudiciable ; il est, du reste, toujours permis au tiers de payer pour le compte du débiteur. Un pacte commissoire peut avoir été conclu valablement dans le pays où le con-

---

(196) Carle, 62 ; Fiore, *Droit international*, 377 ; *del alflimento*, p. 120.

trat s'est formé, et le créancier peut être ainsi devenu propriétaire de la chose engagée : pourra-t-il opposer son droit aux syndics qui voudront user de la faculté de l'art. 547 du code de commerce ? Non, si la chose grevée se trouve en France : le pacte commissoire a été considéré par le législateur comme contraire à l'ordre public ; par conséquent, la loi territoriale sera seule applicable. Si la chose grevée se trouve à l'étranger, le même motif n'existe plus, la convention des parties recevra son exécution.

CHAPITRE V

Solution de la faillite

---

§ I. — Du Concordat

Nous avons vu dans la partie de cette étude consacrée à la législation comparée, ce que c'est que le
concordat, et quels sont les motifs qui l'ont partout fait
admettre. Etudions maintenant les conflits qui peuvent s'élever lorsque l'actif de la faillite se trouve
disséminé sur le territoire de plusieurs états. Il est
tout d'abord certain que les formalités prescrites pour
consentir un concordat, le droit d'y concourir ou d'y
faire opposition, et toute la procédure pour arriver à
l'homologation, devront être réglés par la loi du lieu
où la faillite a été déclarée. La raison en est que les
lois de procédure sont d'ordre public, par conséquent
essentiellement territoriales. C'est encore par la même
loi que sera appréciée la possibilité pour le failli d'obtenir un concordat. Un doute peut cependant s'élever
sur ce point; car, en règle générale, la capacité d'une
personne doit être appréciée d'après sa loi nationale ;
mais le doute disparaît quand on songe que c'est
toujours pour des raisons de moralité et partant
d'ordre public que les différentes législations excluent
certaines personnes du bénéfice du concordat. S'il en

est ainsi, la loi du lieu de la faillite sera seule applicable.

Des difficultés plus graves s'élèvent sur la question de savoir quelle est, à l'étranger, l'efficacité du concordat homologué par le tribunal du lieu où se poursuit la faillite. Il nous paraît tout d'abord certain que le concordat sera obligatoire pour tous les créanciers soumis à la loi sous l'empire de laquelle il aura été consenti (197), peu importe que ces créanciers y aient ou non pris part. Ainsi, un concordat homologué en Belgique sera opposable en France aux créanciers belges. Le sera-t-il également à des créanciers français, en supposant, bien entendu, qu'ils n'y aient pas adhéré, car sans cela il y aurait une simple convention obligeant ceux qui y ont pris part et dont l'efficacité serait reconnue partout? Le failli en vertu du concordat reprend l'administration de ses biens, reprendra-t-il celle des biens situés à l'étranger? enfin pour que le concordat produise tous ces effets sera-t-il nécessaire de le faire rendre exécutoire? Telles sont les questions que nous avons à examiner.

Suivant M. Massé, le concordat conclu dans un pays ne peut être, en France, opposé aux créanciers français, peu importe que le failli soit Français ou étranger. « Le concordat, dit-il, est un mode particulier de libération établi par la loi civile et qui ne peut être opposé qu'à ceux que leur nationalité soumet à cette loi. Il suppose de la part du créancier l'abandon d'une

---

(197) Cette proposition ne saurait être sérieusement contestée ; en contractant avec un individu appartenant à la même nationalité que lui, le créancier a dû évidemment s'attendre à l'application de la loi nationale.

partie de sa créance, et s'il ne consent pas à l'abandonner, la loi y consent pour lui. Il faut donc pour que ce consentement puisse lui être opposé, que cette loi l'oblige, ou que, du moins, il se trouve placé sous son empire. Sans doute, un créancier étranger, bien qu'il n'ait pas adhéré au concordat, ne pourra obtenir en France plus de droits que les créanciers français parce que la loi ne peut admettre deux ordres de créanciers et favoriser l'étranger plus que le Français. Mais s'il assigne son débiteur devant un tribunal étranger, celui-ci ne pourra pas lui opposer utilement le concordat fait en France et auquel le créancier n'a pas adhéré. De même un étranger qui, ayant fait faillite dans son pays, y a obtenu un concordat, ne peut se prévaloir de ce concordat pour repousser les poursuites que dirigeraient contre lui en France ses créanciers français (198) ». Le concordat passé à l'étranger ne pourra même, d'après le savant auteur, être homologué en France ; cette homologation est, dit-il, un acte judiciaire de la compétence du juge de la faillite qui en a surveillé et suivi les opérations, et auquel seul il appartient de la clore en connaissance de cause. Il va plus loin encore : le jugement d'homologation rendu par le tribunal de la faillite ne pourrait être rendu exécutoire en France. On comprend qu'on rende exécutoire en France un véritable jugement, mais ici, il ne s'agit que d'un acte de tutelle, destiné seulement à élever une convention à la hauteur d'un acte public, et à la rendre opposable à ceux qui n'y

(198) Massé, *loc. cit.,* I, 613, II, 811 ; Renouard, *Faillites et banqueroutes,* 3ᵉ éd., II, 65 ; Pardessus, 1488 *bis* ; Fœlix, *Droit intern.,* 618.

ont pas été parties. Cet acte ne peut être apprécié séparément de la convention à laquelle il se rapporte ; or, cette convention n'est pas opposable aux créanciers qui n'y ont pas adhéré, il doit donc en être de même du jugement qui l'homologue, ce jugement ne fait qu'assurer l'exercice du droit préexistant, mais il n'a pas pour effet de créer un droit qui n'existe pas. Inefficacité absolue du concordat vis-à-vis des créanciers français qui n'y ont pas adhéré, efficacité vis-à-vis de ceux qui y ont consenti, impossibilité de l'homologuer en France, enfin, dans tous les cas, inutilité de *l'exequatur*, telle est la conclusion à tirer de cette doctrine (199). Elle a été consacrée par la cour de Paris dans un arrêt du 25 févr. 1825 (D. P., 1825, 2, 207). Le concordat obtenu à l'étranger y a été déclaré sans effet en France, par application des art. 905, c. de pr. et 575, c. com. (541 du texte modifié en 1838) qui défendent d'admettre les étrangers au bénéfice de la cession judiciaire (200).

Dans une deuxième opinion soutenue par M. Lainé (201), un concordat obtenu à l'étranger peut être homo-

---

(199) Le motif sur lequel M. Massé fonde son opinion, à savoir que le concordat étant un mode de libération dérivant de la loi civile, ne peut être opposé qu'à ceux qui sont soumis à l'empire de cette loi, montre bien que la solution du savant magistrat serait la même, si le concordat était opposé en France à des créanciers non français, mais étrangers au pays où le concordat a été consenti.

(200) Un jugement du tribunal de la Seine du 9 février 1864 a admis comme opposable en France un concordat obtenu à l'étranger : mais il importe de remarquer que ce contrat avait été homologué par le tribunal consulaire français établi à l'étranger.

(201) *Faillites*, sur l'art. 516, p. 255.

logué par les tribunaux français et rendu par eux
exécutoire, pourvu qu'il réunisse les conditions
requises par la loi du lieu où s'est formé le concordat.

Rocco, toujours préoccupé de l'idée du statut réel,
la combine avec celle de l'unité et de l'universalité de
la faillite. Le concordat obtenu à l'étranger et homo-
gué par l'autorité compétente oblige tous les créanciers indistinctement, les nationaux comme les
étrangers, mais il ne s'étend pas aux biens situés à
l'étranger ; pour que le concordat puisse produire
quelqu'effet quant à ces biens, il faudrait qu'il eût
été rendu exécutoire. Jusqu'à ce moment, les créanciers pourront agir sur ces biens (202).

Bien différentes sont les solutions des auteurs qui
admettent le système de l'unité et de l'universalité de
la faillite. Le créancier, dit l'un de ses partisans les
plus convaincus M. Fiore, (203) se soumet volontairement à la loi qui doit régler l'exécution de la convention; c'est cette loi qu'il faudra appliquer non-seulement quant au paiement envisagé comme cause
d'extinction des obligations, mais encore pour décider
si certains actes équivalent à renonciation ou à une
remise tacite de la dette. Or, en cas de falllite, la juridiction personnelle du domicile du failli doit prévaloir
sur la juridiction spéciale de l'obligation, les créanciers
qui doivent venir en concours en ce lieu sont censés
s'être soumis à la loi de ce lieu. Si donc cette loi
porte que la majorité fera la loi à la minorité et

(202) *Diritt. priv. intern.*, cap. 33.
(203) *Del. fallimento*, p. 97; *dr. intern.* 307.

pourra lui imposer certains sacrifices, une semblable disposition les obligera, sans qu'il y ait à distinguer entre les nationaux et les étrangers. M. Carle (n° 52) admet la même théorie en se fondant sur ce que le concordat n'est qu'une convention : oui pour ceux qui y ont adhéré ; mais la question est de savoir s'il est opposable à ceux qui n'y ont pas adhéré ; il est clair que pour ces derniers, on ne saurait parler de conventions. Le motif qui conduit à déclarer opposable le jugement d'homologation à ceux qui n'ont pas pris part au concordat a été excellemment mis en lumière par M. Dubois. Le savant professeur applique à ce jugemeut la théorie générale de l'autorité des jugements étrangers. Il sera donc opposable à tous les créanciers et les empêchera d'agir sur les biens du failli, quel que soit le lieu de leur situation, et cela sans qu'il soit nécessaire de faire au préalable déclarer exécutoire le jugement déclaratif de faillite. L'*exequatur* du jugement homologatif deviendra au contraire nécessaire, si, au lieu d'opposer le concordat comme moyen de défense, on entend s'en prévaloir pour procéder à des actes d'exécution proprement dits. Le juge appelé à donner cet *exequatur* devra se borner à examiner si le jugement qui lui est présenté a été rendu par l'autorité compétente et s'il ne contient rien de contraire à l'ordre public de l'Etat où l'on veut l'exécuter. Mais alors l'*exequatur* du jugement homologatif ne suffira pas, il faudra en outre l'*exequatur* du jugement déclaratif, l'exécution du jugement homologatif n'étant au fond que l'exécution de celui qui a déclaré l'état de faillite (204).

(204) Dubois : *sur Carle*, note 116.

Mais ce que nous venons de dire sur la nécessité de l'*exequatur* n'est pas admis par tous les partisans du système de l'unité de la faillite. C'est ainsi que M. Carle (205) ne permet d'opposer le jugement homologatif aux créanciers étrangers qu'autant que le jugement déclaratif aura lui-même été rendu exécutoire. Il y a là, comme le fait remarquer M. Dubois (206), une contradiction dans son système : pour faire produire au concordat un effet à l'étranger, il se base sur ce que le concordat n'est qu'une convention ; mais alors on devrait tenir pour superflu non-seulement l'*exequatur* du jugement d'homologation, mais encore celui du jugement déclaratif lui-même.

M. Fiore, après avoir soutenu d'abord comme M. Dubois, que le concordat devrait être partout opposable même sans *exequatur* (207), est revenu sur sa première opinion. « Il nous paraît, dit-il, que pour que « le concordat soit opposable en justice dans un pays, « il est nécessaire de le faire auparavant déclarer « exécutoire et nous modifions sur ce point l'opinion « que nous avons précédemment exprimée ». Un peu plus loin, il ajoute qu'aucun acte d'un magistrat ne devrait être efficace en dehors du territoire de l'Etat, et qu'il est toujours nécessaire, dans un tiers pays, que le jugement soit rendu exécutoire (208). Nous avouons ne pas comprendre. De deux choses l'une, en effet, ou bien on considèrera le jugement d'homologation

---

(205) N° 52.
(206) *Loc. cit.*
(207) *Del fallimento*, p. 101 ; *Dr. intern.*, n° 307.
(208) Appendice au § 305, p. 689.

comme un acte de juridiction volontaire, comme donnant l'autorité et l'authenticité à une convention privée ; et alors cet acte doit valoir partout en vertu de la règle *locus regit actum;* ou bien le jugement sera un acte de juridiction contentieuse, et alors en vertu du principe admis et vigoureusement soutenu par M. Fiore, le jugement aura l'autorité de la chose jugée. Mais si le jugement a l'autorité de la chose jugée, il fera foi par lui-même des faits qu'il constate et l'*exequatur* ne sera nécessaire que pour sauvegarder le principe de la souveraineté territoriale, c'est-à-dire lorsqu'il s'agira de procéder à des mesures d'exécution sur le territoire étranger. Nous ne saisissons pas pourquoi on exigerait l'*exequatur* pour lui faire produire un effet purement négatif.

En présence de cette variété d'opinions, à quelle doctrine faut-il s'attacher ? Nous pensons tout d'abord avec MM. Massé et Renouard (209), qu'un concordat consenti en pays étranger ne pourrait être homologué par un tribunal français. Les tribunaux de commerce n'ont le pouvoir d'accorder ou de refuser l'homologation que parce que la loi suppose qu'ils doivent parfaitement connaître la moralité et la situation d'une faillite ouverte, instruite, suivie par devant eux, sous la surveillance du juge commissaire. Ce motif n'existe pas lorsqu'il s'agit d'un concordat consenti à l'étranger. Mais une fois le concordat homologué en parfaite connaissance par les magistrats qui ont présidé aux opérations de la faillite, faut-il d'une manière ab-

(209) *Loc. cit.*

solue lui refuser tout effet en France ? C'est ce qu'il nous paraît impossible d'admettre. Le jugement qui homologue un concordat ne peut pas être considéré comme donnant l'authenticité à une convention privée ; ainsi que nous l'avons remarqué, il ne peut être question de convention vis-à-vis des créanciers qui n'y ont pas consenti. C'est un acte de tutelle, mais qui peut être soumis à un débat contradictoire. Les créanciers peuvent y faire opposition pour une raison ou pour une autre ; les syndics devront défendre à leur action : n'y a-t-il pas là tous les éléments d'une contestation ? Dès lors si le jugement d'homologation est un véritable jugement, nous lui appliquerons comme l'a fait M. Dubois les règles relatives à l'autorité des jugements étrangers ; seulement, partant d'un principe différent du sien, nous arriverons à une solution différente. Nous refuserons au jugement homologatif l'autorité de la chose jugée lorsqu'il sera opposé à des créanciers français ; le failli n'aura alors que la ressource de provoquer une nouvelle déclaration de faillite en France. Si, au contraire, on l'oppose en France à des créanciers étrangers, mais n'appartenant pas au pays où la faillite a été déclarée et le concordat homologué (sans cela la question ne se poserait pas), le jugement aura l'autorité de la chose jugée et il arrêtera les poursuites des créanciers pour ce qui dépasserait le dividende promis. D'un autre côté, le failli reprendra à leur égard l'administration de ses biens : l'*exequatur* ne sera nécessaire que lorsqu'on voudra procéder à des mesures d'exécution. Nous appliquons en d'autres termes l'art. 121 de l'ordonnance de 1629 qui, comme nous espérons l'avoir démontré est encore en vigueur aujourd'hui (210).

Mais demander l'*exequatur* du jugement homologatif étranger, c'est exécuter le jugement déclaratif lui-même, ce jugement devra donc aussi être revêtu de l'*exequatur;* d'où la conclusion que, si, d'après les principes ci-dessus exposés, il n'a pas l'autorité de la chose jugée, le jugement d'homologation, n'aura par voie de conséquence, aucun effet en France.

Après avoir exposé les diverses théories admises en France, et indiqué celle qui nous paraît la plus juridique, examinons rapidement la doctrine et la jurisprudence des nations étrangères. En Angleterre, prévaut la règle que « la décharge d'un débiteur sous une loi de faillite quelconque est considérée comme le déchargeant de toutes les dettes et obligations contractées dans le ressort de cette loi, mais d'aucune autre. Il n'y a exception que dans le cas de décharge sous une loi de faillites passée par le Parlement pour une partie quel-

(210) Il est clair que pour que le jugement homologatif ait dans un pays une autorité quelconque, il ne devra pas être en opposition avec l'ordre public tel qu'on l'entend dans ce pays. Application de ce principe a été faite par la cour de Bruxelles dans un arrêt du 3 janvier 1860. On opposait à un créancier belge un certificat délivré conformément à la loi de la Nouvelle Galles du Sud par l'autorité judiciaire, et ayant pour effet de libérer absolument le débiteur sans le consentement des créanciers. La cour refusa de reconnaître à cet acte tout espèce d'efficacité et elle le considéra avec raison comme étant contraire aux principes de droit public admis en Belgique. D'après le droit commun, c'est aux créanciers seuls qu'il appartient de remettre tout ou partie de la dette et ce n'est qu'exceptionnellement et pour des raisons d'intérêt général que l'individu doit subir les décisions de la majorité. Mais jamais il n'est permis au magistrat de libérer complètement le débiteur sans l'assentiment de ses créanciers.

conque de l'empire britannique; car l'autorité du Parlement obligerait tout tribunal britannique à admettre cet acte comme décharge de toutes dettes et obligations en quelque lieu qu'elles soient contractées » (211).

Tel est le principe. Des restrictions y sont apportées comme l'atteste Story, qui résume de la manière suivante la doctrine des jurisconsultes et des tribunaux anglais : Si, d'après la loi du pays où le débiteur a été libéré en vertu du concordat, les créanciers étrangers eussent été exclus de la répartition de l'actif, le débiteur ne sera pas libéré à leur égard, ils pourront exercer des poursuites contre lui, sans qu'il puisse leur opposer le concordat. Dans le cas contraire, il faudra sous-distinguer. Si la loi des faillites du pays où a été passé, ou bien où a dû être exécuté le contrat, opère *ipso jure* extinction de la dette, le débiteur sera libéré partout. Si cette loi enlève seulement aux créanciers le droit d'agir contre leur débiteur et de le faire emprisonner, on ne pourra à l'étranger arrêter le débiteur, mais on pourra le poursuivre à fins de paiement.

La même doctrine est admise en Amérique.

En Italie, les deux auteurs qui ont écrit sur la matière de la faillite en droit international, MM. Carle et Fiore admettent, ainsi que nous l'avons vu, l'efficacité du jugement étranger. M. Rocco combine cette idée avec celle du statut réel. Nous ne connaissons pas

(211) *Revue de Gand*, VI, p. 399. Story, *conflicto of Laws*, §§ 338, 340; Fiore, *del fallimento*, p. 94.

de décisions judiciaires qui soient intervenues sur la question.

La jurisprudence belge a eu à se prononcer sur ce point (212), et elle a décidé que le concordat obtenu en France par un Français et homologué par un tribunal français (de Toulouse), pouvait être opposé en Belgique à un créancier belge. Mais c'est à tort que l'on a justifié cette décision en disant que les lois sur les faillites sont de statut personnel, le véritable motif, c'est que les jugements étrangers ont l'autorité de la chose jugée (213).

La jurisprudence allemande s'est prononcée en sens inverse (214). Les lois territoriales qui *imposent* un concordat ou une remise sont d'une nature éminemment particulière. Elles dérogent au droit commun et au droit contractuel qui autorise le créancier à exiger de son débiteur satisfaction complète, et, par conséquent, à le poursivre en paiement aussi longtemps qu'il peut payer. Elles obligent donc seulement le créancier qui est sujet à ces lois ou qui s'y est soumis volontairement............; en ce qui concerne la satisfaction réclamée sur la portion du patrimoine qui ne leur est pas soumise, elles demeurent sans force.

---

(212) Bruxelles, 1er déc. 1873; Clunet, 1874, p. 137.

(213) Ce motif ne pouvait être invoqué dans l'espèce jugée par la cour de Bruxelles, puisque nous savons que les jugements français n'ont pas, faute de traité, l'autorité de la chose jugée en Belgique.

(214) Trib. supér. de comm. de Leipzig, 13 juin 1877, Clunet 1874, p. 130, *rev. de Gand* VI. 1874, p. 412.

Appendice au concordat. — Du jugement accordant un sursis au débiteur.

L'étude des effets produits en France par le jugement étranger homologatif du concordat nous amène tout naturellement à nous demander quel doit être en France l'effet du jugement étranger qui, au lieu d'accorder une remise ou une libération de dette, accorde simplement un délai au débiteur (*moratorium, sursis*). Ces sursis sont possibles, nous l'avons vu, dans un assez grand nombre de législations. La cour de Bordeaux dans un arrêt du 15 février 1813 a décidé qu'ils ne pouvaient avoir aucun effet, hors du pays où ils ont été obtenus. Il s'agissait dans l'espèce d'une saisie-arrêt faite en France au préjudice d'un débiteur étranger, auquel le Sénat de Dantzig avait accordé un sursis (215). Cette saisie fut déclarée valable nonobstant le sursis. M. Massé (216), regarde cette décision comme inattaquable. Un pareil jugement, dit-il, n'a d'autorité qu'à l'égard des créanciers sur lesquels le juge qui le prononce a juridiction. Un juge étranger ne peut imposer aux créanciers qui ne sont pas ses justiciables, l'obligation de se soumettre à un sursis auquel ils ne sont pas astreints, sous l'empire de la législation qui leur est propre. Telle est également la doctrine de Fœlix et de Fiore (217). L'institution des sursis, dit ce dernier

(215) C. N., 4, 2, 252.
(216) II. 812.
(217) Fœlix, III. 368 ; Fiore, *del fallimento*, p. 103.

auteur, ne tend à rien moins qu'à violer la foi publique, à anéantir la force juridique de l'obligation, et à frustrer les espérances légales des créanciers à l'étranger.

M. Dubois *(sur Carle,* note 121) reconnaît au contraire l'autorité du jugement qui accorde un sursis au débiteur.

Nous appliquerons au jugement en question le principe que nous avons déjà eu souvent occasion de proclamer ; nous accorderons l'autorité de la chose jugée lorsque les créanciers auxquels on l'oppose sont étrangers : il les empêchera, dans ce cas, de pratiquer une saisie-arrêt en France ; seulement il faudra, bien entendu, qu'il y ait un véritable jugement ; si les délais étaient accordés sans précautions garantissant un examen sérieux, ils ne pourraient avoir aucun effet en France.

Si on se prévaut du jugement vis-à-vis de créanciers français, il n'aura alors, conformément à l'art. 121 de l'ordonnance de 1629, aucune autorité à leur égard (218). Quant aux délais accordés par une loi étrangère, on pourra, suivant nous, les invoquer dans un autre Etat, pourvu que les dispositions de cette loi soient raisonnables et ne soient pas en contradiction avec les principes de droit public admis dans l'Etat où l'on s'en prévaut. Mais, à la différence des délais accordés par des jugements dont l'autorité, dans les cas où elle est admise, est restreinte aux parties en cause, ceux dont il est maintenant question auront

(218) Demangeat, *sur Fœlix,* II, 368, note *a.*

effet *erga omnes* parce que tel est en général l'effet des lois (219).

§ 2. — De l'union des créanciers et de la répartition de l'actif

La répartition de l'actif entre les créanciers chirographaires, les seuls dont il nous reste encore à parler, devra se faire suivant la législation du pays où la faillite a été déclarée. Les créanciers étrangers doivent subir le même traitement que les nationaux ; l'égalité du traitement est la règle unique. Il appartiendra au juge commissaire de veiller à ce que, dans la répartition, la part des créanciers étrangers soit réservée, alors même que leurs créances n'auraient pas été portées au bilan faute d'avoir été vérifiées, pourvu, bien entendu, que les délais impartis pour cette vérification ne soient pas expirés (220).

Il peut arriver que la répartition du prix des biens meubles précède celle du prix des immeubles ; les créanciers ayant hypothèque sur des biens situés à l'étranger pourront certainement concourir à la condition d'avoir fait vérifier leurs créances. Seulement le tribunal devra prendre des mesures pour assurer

(219) Dubois, *loc. cit.* Cette question n'est au fond que celle que soulevait, en pays étranger, l'application des lois et décrets français qui, en raison de la guerre de 1870-1871, avaient prorogé sinon les échéances, du moins les délais accordés pour les protêts des effets de commerce. Voir sur ces points les intéressants développements donnés par M. Chrétien dans son excellente monographie sur la *Lettre de change en droit international*, n° 72.

(220) Carle, n° 55. — Fiore, *del fallimento,* p. 121.

les distractions qui devront être opérées en compensation du prix des immeubles sur la masse chirographaire (221). Il pourra, par exemple, décider que les sommes afférant aux créanciers dans la répartition des biens meubles soient versées à la Caisse des dépôts et consignations. C'est ce qui a été jugé par la cour de Paris, le 31 juillet 1831, dans les circonstances suivantes (222) : En 1819, la maison française Bels avait été déclarée en faillite en France. Parmi les créanciers reconnus et vérifiés se trouvait la maison Pellegrino et Bonsignore de Milan, admise pour une somme de 230,000 fr., dont 100,000 garantis par une hypothèque sur des immeubles situés en Italie. La vente des biens meubles ayant précédé celle des immeubles, la maison italienne demanda à être admise dans la répartition pour le montant total de sa créance. Les syndics s'y oppposèrent en se fondant sur ce qu'il fallait en déduire les 100,000 francs garantis hypothécairement. Le tribunal de la Seine, par jugement du 29 août 1829, leur donna gain de cause et ordonna la déduction ; mais le jugement fut réformé par la cour de Paris qui décida par application des art. 540 et 541, c. co. (art. 553 et 554 du texte modifié en 1838), que la maison italienne devait être colloquée pour la totalité de sa créance. Mais elle ordonna que les 100,000 francs dont le paiement était garanti par une hypothèque, seraient déposés à la Caisse des dépôts et consignations, à la charge, par la maison italienne, de justifier dans le délai d'un an, de ses poursuites et diligences

(221) Carle, n° 62, p. 126 ; Fiore, *loc. cit.*, p. 122.
(222) Sir., 1831, 2, 260.

aux fins d'être payée sur le prix des immeubles hypothéqués (223).

Le tribunal pourrait aussi sauvegarder les intérêts respectifs des différents créanciers en priant le tribunal du lieu de la situation, à supposer bien entendu que le jugement déclaratif ait en ce lieu l'autorité de la chose jugée, en priant, disons-nous, ce tribunal de concourir aux opérations de la faillite et de procéder à la vente des biens.

(223) L'arrêt dont il est question a été cassé par arrêt de la chambre civile en date du 13 mai 1835, (Sir. 35 1, 107.) non pas cependant pour avoir appliqué aux créanciers étrangers les art. du c. co. cités au texte, mais pour n'avoir pas reconnu la maison Pellegrino comme créancière privilégée sur la masse mobilière à titre de frais faits pour la conservation de la chose. Le dépôt à la caisse des dépôts et consignations avait donc été ordonné à tort. Mais la décision eût été fort juste si la créance avait été hypothécaire. Voir sur cette affaire : Dubois *sur Carle* (notes 139 et 140) auquel nous empruntons ces développements.

CHAPITRE VI.

Excusabilité et Réhabilitation.

La faillite étant terminée, le failli pourra, sur l'avis des créanciers, obtenir du tribunal une déclaration d'excusabilité. Le principal avantage de cette déclaration était, avant la loi du 22 juillet 1867, l'affranchissement de la contrainte par corps. Ces questions n'ont plus d'intérêt aujourd'hui depuis l'abolition de cette mesure rigoureuse en matière civile, commerciale et contre les étrangers. Nous n'insisterons donc pas (224). Nous dirons seulement que l'excusabilité n'ayant plus pour le failli qu'un intérêt purement moral, il n'y a aucune raison pour en refuser le bénéfice aux étrangers. La déclaration d'excusabilité laisse subsister certaines incapacités : c'est ainsi que le failli reconnu excusable reste privé de ses droits politiques, c'est ainsi que l'entrée de la Bourse continue à lui être interdite. Ces conséquences ne disparaîtront entièrement que par la réhabilitation. La réhabilitation est accordée par la cour d'appel dans le ressort de laquelle le failli est domicilié (art. 605 du C. com.) L'arrêt qui la prononce est un acte de juridiction purement gra-

(224) Voir sur ces questions, Demangeat, *sur Bravard*, v. p. 642, note 1 ; Fiore, *loc. cit.*, cap. VII.

cieuse n'entraînant ni condamnation ni exécution, il aura donc en tous pays l'autorité de la chose jugée (225).

La seule difficulté qui puisse s'élever en ce qui touche la réhabilitation est celle de savoir si le commerçant déclaré en faillite dans un Etat où il avait son principal établissement, peut être efficacement réhabilité dans un autre. Pour soutenir l'affirmative, on est parti du principe que le jugement déclaratif de faillite rendu dans un Etat doit avoir partout l'efficacité nécessaire pour autoriser une sentence de réhabilitation (226). Même en admettant cette théorie que nous avons repoussée comme trop absolue, nous ne croyons pas qu'on doive en tirer la conséquence dont nous venons de parler. Au contraire, si la déclaration de faillite émanant du tribunal compétent, est reconnue dans les autres Etats ceux-ci doivent précisément respecter les conséquences de cette déclaration et ne pas en anéantir les effets. Le seul tribunal compétent pour prononcer la réhabilitation est celui du lieu où la faillite a été déclarée ; lui seul est à même d'avoir les renseignements nécessaires pour statuer en connaissance de cause. Autrement, comme le dit Carle (227), il serait trop facile à un étranger ou même à un national déclaré en faillite à l'étranger, de recourir pour être réhabilité, à des tribunaux qui ne connaîtraient ni les causes, ni les circonstances, ni en un

(225) Carle, n° 72, Massé, II, 813.
(226) Vincens, *Législ. comm.*, I, p. 566.
(227) N° 73.

mot la moralité de la faillite. Il y aurait là une source de fraudes et une porte ouverte à la mauvaise foi. Ajoutons que toutes les législations exigent pour la réhabilitation que le failli ait entièrement satisfait ses créanciers ; or, le seul tribunal qui puisse se prononcer sur cette satisfaction intégrale est celui devant lequel a été discuté le bilan et évalué tant l'actif que le passif ; devant lequel en un mot se sont déroulées toutes les opérations de la faillite (228).

(228) Carle, *loc. cit.*

N.

CHAPITRE VII

Traités Internationaux.

———

Nous venons de voir les hésitations de la jurisprudence française, le peu d'ensemble qui règne dans son système, et, après avoir jeté un coup d'œil rapide sur la doctrine et la jurisprudence étrangères, nous avons exposé la théorie qui nous paraît ressortir de l'état actuel de la législation. Cette théorie, il faut le reconnaître, ne répond pas au but que le législateur s'est proposé en règlementant la faillite. Ce but ne saurait même être pleinement atteint par des modifications dans les différentes législations; car le pouvoir du législateur s'arrête à la frontière de chaque Etat. Il ne peut l'être que par des conventions diplomatiques. C'est ce qui a été fait par quelques traités dont il nous reste à parler. Ces traités peuvent se diviser en deux catégories : ceux qui ne parlent pas de la faillite, et ceux qui contiennent sur cette matière des stipulations expresses. Nous avons vu que le jugement déclaratif doit être tenu pour un véritable acte de juridiction contentieuse, et nous avons condamné la théorie contraire qui prévaut dans la jurisprudence française. S'il en est ainsi, la conséquence qu'il faut en tirer et que nous en tirons en effet : c'est que les traités, intervenus entre la France et d'autres

Etats, relativement à l'exécution, sur les territoires respectifs de chacun d'eux, des jugements rendus dans l'autre, devront recevoir leur application en ce qui touche le jugement déclaratif de faillite comme en ce qui concerne les autres décisions judiciaires. Nous allons dire un mot de ces traités, nous nous occuperons ensuite de ceux qui contiennent des stipulations relatives à la faillite.

Traités relatifs à l'exécution des jugements rendus à l'étranger et ne contenant aucune clause relative à la faillite.

Traité franco-sarde du 24 mars 1760.

L'article 23, § 3 de ce traité est ainsi conçu : « Il est « convenu que pour favoriser l'exécution réciproque « des décrets et jugements, les cours suprêmes défé- « ront de part et d'autre à la forme du droit, aux réqui- « sitions qui leur seront adressées à ces fins même « sous le nom desdites cours. » Cet article ayant donné lieu à des interprétations diverses de la part des cours françaises (229) il a été échangé entre les deux gouvernements de France et de Sardaigne le 11 septembre 1860 une déclaration interprétative du traité (230) qui porte : « Il est expressément entendu

(229) Grenoble, 9 janv. 1826, C. N., 8. 2, 175 ; 3 janv. 1829, C. N. 9, 2, 185.

Aix, 25 nov. et 8 déc. 1858, Sir. 59, 2, 605.

(230) Sir. 1860, 4, 97.

« que les cours en déférant à la forme du droit,
« aux |demandes d'exécution des jugements rendus
« dans chacun des deux États, ne devront faire porter
« leur examen que sur les trois points suivants,
« savoir :

« 1° Si la décision émane d'une juridiction compé-
« tente ;

« 2° S'il a été rendu les parties dûment citées et lé-
« galement représentées ou défaillantes ;

« 3° Si les règles du droit public ou les intérêts de
« l'ordre public du pays où l'exécution est demandée,
« ne s'opposent pas à ce que la décision du tribunal
« étranger reçoive son exécution. »

Il existe à propos de ce traité plusieurs controverses.
C'est ainsi qu'on se demande s'il est encore en vigueur
et s'étend à toute l'Italie ; si la déclaration de 1860 a
force obligatoire en Italie, enfin si les lettres roga-
toires qui, d'après la pratique, sont adressées par les
cours italiennes aux cours françaises ou réciproquement, pour l'obtention de l'*exequatur*, sont nécessaires, ou s'il ne suffit pas à la partie qui veut obtenir
l'*exequatur* d'assigner directement la partie adverse.

Nous n'entrerons pas dans l'examen de ces questions qui trouveraient leur place dans un ouvrage spécial sur l'exécution des jugements(231), nous ne ferons
qu'appliquer le traité au jugement déclaratif et tirer
les conséquences de cette application.

Il est certain aujourd'hui, étant donnés les termes

(231) Voir sur ces points les intéressants développements donnés par
M. Lemoine, *de l'exécution des jugements étrangers*, p. 245 et s.

de la déclaration de 1760, que la révision du fond ne
doit pas avoir lieu, qu'en d'autres termes le jugement
rendu en France ou en Italie, a, dans l'autre pays,
l'autorité de la chose jugée. Cela conduit, en ce qui
touche le jugement déclaratif, à la théorie de l'unité et
de l'universalité de la faillite. Un jugement de ce genre
rendu par un tribunal français devra être reconnu
en Italie et réciproquement ; l'*exequatur* ne devra être
exigé que pour procéder à des mesures d'exécution
proprement dites, pour mettre en mouvement la force
publique de l'Etat où cette exécution doit avoir lieu.
La question n'a pas grand intérêt en Italie, puisque
les tribunaux de ce pays admettent d'une façon absolue la doctrine de l'unité et de l'universalité de la
faillite. En France, au contraire, il n'en est pas ainsi,
étant donné le principe d'où part la jurisprudence.
Elle n'a pas eu, que nous sachions, l'occasion de se
prononcer sur la question, mais étant données ses
tendances (232), il n'est pas douteux qu'elle ne la ré-
solve dans un sens contraire à l'opinion que nous venons d'émettre.

**Traité franco-badois du 16 avril 1846, étendu à l'Alsace-Lorraine
par la convention additionnelle du 11 décembre 1871 (233).**

L'art. 1 de ce traité porte : « Les jugements ou ar-

---

(232) D'une part, la jurisprudence française refuse au jugement déclaratif le caractère d'un véritable jugement ; d'autre part, elle voit dans la
faillite un statut réel et applique l'art. 3 du code civil.

(233) Cette convention a été ratifiée par la loi du 5 janvier 1872, Sir., 1872,
3, 162.

rêts rendus en matière civile et commerciale par les tribunaux compétents de l'un des deux Etats contractants, seront exécutoires dans l'autre lorsqu'ils auront acquis l'autorité de la chose jugée, pourvu toutefois que les parties intéressées se conforment aux dispositions de l'art. 3 ci-après. L'art. 3 est relatif aux pièces à produire.

Il résulte de ces textes qu'il n'y a plus lieu à révision du jugement étranger par le tribunal ou la cour qui accorde l'*exequatur :* le juge, appelé à donner l'*exequatur,* devra se borner à examiner si l'exécution ne porte pas atteinte à l'ordre public. Les conséquences à tirer de là, quant au jugement déclaratif, sont identiques à celles que nous avons indiquées à propos du traité franco-sarde ; nous n'y reviendrons donc pas. La jurisprudence n'a pas eu, que nous sachions, à se prononcer sur la question (234).

Traités contenant des stipulations spéciales à la faillite.

Un seul traité de ce genre existe c'est celui du 18 juillet 1828 entre la France et la Suisse, complété par celui du 15 juillet 1869 (Sir. 69, 3, 429). Dans le traité de 1828 (art. 4), on se bornait à assurer l'égalité de traitement aux créanciers des deux nationalités. Celui de 1869, est moins laconique, il consacre à la faillite les art. 6, 7, 8 et 9, en outre les art. 15-19 sont expressément déclarés applicables au jugement déclaratif de faillite.

(234) Dubois, *sur Carle*, note 92, VIII.

Aux termes de l'art. 6 du traité : « La faillite d'un
« français ayant un établissement de commerce en
« Suisse, pourra être prononcée par le tribunal de sa
« résidence en Suisse, et réciproquement celle d'un
« Suisse ayant un établissement de commerce en
« France, pourra être prononcée par le tribunal de sa
« résidence en France. La production du jugement de
« faillite dans l'autre pays, donnera au syndic ou re-
« présentant de la masse, après toutefois que le juge-
« ment aura été déclaré exécutoire, conformément à
« l'art. 16 ci-après, le droit de réclamer l'application
« de la faillite, aux biens meubles et immeubles que
« le failli possède dans ce pays..... »

L'art. 16, auquel l'article 6 se réfère, règle la forme
dans laquelle la demande d'*exequatur* devra être
poursuivie, et l'art. 17 décide que l'autorité saisie de
« la demande d'exécution n'entrera pas dans la discus-
« sion du fond de l'affaire et qu'elle ne pourra refuser
« l'exécution dans les cas suivants..... » Ces textes appliquent, on le voit, le principe de l'unité et de l'universalité de la faillite. Il y aurait cependant lieu de
modifier l'art. 6 en ce qu'il autorise la déclaration de
faillite par le tribunal de la simple résidence, et comme
conséquence d'un simple établissement d'un Français
en Suisse, ou d'un Suisse en France. Une pareille disposition, rend possible, comme le fait remarquer M.
Dubois, la déclaration simultanée de plusieurs faillites
d'une seule et même personne. On devrait donc
centraliser toutes les opérations de la faillite
au tribunal du domicile du failli, de son principal
établissement, ce qui serait conforme à la doctrine

que nous avons émise en nous occupant de la compétence. Il conviendrait également de modifier le § 2 du même article : il semblerait en les prenant à la lettre que les syndics nommés dans un pays ne pourraient exercer leurs pouvoirs dans l'autre qu'après l'*exequatur* du jugement qui les a nommés. Les syndics suisses seraient ainsi placés en France, dans une situation plus mauvaise que ceux nommés dans un pays avec lequel il n'existe pas de traité, puisque dans ce cas la jurisprudence, considérant le jugement déclaratif comme un mandat ordinaire, admet les syndics à exercer en France leur mission, sans qu'aucun *exequatur* ne soit nécessaire. Un semblable résultat est inadmissible, et n'a pu entrer dans la pensée des rédacteurs du traité, dont l'intention a été de consacrer le principe de l'universalité de la faillite. Il faut donc entendre notre texte en ce sens que l'*exequatur* sera nécessaire, pour que les syndics puissent se livrer à des mesures d'exécution proprement dites, telles que la vente des biens du failli ; mais quant aux actes qui n'ont pas ce caractère, et particulièrement quant aux actes conservatoires, les syndics pourront y procéder avant l'*exequatur* du jugement déclaratif. Le traité contient aussi quelques vestiges de la théorie du statut réel, quand il dispose (art. 6) que la faillite déclarée en Suisse, ne produira pas en France tous ses effets, qu'elle placera bien sous l'empire de la loi étrangère les meubles et les créances du failli, mais que quant aux immeubles, la « *distribution du prix entre tous les ayants-droits sera régie par la loi de la situation.* »

Cette disposition est contraire à l'esprit du traité. On pourrait encore, sous ce rapport, souhaiter une modification. La cour de cassation a eu récemment à se prononcer sur une question d'exécution d'un jugement déclaratif de faillite rendu en Suisse. Un sieur Lancel avait été déclaré en faillite par le tribunal de commerce de Genève en 1875 et deux ans plus tard, la faillite avait été clôturée pour insuffisance d'actif. Lancel vînt alors à Paris reprendre son commerce. Un sieur Viellard, créancier d'une somme de 3,084 fr. comprise dans la faillite suisse, présenta une requête au tribunal de commerce de la Seine lequel, « attendu qu'il résultait des renseignements transmis au tribunal, que Lancel était en état de cessation de paiement » déclarait ce dernier en faillite. Ce jugement fut confirmé par un arrêt de la cour de Paris, dans lequel nous relevons le considérant suivant : « Attendu que les règles de notre droit s'opposent à la mise à exécution du jugement suisse en France avant qu'il ait été vérifié par les tribunaux français et déclaré par eux exécutoire (235). » C'était méconnaître d'une façon absolue l'art. 17 précité de la Convention qui reconnaît d'une manière non douteuse l'autorité de la chose jugée aux jugements suisses en limitant le pouvoir d'examen des tribunaux français à certains points déterminés. Aussi la cour de cassation mit-elle à néant l'arrêt de Paris : « Considérant qu'aux termes de l'art. 6 de la Convention sus-visée les tribunaux suisses sont compétents pour déclarer la faillite d'un Français

(235) Clunet, 1880, p. 58.

ayant un établissement de commerce en Suisse, qu'il en résulte qu'une fois le jugement déclaratif de faillite rendu dans ces conditions par un tribunal suisse, le même débiteur ne peut plus être de nouveau déclaré en faillite par un tribunal français (236). » (Voir pour plus de détails sur cette affaire, un article de M. Bernard, conseiller rapporteur. Clunet, 1882, p. 370.)

L'art. 8. du traité porte que les stipulations du concordat produiront par la production du jugement d'homologation déclaré exécutoire conformément à l'art. 16, tous les effets qu'elles auraient dans le pays de la faillite. Suit-il de ce texte que le concordat ne produira aucun effet tant qu'il n'aura pas été déclaré exécutoire ? Non : nous ferons ici, avec M. Dubois (237), la même distinction qu'à propos du pouvoir des syndics : l'*exequatur* ne sera nécessaire que pour faire produire au concordat les effets consistant dans des actes d'exécution. Il ne le sera pas pour que le jugement produise les effets découlant de l'autorité de la chose jugée. Telle nous paraît avoir été l'intention des deux hautes parties contractantes.

(236) Du reste le traité de 1869 n'a pas voulu renverser de fond en comble le système de celui de 1828, il a simplement voulu remédier à certains inconvénients qui se produisaient alors, en exigeant la vérification des situations prévues par l'art. 17 ; or, sous l'empire de cette convention, les jugements rendus tant en France qu'en Suisse étaient exécutoires en Suisse ou en France à la seule condition que l'expédition en eut été légalisée. Il doit donc en être de même aujourd'hui, sous la réserve des modifications de l'art. 17.

(237) *sur Carle*: note 118.

CONCLUSION

La conclusion à tirer de ce travail est facile à deviner. Comme nous l'avons dit plusieurs fois, la législation actuelle est en opposition manifeste avec le but qu'on a voulu atteindre par l'organisation de la faillite, ainsi qu'avec la nature même de cette institution. Avec la pluralité de faillites, les créanciers qui viendront à chaque masse respective n'auront pas les mêmes dividendes, les deux masses ne seront pas traitées l'une comme l'autre, et les fraudes seront très fréquentes. D'un autre côté, la théorie que nous avons vue résulter de nos lois ne répond pas non plus à la nature de la faillite, elle méconnaît les principes qui en forment la base. La faillite est la mise en pratique de la maxime que les biens d'un débiteur constituent le gage commun de ses créanciers. Or, le patrimoine est un et indivisible comme la personnalité humaine, la manière de le réaliser et de le répartir doit avoir les mêmes caractères, être, elle aussi, une et indivisible. On objecte qu'en matière de succession on applique bien la règle : *quot sunt bona diversis territoriis obnoxia, tot sunt patrimonia,* et qu'une double liquidation présente dans ce cas autant d'inconvénients qu'en matière de faillite. Nous répondons d'abord qu'il a été soutenu dans l'état actuel de la législation que toute succession devait être régie, même quant aux immeubles situés en France, par la loi nationale du défunt (238). Ensuite, en admettant

(238) Dubois, *Dissertation*, Clunet, 1875, p. 51 et s.

même, avec la majorité des auteurs, le fractionnement du patrimoine, on peut dire que ce résultat est commandé par des raisons majeures. Les lois de succession touchent à l'organisation politique de chaque Etat ; on comprend donc facilement qu'on n'admette pas dans cette matière l'application de lois étrangères. Ce motif n'existe pas en cas de faillitte.

Nous pensons donc que les différents Etats devraient, par des traités, consacrer le système de l'unité et de l'universalité de la faillite, cette communauté de droit dont parle Savigny, et qui aboutit à faire résoudre par les mêmes règles chez tous les peuples, le conflit des législations. Nous ne pouvons mieux faire, en terminant, que de reproduire le vœu émis par le congrès juridique italien tenu à Turin en 1880, sous la présidence de M. Mancini :

« Considérant, porte cet important document, que l'intérêt du commerce exige que les effets de l'état de faillite ne soient pas restreints au territoire d'un seul pays, mais qu'ils soient étendus au plus grand nombre possible de pays civilisés ;

Que la diversité actuelle des législations sur la faillite rend difficile la formation d'une loi unique internationale sur les faillites ;

Est d'avis, tout en faisant des vœux pour une législation commune sur la matière, qu'il convient, quant à présent, de se borner au système d'une ou plusieurs conventions internationales.

Les bases essentielles de ces conventions seraient les suivantes :

1. — Le tribunal compétent pour déclarer la faillite et en continuer la procédure jusqu'à son terme sera

celui du lieu où le commerçant a son principal établissement commercial.

2. — Le jugement déclaratif de faillite et les autres jugements à intervenir pendant la procédure de faillite auront, sur le territoire des Etats contractants, la même autorité de chose jugée que dans l'Etat où ils ont été rendus, et ils pourront donner lieu à des mesures conservatoires, d'urgence et d'administration, à la condition d'être rendus publics, conformément à l'art. 5, lettre *a*.

Quand, en vertu de ces jugements, il y a lieu de procéder à quelque acte d'exécution forcée dans un autre Etat, on devra d'abord obtenir une ordonnance de *pareatis*, de l'autorité de l'Etat, si on veut procéder à l'exécution.

Cette autorité sera désignée dans le traité ; elle prononcera sur simple requête des intéressés, et sans qu'il soit besoin d'un débat contradictoire. Elle ne pourra refuser le *pareatis* que dans les deux cas suivants :

a)Quand le jugement aura été rendu par un tribunal incompétent, d'après la règle de l'art. 1.

b) Quand le jugement ne sera pas exécutoire dans le pays où il a été rendu.

Cette ordonnance sera susceptible d'opposition par la voie contentieuse, mais l'opposition n'aura pas d'effet suspensif.

3. — Les restrictions à la capacité commerciale du failli, la nomination et les pouvoirs des administrateurs de la faillite, l'admissibilité, la formation et les effets du concordat, la liquidation et la répartition de l'actif entre les créanciers nationaux ou étrangers

seront réglés par la loi du lieu où la faillite a été déclarée.

4. — Les droits réels, les raisons de préférence par hypothèque, privilège et gage, les droits de revendication, distraction et rétention sur les biens mobiliers et immobiliers du failli, seront réglés par la loi du lieu de la situation.

Il appartiendra au traité international de déterminer d'une manière précise quel doit être le tribunal compétent pour juger les procès relatifs à ces droits.

5. — Des dispositions spéciales seront introduites dans le traité ;

a. Pour régler les mesures à prendre afin que les jugements rendus en matière de faillite dans l'un des Etats contractants, puissent être connus dans les autres Etats ;

b. Pour déterminer les rapports respectifs des autorités judiciaires des divers Etats contractants, en ce qui touche l'exécution du traité.

Le traité pourra se restreindre, quant à présent, à la faillite des commerçants, et les lois des divers Etats relativement à l'insolvabilité des non-commerçants resteront en pleine vigueur.

Pareillement, aucune dérogation ne sera apportée aux règles sur l'action pénale en cas de banqueroute, et aux dispositions des traités d'extradition » (Clunet 1880, p. 625.)

APPENDICE.

Les dispositions du droit anglais sur la position de la femme mariée en ce qui touche ses biens ont été modifiées par l'acte du 9 août 1869 qui a établi comme régime légal, en certains cas du moins, une sorte de séparation de biens. C'est ainsi que la femme conserve la propriété exclusive des produits de son travail ; des sommes placées avant ou après le mariage dans des caisses d'épargne (1), en fonds publics, en actions ou obligations dans des sociétés industrielles, ou de secours mutuels, en assurances sur sa propre vie ou sur celle de son mari ; des immeubles lui advenant pendant le mariage par succession *ab intestat*, legs ou donations. Elle conserve également en propre les revenus des immeubles recueillis pendant le mariage dans une succession *ab intestat*.

Dans tous ces cas, la femme n'avait rien à réclamer dans la faillite de son mari. Sa situation était identique à celle qui résultait, dans le droit antérieur, de la constitution d'un *trustee*.

Un acte adopté en 1882 a généralisé ce système et proclamé l'émancipation contractuelle de la femme.

---

(1) Une loi française du 9 avril 1881 (art. 6 § 5) décide que les femmes mariées, quel que soit le régime de leur contrat de mariage, peuvent se faire délivrer des livrets sans assistance du mari et retirer sans cette assistance les sommes inscrites aux livrets ainsi ouverts, *sauf opposition du mari,* malheureusement, cette opposition n'est aucunement réglementée.

Nous n'avons pas à entrer dans les détails de cette réforme ; nous nous bornerons à faire remarquer que l'art. 3 de la nouvelle loi contient quelque chose d'analogue à notre article 559 et décide que toute somme ou partie de ses biens que la femme prête ou confie à son mari pour être employée dans son commerce, ou autrement, est traitée en cas de faillite du mari comme appartenant à l'actif de ce mari, jusqu'à la liquidation entière de toutes les réclamations des autres créanciers. (*Bulletin de la Société de législation comparée*, juin 1883, p. 450).

POSITIONS

Droit Romain.

I

Le pacte nu engendrait une obligation naturelle.

II

L'interdit *uti possidetis* constituait un interdit récupératoire.

III

Le *damnum non corpori datum* ne donnait lieu qu'à une action *in factum* et non à l'action utile de la loi *Aquilia*.

IV

Le dernier état du droit classique admettait l'exécution des condamnations *manu militari*.

Droit Civil.

I

En cas de donations avec charges. le donateur peut agir contre le donataire en exécution de ces charges.

II

Les héritiers du donateur peuvent se prévaloir du défaut de transcription de la donation.

III

La prescription de l'article 1304 ne s'applique qu'à l'action et non à l'exception, en d'autres termes le code a consacré l'ancienne maxime *temporalia ad agendum perpetua ad excipiendum.*

IV

Les personnes qui ont pratiqué une saisie sur un immeuble aliéné par le débiteur avant la transcription de la saisie, ne sont pas, en qualité de créanciers saisissants, autorisés à exciper du défaut de transcription de l'acte d'aliénation pour repousser la demande en distraction formée par l'acquéreur.

Droit criminel

I

La faillite constitue une question préjudicielle à l'action publique.

II

L'interdiction légale n'est pas attachée aux condamnations par contumace.

Droit administratif

I

Lorsque des fouilles ou des extractions de matériaux

sont pratiquées dans des propriétés privées, l'indemnité due en pareil cas ne doit être attribuée qu'au propriétaire. Le locataire ne jouit d'aucune action directe contre l'administration.

II

Le droit reconnu à l'administration d'autoriser d'office les dons et legs faits à une commune et en général à un établissement public, comprend le droit de réduire d'office la libéralité et doit embrasser logiquement le droit de refuser d'office.

Vu par le doyen, président de l'acte public,

Nancy, le 8 juin 1883.

E. LEDERLIN.

Vu et permis d'imprimer :

Nancy, le 8 juin 1883.

Le recteur,

E. MOURIN.

TABLE DES MATIÈRES

DROIT ROMAIN.

DROIT FRANÇAIS.

—

NANCY, TYPOGRAPHIE G. CRÉPIN-LEBLOND, 14, GRAND'RUE.

www.ingramcontent.com/pod-product-compliance
Lightning Source LLC
LaVergne TN
LVHW021134050726
842519LV00002B/381